Von A. E. Johann
sind als Heyne-Taschenbücher erschienen

Schneesturm · Band 01/5247
Weiße Sonne · Band 01/5297
Steppenwind · Band 01/5347
Am Rande der Winde · Band 01/5407
Im Strom · Band 01/5562
Das Ahornblatt · Band 01/5603
Aus dem Dornbusch · Band 01/5633
Menschen an meinen Wegen · Band 01/5693
Gewinn und Verlust · Band 01/5757
Abenteuer der Ferne ·Band 01/5804
Die Wildnis · Band 01/5828
Ans dunkle Ufer · Band 01/5904
Unterwegs · Band 01/5923
Mit 20 Dollar · Band 01/5973
Wälder jenseits der Wälder · Band 01/6046
Der unvollkommene Abenteurer · Band 01/6095
Die Leute von Babentin · Band 01/6146
Hinter den Bergen das Meer · Band 01/6183
Die wunderbare Welt der Malaien · Band 01/6231
Am Ende ein Anfang · Band 01/6267
Westwärts nach Oregon · Band 01/6324
Elefanten, Elefanten · Band 01/6497
Das Glück des Reisens · Band 01/6522
Das Haus am Huronensee · Band 01/6742
Vom Yukon zum Rio Grande · Band 01/6835
Nach Kanada sollte man reisen · Band 01/6899
Sohn der Sterne und Ströme · Band 01/6978
Wo ich die Erde am schönsten fand · Band 01/7104
Die Bergwelt Kanadas · Band 01/7247
Amerika ist eine Reise wert · Band 01/7253

A. E. JOHANN

IRLAND

Heimat der Regenbogen

WILHELM HEYNE VERLAG
MÜNCHEN

HEYNE ALLGEMEINE REIHE
Nr. 01/6388

Sean O'Haughey,
Gortahork,
gewidmet

6. Auflage

Genehmigte, ungekürzte Taschenbuchausgabe

Printed in Germany 1994
Bildnachweis:
Bavaria Verlag, Gauting: Nr. 1, 3, 5, 7, 8, 11, 12, 14, 15, 16, 17, 18, 19, 20, 21, 22, 23, 27. Irish Tourist Board: Nr. 4, 6, 13. Mauritius: Nr. 9, 10, 24, 25, 28.
ZEFA: Nr.. 2, 26. Karte: Adolf Böhm, München
Umschlagfoto: Bildagentur Mauritius/D. Lohr, Mittenwald
Umschlaggestaltung: Atelier Ingrid Schütz, München
Gesamtherstellung: Presse-Druck Augsburg

ISBN 3-453-01935-0

Inhalt

IRLAND
SCHOTTLAND
ATLANTISCHER OZEAN
Nordkanal
Irische See
St.-Georgs-Kanal
WALES
NORD-IRLAND
ULSTER
CONNAUGHT
LEINSTER
MUNSTER
DONEGAL
SLIGO
LEITRIM
MAYO
ROSCOMMON
LONGFORD
GALWAY
CAVAN
MONAGHAN
LOUTH
MEATH
WESTMEATH
DUBLIN
KILDARE
OFFALY
LAOIS
WICKLOW
CARLOW
KILKENNY
WEXFORD
CLARE
LIMERICK
TIPPERARY
WATERFORD
KERRY
CORK
Inishtrahull
Malin Head
Rathlin
Carndonagh
Tory
Horn Head
L. Swilly
Dunfanaghy
Moville
Gorthahork
Errigal Mt.
Kilmacrenan
L. Foyle
Aranmoore
Letterkenny
Grianan of Ailech
Londonderry
Coleraine
Ballycastle
Dungloe
Glenties
Ballybofey
Ardara
Glenkolumbkille
Carrick
Teelin
Donegal
Donegal-Bay
Inishmurray
Ballymena
Larne
Antrim
L. Neagh
Belfast
Bangor
Newtownards
Omagh
Lower Lough Erne
Enniskillen
Portadown
Armagh
Newry
Monaghan
Stranraer
Belderg
Ross-Port
Belmullet
Mullet H.-I.
Inishkea
Killala
Bangor Erris
Ballina
Blacksod B.
Crossmolina
L. Conn
Slieve Car
Achill
Newport
Castlebar
Clare
Westport
Croagh Patrick
Killary Harbour
Leenane
Kylemore
The Twelve Bens
Clifden
Connemara
L. Mask
Tuam
Lough Corrib
Galway
An Gaillimh
Galway-Bay
Athenry
Aran-In.
Cliffs of Moher
Lissadell
Drumcliff
Sligo
Dromahair
L. Allen
Collooney
Carrik
Cavan
Longford
Roscommon
L. Ree
Athlone
Ballinasloe
Mullingar
Ceanannus Mór
Mellifont Abbey
Newgrange
Monasterboice
Drogheda
Droichead Átha
Dundalk
Dun Dealgan
Louth
Navan
An Uaimh
Hill of Tara
Trim
Lusk
Maynooth
Dublin (Baile Atha Cliath)
Dún Laoghaire
Naas
Tullamore
Kildare
The Curragh
Glendalough
Wicklowbge.
Wicklow
Birr
Slieve Bloom Mts.
Port Laoise
Castledermot
Baltinglass
Avoca
Arklow
Carlow
Barrow
Kilkenny
Ferns
Blackstairs Mts.
Enniscorthy
Jerpoint Abbey
Wexford
Rosslare
Saltee
Waterford
Port Láirge
Dungarvan
Ardmore
Youghal
Shannon
Lough Derg
Ennis
Kilkee
Castleconnell
Limerick
Luimneach
Limerick Junction
Tipperary
Cashel
Galtee Mts.
Clonmel
Knockmealdown Mts.
Blackwater
Mallow
Tráighlí
Gallerus
Oratory
Ballyferriter
Dingle
Castleisland
Blasket
Dunquin
Dingle-B.
Gap of Dunloe
Killarney
Macgillycuddys Reeks
Valentia
Cahirciveen
Skelling Rocks
Cahabge.
Healys Pass
Glengarriff
Gougane Barra
Bantry
Macroom
Cork
Corcaigh
Blarney
Cobh
Bandon
Kinsale
Dursey
Bear
Mizen Head
Baltimore
St. David's Head
55° n. Br.
54°
53°
52°
9°
7°30'
6°
10°30' w. L.
0
50
100 km

ERSTES KAPITEL

Connemara, Gebirge über der hohen See

Also mietete ich mir ein kleines Haus in den Bergen von Connemara. Denn es verdroß mich mit der Zeit, in Hotels und Gasthäusern ein unpersönliches und beengtes Dasein zu führen und mich von fremden Leuten unvollkommen bedienen zu lassen, wobei mir das Bedientwerden ebenso peinlich ist wie die Unvollkommenheit.

Zudem hatte ich den größten Hunger und die erste Neugier auf das Land bereits gestillt. – Irland hatte mir schon lange im Sinn gelegen. Ich hatte Menschen irischen Blutes in allen Erdteilen getroffen und mit manchem O' und manchem Mac nicht nur Bekanntschaft, sondern auch Kameradschaft, vielleicht sogar Freundschaft geschlossen. An einem O' vor dem Namen, wie zum Beispiel in O'Toole und O'Sullivan, erkennt man ja mit Sicherheit den Mann irischer Herkunft. Die Macs können sowohl Iren sein, etwa die MacNamara oder die MacCarthy, wie auch Schotten, die MacDonald oder die MacPherson. O' bedeutet dabei ›Enkel des‹ und Mac ›Sohn des‹. Beide Formen zeigen also einen längst verschollenen Vorvater an, der der Sippe den Namen gegeben hat.

Die O's und die Mac's –! Sie haben in der Geschichte des britischen Reiches, mehr, in der Geschichte der weißen Rasse eine großartige Rolle gespielt und ihre Namen an mancher entlegenen Meeresbucht, manchem wilden, fernen Berg und Strom am andern Ende der Welt jenseits der sieben Meere hinterlassen.

Ich weiß noch, wie ich da in Circle City in Alaska am Polarkreis mit einem O'Rourke und einem MacPhail an der Bar der Hudson Bay Company einen kräftigen Tropfen trank und nach langen, mächtigen Gesprächen Paddy O'Rourke mir auf die Schulter schlug und in den Lobspruch ausbrach:

»Ja, in welchen gottverlassenen Erdenwinkel man auch immer seine Nase stecken mag, einen Iren, einen Schotten und einen Deutschen – die findet man immer!«

Und ich hatte oft erlebt, wie die Iren mit einer herzbewegenden Liebe und wie mir schien, mit unstillbarer Sehnsucht an ihrer ›Grünen Insel‹ hingen, ob es sich um einen MacFirbis im australischen Busch oder einen O'Bryen im nördlichen Manitoba handelte. Dabei ist Irland kein reiches und glückliches Land; die Iren und Irland gehören nicht zu den Nationen, deren Geschichte stolz und glanzvoll leuchtet; die irische Vergangenheit ist umwittert von Tragik und der düsteren Röte vergeblicher Heldentaten; sie hat mich von jeher auf eigentümliche Weise angezogen, ohne daß ich mir über die Gründe klarwerden konnte.

Eines Tages war ich dann in diesem Land, über das man in Deutschland so wenig weiß, obgleich es uns ohne Vorbehalt und Vorurteil freundlich gesonnen ist wie kaum ein zweites in Europa. Eine ganze Weile brauchte ich dazu, mich wieder an das Leben als ›Ausländer‹ in der Fremde zu gewöhnen. Schließlich wurde mir der Rhythmus der gastlichen Insel ein wenig vertraut. Es wurde Zeit, daß ich mich irgendwo niederließ, um ein Standquartier zu gewinnen, von dem aus das Land sich gründlich ›erforschen‹ ließ.

Also mietete ich mir das kleine Haus in den Bergen von Connemara.

Von den vier Räumen bewohne ich nur zwei. Sie blicken über einen alten Garten, in dem Eiben wachsen und raschelnde Agaven, Palmen, Araukarien und mächtige Rhododendren. Jenseits des Gartens und der Wildnis hinter ihm steigen graue Gebirge auf, deren kahle Gipfel seltsame Namen haben wie Knockbrack und Muckanaght und Bencollaghduff. Im Tale unten, unsichtbar für mich, fließt der Dawros River schnell und über große Felsen schäumend, fast verborgen hier und da in den dichten, urwaldhaften Hainen aus Eschen und Eichen, ungeheuren Zedern und Douglas-Fichten.

Mein weißes Häuschen mit dem leuchtend grün umbordeten Schindeldach lehnt sich an einen steilen Felsenhang, den ein glasklarer Bergbach herabspringt; er kommt aus einem einsamen See hoch oben am Westsattel des Doughruagh, zu dem ich manchmal hinaufsteige durch die beinahe undurchdringlichen Rhododendron- und Eschendickichte, die weiter oben in eine pfadlose Wildnis aus Felsen, Heidekraut und weiten, trügerischen Hochmooren übergehen.

Immer rauscht der Bach, eintönig Tag und Nacht. Wenige Schritte vor dem Fenster, an dem ich sitze und dies schreibe, tummelt er sich in seiner tiefen Felsenrinne zum Dawros hinunter.

An Werktagen machen sich zwei oder drei Arbeiter in dem großen Garten zu schaffen, dessen zwecklos gewaltige Mauern und Tore auch mein Häuschen vor der übrigen Welt verbergen. Aber die ›übrige Welt‹ liegt sowieso in weiter Ferne. Zur nächsten menschlichen Behausung habe ich fast eine halbe Stunde zu Fuß zu gehen, zum nächsten Dörfchen eine gute Stunde Weges, und nach Clifden, der nächsten ›Stadt‹ von etwa tausend Einwohnern, muß ich fast ebenso lange mit dem Auto fahren.

Die Gärtner sehe ich selten, wenn ich sie nicht gerade suche. Die über hundert Jahre alten, weitverzweigten Gartenanlagen verbergen sich hinter haushohen Hecken und verwilderten Wänden aus Brombeeren, Himbeeren, efeuverhangenen, greisenhaften Obstbäumen und ferneren Wällen aus Thuja und Taxus.

Aber am frühen Nachmittag erscheint stets einer der Gärtner, Mike, an meiner Tür und bringt mir die Post, damit ich merke, daß die Welt noch steht und ihr Satyrspiel auch ohne meine geneigte Mitwirkung eifrig weiter betreibt – und bringt mir Milch und frische Eier, damit ich über solch einfachen, aber zuverlässigen Genüssen die Welt mit ihrem Lug und Trug jenseits der hohen Mauern wieder vergesse (was nicht allzu vielen Zuredens bedarf). Wenn Mike, wie er da vor mir steht mit seinem seit Ewigkeiten nicht geschnittenen, verfilzten, rabenschwarzen Haarschopf, dem verwitterten Gesicht, das kaum übertrieben oft mit Wasser in Berührung kommt, den struppigen schwarzen Brauen, den verhornten Händen und seiner malerisch zerlumpten, formlosen Jacke und den zwei oder drei übereinandergezogenen Hosen (damit sie sich gegenseitig die Löcher verdecken), den klobigen Schuhen, die vorn an der Spitze auseinanderklaffen wie ein Froschmaul – wenn mein prächtiger, unverwüstlicher Mike, wie er da geht und steht, etwa plötzlich auf den Jungfernstieg nach Hamburg versetzt würde, die Leute würden zusammenlaufen und ihn bestaunen als den letzten überlebenden Höhlenbewohner der Steinzeit, und, natürlich, die Polizei würde ihn auf der Stelle in Schutzhaft nehmen oder, was wahrscheinlicher ist, wegen Erregung öffentlichen Ärgernisses, wegen mutwilliger Störung des Verkehrs oder wegen sittenwidriger Verwahrlosung hinter Schloß und Riegel setzen.

Doch Mike ist in Wirklichkeit ein Gentleman, und er erinnert mich gerade in seiner Verwahrlosung daran, daß man oft genug diese Insel ein ›Land der Herren‹ genannt hat, und Herren entstehen ja nicht zugleich mit messerscharfen Bügelfalten, dezenten Krawatten und seidenen Hemden. Gentleman ist gleichbedeutend mit Haltung, Benehmen und Überlegenheit. So weiß Mike stets in vollendeter Form ein paar passende Bemerkungen über das Wetter anzubringen oder einen unaufdringlichen und stets ein wenig sarkastischen Kommentar über die jeweils letzten Winkelzüge der Herren Außenminister. Er geht nie von mir fort, ohne mir noch ein freundliches persönliches Wort gesagt zu haben. Er denkt nicht daran, ein Trinkgeld zu erwarten, und als ich ihm zu Weihnachten eine Cordhose schenkte, brachte er mir als Gegengeschenk einen Strauß Mispelgezweig.

Und er ist weit davon entfernt, sich etwa mir unterlegen zu fühlen. Wir verkehren auf dem Boden völliger Gleichheit. Zwar ist er arm, und ich bin – in seinen Augen – ein reicher Mann. Aber das hindert ihn nicht daran, sich mir durchaus ebenbürtig zu erachten, ohne Neid, ohne Klassenhaß und ohne Vorurteil. Er beweist mir jeden Tag, daß Armut nichts mit Proletentum zu tun hat. Mike ist arm; er bewohnt eine winzige, strohgedeckte Steinhütte in den Bergen, etwa viereinhalb Kilometer von hier, die er jeden Tag, am Morgen und am Abend, durchmessen muß, denn selbst zu einem Fahrrad hat es noch nicht gereicht. Aber er besitzt einen Kartoffelacker und eine Kuh, ein paar Hühner und ein paar Schafe in den wilden Bergen, und wenn auch bares Geld schrecklich knapp ist, so hat er doch stets sein eigenes Dach über dem Kopf, kann sich so viel Torf auf den Hochmooren stechen, daß er im Winter nicht zu frieren braucht, und an Essen und Trinken wird es ihm nie mangeln. Er ist ein freier Herr und unabhängig, und er befände sich sogar sehr wohl, wenn den alten Waldschrat nicht vor zwei Jahren der Hafer gestochen und er ein junges Weib, halb so alt wie er selbst, gefreit hätte.

Die ist nun den ganzen Tag allein und gibt das wenige Geld aus, das er mühselig genug verdient. Es ist sogar ein allerdings nicht bestätigtes Gerücht zu mir gedrungen, daß Mikes jugendliche Gattin die sechzig Schilling in der Woche für Lippen-Rouge, Puder und Friseur verschwendet. Ich muß der Sache nächstens auf den Grund gehen.

Auf alle Fälle trägt Mike sein teils widriges, teils sicherlich sehr aufregendes Geschick in bester Kavaliershaltung, macht mit mir täglich eine Viertelstunde heiter Konversation, erscheint jeden Morgen pünktlich zur Arbeit, läßt sich von der Sonne dörren oder von dem reichlichen Regen bis auf die Haut durchnässen und verliert doch nie den freundlichlässigen Gleichmut, durch den sich ein wirklicher Herr auszeichnet.

Und vielleicht klopft Mike heute nachmittag gegen fünf Uhr wieder an meine Tür, wie schon manchmal, bevor er sich auf seinen weiten Heimweg zu seiner ebenso jugendlichen wie leichtsinnigen Gattin macht. Er sagt dann mit einer weiten Geste gegen den westlichen Himmel ganz im Stile eines Schloßherrn, der sich natürlich nicht nur um das körperliche, sondern vor allem um das seelische und geistige Behagen seiner Gäste kümmert – sagt:

»Wenn ich Ihnen einen Vorschlag machen darf, Herr –? Halten Sie heute abend nach Westen gegen See hin Ausschau. Wir werden einen großartigen, einen ruhmwürdigen Sonnenuntergang erleben. Guten Abend!«

Sage mir einer, wo sonst noch auf der Welt so liebenswürdige Waldschrate in alten, verwunschenen Gärten umherwühlen, und ich will mich geschlagen geben und bekennen, daß Irland nicht das Land mit den freundlichsten und von Natur wohlerzogensten Menschen ist – zumindest im Bereich der weißen Rasse!

Die anderen Männer, die im Garten arbeiten, sind nicht weniger nachbarlich hilfsbereit und angenehm, wenn sie auch nicht annähernd so waldschratig und so königlich zerlumpt einherschreiten wie Mike. Königlich – das erinnert mich daran, daß Mike ja auf den stolzen Namen O'Donnell hört, während die anderen nur simple Gallagher und Mullin sind. Und die O'Donnells waren einmal eine berühmte Königsfamilie im Nordwesten Irlands und haben länger als die anderen Fürsten der Insel in mannigfachen Kämpfen die Freiheit ihres Landes behauptet.

Ende der fünfziger Jahre ging durch die irischen Zeitungen die Nachricht, daß auf dem Eiland Aranmore vor der Westküste der Grafschaft Donegal im Nordwesten Irlands Anthony O'Donnell gestorben sei, der letzte männliche Nachkomme des großen Red Hugh O'Donnell, den man zu seiner Zeit, der Zeit der Königin Elisabeth I. von England, den ›Adler des Nordens‹ genannt hat. Mit Red Hugh O'Donnell und dem weniger strahlenden, aber wohl klügeren und zäheren Hugh O'Neill ging das irische Irland unter. Nach der verlorenen, der entscheidenden Schlacht (bei Kinsale, am 24. Dezember 1601) floh der große O'Donnell, der letzte einer langen Reihe von Königen, nach Spanien und starb ein Jahr später in Salamanca; manche glauben, daß er von Agenten der ›Gloriana‹, der Königin Elisabeth I. von England, der unerbittlich hassenden, vergiftet worden ist. O'Neill setzte den ungleichen Kampf gegen die Generale Elisabeths, unter deren Regierung sich England damals zur Weltmacht zu entfalten begann, noch fünfzehn Monate voller Brennen, Morden, Schlachten, Verhungern und – Verrat fort. Schon hatte der englische Heerführer Mountjoy den Krönungsstein des Königsgeschlechtes der O'Neill bei Tullahoge zerstört, um der im Norden des Landes noch immer Widerstand leistenden irischen Welt darzutun, daß ihre Zeit und ihre letzte Hoffnung verloren und vorbei wäre. Am 30. März 1603 unterwarf sich der gebeugte, verzweifelte O'Neill ›bedingungslos‹ dem Lord-Stellvertreter der großen Elisabeth.

Es war einer der verhängnisvollsten Augenblicke der irischen Geschichte, als Hugh O'Neill auf seinen Anspruch verzichtete, ›der‹ O'Neill zu sein, der letzte auf dem uralten

Krönungsstein zum Haupte des Clans der O'Neill ausgerufene; und zugleich liegt ein Schimmer von Tragikomik über dieser Szene. Denn, am 30. März, als der letzte König O'Neill sich barhaupt und gebeugten Nackens der Gnade seiner ›stets siegreichen‹ Widersacherin auslieferte, lebte diese gar nicht mehr. Elisabeth hatte schon sechs Tage vorher das Zeitliche gesegnet. Ihr Nachfolger aber, Jakob von Schottland, hatte sich zuvor schon als ein Freund O'Neills bekannt und stand der katholischen Sache wohlwollend gegenüber. Er bewies sich auch später O'Neill und dem neuen O'Donnell, Rory, als ein gnädiger und geneigter Oberherr. Hätte der tapfere, zähe Hugh O'Neill nur wenige Tage länger ausgehalten, so hätte er von Jakob, dem ersten englischen König aus dem schottischen Haus der Stuart, wesentlich günstigere Bedingungen der Übergabe erreicht, vielleicht wäre er sogar von ihm als Freund behandelt worden. Das war verpaßt und versäumt – nicht nur für O'Neill, sondern für ganz Irland.

Schnell verging dann der alte Glanz der irischen Königshöfe.

Cromwell, Wilhelm von Oranien und andere, deren Namen uns weniger geläufig sind, zogen mit schweren Schritten über die Bühne Irlands, und jedesmal wurde das irische Irland tiefer und endgültiger in den Boden gestampft. Die Besten der irischen Nation zogen zu Zehn- und Hunderttausenden außer Landes und fochten auf allen Schlachtfeldern Europas mit berühmter Tapferkeit – stets auf katholischer Seite gegen England und seine Bundesgenossen. Später allerdings, als England zögernd und nur unter Druck um die Wende vom 18. zum 19. Jahrhundert den Katholiken in Irland langsam wieder den Weg freigab, sie nicht mehr grundsätzlich als den ›gemeinen Feind‹, als bloße ›Objekte der Bestrafung‹ behandelte – später hat dann bis in die unmittelbare Gegenwart hinein Irland der englischen Krone die besten Soldaten und die besten Generale gestellt.

Die O'Donnells aber verloren allmählich alles, was an Glanz und Macht und Einfluß sie einst hoch über alle anderen hinausgehoben hatte.

Und der letzte männliche Nachkomme des großen Red

Hugh O'Donnell in direkter Linie, Anthony O'Donnell aus Fallagoran auf Aranmore in Donegal, starb in unseren Tagen. Zweiundfünfzig Jahre lang war er Briefträger auf Aranmore, wanderte die sechs Kilometer, die die Insel lang ist, auf und ab, geachtet von den anderen armen Fischern und Bauern auf dem sturmumtobten Eiland im Atlantik vor der irischen Nordwestküste; denn für sie, die noch das alte Irisch sprechen und von englischen oder ›modernen‹ Einflüssen kaum berührt sind, war er immer noch der ›König‹, der König von Aranmore, der sich in seinem äußeren Dasein durch nichts weiter auszeichnete als durch den seltsamen Rekord, mindestens sechsmal in seinen langen Jahren als Briefträger um den größten Umfang der Erde zu Fuß gelaufen zu sein, ohne je die kleine Felseninsel Aranmore verlassen zu haben.

Mike O'Donnell, der mir täglich die Milch und die Post bringt, so zerlumpt wie er aussieht – seinem Benehmen und seiner weltmännischen Haltung nach könnte auch er ein verlorener Königssohn sein, wie man's von jedem O'Bryan oder MacCarthy oder MacMurrough vermuten kann. Allerdings spricht der Gartenarbeiter Mike kein Wort Irisch mehr; er legt auch keinen Wert darauf; aber er ist ein guter Katholik und versäumt an keinem Sonntag die Messe, mag es hageln oder regnen oder mag die Sonne scheinen.

Kylemore, alter Garten im großen Wald

Der schöne, alte Garten – ewig durchsungen von dem Bach aus den Bergen. Das Wasser, das über die grauen Felsen rinnt, ist kristallen klar, aber von einer wunderbar lichtbraunen Tönung wie böhmisches Glas; es ist wie fast alle Wasser in Irland Torfwasser; es kommt aus den Hochmooren am Altnagaighera und Doughruagh, die sich hinter meinem Haus zu recken beginnen.

Der alte, wunderbare Garten, den zu bestellen und zu pflegen sich einst vierzig Gärtner mit einem Obergärtner mühten – ewig wird er sich mir in der Erinnerung mit dem Bild der ganzen Grünen Insel Irland verquicken, als stellte er sie symbolhaft dar. Ich wohne in dem Haus, das vor sieben oder acht Jahrzehnten einst für den Herrn Obergärtner aus Schottland erbaut worden ist.

Inzwischen ist die üppige Wildnis von allen Seiten wieder vorgedrungen, über Wälle und Hecken und Zäune, hat die mächtigen Steinmauern angenagt und gestürzt, hat sich weite Winkel mit Brombeerdickichten, undurchdringlichen Rhododendronwänden und Eschenhainen zurückerobert, in denen heute nur noch eine bemooste Ziegelwand oder, kaum noch kenntlich, der Steinring eines lang vertrockneten Goldfischteiches daran erinnern, daß hier einst Damen mit zierlichen Sonnenschirmen wandelten, sich vielleicht in lustigen Pony- oder Eselwägelchen an den prangenden Blumenrabatten und unter den duftenden Bäumen und Büschen aus vielen fernen Ländern hinschaukeln ließen, hier eine Rose pflückend, dort eine Kamelie, oder eine stolze Kalla, den Wein bewundernd oder die hängenden tropischen Gewächse, die hinter hohen Glaswänden wuchsen, die alle südwärts blickten.

Heute halten nur noch jene drei wackeren Gärtner eine letzte Oase geregelter Fruchtbarkeit im Herzen der alten Anlagen frei. Die schönen Pergolen sind zerfallen und zerbrochen, die Grotten und Warmhäuser eingestürzt, und nur noch an einer Stelle, ein paar Schritt seitwärts vor meinem Hause, hinter ein paar alten Eiben und graurindigen Ilex-Bäumen, gelingt es meiner verehrten Freundin, der Dame Benedikt, wenigstens einige der alten Rosenbeete unter mächtigen Bündeln großer, immer raschelnder, rustelnder Palmen in gepflegter Fülle zu erhalten.

Ja, ein wenig so ist ganz Irland: ein mächtiger, alter Garten mit warmer, feuchter Luft und fruchtbarem Boden; aber eingeengt von allen Seiten durch düstere, drohende Wildnisse, schroffe Riffküsten, in denen seit Urzeiten die Brandung des Weltmeeres donnert, unbegehbare, unabsehbare Moore, ungeheuer wilde, feindliche Gebirge und eintönige Felsen- und Wasser- und Heideödnisse, die unwirklich anmuten, wenn man sie zum ersten Male erlebt, seltsam ausgedacht wie Dantesche Phantasien aus der Göttlichen Komödie. Zu üppig fast, überquellend reich und milde und fruchtbar hier, erbärmlich arm, elend, steinig, hungrig dort – so ist Irland. Und alte Gemäuer vergangener Herrlichkeit, der Toten Tatenruhm an allen Ecken und Enden – und ein in unseren Tagen langsam versickernder Born der letzten noch lebendigen Urüberlieferung großer Kunst und wunderbaren Wissens aus der Frühzeit der abendländischen Völker. – Und wie dieser Garten, dem die sehr ehrwürdige und großherzige Dame Benedikt vorsteht, ihre wilden Gärtnermänner leichthin regierend, ist Irland auch: ein wenig großartig planlos, viel eifrig Begonnenes liegenlassend, viel träumerische Laune liebend, der Lilien und Rosen wesentlicher und wichtiger erscheinen als Frühgemüse und Pflücksalat. Denn Frühgemüse kann man nur aufessen – und dann ist es fort und vergessen. Mit Lilien aber kann man zum Beispiel am Tage Mariä Verkündigung den Altar schmücken, und: »Es ist besser, Gott Freude zu machen als den Menschen!«

Das hat sie mir erst heute morgen gesagt; denn jeden zweiten Tag klopft sie – wenn ich nicht gerade eine weitere meiner schnellen, unbestimmten Kreuz- und Querfahrten über die Grüne Insel angetreten habe, die zu schildern dies Buch versucht –, klopft sie mit dem messingnen Türklopfer und erkundigt sich danach, ob ich noch lebe und ob ich Wünsche habe. Meistens habe ich keine. Was soll ich wohl für Wünsche haben in meiner Einsamkeit unter Bäumen, Büchern und Blumen, tausend Kilometer weit von der Grenze, die Deutschland und Europa teilt? So unterhalten wir uns ein paar höfliche und liebenswürdige Minuten lang vor meiner Tür; denn eintreten darf sie nicht; das wäre wohl gegen ihre Regel. Ich habe in diesen kurzen, unabsichtlichen Gesprächen unendlich viel von ihr gelernt und gehört und erfahren, schöne Dinge und erfreuliche, aber auch viele andere von dem Elend und der Trauer des irischen Landes, das nun endlich seit zwei knappen Generationen wenigstens zu seinem größten Teil frei ist, das aber alte Wunden und Narben der Knechtschaft, Siechtümer und Verkrüppelungen (bestimmt aus dreihundert, vielleicht kann man sogar sagen aus siebenhundert Jahren) mit sich umherschleppt. Kein noch so stolzes Dokument kann das schlimme Erbe der Vergangenheit mit einem Schlage beseitigen oder heilen.

Man kann von heute auf morgen eine freiheitliche Verfassung beschließen; aber man kann eine in Jahrhunderten schonungsloser Unterdrückung umgebogene Seele eines Volkes nicht ebenso schnell wieder geradebiegen. Das ist ein langsamer, schmerzhafter Prozeß; mir scheint, daß Irland gerade erst in ihn eingetreten ist. Vor ein paar Tagen hat mir die Dame Benedikt ein Lied beigebracht, das ihre Großmutter ihr und ihren Geschwistern zu singen pflegte, als sie noch Kinder waren. Sie hatten da unten in der Grafschaft Wexford einen besonders erbarmungslosen Landlord namens Lockheed, der auch die Großeltern der Dame Benedikt von Haus und Hof vertrieben hat; sie haben ihr Land nur als Pächter gegen hohen Zins verwalten dürfen, denn kein katholischer Ire durfte Land besitzen. Und so sang die Mutter abends den Kindern vor, auf die ausgleichende Gerechtigkeit wenigstens für das Jenseits vertrauend – es ist ein Lied mit vielen Versen und erzählt von der Reise der armen, verjagten, heimatlosen Pächter durch eine feindliche Welt; und einer der letzten Verse lautet:

›Und fährst du einmal zur Höll',
vergiß nicht und blick in den Kessel –
ho –!
Da sitzt er, Lockheed, der gelbe Hund,
und schreit sich die Zung' aus dem Halse,
ho –!‹

Kein sehr liebliches Lied, den Kindern abends am Kamin vorzusingen! Und dies irische Volk ist von Natur heiter, liebenswürdig, ausgleichend, freundlich – ein Volk, alt und weise geworden auf seiner oft genug überrannten, ewig unruhigen – und doch auch so friedlichen, weil so entlegenen Insel.

Ich meinte zur Dame Benedikt:

»Ein grimmiger Nachtgesang für katholische Sprößlinge!«

Sie blickte mich aus dem alten, gütigen Gesicht, von steifen, weißen Leinen umrahmt, unter ihrer schwarzen Kopfhaube her lächelnd an, und ihre Brillengläser funkelten vor Vergnügen:

»Die Freiheit ist auch etwas wert! Und wenn die irischen Mütter den Kindern und Enkeln nicht immer wieder solche Lieder vorgesungen hätten, auch wenn es längst nicht mehr irische Worte waren, sondern englische – wer weiß, ob es heute eine Republik Eire gäbe!«

»Ja«, nickte ich, »die Sprache hat wenig mit Freiheit zu tun!«

»Das will ich meinen!« sagte sie auf ihre etwas herrische Art. »Die Freiheit hat ganz woanders ihren Sitz als im Munde...!«

Und wir waren uns wieder einmal vollkommen einig.

Wir sind uns überhaupt meistenteils einig. Nur manchmal, wenn wir auf theologische oder kirchliche Fragen zu sprechen kommen – was in Irland beinahe unvermeidlich ist –, stellen sich Differenzen ein, und wir haben schon recht hitzige Debatten ausgefochten.

Denn um es endlich zu sagen:

Dame Benedikt ist eine Nonne aus dem Kloster der Benediktinerinnen zu Kylemore. – Kylemore ist irisch und bedeutet ›Großer Wald‹. Und das graue Kloster, ein mächtiger, verwinkelter Bau in elisabethanischem Stil, aber erst in den sechziger Jahren des vorigen Jahrhunderts erbaut, liegt einsam in diesem großen Wald – an einem meist düsteren, von Moor und Wildnis umzirkten See namens Poolacappul, der sich im Osten in den größeren, strahlenderen Kylemore-See öffnet. Und mein alter Garten liegt in diesem, auf weite Strecken undurchdringlichen Wald – wo ihn nämlich der glucksende schwarze Sumpf oder die unbeschreiblich dichten Rhododendrondickichte unpassierbar machen –, und in dem alten Garten mein kleines Haus, das ich von der Abtei gemietet habe.

Und die ganze Kylemore-Herrlichkeit liegt auf halbem Wege zwischen Clifden, der ›Hauptstadt‹ des wilden Berglandes Connemara (ach, eine sehr bescheidene, sehr verschlafene und ein wenig freundlich vertrottelte Hauptstadt, die aus drei Straßen besteht, die miteinander ein Dreieck bilden, vielen kleinen Geschäften, die meistens nicht haben, was man gern haben möchte, zwei unvermittelt riesigen Kirchen, einem alten gemütlichen Hotel und einem sehr unscheinbaren Lädchen, in dem man die schönsten, handgesponnenen und handgewobenen Connemara-Stoffe aus der unverfälschten Wolle der Bergschafe, farbenprächtige Dekken und Teppiche und Schals kaufen kann; und dann gibt es in Clifden ein Postamt, eine Bank, zwei Tankstellen, viele Kneipen; und an der wichtigsten Ecke steht ein Riese von der Polizei, die hier etwas altbacken ›Bürgerwehr‹ heißt, in dunkelblauer Uniform, langweilt sich maßlos und stiehlt dem Herrgott den Tag, denn auch die wichtigste Ecke in Clifden gähnt geradezu vor Verschlafenheit, und die Clifdener und die umwohnenden Connemara-Völkerschaften sind im übrigen die friedlichsten und frömmsten Leute unter der Sonne, die nach Dunkelwerden höchstens noch die Straße betreten, um in die Kirche zu gehen, und morgens selten vor zehn Uhr aus den Betten finden, denn der Golfstrom, der an den Küsten vorbeirinnt, macht guten Schlaf. Und die einzige Autowerkstatt der ›Hauptstadt‹, die diesen Namen verdient, versieht der ›örtliche Engländer‹, wie er sich selber nennt, Robert Jones geheißen, wie auch sonst! Er versteht seinen Kram und arbeitet schnell, hell, sicher und durchaus nicht verschlafen und macht ein gutes Geschäft. [Aber dann betrog er einige Leute – mich auch – und verschwand.] Und am Eingang der Stadt kann man den ›Hauptbahnhof‹ der ›Hauptstadt‹ bewundern, tief unter der Hauptstraße in einer Schlucht zwischen Felswänden. Aber es kommt kein Bähnlein und erst recht kein Expreß mehr auf diesem Bahnhof an. Vor Jahren schon hat man die Bahnstrecke zwischen Galway und Clifden abgerissen und die Schienen als Alteisen verkauft. Auf solche abgebauten Eisenbahnen trifft man überall in Irland und traut seinen Augen nicht, daß man hier, als fiele den Leuten partout nichts Besseres ein, die Schienen abreißt und die Stationsgebäude als Sommerhäuser vermietet. »Leer spazierenzufahren«, sagen die Iren – und nur ein zwecklos tüchtiger Fortschrittler wird sie deshalb tadeln! – »mit drei Passagieren und siebenundvierzig leeren Sitzen durch die einsam großen Landschaften zu gondeln, dazu genügen Omnibusse auch!« – Und dann hat Clifden noch einen schönen Hochseehafen mit starkem Gezeitengang; man kann, wenn man übermütig ist, direkt von Clifden westwärts oder genauer südwestwärts nach New York segeln, ohne auch nur ein einziges Mal den Kurs verändern zu müssen. Aber der Hafen ist genauso leer wie der Bahnhof; die Clifdener ziehen Fischkonserven aus Stavanger oder Kapstadt oder Tokyo den frischen Fischen vor, die da vor ihrer Nase in der romantischen Clifden-Bay friedlich ihre nassen Tage verbringen, bis sie, mit Seegras auf dem Rücken, vor Altersschwäche sterben. Das also ist Clifden, das Städtchen von Connemara mit den fröhlich bunt gestrichenen Häusern – was aber auch das einzig Fröhliche an Clifden ist, genauso wie in den meisten anderen irischen Landstädtchen. Das also ist Clifden, allright!). –

Wo aber ist der Satz geblieben, den ich auf der vorigen Seite vor der Klammer begonnen habe?

Kylemore, wie gesagt, ›der große Wald‹, liegt auf halbem Wege zwischen Clifden und Leenane, einem stillen Dörfchen, am innersten Ende des Killary-Fjords, des schönsten, verträumtesten und mächtigsten aller irischen Fjorde. Gut zwölf Kilometer weit reicht das tiefe Wasser zwischen hohen, leeren Bergen ins Land hinein. Alle Flotten der Welt fänden hier sicheren Ankergrund bei jedem Wetter. Im Ersten Weltkrieg hat sich zwischen den düsteren Felsenhängen einmal eine ganze englische Hochseeflotte denkbar zuverlässig verborgen gehalten. Aber dieser grandioseste aller irischen Naturhäfen ist leer wie am ersten Tage. Vielleicht gleitet im Monat einmal ein Kahn über die schwarzen Wasser und holt ein paar Schafe von den öden Hängen des Mweelrea, weil die armen Leute in Gubbadanbo oder Salruck Wolle brauchen oder sich den seltenen Genuß einer Hammelkeule gestatten wollen.

Der ›Große Wald‹, der sich ein paar Kilometer weit ins Bergtal schmiegt, er ist nicht alt, ist erst vor achtzig Jahren gepflanzt worden. Zuvor wird das Kylemore-Tal leer gewesen sein wie all die anderen Täler weit im Umkreis, durch deren duftende Einsamkeiten der Wind singt wie seit alten Tagen über Moor und Moos und Heidekraut.

Allerdings verrät der alte Name Kylemore, daß hier ursprünglich Wälder den Sturm vom Atlantik in ihren Wipfeln haben wühlen lassen. Und deutlicher noch als der Name verraten es die schwarzen, knorrigen Baumwurzeln, mächtige Zaubergebilde, die in den Mooren zum Vorschein kommen, wenn der Torf gestochen wird. War doch in vergangenen Zeiten ›Insel der Wälder‹ einer der alten Namen Irlands. Heute gibt es kaum noch Wälder in Irland, das zur ›Grünen Insel‹ wurde; ärmer an Wald ist Irland nun als irgendein anderes europäisches Land.

Nein, mit diesem Urwald, der mich umgibt in meinem verzauberten Garten und der drei Kilometer weiter ostwärts das Kloster umfängt mit seinen dunkelgrünen Armen, hat es seine eigene Bewandtnis:

Etwa um das Jahr 60 im vorigen Jahrhundert kam ein Kaufmann namens Mitchell Henry in Manchester, England, auf den Gedanken, seine im Baumwollhandel erspekulierten Millionen auf fürstliche, auf herzogliche Weise anzulegen und sich irgendwo ein Schloß zu bauen, in dem fortan die Dynastie Henry in großem Staat residieren sollte. Wie dieser Mann aus Manchester gerade auf Connemara und dort gerade auf Kylemore verfiel, habe ich nicht auskundschaften können, denn aus der Dynastie Henry – wie so oft im tückenreichen Baumwollhandel – ist nichts geworden. Vielleicht kaufte er sich diese Berge mit ihren Seen und Flüssen und die wunderbare blitzende Meeresbucht im Norden, ein wahres Fürstentum, weil es besonders billig zu haben war. Was wird der Acker Wildnis schon gekostet haben? Die bettelarmen Pächter, die auf winzigen Höfen den Boden von Kylemore und Umgegend bewohnten, siedelte er auf den Nordhang der Berge um, denn er wollte fürstlich allein sein. Die Straße – nicht mehr als ein alter Karrenweg – wurde auf das andere Ufer des Sees verlegt, damit das Knarren der Wagen die manchesterliche Familie nicht störte – und dann wuchs das elisabethanische Baumwollschloß über den See empor, sich dicht an die steile Bergwand lehnend, so daß die Dienerschaft aus ihren Räumen im Dachgeschoß im vierten Stock (nach hinten hinaus natürlich!) über eine kleine Brücke schnurstracks auf den Berg marschieren konnte.

Mrs. Henry und der Architekt, so heißt es noch heute, haben sich all die Türme und Zinnen, Erker und Pfeiler ausgedacht; es ist nicht ganz elisabethanisch geworden; aber von der anderen Seeseite sieht es beinahe so aus – und ich glaube es ohnehin, denn ich verstehe mich nicht auf den Stil der großen Elisabeth. Und nun sind die wunderbaren Gärten und Hecken ringsum aufgewachsen, ungeheuer die kanadischen Zedern, die Douglas-Fichten und die kalifornischen Rotholz-Bäume, große Taxusbäume und wie gelackt glänzende Kamelien und rotblühende Rhdodendren, Eschen und Buchen, Eichen und träumerische Ahorne und vieles, vieles andere, wovon ich den Namen nicht weiß. Und dazwischen ragt das graue, schwere Schloß, zu dem jeder Stein auf Eselskarren achtzig Kilometer weit herangekarrt werden mußte, der See mit dem Märchennamen Poolakapull blitzt davor, umbrafarben und silbern, die Sonne strömt ihr Gold darüber, die wilden Schwäne gleiten über das Wasser, und die Vögel singen, elisabethanisch oder nicht! Ich bin versöhnt mit ›Mitchell Henrys Folly‹ – ›Mitchell Henrys Narrheit‹.

Denn wo sollte ich sonst wohnen, wenn seine Frau nicht den großen Garten hätte anlegen lassen, nicht die Wälder gepflanzt und das Wasser vom See in den Bergen in langen Rohrleitungen herbeigeleitet hätte, damit wir weniger vermögenden Heutigen Wasch- und Badewasser und sogar privates elektrisches Licht in Fülle haben! – Und dann, die reichen Männer sind auch nichts anderes als arme Teufel: Henrys Töchterchen, das hier geboren worden ist, wurde schwer krank und mußte nach Ägypten gebracht werden, wenn es am Leben bleiben sollte – offenbar hat es sich also hier in dem feuchten, weichen Klima die Schwindsucht geholt und vielleicht auch in den Steinverliesen des Schlosses; denn kein Kamin vermag die riesigen hohen Räume zu erwärmen. Die besorgte Mutter begleitete ihr krankes Kind nach Ägypten. Das Kind erholte sich (und ist erst vor kurzem, weit über achtzig Jahre alt, im Nachbardörfchen gestorben). Aber die Mutter wurde in Ägypten von einer Tropenseuche dahingerafft und hat ihr Traumschloß Kylemore nie wiedergesehen. Und Mitchell Henry verlor im Burenkrieg oder danach an Diamanten-Spekulationen in Südafrika einen großen Teil seines Vermögens und mußte verkaufen; ein englischer Herzog kaufte Kylemore; aber der war schon bankrott, als er es erwarb, und so landete es in den Händen der Banken, die nicht einmal eine Filiale darin eröffnen konnten.

Und dann zogen die Benediktinerinnen aus Ypern ein, die ›Irischen Damen von Ypern‹. Dieser ehrwürdige Orden, der 1688 von dem unglücklichen Stuart Jakob II. in Dublin gegründet worden ist (eine mehr oder weniger erfolglose Gründung war ihm 1682 in Ypern vorausgegangen), hat kaum ein Jahr auf irischem Boden verweilen dürfen. Der siegreiche Protestantismus trieb die katholischen Orden aus dem ältesten katholischen Lande Europas aus; offiziell gab es überhaupt für die hundert Jahre danach die katholische Religion in Irland nicht mehr. In Ypern fanden die irischen Benediktinerinnen eine Zuflucht, überstanden sogar die Stürme der Französischen Revolution, bis dann die Schrekken und die deutsche Artillerie des Ersten Weltkrieges sie abermals vertrieben. Sie kehrten in die alte Heimat zurück, nach zwei und einem viertel Jahrhundert der Verbannung. Irland errang nach dem Ersten Weltkrieg seine Freiheit. Die katholische Kirche entfaltete sich ungehindert. Die Damen des heiligen Benedikt erwarben das Schloß Kylemore und verwandelten es zur Hälfte in ein Kloster; die andere betreiben sie als ein vorzügliches Hotel und Mädchen-Internat, um ihren Lebensunterhalt zu bestreiten.

Und nun hängt in diesem Schloß eines englischen Kaufmanns die alte Schlachtfahne der Irischen Brigade, des Regiments von Clare, das sich im Dienst der Lilien von Frankreich im Kampf gegen England und seine Bundesgenossen, die Holländer, unsterblichen Ruhm erwarb; hängt da unter Glas, grün die Flagge und die irische Harfe als Wappen darauf, in der Halle des Klosters der Irischen Damen von Ypern, denen sie nach der unglücklichen Schlacht von Ramillies in Verwahrung gegeben wurde. Die Standarte der Irischen Brigade ist wieder heimgekehrt, ist den befreiten Seelen der ›Wildgänse‹ in die Heimat gefolgt.

Damals, als Irland die Freiheit endgültig verloren hatte, eigentlich nur noch das arbeitende Volk fortsetzen durfte, was es immer getan hatte, nämlich die harten, häßlichen und schmutzigen Arbeiten verrichten (nach dem in Irland damals üblichen Motto: ›Defend me and spend me‹ – Beschütze mich und verbrauche mich!), damals, als der Katholizismus nicht einmal mehr nur geduldet war, sind unzählige junge Männer aus den Kreisen des hohen und niederen Adels irischer und irisch-normannischer Herkunft außer Landes gegangen, gefolgt von vielen ihrer Hintersassen, die sich gleich ihren Herren nicht fremden Eroberern beugen wollten, und haben unter den Flaggen der katholischen Kaiser und Könige Europas den Ruhm irischen Soldatentums begründet und gemehrt. Sie vergaßen die heimatliche unglückliche Insel nie – und bei den Zurückgebliebenen blieben sie unvergessen. Ist es nicht seltsam ergreifend und verrät es nicht die Trauer, die viele Jahrhunderte der irischen Geschichte überschattet, daß weder die irischen Söldner in der Fremde noch die Zurückgebliebenen in der Heimat glauben mochten, die Seelen der auf fernen Schlachtfeldern Verbluteten fänden dort Ruhe. Nein, sie gehen in die Wildgänse ein und kehren mit ihnen zu den heimatlichen Mooren, Flüssen und unzähligen heimischen schilfumrandeten Seen zurück. Und schließlich nannte man jene Männer, die sich heimlich aus dem Lande schmuggelten, um in fremde Kriegsdienste zu treten, ›Wildgänse‹. Und die Wildgänse sterben noch immer auf allen Schlachtfeldern, in Korea und Vietnam unter amerikanischer und englischer und australischer Flagge, so wie sie auch im Zweiten und Ersten Weltkrieg einen hohen Anteil der mit den höchsten englischen Tapferkeitsorden Ausgezeichneten in den Armeen des Vereinigten Königreiches stellten – obgleich Irland eigentlich an keinem dieser Kriege mehr beteiligt war und obgleich die große Menge der Iren England verabscheut, sosehr auch der einzelne Engländer Sympathien finden mag.

Und dann wurden die Engländer von jeher in Irland schnell zu Iren, ja irischer als die Iren, schon seit den Tagen der normannischen Eroberer. Dieses kleine Land besitzt eine ungeheure, wahrlich rätselhafte Kraft der Anverwandlung. Es hat seit mehr als tausend Jahren ganze Wellen und Wogen andersstämmiger, nichtirischer Menschen aufgenommen. Das irische Volk ist ungeheuer durchmischt, so daß weder das religiöse Bekenntnis noch der Name, noch die Sprache ein sicheres Urteil über die Abstammung erlaubt. Es gibt Familien, die O'Connor oder O'Malley heißen und trotzdem so englisch, königstreu, so oxfordisch und so protestantisch sind, wie man nur sein kann, und die kein Wort Irisch sprechen und die diese lächerliche Arme-Leute-Sprache auch ablehnen. Und dann findet man in Gegenden, wo kein Wort Englisch gesprochen wird, Leute, so arm, wie man sich die ärmsten irischen Pächter vor hundert Jahren vorstellt, wo sie katholisch sind mit jeder Faser und das uralte Erbgut an Sagen und Märchen aus der keltischen Frühzeit pflegen und ehren – und diese Leute heißen dann plötzlich de Courcy oder Hawkins oder Ryder, also so normannisch und englisch wie nur möglich.

Dies kleine Inselvolk hat seinen einmaligen irischen Charakter mit solcher Zähigkeit und Treue bewahrt, daß es ganz unverwechselbar unter den Völkern weißer Rasse dasteht, stolz, liebenswert, gesprächig, fromm, wunderbar altmodisch und den sogenannten Fortschritt bisweilen ein wenig belächelnd, versponnen und versonnen, nicht sehr ›tüchtig‹, aber ungeheuer lebenszäh, zurückhaltend selbstbewußt und mühelos liebenswürdig und chevaleresk, wie es nur ein sehr altes Volk sein kann, das viel erlebt hat – mehr Bitteres als Süßes.

Wie man sieht, bin ich dem Zauber der schönen, schwarzhaarigen, blauäugigen Cathleen Ni Houlihan, die für Irland etwa dasselbe bedeutet wie Marianne für Frankreich oder Gretchen für Deutschland, hoffnungslos erlegen. Und ich bekenne gleich vorweg, daß ich zwar schon viele Länder schön und großartig gefunden habe, Kanada zum Beispiel, das wälderrauschende, präriegoldene, oder Australien, das himmelweite und blendende; doch Kanadier oder Australier zu werden, wäre mir kaum eingefallen. Aber Ire könnte ich werden und brauchte mir nur wenig Mühe zu geben oder mich gar zu überwinden. Aber vielleicht liegt das nur daran, daß Irland so unbeschreiblich europäisch ist, mit all den lächerlichen und anrüchigen Schwächen Europas und der ganzen Stärke seiner Unvermeidlichkeit, seiner Beharrlichkeit und der Tiefe seines Ahnungsvermögens.

Das alles erinnerte mich an den alten Mann, der mir

neulich einen jener tiefsinnig leichtsinnigen Aussprüche versetzte, die man in diesem Lande gerade von den sogenannten einfachen Leuten überraschend häufig zu hören bekommt. Ich war in den Osthängen des Garraun umhergestiegen, um von der Höhe eine Farbaufnahme der Maumturk-Gebirge zu gewinnen, die nicht mehr zu Connemara, sondern schon zu ›Joyce's Country‹ gehören. Aber der Regen hatte mich überrascht, der Himmel hatte sich im Nu bezogen, und die ganze mühsame Kletterei war wieder einmal umsonst gewesen. Als ich nach dem Abstieg den Talboden erreicht hatte, traf ich auf einem langen Feldweg, der von einigen Torfstichen zur festen Straße führte, einen Karren, der mit Torf beladen war, einen graubraunen kleinen Esel davor und besagten alten Mann, der daneben auf einem Stein saß. Wir kamen natürlich miteinander ins Gespräch; es wäre sehr schlechtes Benehmen gewesen, wenn ich dem Manne nur einfach die Tageszeit geboten hätte und vorübergegangen wäre – so häufig begegnet man anderen menschlichen Wesen in diesen Ödnissen nicht.

Der Alte war genauso bis auf die Haut durchnäßt wie ich selber; bittere Kälte war eingefallen; ein eisiger Staubregen trieb von Nordwesten her über das Moor; der Esel hatte auf dem tief zerweichten Wege die Lust verloren und verweigerte den Gehorsam; der Torf auf dem Karren war naß geworden und würde elend brennen, und der Pfeifentabak war auch durchnäßt, und der Abend sank, und ich fror erbärmlich wie er – mit einem Wort: der Menschheit ganzer Jammer hatte uns angefaßt, und wir zögerten nicht, ihn uns von der Seele zu stöhnen. Aber zu guter Letzt sagte dann der Alte:

»Ach, wenn man sicher ist, daß man vielleicht schon morgen in den Himmel kommt, dann kann man auch ruhig hienieden noch einen oder zwei Tage weiter im Dreck hocken!«

– sah mich an und lachte verschmitzt. Dieser guten Weisheit letzter Schluß tröstete auch mich. Wir packten beide den Karren von hinten, setzten unsere Schultern darunter und schoben ihn erbarmunglos dem Esel auf den Pelz. Dem Grautier wurde unheimlich zumute, es zog an, und die Karre war wieder flott.

Ich wandere manchmal am Abend, wenn ich wieder allein bin, nachdem Mike und seine beiden Genossen den Heimweg angetreten haben, durch den alten Garten, der mein Haus in Kylemore umgibt. Ach, die Zierblumen haben sich weithin ausgepflanzt. Die Narzissen brechen zu Hunderten durch den verwilderten Rasen unter den alten Bäumen, die Primeln und Anemonen haben sich ohne jedes Standesbewußtsein den Butterblumen und den Gänseblümchen zwischen den bemoosten Obstbäumen zugesellt, die sozusagen bloß noch ihr Gnadenbrot verzehren.

Über die Zwölf Bens im Süden und Südosten schüttet die versinkende Sonne ein Licht, wie ich es noch nirgendwo sonst gesehen: es ist aus Gold und Veilchenblau unvergeßlich gemischt. Auf dem höchsten Ast der finster wirren Araukarie sitzt eine schwarzröckige Amsel und flötet ihr Abendlied; durch die zierlichen japanischen Zwergahorne mit dem bräunlichen Blattgefieder huschen die Rotkehlchen, die Hänflinge und die Zaunkönige, als hätten sie viel zu besorgen, ehe die Nacht hereinbricht.

Der Bach singt eintönig und voller Gleichmut wie immer. Die schönen Gartenfelder, zu langen, geraden Furchen gehäuft, lassen ihre Kohl- und Zwiebelreihen schimmern oder warten daneben, leer noch, auf die jungen Pflanzen; die schwarze, lockere Erde glänzt.

Aus den geborstenen Wänden des alten Goldfischteiches sickert Feuchte und hat eine blühende Wildnis am Abhang darunter geschaffen. Ich wollte, ich wüßte, wie alle die prangenden Pflanzen und Kräuter heißen, die sich da zu grünen, blütenübersprühten Polstern drängen; aber ich weiß es nicht und tröste mich damit, daß die Kräutlein selbst auch nicht wissen, welche Namen sie tragen.

Unendlicher Friede schwebt über dem alten Garten wie eine leichte silberne Wolke. Die dichten Gebüsche atmen Kühle aus. Menschen sind fern. Ich bin ganz allein auf der umhegten Insel im Großen Wald. Der Wald ist nicht sehr groß nach deutschen Begriffen – aber hier zwischen den leeren Gebirgen ist er groß und still, wild und feierlich.

Frieden und Stille über dem träumenden Tal und der Tau tröstlicher Einsamkeit auf das umgetriebene menschliche Herz.

Ich denke daran, daß drei Kilometer weiter, jenseits des Flusses auf dem Gute, das zum Kloster Kylemore gehört, jetzt die Arbeiter ihre Pferde ausspannen; sie haben tagsüber auf den Äckern, die als große Lichtungen im Walde sich breiten, gepflügt.

Und die ersten Gäste im Kloster, die tagsüber die reichen Fischgründe in den Seen und Flüssen, die zur Abtei gehören, abgeschritten haben und vielleicht auch schon die Schnur mit dem Haken heimlich hinausfliegen ließen über die stillen Gewässer, sie wandern jetzt auf kieselknirschenden oder moorleisen Pfaden dem grauen Schloß am Berge zu, wo das Abendbrot wartet. Merkwürdig, mit welcher Leidenschaft die Engländer und Amerikaner das Angeln betreiben – und die Kylemore-Gewässer im Tal und auf den Bergen sind berühmt wegen ihres Reichtums an Lachsen und Forellen. Aber ich habe nichts gegen das Angeln; es ist wenigstens eine lautlose Leidenschaft.

Und in der Kapelle des Klosters werden die ehrwürdigen Damen des heiligen Benedikt sich versammeln, dem Hochaltar ihren Kniefall darbringen, die Lady Äbtissin voller Ehrfurcht begrüßen und dann die Abendgebete anstimmen, wie es nun schon geschieht jeden Abend durch Jahrhunderte und Jahrtausende, seit dieser älteste der Mönchsorden zur Ehre Gottes gegründet wurde.

Und ich denke daran, daß jetzt die Zeit da ist, in welcher die wilden Schafe in den Bergen lammen. Und ich fürchte für die zarten, weißflockigen Wesen, denn es ist – nun die Sonne versank – kalt geworden, und für morgen ist Sturm und Regen angezeigt. Zwar haben die Schäfer mit ihren Hunden schon vor der Lammzeit die Schafe mit den Widdern – welch königliche Tiere mit ihren doppelt gewundenen Gehörnen, dem gedrungenen Bau und den bernsteingelben, wilden, leeren Augen! – auf die Auen im Talgrund getrieben, die umzäunt sind oder mit dichten Hecken umfriedet – sonst weiden die Kühe dort und das Jungvieh und auch der schwarze Stier. Aber es ist bei schlechtem Wetter genauso naß und kalt auf dem Grund des Tals wie an den Hängen, und zwischen den Felsen am Berg finden die Mutterschafe vielleicht besseren Schutz vor dem Sturm für ihre Lämmer als auf den flachen, schirmlosen Auen am Fluß.

All dies zieht mir unbestimmt durch den Sinn, während ich zwischen den duftenden Hecken hinschlendere und über dem breiten Urtiernacken des Diamond-Hill schon die ersten Sterne schüchtern aufblinken.

Alter Garten, Kylemore, Großer Wald – der Frieden der ganzen Welt über dir –, und unermeßlich fern die Unrast und Ungewißheit dieser Zeit.

Ich stehe still und lausche. – Nichts! Vollkommene Stille! Auch die Amsel ist verstummt.

Plötzlich vernehme ich, verweht vom Berge her, das irre Blöken eines Schafes. Es sind also doch einige den Schäfern entgangen. Nun vermissen die Vergessenen wohl ihre Gefährten und den Widder, der sie führte und verteidigte.

Und gleich darauf höre ich das heiser kläffende Gebell eines Fuchses von jenseits der Mauer am Hang, ganz nahe.

Plötzlich legt sich mir eine Klammer um die Brust: Frieden! – ja, hier hinter den hohen Mauern, hinter dem haushohen, verschlossenen Tor! Aber jenseits davon atmet wie seit Urzeiten die Wildnis über den pfadlosen Bergen, den schweigenden, düsteren Hochmooren zwischen den unbegangenen Hängen – und kein Widder vermag die neugeborenen Lämmer vor den Füchsen zu beschützen, die hungrig aus den Klüften ins Tal herniedergieren, wo die Hunde bei den Herden Wache halten.

Nur zwischen den Mauern ist Frieden. Draußen droht und duftet, lobsingt und schweigt die freie Wildnis.

ZWEITES KAPITEL

Galway, Hafen im Traum

Daß der Kutter an diesem Mittwoch die Fahrt nach den Aran-Inseln nicht wagen würde, hatte ich mir schon in der Nacht zuvor gedacht. Im vierten Stock des Great Southern Hotel, wo ich schlaflos in meinem Bette lag, hatte ich dem wüsten Wetter zugehört, wie es von See her die geduckte Stadt mit Fäusten schlug. So wild hatte der Sturm an die Scheiben gestoßen, daß ich fürchtete, er könnte sie einschlagen.

Und das Geheul und Gebrüll um die vielen Schornsteine und die spitzen Dächer der Stadt Galway vor meinem Fenster, wenn eine neue Bö hereinbrach, hatte mir einen Vorgeschmack von dem zähneklappernden Geschrei der Verdammten beim Jüngsten Gericht gegeben.

Ein paarmal war ich in der Nacht aufgestanden und hatte durch die nassen Scheiben zu den Becken des Hafens hinübergeblickt, vor deren Bogenlampen der eisige Regen unaufhörlich seine Schwaden vorübersegeln ließ. In der Ferne unter mir hatte in immer gleichen Abständen ein starkes Licht aufgeblinkt; es mochte den Hafeneingang bezeichnen oder das Felseneiland, das ihm vorgelagert ist. Der Sturm wehte so heftig, daß er selbst in dem engen, innersten Hafenbecken, das ich von meinem Fenster aus über die Dächer von Schuppen und Speichern hinweg erblicken konnte, kleine Wellen mit weißen Schaumköpfen aufwarf; der Schein der Bogenlampen spiegelte sich darin, ich erkannte es deutlich. Und keine Menschenseele war mehr unterwegs bei diesem Wetter, keine Menschenseele!

Es ist wie verhext, dachte ich mir, als ich wieder unter meinen warmen Decken lag: ich brauche mich bloß von Connemara aufzumachen und nach Galway zu fahren, um zu den Arans überzusetzen, so tobt ein Wetter los, als wollte die Welt untergehen.

Eigentlich hatte ich vor der Weihnachtszeit auf den Arans sein wollen. Aber der Motorkutter, der aushilfsweise in diesem Winter die Verbindung zwischen der Hafenstadt Galway und den Inseln herstellte, war – wenn man den Zeitungen Glauben schenken konnte – bei den fürchterlichen Unwettern jener Tage bereits zweimal in schwere Seenot geraten.

Ich hatte also gewartet, bis sich die Winterstürme ausgetobt hatten und der Kutter wenigstens versuchen konnte, sich wieder zweimal in der Woche auf die Tagesreise nach den Inseln zu begeben.

Nun sollte es endlich soweit sein. Zwar war der Kutter noch nicht durch das Dampferchen ›Dun Aengus‹ ersetzt, das schon seit vierzig Jahren zwischen Galway und den Inseln verkehrt. Das ehrbare Schiffchen befand sich in Reparatur, und niemand wußte anzugeben, wann es wieder in Dienst gestellt werden würde. Mir war außerdem ein guter Hochsee-Kutter mit starkem Motor ebenso recht wie ein wackliger Dampfer aus der grauen Vorzeit der Jahre vor dem Ersten Weltkrieg.

Als ich morgens kurz nach acht bei eben grauendem Tag das Hotel verließ, um mit meinem Koffer zum nahen Hafen zu pilgern, fegten Sturm und Regen noch immer mit unverminderter Bösartigkeit um die leeren Ecken. Aber auf 8.30 Uhr war die Abfahrt gesetzt. Vielleicht geschah ein Wunder, und der Kapitän beschloß in einem Anfall von Tollkühnheit, bei diesem Wetter in See zu stechen; da wollte ich mit von der Partie sein.

Doch die regennassen Steinfliesen der Hafenborde glänzten leer unter den ermattenden Bogenlampen. Auf einem kleinen Frachter, der hoch in seiner von der Flut gefüllten Gezeitenschleuse lag, regte sich gerade erstes Leben in Gestalt eines verschmierten und verschlafenen Stewards, der mißmutig aus einer Tür an Deck zu mir herüberblickte, ohne meinen Gruß mit mehr zu erwidern als jenem komischen halbschrägen Abdrehen des Kopfes im obersten Nakkenwirbel, das in Irland üblicherweise als Gruß genommen wird.

Wo ich meinen Kutter finden würde, danach hatte ich mich schon am Tag zuvor erkundigt: ganz draußen, am Ende der

Pier, wo man gleich freies Wasser erreicht. Einsam wanderte ich durch den peitschenden Regen. Wenn das Schiff überhaupt fuhr, war ich offenbar der einzig Verrückte, der sich ihm anvertrauen wollte. Ich drehte mich um – nein, ganz hinten war ein Mann aufgetaucht, der einen Koffer trug wie ich und anscheinend in die gleiche Richtung strebte. Das tröstete mich.

Tief unter der Kante der Kaimauer lagen drei Fischkutter. Die Ebbe hatte wohl gerade ihren niedrigsten Stand erreicht. Die beiden ersten Kutter ruhten leer und still auf dem schwarzen Wasser. Aber auf dem dritten, am Ende der Reihe, schien sich etwas Menschliches zu regen. Ich trottete also weiter. Ja, tief unter mir auf dem Deck des breiten, klobigen Schiffes lehnte ein Mann am Ruderhäuschen, als gingen ihn Regen und Sturm nichts an, und rauchte seine Pfeife. Wahrscheinlich erreichten ihn da unten hinter der hohen Kaimauer weder Sturm noch Regen.

»Ist dies das Boot nach den Aran-Inseln?« rief ich hinunter.

»Jawohl, dies ist das Boot«, klang es zurück. Der Mann hatte ein rundes, freundliches Gesicht mit einer Mopsnase zu mir emporgehoben. Er fuhr freundlich fort:

»Aber wir fahren heute nicht. Das Wetter ist zu schlecht. Die Corraghs kämen nicht durch die Brandung. Wir könnten weder unsere Ladung noch unsere Passagiere loswerden bei den beiden kleinen Inseln. Wir fahren morgen um die gleiche Zeit, wenn das Wetter sich inzwischen beruhigt.«

Und damit steckte er seine Pfeife wieder in den Mund und blickte voll unstörbaren Gleichmuts anderswohin. Ich ärgerte mich natürlich, obgleich die Antwort genau das war, was ich erwartet hatte. Die Corraghs kämen nicht durch die Brandung? – Der Skipper selbst schien sich also vor dem Wetter nicht zu fürchten. Corraghs – ich hatte schon viel von diesen Ruderbooten der irischen Westküste vernommen, hatte sie auch schon auf der Dingle-Halbinsel in der Grafschaft Kerry bei Dunquin gesehen, von wo die Boote über die gefährlichen Strömungen des Sundes nach den wunderbaren Blasket-Inseln übersetzen. Aber die wackeren Kähne hatten stets, Oberseite nach unten, auf ihren Blöcken in den Klippen gelegen – in sicherem Abstand von Flut und Brandung. Ich war noch in keinem von ihnen zu Wasser gewesen. All die Tage, die ich in Dunquin verbrachte, hatte es so wild in den Sund zwischen der Blasket und dem Festland hineingeweht, daß sich kein Corragh in die tückischen Kreuzseen hinaustraute.

Ich ärgerte mich, während ich meinen nassen Koffer wieder stadtwärts trug. Wie schön hätte ich noch im Bett liegen können und schlafen. Der Mann kam mir entgegen, der offenbar auch nach den Aran-Inseln reisen wollte.

»Nach Aran erst morgen früh!« rief ich ihm entgegen. »Heute ist zu grobes Wetter.«

Der kleine Mann im Regenmantel drehte mit einem Achselzucken bei und schloß sich mir an. Ich erkannte ihn: Er hatte als einziger Frühaufsteher außer mir (denn Frühstück um dreiviertel acht – das ist für irische Gewohnheiten unmenschlich früh) im gähnenden kalten Speisesaal des Hotels gesessen und sich von der äußerst ungnädigen Lady, die ein schlimmes Schicksal zur Kellnerin erniedrigt hatte, seine Eier mit gebratenem Speck servieren lassen.

»Was machen wir?« fragte ich meinen Gefährten der Enttäuschung. »Bleiben wir bis morgen früh und versuchen es noch einmal, oder fahren wir wieder nach Hause?«

Er brach in einen Schwall von Verwünschungen aus, denen ich entnahm, daß er jetzt zum dritten Male probiert hatte, nach Inishmore zu fahren – und jedesmal hatte der Schiffer für den gesetzten Fahrplan nur ein mitleidiges Lächeln übrig gehabt. Er für sein Teil hätte genug davon; er führe wieder nach Cleggan zurück, wo er daheim wäre – und hole der Teufel die Arans! Er hätte mit den Fischern auf den Arans Abkommen treffen wollen, ihnen laufend ihre Fänge abzunehmen. Nun mochten sie bis zum Frühling warten; er hätte keine Zeit, seine Tage in einem teuren Hotel zu vertrödeln.

Ich lauschte seinen Worten mit wachsendem Erstaunen; er drückte sich zwar ebenso kräftig wie fließend auf englisch aus; aber völlig unverkennbar sprach er das Englische mit einem starken französischen Akzent. Sollten es in dieser grauen Morgenstunde gerade ein Deutscher und ein Franzose sein, die sich von dem kleinen westirischen Hafen nach den wilden Arans aufmachen wollten? Plötzlich unterbrach er sich, wandte mir ein plötzlich lächelndes Gesicht zu und fragte:

»Sie sind der Deutsche aus Kylemore, nicht wahr?«

»Das bin ich. Aber woher wissen Sie das?« antwortete ich ein wenig mißmutig; schließlich bleibt man auf Reisen ganz gerne inkognito. Aber seine Entgegnung beruhigte mich:

»Ich habe mich nach Ihnen ins Hotelregister eingeschrieben und sah Ihren Namen. Und natürlich hatte ich längst von Ihnen gehört. Ich wußte sogar schon, daß Sie nach Galway gefahren waren.«

So ist das eben in den Bergen Connemaras; jeder weiß jedes von jedem; es bleibt nichts geheim, irgendwer sieht dich immer und erzählt es weiter, weil es sonst nichts Neues gibt. Ich wagte einen Schuß ins Ungewisse:

»Dann sind Sie der berühmte Franzose aus Cleggan?«

Seine Erwiderung klang etwas sonderbar:

»Ich bin kein Franzose. Ich bin Bretone.«

Ich hatte bis dahin die Bretonen für Franzosen gehalten, so wie die Bayern Deutsche sind, wenn es ihnen auch manchmal schwerfällt. Mir fiel ein, was ich schon längere Zeit zuvor vernommen hatte: In der Bretagne gibt es eine bretonisch-keltische Nationalbewegung, so wie es in Schottland eine schottisch-keltische und in Wales eine walisisch-keltische gibt; und die Republik Irland ist der einzige bewußt keltische Staat dieser Erde.

Aber darüber unterhielten wir uns natürlich nicht, wir beiden verlorenen Kontinentalen am westirischen Sturmtag. Wir klagten uns vielmehr unser Leid, daß es in den irischen Häusern, die man zu mieten bekäme, stets und überall schier zum Verzweifeln zöge, weil Türen und Fenster fingerbreite Ritzen hätten, daß die elenden Kamine zwar gräßliche Berge an kostspieliger Feuerung verschluckten, dafür aber auch nur die Vorderseiten der Frierenden brieten, während die Kehrseiten im heulenden Zugwind von einer Gänsehaut in die andere fielen. Und außerdem wäre es mit dem Wasser ein Elend und mit der Beleuchtung – und jeden Abend wären die Betten feucht in der überfeuchten Luft in den niemals vernünftig zu erwärmenden und zu trocknenden irischen Häusern – und so weiter: das Klagelied der an die westirische Küste verbannten Kontinentaleuropäer hat viele Strophen; wir sind es nicht gewohnt, so aus erster Hand vom Golfstrom regiert zu werden.

Der Franzose, Pardon, der Bretone verwünschte dann noch die leider nicht abzuleugnende Tatsache, daß es an dieser fischreichen Küste vor dem hohen, freien Atlantik so wenig Fische zu kaufen gäbe, weil einfach keiner mehr fischte. Er handelte nämlich mit Fischen und Hummern en gros nach Frankreich – Fische sind vollkommen unpolitisch. –

Wir verabschiedeten uns voneinander, nachdem wir beschlossen hatten, uns gegenseitig in Cleggan und Kylemore zu besuchen.

Ich wanderte wieder ins Hotel zurück; mein Zimmer stand noch unberührt; mir war ganz programmwidrig ein Feiertag aufgezwungen: also kroch ich wieder in mein Bett zurück; es war noch warm. Solange es so weitergoß und windete, konnte ich nichts unternehmen.

Während ich einschlief, dachte ich mir: so kommen die Franzosen nach Connemara in Irland; so kamen in vergangenen Jahren die Iren nach Frankreich und wurden zu französischen Generalen namens MacMahon; so kamen die Deutschen nach Amerika oder die Polen nach Deutschland, die Mennoniten nach Kanada und viele Juden nach Israel. Immer ist irgendwer auf der Flucht in ein anderes Land, wohin ihn keine Sehnsucht treibt, sondern nur die Furcht. Das Schicksal rührt neuerdings die Mühle heftiger als je zuvor, und keiner weiß mehr, wo und wann er schließlich wieder ausgeworfen werden wird. Sonderbar ist nur, daß die Leute, die noch nicht von dem allgemeinen Wirbel erfaßt sind, alle fest daran glauben, ihre augenblicklichen Sitze und Verhältnisse seien für die Ewigkeit gegründet. Die meisten Iren glauben das. Die meisten Deutschen haben das auch einmal geglaubt.

Was macht man in einer kleinen, alten Hafenstadt, wenn man unerwartet in ihr festsitzt? Ich war zwei, drei maßgebenden Leuten in Galway empfohlen; aber der ungute Zufall wollte es, daß sie alle drei nach verschiedenen Richtungen verreist waren. Also blieb mir nur übrig, mir das Städtchen anzusehen. Es zählt nur fünfundzwanzigtausend Einwohner, aber es blickt auf eine stolze und wilde Geschichte zurück. Seine Universität war einst berühmt und ist es heute wieder. Einst zählte es das Doppelte und Dreifache an Einwohnern, bildete Jahrhunderte hindurch eine so gut wie unabhängige Stadt-Republik und versorgte ganz Irland mit spanischem und portugiesischem Wein. Normannische Geschlechter waren es, die Galways Bedeutung begründeten und durch Jahrhunderte erhielten. Die Iren haben niemals als Städtebauer geglänzt; sie sind zwar in den dunkelsten Zeiten der europäischen Geschichte, als die Größe Roms vergangen und das Reich des Mittelalters erst im Werden war, fast die einzigen Hüter des abendländischen Geistes gewesen; aber sie waren stets Bauern und Hirten; ihr wunderbar reges geistiges, künstlerisches und religiöses Dasein schuf sich in Klöstern und Ordensschulen und an den Königs- und Fürstenhöfen seine Mittelpunkte, aber nicht in Städten, die wurden in Irland allesamt von den ›Dänen‹ (wir würden ›Wikinger‹ sagen) und später von den Normannen gegründet. Allerdings gingen die Dänen wie die Normannen allmählich in der Welt der Iren auf und wurden ebenso irisch oder irischer als die ursprünglichen Iren selbst, so das keltische Element mit starken germanischen Zuflüssen vermischend – nicht viel anders, als sich tausend oder fünfzehnhundert Jahre vorher die erobernden Kelten über ältere, vorkeltische Rassen geschoben haben, deren großartige, wahrhaft für die Ewigkeit errichtete Grabmäler und Fliehburgen bis auf den heutigen Tag dauern.

Besonders stolze Bürger der alten Stadt behaupten zwar, schon Ptolemäus, der berühmte Geograph des Altertums, hätte die Stadt unter dem Namen Magnata gekannt. Aber es wird nie mehr mit Sicherheit festzustellen sein, ob das nebelhafte Magnata wirklich eine Vorläuferin des heutigen Galway gewesen ist. Die normannischen Geschlechter aber, die in und um Galway siedelten und wirkten, sind so wirklich wie nur möglich. Zwar verboten die gestrengen Herren der Stadt noch vor vierhundert Jahren, daß irgendein ›O‹ oder ›Mac‹ an einem Feiertag das Pflaster der Stadt beträte oder von einem Bürger bewirtet oder aufgenommen würde. Die Bürger fürchteten sich noch vor den ›wilden O'Flahertys‹, der führenden Sippe in den Landen um Galway. In das alte Westtor Galways, durch das die Straße über den schäumenden, rauschenden Corrib hinweg in die Wildnisse Connemaras führte, war ein Stein eingelassen, der die Inschrift trug: ›Dies Tor wurde errichtet, uns vor den grimmigen O'Flahertys zu schützen.‹ Diese beiden Silben ›O'‹ und ›Mac‹ stellen also – um es nochmals zu sagen – das gleiche dar wie die Schlußsilben in den niederdeutschen Namen Petersen oder Harmsen oder Claassen; auch das Fitz in normannisch-englischen Namen wie Fitzwilliam, Fitzgerald oder Fitzgibbon bedeutet nichts anders; es weist stets auf einen echten oder sagenhaften Stammvater hin, nach dem sich seine Söhne und Enkel und alle kommenden Ururenkel benannten; dabei ist Fitz nichts weiter als das verstümmelte französische Wort fils = Sohn.

Heute aber wohnen in Galway die O'Flaherty, die O'Toole, die MacNamara und MacCarthy friedlich neben den Nachkommen der berühmten normannischen ›Stämme von Galway‹, den Bodkin, den Blake, den Joyce, den Martin und den Lynch.

Das schönste und großartigste Bürgerhaus in Galway, das noch heute eine Ahnung von dem Glanz und der Pracht vermittelt, die einmal in der reichen Weinhändlerstadt entfaltet worden ist, ehe die Eisenfaust Cromwells auch ihre Blüte zerstörte, ein Haus, das in seiner Würde und seinem Ebenmaß noch heute den Fremden erfreut, ist ›Lynch's Mansion‹, das Haus der Familie Lynch. Die Wappenschilder an seinen Wänden zeigen den Luchs, das Wappen der Familie Lynch.

Von einem Manne namens James Lynch Fitzstephen handelt auch die einzige Geschichte aus der Stadt Galway, die in einem Buch wie diesem sicherlich wiedererzählt werden muß. Denn der Ausdruck ›jemanden lynchen‹, der von dem Namen Lynch abgeleitet ist, hat sich ja auch im Deutschen vollkommen eingebürgert. Wir sprechen von ›Lynchjustiz‹ und meinen damit jenes ekelhafte Zerrbild der Gerechtigkeit, das sich darbietet, wenn ein fanatisierter Pöbelhaufen einen Schuldigen oder nur vermeintlich Schuldigen ergreift, vor sich hertreibt, schlägt, teert und federt und an den nächsten Baumast oder Laternenpfahl hängt. Mit Recht hat solche ›Lynchjustiz‹ nichts zu tun; sie ist der Gewaltakt einer mordlüsternen Menschenmasse.

In Wahrheit aber war jener Richter Lynch, der der Lynchjustiz den Namen gab, ein Beispiel unerbittlicher Gerechtigkeit, so unerbittlich eben, daß im letztlich niemals irrenden Urteil der Nachwelt, das heißt der Geschichte, die starre Strenge als Grausamkeit erscheint.

Im Jahre 1493 wurde jener James Lynch zum Bürgermeister und damit auch obersten Richter der Freien Stadt Galway gewählt. Die Einfuhr von Wein aus Spanien, die Ausfuhr von Wolle und Häuten, Honig und Fischen hatte große Reichtümer in der Stadt gehäuft; sollten sie erhalten und gemehrt werden, so war nichts wichtiger, als die engen Beziehungen zu Spanien zu verbessern und freundschaftlich zu vertiefen. James Lynch, ein unternehmender und weitblickender Mann, bedachte das Wohl und Wehe der Stadt, die ihm ihr Schicksal anvertraut hatte, und beschloß, selbst nach Spanien zu fahren und persönlich die Männer kennenzulernen, die der Stadt und damit ganz Irland den kostbaren Malaga, Jerez oder Sevilla lieferten, der dann in Galway selbst oder im Osten Irlands, von den großen Weinkellern in Athboy – in der Grafschaft Meath – aus, an die trinkfesten Großen und Edlen des Landes verkauft wurde.

Der Bürgermeister begab sich auf einem der kräftigen 400-Tonnen-Segler, die sein eigenes Wappentier, den Luchs, als Galionsfigur trugen, nach Cadiz, dem größten Hafen an der spanischen Südwestküste, wohin und woher die Galway-Schiffe segeln konnten, ohne auch nur ein einziges Mal in den braven Westwinden die Segel wenden zu müssen. In Cadiz wurde Lynch von einem reichen Kaufmann namens

Gomez mit großen Ehren und Freuden aufgenommen; die geschäftlichen Verhandlungen nahmen einen günstigen Verlauf; die Spanier wußten wohl zu schätzen, wie wichtig die Kunden aus Galway für ihre eigenen Profite waren. Zu alledem schlossen Lynch und Gomez, die sich schnell schätzen lernten, miteinander Freundschaft.

Als daher der Tag des Abschieds näherrückte, schlug Lynch seinem Gastgeber vor, er möge ihm den Sohn, den jungen Gomez, zu einem langen Besuch nach Galway mitgeben. So würde der junge Gomez Galway, Irland und den irischen Weinhandel aufs angenehmste kennenlernen; ganz abgesehen davon, daß Lynch nichts Lieberes zu tun wüßte, als die Gastfreundschaft, die er in Cadiz genossen, an dem Sohne des Freundes zu vergelten. Der alte Gomez zögerte zunächst; Irland war ein wildes, unbekanntes Land im Norden und voll von Kampf und Streit; aber die Freude und Sehnsucht seines Sohnes, fremde Länder und Küsten zu erfahren, siegten schließlich über die väterlichen Bedenken.

In Galway wurde der junge Gomez erfreut aufgenommen; er lebte im Hause der Lynchs wohlgelitten von jedermann, und bald verknüpften ihn kameradschaftliche Bande mit Walter Lynch, dem Sohne des Bürgermeisters. Der dunkeläugige Spanier fand in Galway alle Türen offen, und die stolzen Kaufmannsgeschlechter der Stadt warben um seine Besuche und seine Freundschaft. Walter Lynch und der junge Gomez genossen gemeinsam in vollen Zügen, was Galway zu bieten hatte, und sicherlich wird es auch nicht an amourösen Abenteuern gefehlt haben. Bis dann eines Tages das Schicksal in Gestalt eines schönen Mädchens namens Agnes die beiden lebenslustigen Männer vorschnell ereilte. Der Vater dieser Agnes – sein Name ist nicht überliefert – sprach fließend Spanisch; auch er war ein Kaufmann und legte großen Wert darauf, seine Beziehungen nach Cadiz zu vertiefen. – Und als der stolze Gomez an der schönen Agnes Gefallen fand und bald lichterloh in Flammen stand, war der Vater der Agnes der letzte, der diese Entwicklung nicht gern gesehen hätte.

Allerdings wußte der Vater nicht, daß auch der junge Lynch sich leidenschaftlich in seine Tochter verliebt, daß er schon um ihre Zuneigung geworben hatte, ehe noch der verwirrende Fremde aus dem Süden aufgetaucht war. Und Agnes schien sich nicht mehr daran zu erinnern, daß ihr der Sohn des Bürgermeisters einmal als Verehrer sehr willkommen gewesen war.

Die Freundschaft zwischen den beiden jungen Männern verwandelte sich in Mißgunst und schließlich in Haß. Vielleicht hätte sich Walter Lynch mit der Zeit in sein Schicksal, verschmäht zu sein, gefügt und sich an anderer Stelle getröstet, wenn sich nicht der Spanier allzu deutlich und allzu gern mit seinen Erfolgen bei der schönen Agnes gebrüstet hätte; wahrscheinlich erhöhte es seinen Triumph, den ausgestochenen Nebenbuhler leiden zu sehen. Er wußte nicht, daß diesen normannischen Iren oder irischen Normannen ein wildes, ungebärdiges Blut in den Adern fließt, das sie zu mancher wahnwitzigen Tat verführt.

Als die beiden Männer eines Tages zum Fischen in die Bucht von Galway hinausgesegelt waren und Gomez die müßige Stunde wiederum dazu benutzte, Lynch damit zu hänseln, wie Agnes ihn hätte sitzenlassen, schlug dem jungen Lynch plötzlich die Flamme ins Gehirn; rasend vor Wut, die nicht mehr zu bezähmen war, zog er sein Messer, warf sich auf den Wehrlosen und jagte ihm die Waffe ins Herz, stieß nochmals zu und nochmals. Ohne sich zu besinnen, stürzte er dann den Leib des Erstochenen in die See.

Aber die Tat war vom Ufer und von einem anderen Boot in der Bucht beobachtet worden. Es nützte dem Mörder nicht viel, daß er sich in den Wäldern vor der Stadt zu verbergen trachtete. Er war auch bereit, sich zu seiner Tat zu bekennen, nachdem er wieder zur Vernunft gekommen war. Als ein Haufen Bewaffneter, geführt von seinem Vater, dem Bürgermeister, sich seinem Versteck näherte, trat er ins Freie, gab sich gefangen und bekannte sich schuldig.

Der Vater, als Richter unerbittlich, verriet mit keiner Miene, daß er den Gefangenen kannte, daß es sein eigener Sohn war, den er ins Gefängnis einlieferte. Das Gefängnis lag neben des Bürgermeisters Haus. Mit einem Gesicht starr wie aus Stein, schritt der alte Lynch daran vorüber, als er sich am nächsten Tag zum Gericht begab, um über den Mörder das

Urteil zu sprechen. Schlimmeres lag vor als nur ein Totschlag aus Eifersucht. Die Ehre ganz Galways stand auf dem Spiel, denn Lynchs Besuch in Cadiz war ein Staatsbesuch gewesen, und der junge Gomez war nicht irgendein in Galway weilender Privatmann, sondern das Unterpfand der Freundschaft zwischen den Freien Städten Cadiz und Galway, war ein Gesandter guten Willens von Spanien nach Irland. Der junge Lynch hatte also kein privates, er hatte ein Staatsverbrechen begangen.

Der Richter Lynch verkündete, da der Angeklagte geständig war und in Galway englisch-normannisches, das heißt römisches Recht und nicht irisches gesprochen wurde, das einzig mögliche Urteil: Tod durch den Strang.

Aber Irland lag vor den Toren, es war mitten in der Stadt – und das irische Brehon-Recht, milder in allem und menschlicher und der Fiktion des Staates nicht verpflichtet wie das römische Recht, hätte zwar dem Mörder ein hohes Sühnegeld auferlegt und auch sonst alles getan, der Familie des Erstochenen Genugtuung zu verschaffen, aber es würde sich nicht dazu verstanden haben, zu dem schon vergossenen Blut weiteres zu vergießen.

So allein wird es erklärlich, daß die Mutter des Mörders, eine Blake, sofort die Zustimmung und Hilfe ihrer Verwandten und Freunde fand, als sie sie anflehte, ihr zu helfen, den vom Vater zum Tode am Galgen verurteilten Sohn zu retten. Wo zweierlei Recht so nahe beieinander wohnte wie in Galway und dem irischen Land ringsum, da genoß die Härte des römischen Rechts nicht den Respekt wie etwa in einem lateinischen Land.

Die Verwandten der Mutter, nicht minder einflußreich und mächtig als die Lynchs, bestürmten den Bürgermeister mit Bitten und Flehen zuerst und – als das nichts half – mit Drohungen, das Urteil nicht vollstrecken zu lassen. Aber dieser Richter war weder durch Bitten noch durch Drohungen zu bewegen, das Recht, das er vertrat, zu beugen.

Der Tag der Hinrichtung kam heran. Der Vater las dem Sohn im Gefängnis noch einmal das Urteil vor. Der Sohn, in dem wohl nicht weniger Härte als im Vater gewesen sein muß, fügte sich dem Spruch. Vater und Sohn empfingen gemeinsam im Gefängnis aus der Hand des Priesters das heilige Sakrament.

Dann setzte sich der Vater an die Spitze der Bewaffneten, die den Sohn zur Richtstätte führen sollten. Inzwischen aber hatte die Mutter ihre eigenen Leute in einem Hinterhalt bereitgestellt. So heftig und plötzlich drangen die Blakes auf die Wächter des Verurteilten ein, anderes Volk aus der Stadt, in welcher der junge Lynch sehr beliebt gewesen war, kam hinzu – und die kleinherzigen Büttel waren schnell in die Flucht geschlagen. Den Bürgermeister selbst aber wagten sie nicht anzugreifen. Auch zeigte der junge Lynch kein Verlangen, sich befreien zu lassen, folgte vielmehr seinem Vater willig, als dieser ihn aus dem Bereich der Straße ins Haus und hinauf in den ersten Stock führte. Dort zeigte er sich selbst und den Gefangenen der wütenden Menge, die ihn unter wildem Gebrüll mit dem Tode bedrohte, wenn er es wagte, sein Urteil an dem Sohn vollstrecken zu lassen. Der Alte mit dem steinernen Gesicht rief nach den Henkern. Aber Büttel und Henker waren geflohen; sie hätten es um alles in der Welt nicht gewagt, im Angesicht der rasenden Masse den jungen Lynch vom Leben zum Tode zu bringen.

Der Bürgermeister verzog keine Miene. Mit der unendlichen Verachtung für das gemeine Volk, die ein Mann empfindet, der das Recht ohne Ansehen der Person zu wahren hat und für die Würde und Ehre des Staates verantwortlich ist, blickte der alte Lynch auf die tobenden Menschen hinab, band den Strick an einem Mauerhaken fest, legte die Schlinge dem Sohn um den Hals und stieß den Unglücklichen, der kein Glied regte, sich zu wehren, ins Leere, in den Tod. Der Mord an dem Gastfreunde, an dem Abgesandten befreundeter Mächte, war mit einem Toten gleichen Ranges bezahlt und gesühnt.

Dann verharrte der furchtbare Mann eine Weile, blickte fragend auf die Zuschauer hinunter. Vielleicht erhoffte er sich aus ihrer Hand den Tod; der wäre ihm sicherlich willkommen gewesen. Aber die eben noch rasende Menge stand kraftlos und gelähmt. Scheu schlich einer nach dem anderen davon. Diesem Vater und Richter und Henker in einem gegenüber versagte der Mut.

Der Bürgermeister begab sich in sein Haus zurück; niemand wagte ihn aufzuhalten oder anzusprechen. Nie wieder soll er außerhalb seines Hauses gesehen worden sein. Seine Tat hatte ihn von der übrigen Menschheit für immer getrennt.

Wie der alte Gomez in Cadiz die schaurige Kunde aufgenommen haben mag, wird nicht berichtet – und auch von jener Agnes hören wir nichts weiter.

Das ist die Geschichte von dem wahren ›Richter Lynch‹, der den Mob grenzenlos verachtete und dem Recht mit unmenschlicher Strenge zum Siege verhalf. Wie seltsam hat sich der Sinn der ›Lynch-Justiz‹ ins Gegenteil verwandelt, wenn wir heute darunter das summarische Verfahren verstehen, mit dem der Pöbel ohne Recht und Gesetz irgendeinem armen Teufel das Leben raubt.

Hinter der Kirche des heiligen Nikolaus (des Schutzpatrons der Kinder, der Seeleute und – der Diebe) ist in eine Wand der ›Lynch-Stein‹ eingelassen. Unter einem Totenkopf und gekreuzten Knochen ist darauf die Tat des James Lynch Fitzstephen, Bürgermeister im Jahre 1493, verzeichnet.

Schlechte Zensur für Zensoren

Ich ging am Abend des versäumten Tages in Galway ins Kino, um mir einen amerikanischen Film anzusehen. Die Geschichte vom Richter Lynch hatte mir ein wenig den Appetit verdorben. Aber im Kino, einem riesigen, bahnhofshallenartigen Gebäude mit einer geschmacklosen ›modernen‹ Fassade und knarrenden, abgewetzten Polstersesseln, fand ich auch keine rechte Ruhe. Ich hatte mir einen Platz in der ersten Reihe des Balkons anweisen lassen. Aber die Ruhe und Entspannung, die ich erwartet hatte, fand ich nicht. Denn unter mir das Parkett war angefüllt mit ganzen Horden schwatzender, lachender, schreiender Kinder, die die Vorgänge auf der Leinwand mit viel Spektakel begleiteten.

Ich erlebte wieder einmal ein irisches Rätsel:

Irland ist eines der wenigen Länder des Westens, in denen eine von Staats wegen eingesetzte Zensurbehörde die Bürger vor unmoralischen Schriften, Radiosendungen und Filmen bewahrt. Die Zensur hat – um es gleich vorweg zu sagen – nicht das geringste mit politischer Kontrolle zu tun. In Irland kann jeder die Regierung, das Parlament, die Behörden – auch die Zensur – so offen und deutlich angreifen, wie er will, ohne ein Blatt vor den Mund nehmen zu müssen. Und diese öffentliche Kritik ist vielfach von solchem Freimut und solcher Schärfe, daß der Deutsche – wesentlich regierungsfrommer geartet – ein gewisses Unbehagen nicht zu unterdrücken vermag.

Die moralische Seite öffentlicher Verlautbarungen jedoch wird recht streng unter die Lupe genommen, und es gibt eine Anzahl von Büchern und auch Stücken irischer Dichter und Schriftsteller, die in Irland selbst nicht zu haben sind. Zwar vermögen die Interessierten sich diese Bücher leicht per Post aus England zu beschaffen; aber im Lande selbst werden sie nicht verkauft. Und in Radio und Kino kann man sicher sein, daß am Ende immer die Moral siegt, den Lumpen sein verdientes Schicksal erreicht und das moralische Einmaleins der von Natur Braven, Unerfahrenen und Unwissenden nicht in Frage gestellt wird.

Der ganze Unsinn eines Unterfangens, von einem ehrbaren Gremium unbescholtener, wohlmeinender Herren die Literatur und so weiter ›reinigen‹ zu lassen, damit niemand auf unversehener Schlüpfrigkeit ausgleite, die ganze Albernheit solcher Versuche – wo und von wem sie auch immer unternommen werden – wurde mir an jenem Abend im Kino zu Galway klar. Zwar war von Pornographie keine Rede. Die vier oder fünf Filme des irischen Filmprogramms verhalfen alle der Unschuld zum Siege, dem Verbrecher zur Strafe. Aber vorher knallte es, wurde geschossen und umgebracht und ins Irrenhaus gesteckt, wurde gestohlen, betrogen und Rache genommen, daß es eine Art hatte – und hundert oder zweihundert Kinder johlten dazu und kreischten vor Angst und erhielten so viel ausgedachte und gerissene Unmoral in die Seele geträufelt, daß einen braven Mitteleuropäer das Grausen ankommen konnte. Was nützt es schon, wenn

James Joyce niemand verderben darf und gleichzeitig die Kinder allem wüsten Fünf-Groschen-Zauber ausgesetzt sind, der so unwirklich und widerlich wie nur möglich sein mag, aber die Moral ›siegen‹ läßt!

Man wird verstehen, daß ich mich nach dieser ersten Bekanntschaft mit einem irischen Kino einigermaßen bedrückt in mein Hotelzimmer hoch über der Stadt zurückzog. Was mich aber tröstete, war: Der Sturm hatte nachgelassen, der Regen prasselte nicht mehr an die Scheiben – der Kutter nach Aran würde mich am kommenden Morgen nicht wieder im Stich lassen.

DRITTES KAPITEL

Aran, Inseln im satten Grün

Im Osten zwischen trägen Wolkenbänken schwamm ein blasses Morgenrot, als ich abermals mit meinem Koffer über die leeren Kaimauern trottete, um das Schifflein zu erreichen. Der letzte Rest der Sorge wich von meinem Herzen, als ich am Ende der Pier ein Postauto stehen sah, ein paar Menschen dazu, und mir ein geleerter Lastwagen entgegenrollte. Wenn die Post verladen wurde, dann war es soweit.

Ich reichte meinen Koffer und meine Tasche über den Rand der Mauer einem begeisternd schmutzigen Manne zu, der zu mir an der senkrechten Eisenleiter, die in die Hafenmauer eingelassen ist, heraufgeklettert war. Denn der breite hölzerne Kutter lag so tief unter mir, daß ich in den Kombüsen-Schornstein blicken konnte. Die Ebbe war auf ihrem tiefsten Stand angelangt. Dann kletterte ich hinter dem Manne her und betrat das langersehnte, nie gescheuerte Deck. Das Steuerhäuschen lag über dem hinteren Drittel des Schiffes; das Deck davor war bedeckt mit zwei oder drei Dutzend kräftiger Bierfässer der Brauerei Guiness, Dublin, sehr vertrauenswürdigen Behältern. Dazu waren Kisten gestapelt, Benzinkannen, Fahrräder, und drei junge Mädchen mit schnittigen Pappkoffern steckten dazwischen, die so großstädtisch angezogen und angemalt waren, daß ich sie auf diesem schmutzigen, verölten alten Kutter nur mit hingerissenem Erstaunen bewundern konnte. Sie kamen mir völlig fehl am Platze vor. Ich selbst hatte mich in hohe Gummistiefel, einen Regenmantel, der schon manchen Sturm erlebt hatte, und in einen zerdrückten Filzhut geworfen, um nicht von vornherein das Mißfallen der Kutterleute zu erregen.

Die drei Grazien der billigen Eleganz standen auf einem Haufen, balancierten auf ihren Stöckelschuhen, schnatterten auf englisch und waren überaus lustig. Hinter mir stieg noch ein langbeiniger Mann mit verschlossenem Gesicht über die rostige Eisenleiter aufs Deck herab und stellte eine Holzkiste mit Tragegriff sorgfältig hinter das Steuerhäuschen, wo auch ich mein Gepäck untergebracht hatte. Ich erkannte den Langbeinigen an seinem Abzeichen an der Mütze: Er war ein Leuchtturmwärter, der offenbar zu den Inseln hinausfuhr, einen anderen abzulösen.

»Wie spät ist es?« fragte mich der Skipper, derselbe rundliche Mann in zerlumptem Paletot und Mütze – und der abgenagten Pfeife im Mund –, der mir am Tag zuvor Bescheid gegeben hatte. Ich schien der einzige Mann an Bord zu sein, dem man den Besitz einer Uhr zutraute. Später entdeckte ich im Ruderhäuschen einen alten Wecker, der zwischen die Scheiben und eine Holzleiste geklemmt war. Aber der Wekker hatte längst vor lauter Sturm und Regen und Salzwasser den Geist aufgegeben.

»Zwanzig Minuten nach acht!« gab ich zur Antwort.

»Da soll doch gleich...«, knurrte der Kapitän; mehr konnte ich nicht verstehen. »Um 8 Uhr 15 hätten wir eigentlich ablegen sollen.«

»Er kommt –!« rief ein Mann, der oben auf der Mauer stand, um die Taue loszuwerfen.

Er kam, der junge Beamte der Transportgesellschaft nämlich, der vor der Abreise die Fahrkarten zu verkaufen hatte; kam sehr verschlafen und mißvergnügt und hatte kein Kleingeld, um herauszugeben. Wir legten alle zusammen, die drei Mädchen, der Leuchtturmwärter, der Kapitän, der Maschinist und ich, kamen schließlich mit den Fahrgeldern klar und waren den mißmutigen Lümmel in Uniform los. Kaum hatte er seinen Fuß wieder auf die Leiter gesetzt, flogen die Leinen aufs Deck, der Motor im Innern des Bootes brummte ein wenig hörbarer auf, und der Kutter glitt von der nach faulen Fischen riechenden Mauer ins freie Wasser hinaus. Der Kapitän rief weitere Befehle durch die Fensterluke im Deck des Kutters in den Schiffsleib hinunter; der Motor ging auf volle Kraft, weiße Schaumstrudel quollen hinter dem Heck des Schiffes hoch, und endlich, endlich zogen wir in die offene Meeresbucht hinaus, der hohen See entgegen.

Wir waren noch keine halbe Stunde unterwegs, hatten ein Felseneiland mit einem Leuchtturm in respektvoller Entfernung umschifft, als uns die erste blanke, grüne, silbern beschäumte See des offenen Meeres begrüßte. Der Kutter bäumte sich ein wenig, hob sich leicht und wich mit der Behendigkeit mancher Dicker und ließ die Woge unter sich ostwärts davonrollen. Nur ein paar nasse Spritzer waren über das Deck gefegt. Aha, dachte ich, ein guter Schlitten, ein seetüchtiges, ein braves Boot! Es war eine Freude, unter den Beinen zu spüren, wie gemächlich der Kutter die vom vergangenen Sturm immer noch recht grobe See zu meistern verstand; er nahm keinen Tropfen Wasser über auf der ganzen bockigen Reise, und die Spritzer ließ er über sich hinwegfegen. Gleich die ersten hatten eins der Mädchen auf das fesche Hütchen getroffen – und zehn Minuten später waren die drei Damen grün im Gesicht. Sie zogen sich in den Bauch des Schiffes zurück, irgendwohin ins Dunkle, Stinkige, Ungewisse, und einer der wunderbar speckigen Seemänner trug ihnen mit vielsagendem Grinsen einen zur Hälfte mit Seewasser gefüllten Teereimer nach. Der Leuchtturmwärter begab sich ebenfalls über die steile Treppe ins Innere; aus der Tasche seines blauen Uniformmantels blickte die grelle Ecke eines Kriminalromans; wahrscheinlich war er so viel frische Luft gewohnt, daß die säuerliche im Kutterbauch ihm das angenehme Gefühl vermittelte, immer noch unter Menschen zu sein und nicht auf einem hygienisch völlig einwandfreien Felsen im Atlantik.

Ich hatte das Deck des schwer arbeitenden, aber unbeirrt seinem Kurse folgenden Schiffes für mich allein, konnte es allerdings nicht zu Spaziergängen benutzen, sondern mußte mich irgendwo an den Trossen halten, um mein Gleichgewicht zu wahren – und die hölzerne Reling war nur wenig höher als meine Knie: ein unvollkommener Halt neben dem grünglasigen Abgrund.

Ab und zu tauchten zwei Matrosen an Deck auf, steckten einen langen Eisenschwengel in eine Pumpe und holten aus der Tiefe des Bootes ganze Schwälle trüben Wassers hervor, die sich blindlings über das schwankende Deck ergossen, bevor sie durch die Speigatten wieder in die Heimat aller Wasser zurückfanden. Die Matrosen (ha, Matrosen!), prächtige, gesetzte, unrasierte Männer, weltenfern von offner Brust, Matrosenkragen und Bändermütze, meinten zu mir:

Die »Klippen von Moher« an der Westküste der Grafschaft Clare. Unerhört schroff ragen sie aus dem Atlantik bis zu 300 Metern auf. Auch bei ruhigem Wetter strömt die schwere Brandung unaufhörlich gegen die Felswände an. Jahrhundertealte, halb verfallene Wehrtürme krönen die Vorgebirge.

Oben: Einsamkeit und Frieden unter den flachen Bergen von Connemara. Unten: Verlassene Bauerngehöfte auf den Anraninseln (Grafschaft Galway).

Blick auf Clifden, die »Hauptstadt« von Connemara. Die übrige Welt mit ihrer Unrast und ihrem Streß liegt sehr fern.

Der Esel gehört sozusagen »zur Familie« und ist immer noch ein beliebtes und unentbehrliches Transportmittel.

»Wenn sie arbeiten muß wie jetzt, dann zieht sie eine Menge Wasser. Man muß alle halbe Stunde pumpen. Sonst schwappt es unten durch die Bodenbretter!«

»Hoffentlich fällt der Kasten nicht auseinander«, sagte ich.

»Bewahre! Sie segelt allright!«

›Sie‹ war der Kutter. Die Matrosen steckten in Gummistiefeln und ehemaligen Straßenanzügen von der Stange eines Konfektionsgeschäftes. Die Anzüge waren so mit Teer, Fett und Öl verschmiert, daß sie glänzten und kein Wasser mehr durchließen. Sie ersparten also ihren Trägern das sonst bei solchem Wetter übliche Ölzeug, beleidigten allerdings das Auge eines für Ordnung und schmucke Seefahrt schwärmenden Lyrikers.

Die Seeräuber in ihren Lumpen waren übrigens sehr freundliche und gesprächige Menschen, und als ich im kalten Wind auf Deck zu frieren begann, während wir uns langsam über die aufgewühlten Wasser dem Schwarzen Vorgebirge an der Nordküste der Grafschaft Clare näherten, brachten sie mir einen großen Topf heißen Tee an Deck. Ich dankte ihnen sehr und bot ihnen meine Zigaretten an. Der Topf setzte mich in Verlegenheit, denn vor mir hatte offensichtlich einer daraus getrunken, dessen Mund mit Maschinenöl beschmiert gewesen war. Das liebe ich nicht sehr an Teetöpfen. Als die Seeleute sich daher um die durcheinanderrutschenden Biertonnen zu kümmern hatten, goß ich den Tee ganz einfach aufs nasse Deck.

Aber der Schiffer hatte mich aus seinem Häuschen dabei beobachtet, stieß die Tür auf, der ein Stück Schnur den fehlenden Griff ersetzte, blinzelte mir über seiner vergnügten, allzu kurz geratenen Nase zu und meinte:

»Kommen Sie man hier herein. Bei mir ist es windstill, und da draußen kriegen Sie doch früher oder später einen Schwapper Seewasser über den Balg!«

Rauh, aber herzlich. Bei ihm in seiner kleinen, vielfach vernagelten Bude mit dem klobigen Ruderrad war es warm und trocken. Man konnte sich in eine Ecke stemmen und wurde nicht soviel umhergebeutelt wie an Deck. Ich fragte:

»Steuern wir gleich die große Insel an, oder laufen wir erst nach Inisheer und Inishmaan?«

»Nach den beiden kleinen Inseln zuerst! Wir haben dann gerade Flut, ich kann mit dem Kutter dicht unter Land gehen, und die Corraghs brauchen nicht so weit hinauszufahren. Sie wollen nach Inishmore?«

»Ja, ich will auf die große Insel.«

»Geschäfte?« fragte er, denn wenn ich schon bei ihm im Ruderhaus Schutz vor Kälte und Nässe finden durfte, dann wollte er wenigstens ein wenig Unterhaltung haben und seine Neugier stillen.

»Nein!« erwiderte ich. »Nur so... Ein paar Tage in Kilmurvey auf Inishmore werden einem guttun!«

»Ganz gewiß! Sie werden der einzige Fremde auf den Inseln sein um diese Jahreszeit.«

»Aber die drei Mädchen, die wir an Bord haben, die gehören gewiß auch nicht auf die Inseln?«

»O doch, da täuschen Sie sich. Die drei sind auf Inisheer zu Hause. Sie arbeiten irgendwo in Liverpool in einer Fabrik und fahren jetzt zu ihren Eltern, um ihren Urlaub daheim zu verbringen. Über Weihnachten waren die Inseln voll von jungen Mädchen, die aus England auf Urlaub hier waren. Sie haben viel Ärger gehabt. Als das Boot wegen schlechten Wetters ein paarmal ausfallen mußte, haben alle ihren rechtzeitigen Arbeitsantritt versäumt. Diese drei da unten sind Nachzüglerinnen. Sie haben über Weihnachten nicht frei bekommen können.«

So war das also. Die Fabrikmädchen aus den englischen Baumwollspinnereien zeigten sich bei ihrer Heimkehr im vollen Staat der Kaufhäuser und Schilling-Basare. Ich sagte: »Nach dieser Fahrt werden sie ziemlich zerrupft daheim ankommen. Wahrscheinlich würden sie lieber in Liverpool ins Kino gehen, als hier die Seekrankheit erdulden.«

Der Mann am Ruder blickte ganz verdutzt zu mir herüber, ob ich auch ernst meinte, was ich sagte. Dann erwiderte er, während ein Zug von Bitterkeit über sein breites, freundliches, unrasiertes Gesicht glitt:

»Weiß Gott, wenn die Mädchen daheim bleiben könnten und auf den Inseln ihr Brot verdienen, glauben Sie mir, Herr, nicht eine ließe sich bewegen, nach England oder Amerika auszuwandern. Aber Sie werden ja sehen, was auf der Insel los ist. Da ist einfach kein Platz mehr und nichts mehr zu verdienen. Sie werden ja sehen!«

Um ihn noch weiter aus sich herauszulocken, fragte ich dumm:

»Warum heiraten sie nicht einfach? Dann können sie daheim bleiben und brauchen die grüne See nicht mit den rußigen Fabriken in England zu vertauschen.«

Ja, die See war grün ringsum wie lauter Smaragd, mit silbernen Schaumkämmen. Zwischen treibenden Wolken war die Sonne durchgebrochen, unbeschreiblichen Glanz und Farben die Fülle über das Meer zaubernd. Das Schwarze Vorgebirge lag hinter uns und die mächtigen kahlen Rücken der Berge von Clare. Weit im Südwesten, dunstig verhangen, brach das Land senkrecht zum Meer ab, nur eben zu ahnen in der Ferne. Das mußten die Klippen von Moher sein, die gewaltigsten der irischen Küste. Wir hielten westsüdwestlichen Kurs unverändert bei. Voraus war ein flacher Rücken über dem Horizont aufgetaucht, ganz blaß und schmal wie ein Wolkenstreif, noch kaum zu glauben. Das würde Inisheer sein, die ›Ostinsel‹, die kleinste der drei Aran-Inseln. Von Inishmaan, der ›Mittelinsel‹, und Inishmore, der ›großen Insel‹, war noch nichts zu sehen. Und der brave Kutter ritt über die schimmernde, brausende See, den strudelnden Schweif seines Kielwassers hinter sich herziehend, daß mir das Herz im Leibe lachte.

Der Skipper stopfte sich erst einmal seine Pfeife neu, wobei er das Rad mit dem Knie festhielt, steckte sie an, sog eifrig, daß ein paar Funken sprühten, und meinte dann:

»Wenn die Leute kein Brot haben, können sie ja Kuchen essen, sagte die französische Königin, und dann schlug man ihr den Kopf ab. Die wenigen Männer, die auf den Inseln genug Land zum Leben haben, die heiraten wohl. Aber die anderen wandern genauso aus wie die Mädchen. Die Inseln werden von Jahr zu Jahr leerer. Geheiratet wird kaum noch. Aber was rede ich lange. Sie haben ja Augen im Kopf. Sie werden es selber sehen. In Kilmurvey sieht man es noch besser als in Kilronan.«

Ich hatte ihn offensichtlich geärgert mit meiner dummen Frage, denn er war beinahe böse geworden. Ich zog es also vor, zu schweigen und den Dampf erst einmal verwehen zu lassen. Aber vielleicht bekümmerte es ihn, daß er heftig geworden war. Er sog ein paarmal hörbar an seiner Pfeife, so daß es in ihr gurgelte, und sprach dann wie beiläufig weiter:

»Es ist ein Elend mit den jungen Leuten in Irland, ein Elend, wissen Sie. Alle wollen sie auswandern, und wandern auch aus, und das Land wird leer. Die Regierung sollte etwas dagegen tun. Aber die sorgt sich bloß darum, daß die irische Sprache nicht ausstirbt. Aber das heißt das Pferd beim Schwanz aufzäumen, mein lieber Herr, das kann ich Ihnen sagen. Denn wenn erst alle die Leute ausgestorben oder ausgewandert sind, die noch Irisch als ihre Muttersprache sprechen, dann nutzen die Prämien fürs Irischsprechen auch nichts mehr. Es ist alles ein großer Kuddelmuddel bei uns in Irland, das können Sie mir getrost glauben. Na, ich gehe jetzt warmen Tee trinken, wenn Sie schon keinen trinken wollen. Pat...!« schrie er durchs Fenster auf das Deck hinaus, wo Pat, einer der klebrigen Matrosen, gerade wieder mit dem Maschinisten die Pumpe bediente.

»Pat, nimm doch mal das Ruder! Ich will Tee trinken!«

»Jawoll, Skipper!« sagte Pat und wuchtete seine gewaltigen Schultern zu uns ins Ruderhäuschen, während sich der kleine, runde Kapitän ins Freie drückte.

Pat zögerte nicht lange und ging gleich auf das Ziel los, das er sich wahrscheinlich schon eine ganze Weile gesteckt hatte:

»Sie sind Amerikaner, wie? Ire sind Sie nicht und Engländer auch nicht. Ich habe gleich zu Bob gesagt: Sie sind Amerikaner!«

Ich konnte ein Gefühl heimlicher Genugtuung, für einen Sieger des Zweiten Weltkrieges gehalten zu werden, nicht unterdrücken, antwortete aber:

»Amerikaner? Nein! Wieso?«

»Sie sprechen so amerikanisch. Ich weiß es. Ich habe in Chicago gearbeitet und in St. Louis. Ich habe das Amerikanische nie angenommen, aber ich weiß genau wie die Amerikaner sprechen.«

»Ich bin eine ganze Weile in den Staaten und in Kanada gewesen. Daher muß es wohl kommen. Aber ich bin kein Amerikaner, ich bin Deutscher!«

Er war so überrascht und ließ seine Augen so forschend über mich gleiten, daß der Kutter aus dem Kurs geriet und sich seitlings vor die nächste See legte. Es gab eine ganz andere Bewegung des Schiffsleibes als bisher. Der Kapitän, der im Bauch des Kutters gerade seinen Tee trank, merkte es natürlich und schrie durchs Decklicht nach oben: »Zum Teufel, was machst du, Pat! Warum paßt du nicht auf! Nicht einmal seinen Tee kann man in Ruhe trinken.«

Pat drehte schuldbewußt am Ruder und schwenkte den Kahn wieder auf Westsüdwest. Dann sagte er, was ich in Irland schon mehr als einmal zu hören bekommen hatte:

»Ein Deutscher! Und fährt im Winter nach Aran, und bei solchem Wetter. Ja, die Deutschen sind große Klasse!«

Ob dieser Lobspruch mit meiner Reise nach Aran zusammenhing, ob er allgemein und grundsätzlich gemeint war, mochte ich nicht erfragen. Ich kann es nicht leiden, wenn man so direkt ins Gesicht hinein gepriesen wird. Aber es ist kein Zweifel daran möglich, und ich hatte auf meinen hundert Fahrten durchs irische Land häufig genug Gelegenheit festzustellen, daß den Deutschen in Irland viel zugetraut wird. Daß wir ab und zu Weltkriege anzetteln (oder etwa nicht –?), nimmt man uns nicht sosehr übel, solange sie gegen England gerichtet sind und Irland neutral bleiben und ein wenig dabei verdienen kann. Es gibt eine alte Redensart in Irland, daß Englands Widrigkeiten Irlands gute Gelegenheiten sind; ich bezweifle übrigens, daß dies noch für die Gegenwart gilt – für die Vergangenheit, als Irland um seine Freiheit kämpfte, mag es wohl gegolten haben. Aber noch sitzt diese Überzeugung tief im Herzen des irischen Volkes. Das Mißtrauen gegenüber England ist fast zu einem Instinkt im Wesen der Iren geworden, und England wird noch einen langen Weg zu gehen haben, wenn es dies irische Mißtrauen, in das ein wenig Furcht und Haß gemischt ist, ganz überwinden will. Macht man sich allerdings klar, was den Iren von England und Engländern in vergangenen Jahrhunderten alles angetan worden ist, so begreift man, daß sich ein instinkthaftes Mißtrauen entwickeln mußte. Es hat mich vom ersten Tage an in Irland bestürzt, mit wieviel Haß zum Beispiel der Name Cromwell genannt wird. Obgleich es schon dreihundert Jahre her ist, daß Cromwells Eisenreiter Irlands Fluren verheerten, die Kirchen und Klöster verbrannten und die Menschen von ihren angestammten Wohnsitzen vertrieben, ist Cromwell für die große Menge des irischen Volkes immer noch der Übeltäter und Zerstörer schlechthin, und seine harten Taten sind immer noch lebendig und gegenwärtig, als wären sie gestern erst begangen. Wir können das kaum begreifen. Wer denkt bei uns daran, etwa den Schwedenkönig Gustav Adolf oder Wallenstein oder sonst eine Gestalt aus dem Dreißigjährigen Krieg, der nicht viel länger vergangen ist als Cromwells Irlandfahrt, für irgendein Übel der Gegenwart verantwortlich zu machen? Kein Mensch! In Irland aber scheint man den Unterschied zwischen Vergangenheit und Gegenwart kaum zu kennen.

Wir Deutschen brauchen ein solches Mißtrauen nicht zu fürchten, obgleich die Iren im Südosten des Landes – wie ich feststellen konnte – wiederum nicht vergessen haben, daß vor rund hundertfünfzig Jahren hessische Bataillone unter englischem Kommando mit eingesetzt wurden, als es galt, den großen irischen Aufstand des Jahres 1798 zu unterdrükken und zu bestrafen. Daß die hessischen Bauernknechte nur unfreiwillig gegen irische Rebellen zu Felde zogen, spielt dabei keine Rolle. Und es war für mich einigermaßen erheiternd, daß den guten, vergessensunfähigen Farmern in der Grafschaft Wexford die deutschen Stämme der ›Hessians‹ und der ›Prussians‹ durcheinandergeraten waren und nun die viel verlästerten Preußen für hessische Übeltaten verantwortlich gemacht werden, von denen sie bis zum heutigen Tage nicht einmal geträumt haben. Aber offenbar klingt es auch irischen Ohren besser, auf die berüchtigten Preußen als auf die harmlosen ›blinden Hessen‹ zu schimpfen.

Im übrigen aber gelten die Deutschen in Irland als tüchtige Leute, die es faustdick hinter den Ohren sitzen haben, sich nicht vor Tod und Teufel fürchten, schrecklich arbeitsam sind und den Iren gut Freund. Und das sind wir denn ja auch. Und ich habe mich von Anfang an in Irland so gut wie zu Hause gefühlt, habe gern von dem Wohlwollen gezehrt, mit dem der deutsche Name trotz aller vermeintlichen und tatsächlichen deutschen Schlechtigkeiten in Irland genannt wird, und mich bemüht, auf meine bescheidene Weise dem Wohlwollen neue Nahrung zu geben. –

Während ich dies alles überlegte, hatte Pat, der klebrige Seemann, neben mir im Ruderhäuschen lang und breit das Lob der Helgoländer gesungen, die sich trotz Bomben und Trümmern und Dynamit ihre alte Felsenheimat nicht haben nehmen lassen. Ich konnte ihm, was die Helgoländer anbelangt, aus vollem Herzen zustimmen – und hatte wieder einmal Gelegenheit, mich darüber zu wundern, wie gut in Irland auch einfache Menschen über den Lauf der Welt unterrichtet sind und wie eifrig bemüht, Neues zu erfahren. Schon seit alters sagt man den Iren nach, ›novarum rerum cupidus‹, auf Neuigkeiten aus zu sein – und das ist noch heute wahr.

Von Helgoland kamen wir dann auf die ›Bismarck‹ zu sprechen, die im vergangenen Kriege vor der irischen Südwestküste von ihrem Schicksal ereilt wurde und kämpfend unterging. Pat behauptete, er hätte es schießen hören aus der Ferne; er fuhr damals auf einem irischen Küstenfrachter. Und sie alle hätten den Deutschen den Sieg gewünscht, jawohl, das hätten sie! Aber viele Hunde sind des Hasen Tod.

Wahrscheinlich sollte es mir Pats Sympathie beweisen, daß er es so wild und dumpf hatte schießen hören. – Ich ermunterte ihn nicht zu weiteren Schilderungen. Meine Begeisterung für Schießerei jeder Art ist nach zwei Weltkriegen und weiterem Kanonen- und Pistolenspiel zwischendurch und hintennach vollkommen verflogen. Um Pat auf andere Gedanken zu bringen, bot ich ihm eine Zigarette an. Die nahm er gern – und dann hatten er und ich keine Streichhölzer.

»Ich springe mal hinunter. Der Maschinist hat Streichhölzer. Nehmen Sie das Ruder solange!«

Und war zur Tür hinaus und verschwunden.

Da stand ich nun, ich armer Mitteleuropäer, mit dem Ruder des Kutters von Galway nach Aran in der Hand, und die See brauste hohl. Haben Sie schon einmal einen großen, groben zweimastigen Fischkutter bei rauhem Wetter gesteuert, ganz allein am Ruder, und das Deck war leer, Kapitän und Mannschaft und Passagiere hockten im tiefen, warmen Bauch des Schiffes und ließen sich's wohl sein? – Und ich, der noch nicht einmal bei schönem Wetter ein Seeschiff gesteuert hatte, weder mit einem Patent für große noch für kleine Fahrt, nicht einmal für allerkleinste ausgerüstet, ich fühle den hohen Anruf der Stunde, die das Leben und Glück von acht Menschen und mein eigenes dazu in meine Hand gegeben hatte, griff gewaltig in die Speichen des Rades und warf den Bug des tückischen Schiffes, das schon wieder dwars zur See schwenken wollte, auf den richtigen Kurs – warf ihn – die Deutschen sind große Klasse! –, warf ihn zu weit herum, so daß der Kutter blindlings seine Nase in die nächste Welle bohrte, anstatt an ihr hinaufzugleiten; er nahm zum erstenmal einen ordentlichen Schwapp Wasser über. Schade um die neuen Fahrräder! Sie waren im Bug übereinandergepackt und wurden naß; Salzwasser und Fahrräder – kaum die richtige Zusammenstellung! Das Wasser spülte um die Bierfässer und Kisten und quoll durch die Speigatten davon. Ich hatte meinen Fehler gleich berichtigt, und der Kompaß zeigte wieder den befohlenen Kurs. Ganz gut, das Wasser, dachte ich – es hat endlich einmal den Dreck und Schutt vom Deck gespült. Und steuerte fröhlich mein Schifflein durch Sturm und See, Inisheer entgegen, das seinen runden Rücken immer höher aus der grünen, blitzenden See emporhob.

Es dauerte eine lange Zeit, ehe Pat wieder auf der Bildfläche erschien. Sicherlich hatte er den andern mitteilen müssen, welch seltenen Vogel sie da in meiner Person an Bord hatten, und dann mußte natürlich darüber diskutiert werden. Und keinen schien auch nur für einen Augenblick der Gedanke anzuwandeln, daß ein Deutscher etwa nicht einen elenden Kutter steuern könnte. Die Deutschen bauen Kraftwerke und V2-Bomben, Düsenjäger und Brillengläser, Aspirin-Tabletten und Leicas; da versteht es sich wohl von selbst, daß sie Kutter sicher durch die sieben Meere bringen. Und ich tat mein Bestes, diesem guten Ruf der Söhne des Teut nicht zu schaden.

Als Pat endlich wieder erschien, war ich weder auf Grund gelaufen noch auf schiefen Kurs geraten, der Motor lief auf vollen Touren, und die silbernen Spritzer fegten sausend übers Deck.

Ich übergab das Ruder und fühlte mich versucht, in strammer Haltung zu melden:

»Nichts Neues auf Wache, Herr Oberbootsmannsmaat!«

Doch unterließ ich es; Pat wäre gewiß dadurch überaus verwirrt worden. Er war sich gar nicht bewußt, welche aufregende halbe Stunde ich inzwischen erlebt hatte, gab mir Feuer von seiner Zigarette ab und nahm die Unterhaltung wieder auf, als wenn sich nichts, aber auch gar nichts von Bedeutung inzwischen ereignet hätte. Für mich war inzwischen einer jener Träume in Erfüllung gegangen, die man als Kind träumt, die man dann aber als Erwachsener niemals verwirklicht. Jetzt fehlt nur noch, daß ich einmal als Führer einer Schnellzuglokomotive durch die Nacht brause. Wenn das ebenso schön und großartig ist wie Kutterfahren, dann muß es sehr schön und großartig sein.

Eine Viertelstunde später war schon der Turm der alten Burg der O'Briens auf Inisheer und die alten Gemäuer dazu, alles, was von Firmina-Castle noch übrig ist, deutlich gegen den blendenden Himmel zu erkennen. Die O'Briens waren einst die Herren und Könige von Clare, und ihrem Regiment unterstanden auch die Aran-Inseln. An ihnen muß vorüber, wer von der offenen See nach Galway segeln will. Und die reichen Kaufleute von Galway hielten es für besser, den Herren von Clare zehn Tonnen spanischen Weins im Jahr zu zahlen, damit ihre Schiffe und ihr Hafen nichts Böses zu fürchten hatten. Zehn Tonnen – das sind etwa 11350 Liter Wein – die O'Briens von Clare müssen sehr trinkfeste Leute gewesen sein. – Aber dann machten ihnen die ›wilden O'Flaherty's‹ von Connemara den Rang streitig, und mit den O'Briens auf Aran war es aus. Und noch heute gibt es zwar viele O'Flaherty auf den Inseln, aber nur wenige O'Brien. – Als sich Galway 1652 als letzte Festung in England, Schottland und Irland, die noch auf Karls II. Seite stand, ergab, und die Parlaments-Armee Cromwells die ehrenvollen Übergabebedingungen sofort brach, die Stadt plünderte, die katholischen Kirchen schändete, die Kathedrale des heiligen Nikolaus zum Pferdestall erniedrigte und über tausend Einwohner Galways, darunter fünfzig Priester, als Sklaven an die

Zuckerpflanzer nach Westindien verkaufte, da waren auch auf Aran die alten, mehr oder weniger guten Zeiten vorbei. Die Burgen der O'Brien und O'Flaherty verfielen ebenso wie der blühende Überseehandel von Galway und anderen Städten, zum Beispiel von Limerick, das mit Galway in Wettbewerb gestanden hatte; sie verfielen wie die alte stolze irische Welt überhaupt mit ihren Barden und Dichtern und klugen Mönchen und den stolzen, hallenden Königshöfen. Und wer überflüssig war und nicht rechtzeitig in den Wildnissen von Connaught (der westlichsten der vier alten Provinzen Irlands) verschwand, mit dem wurde nicht viel Federlesens gemacht – die Zuckerplantagen in Westindien hatten großen Bedarf an Sklaven, und es war dem Zuckerrohr vollkommen gleichgültig, ob es von weißen oder schwarzen Händen geschnitten wurde.

Die Aran-Inseln aber wurden nicht mehr von den angestammten O'Brien oder O'Flaherty regiert, sondern von Arkyn-Castle auf Inishmore aus, das zwar noch ein Jahr länger als Galway die Sache des Königs verteidigt hatte, dann aber von den Soldaten Cromwells mächtig ausgebaut wurde, wozu man die schön behauenen Steine der Kirchen und Klöster ringsum benutzte. Arkyn-Castle wurde für längere Zeit die Zwingburg der Inseln, bis seine Garnison das Schicksal aller Eroberer irischer Erde erlebte; sie wurde von der stillen, starken irischen Umwelt, die sich stets viel lebenskräftiger erwiesen hat als alles Fremde, aufgesogen, vergaß ihre eifernde protestantische Herkunft. Die Familien der Soldaten, die Cromwell auf der Insel vergessen hatte, wurden katholisch, verlernten ihre englische Muttersprache, wurden zu Iren – und das einzige, was heute noch daran erinnert, daß die Soldaten einmal als die Zwingmeister der katholischen Inseliren den Bauern, Fischern und Herren vor die Nase gesetzt wurden, sind einige Familiennamen auf Inishmore, die nicht irischen, sondern englischen Klanges sind, wie Ryder, Brabazon, Beatty und andere; ihre Träger unterscheiden sich in nichts mehr von den O'Brien, O'Flaherty, MacDonough und O'Conneely.

Damit greife ich eigentlich schon vor. Das hätte ich erst erzählen dürfen, wenn ich von Inishmore berichte und von meinen Streifzügen um die Killeany-Bucht, wo ich die Ruinen der Cromwellschen Arkyn-Burg mit einigem Grauen und einiger Rührung in Augenschein nahm. Es war ein stiller Tag, die Bucht lag blank wie ein Spiegel aus grünlichem Kristall. Das kräftige, mächtige Motorboot, das in der Killeany-Bucht liegt, um Schiffen, die bei Sturm in Seenot geraten, Hilfe zu bringen, schwamm als ein zierliches, buntes Spielzeug auf den schimmernden Wassern, still und unbemannt – sonst kein Fahrzeug weit und breit. Der Leuchtturm auf der Stroh-Insel, welche die Einfahrt zur Killeany-Bucht flankiert, stand weiß wie ein Backwerk aus Zucker und ließ sich von der Sonne bescheinen.

Und ich, der ich mir als guter Berichterstatter längst den irischen Zorn gegen Cromwell angewöhnt hatte, stellte fest, daß die Arkyn-Burg nun ihrerseits von den Bauern ringsum als Steinbruch benutzt wurde. Ohne jeden Respekt hatten sie ihre Ställe und Schuppen an die alten mächtigen Mauern gelehnt, was mir noch niemals bei den vielen alten Kirchen und Klöstern begegnet war, die hundertfach über das irische Land verstreut in Ruinen liegen. Cromwells Festung mußte dazu herhalten, das Baumaterial für Kälberställe und Hühnerschuppen zu liefern. Ein Bauer, der mich in dem alten Gemäuer umherstochern sah und natürlich gleich wußte, wer ich war und was ich wollte, erzählte mir, daß in dem Lagerhaus an der Straße große Steine verbaut wären, die noch schöne Meißelarbeiten zeigten; sie stammten zweifellos aus dem Kloster, das die Cromwell-Krieger abgerissen hatten, um ihre Burg zu einer uneinnehmbaren Feste auszubauen.

Und eines Tages wird auch das Lagerhaus verfallen; man wird vielleicht die Straße verbreitern, und die Steine mit den eingehauenen Kreuzen, Weinranken, Kelchen und Trauben werden vielleicht an der gleichen Stelle wieder an den felsigen Busen der großen Aran zurücksinken, wo vor anderthalbtausend Jahren kunstfertige, gotteseifrige Mönche sie herausbrachen, behämmerten und zurichteten, vor oder auf ihnen jahrhundertelang beteten, ehe sie vertrieben wurden; dann hatte der fromme Stein einer Muskete oder einer bronzenen Kanone als Unterlage zu dienen, bis sich schließlich in den Ställen die Kälber und die Esel an ihm rieben.

Derselbe alte Bauer, der mir all dies sehr beweglich und lebendig darstellte und durch meine vielen Fragen zu immer weiteren Berichten über die Soldatenfamilien aus Cromwells Zeiten angeregt wurde – er erzählte gern und ausgezeichnet und sehr lebendig –, fragte mich zu guter Letzt, als die Sonne schon gesunken war und ich wirklich an die Heimfahrt – acht Kilometer weit nach Kulmurvey – denken mußte, mit einem fröhlichen Zucken um die alten, guten Augen, ob ich den schönen Witz kennte, den sich Tim Healy einmal im englichen Parlament mit Cromwell geleistet hätte. Ich kannte ihn nicht. Ich wußte nur, daß Tim Healy ein besonders schlagfertiger irischer Abgeordneter im englischen Unterhaus gewesen war – damals, als ganz Irland zum ›Vereinigten Königreich von Großbritannien und Irland‹ gehörte und die heutigen sechsundzwanzig Grafschaften der freien Republik Eire noch nicht die Unabhängigkeit errungen hatten.

»Ha, Tim Healy!« fuhr der kleine, lederzähe Mann fort und lachte breiter. »Tim Healy, das war ein Kerl! Der hat ihnen die Wahrheit gegeigt mit ihrem Cromwell! Verkündet da eines Tages der Sprecher des Unterhauses den Tod eines englischen Staatsmannes, dessen Herrschaft über Irland schwer und hart gewesen war. Dann fügte er in feierlichen und formvollendeten Wendungen das Bedauern und das Mitgefühl des Hohen Hauses hinzu.

Ehrfurchtsvolles Schweigen folgte dieser Anzeige vom Tode des großen Engländers.

Mitten in die Stille hinein ließ sich Tim Healy mit Grabesstimme vernehmen: ›Er ist dorthin gefahren, wohin auch Cromwell gefahren ist!‹

Tumult brach aus nach diesen Worten. Wütende Stimmen erhoben sich und forderten, der Abgeordnete möge die Bemerkung zurückziehen. Tim lächelte und hörte sich die Aufregung eine Weile an; dann hob er die Hand, um zu sprechen, und sagte in die schnell entstehende Stille so leichthin, daß man sich heut noch ärgern kann, nicht dabeigewesen zu sein, sagte: ›Sie scheinen ja alle, meine Herren Abgeordneten, keinen Zweifel daran zu hegen, wohin der große Cromwell gefahren ist!‹

Sprach's, hatte gesiegt und setzte sich!«

An dieser Anekdote kann man als an einem Musterbeispiel wunderbar studieren, was das Wesen des irischen Witzes ausmacht; er ist liebenswürdig, weise, verschmitzt und mit diebischer Freude darauf angelegt, den anderen aufs Glatteis zu führen.

Inisheer, ›Insel im Osten‹

Inisheer: ein gelber halbrunder Strand, auf den die Dünung, von einem Vorgebirge und der größeren Inishmaan geschwächt, in silbernen, sanften Zeilen ausläuft; darüber in weiterem Halbkreis langsam ansteigend die felsige Insel mit den grünen und braunen Viehweiden hier und da und den weißgekalkten, niedrigen Steinhütten mit den gold- oder fahlgelben oder bräunlichen Strohdächern – je nachdem, wie alt sie sind –, und das stolzeste und neueste und blinkendste Haus ist natürlich die Schule, durchaus nicht mit Stroh gedeckt! Meistens ist das beste und neueste Haus in den Dörfern die Schule, sie mögen noch so entlegen sein. Kein schlechtes Zeichen für ein Land!

Aber während ich da von Bord meines vor Anker gegangenen Kutters die blitzenden hohen Scheiben der Schule über dem Strand von Inisheer zu zählen versuchte und nicht damit fertig wurde, während ich zusah, wie die noch sehr blassen, um nicht zu sagen grüngesichtigen, auf Urlaub heimkehrenden Fabrikmädchen aus Liverpool an Deck Luft schöpften und ihre etwas derangierte Aufmachung in Ordnung brachten – der Kutter bewegte sich kaum noch auf der vor dem steifen Westwind gut geschützten Reede –, während am Strande drüben schon ein halb Dutzend Corraghs ins Wasser geschoben wurden, die Männer hinterhersprangen und die schwarzen Boote blitzschnell durch die Brandung schossen, fiel mir ein: Was geht dem irischen Staat für ein Berg von Kapital verloren, wenn er in den guten Schulen Tausende von jungen Menschen heranbildet, bloß damit sie nachher zahlreicher auswandern, als Irland für Nachwuchs sorgen kann.

Inzwischen waren die Corraghs über die Wellen herangetanzt und legten sich längsseits an den Kutter. Zuerst gingen die Postsäcke von Bord, und dann kamen die Bierfässer an die Reihe und dann ein paar Kisten, durch deren Ritzen ich gefüllte Marmeladengläser erkannte, und schließlich einige der Fahrräder. Auf Marmelade wollten also selbst nicht mehr die ›Männer von Aran‹ verzichten, das heißt richtige ›Marmelade‹, aus Apfelsinenschalen gekocht.

Die Post und was zu trinken – das wird schon damals vor vielen Jahrhunderten so gewesen sein, als die alte Burg der O'Brien da oben auf der Kuppe von Inisheer noch nicht in Ruinen lag und seetüchtige Männer von dem breiten Turm Ausschau hielten und den Handel von Galway kontrollierten und schirmten – für Fluten von spanischem Weine jährlich. –

Die ›Männer von Aran‹ – da habe ich sie also leibhaftig vor mir, so wie ich mich ihrer aus dem unvergeßlichen Film des großen Flaherty erinnerte. Sie waren wirklich und nicht erfunden, genausowenig, wie Flaherty die Polarwelt seines Eskimo-Films ›Nanuk‹ oder die Sonnenwelt seines Südsee-Films erfunden hat. Und sie trugen wirklich ›Pampooties‹ in den schwarzgeteerten Corraghs auf der grünglasigen See, sohlen- und absatzlose Sandalen, Mokassins, über dem dickbestrumpften Fuß, mit ein paar Lederbändern festgeschnürt. Pamputies werden aus ungegerbtem Rindsleder geschnitten; jeder Aran-Bauer und -Fischer schneidet sie sich selbst, und sie sollen vorzüglich geeignet sein, sich auf dem groben Steingeröll der Inseln fortzubewegen, die vielen Steinwälle, welche die vielen kleinen Felder einzäunen, zu überklettern und zu überspringen – und in den Corraghs den Fuß leicht auf die dünnen, gebrechlich wirkenden Hölzchen zu setzen, die das Gerüst des Bootsleibes bilden. Die Männer kletterten an Deck. Wie sie schreiten konnten! Auf den Fußballen, nicht auf den Fersen wie wir mit unseren Absatzschuhen! Mächtige, hochgewachsene Männer mit kühnen Gesichtern. Sie lächelten mich an und begrüßten mich auf irisch. Als sie merkten, daß ich ihre Sprache nicht verstand, fielen sie, höflich und herrenhaft wie jeder Ire, gleich ins Englische und wechselten mit mir ein paar anerkennende Worte über das Wetter, denn es verdiente Anerkennung.

Pamputies halten, wenn sie ständig getragen werden, nicht länger als ein paar Wochen; dann müssen aus weiteren Stücken rohen Rinderfelles neue geschnitten werden, wobei die Haare an der Außenseite getragen werden. Ich habe mir sagen lassen, daß diese den Arans eigentümliche Fußbekleidung von Jahr zu Jahr seltener wird, weil sie – zu teuer ist. Fertige Schuhe haben eine Lebensdauer, die jene der Pamputies um ein Vielfaches übertrifft. Außerdem sind sie verhältnismäßig billig, während rohes Rindleder einerseits schwer zu haben ist – denn schlachtreife Rinder werden nach dem Festland verkauft – und andererseits gute Preise erbringt, wenn schon einmal ein Rind geschlachtet wird, was selten genug vorkommt. Auch haben sie noch einen anderen Nachteil: Sie werden, wenn sie nicht am Fuß getragen werden, brettsteif und trocken; sie müssen daher über Nacht eingeweicht und morgens feucht angezogen werden. Wenn die Männer auch die dicken, aus nicht entölter Aranwolle gestrickten Strümpfe darunter tragen, so stelle ich es mir doch wenig angenehm vor, sich morgens die kaltfeuchten Lederlappen um die Füße schnüren zu müssen. Aber die Männer in den Corraghs vor Inisheer sahen nicht so aus, als ob sie Schnupfen hätten oder an Rheumatismus litten; ganz im Gegenteil. Sie hoben ein volles Bierfäßchen mit so leichter Gebärde über Bord in ihre schwankenden Boote, als hätten sie einen Luftballon in den Händen.

Die Männer von Inisheer und Inishmaan trugen sich fast durchweg nach ihrer alten Weise von Kopf bis Fuß in selbstgefertigten Kleidern. Auf Inishmore, der großen Insel, die am engsten mit dem Festland verknüpft ist und die meisten Fremden empfängt, habe ich nur wenige Pamputies und nur noch etwa bei der Hälfte der Männer den graublauen schweren Wollstoff gesehen, aus dem die Hosen mit den Schlitzen an der Seite (damit sie beim Waten im Wasser leichter aufgekrempelt werden können) und die prächtigen ärmellosen Westen hergestellt werden. Dazu tragen die Männer grobe blaue Wollhemden und unter den Hosen dicke Unterhosen aus weißer Wolle, die nicht in die Strümpfe gesteckt werden. Auf den Kopf gehört eine Art gestrickter, weicher Baskenmütze mit einem großen Wollpuschel obendrauf. Und wem dann noch nicht warm genug ist, der zieht sich nach Belieben gestrickte Unterjacken zwischen Hemd und Weste. Das Amüsanteste an diesem ebenso praktischen wie kleidsamen Anzug sind die prächtig bunten Wollgürtel, die, etwa drei Finger breit, mehrere Male um den Leib geschlungen werden, um die Hosen festzuhalten; sie werden nicht geknotet oder geschnallt, sondern an ihren Enden nur verzwirbelt und so gesteckt, daß die bunten Fransen daran zwei, drei Handbreiten weit abwärts hängen. Diese Gürtel, Criss geheißen, werden kunstvoll mit schönen Mustern von einigen Frauen, die sich darauf verstehen, nach einem sicher uralten Verfahren außerordentlich fest gewebt, wobei die Längsfäden von der großen Zehe stramm gehalten werden, während das Schiffchen mit der Hand hin- und hergesteckt wird; es ist eine mühselige und zeitraubende Arbeit; aber die fertigen Gürtel schmücken die Männer wunderbar. Und wer einen Criss besitzen möchte, der wird ihn in unseren Tagen, da auch auf den Arans Touristen sehr willkommen sind, bei einer freundlichen Mrs. O'Flaherty oder O'Conneely ohne Mühe bestellen oder gleich erwerben können.

Die Mädchen aus der Fabrik in Liverpool wurden von den Männern mit Freuden begrüßt. Sie kletterten behende über die niedrige Reling des Kutters und ließen sich so vorsichtig auf den schmalen Sitzen nieder, daß man merkte, wie sehr und selbstverständlich sie mit all diesem alten Aran-Wesen vertraut waren. Plötzlich waren sie keine Industrie-Städterinnen mehr, sondern Eileen, Maria und Ita, und die billigen, bunten Konfektionsfähnchen, die sie trugen, waren vergessen und erst recht die albernen Hütchen; sie waren wieder Mädchen von Aran – und ich habe selten so strahlende Gesichter gesehen wie die ihren, als sie sich mit leisen Schreien der Freude gegenseitig sagten, wer jenen Corragh ruderte und wer jenen – und ich spürte sogar eine sonderbare Erschütterung, als ich, ohne daß sie es merkten, mit ansah, wie ihre aufgeregte Freude in erblassende, zittrige Scheu und Verlegenheit umschlug, als die Boote längsseits festmachten, die schmalen, blattlosen Riemen eingezogen wurden und weich klappernd ins Boot fielen und die schmalhüftigen, breitschultrigen Männer mit schwarzem Haar und den hellen, blauen Augen, den von Wind und Sonne braunroten Gesichtern locker an Bord sprangen. Im gleichen Augenblick wurde mir klar, daß Männer – im vollen Sinne des Wortes – für diese Mädchen nur die Vettern, Brüder und Freunde von den heimatlichen Inseln waren –, schwerlich die schmalbrüstigen, grauhäutigen, totospielenden Arbeitsgefährten aus den englischen Fabrikstädten. Vielleicht würden die Mädchen am Nachmittag schon die langen, schweren Wollröcke – am schönsten sind sie rot! – und die einfachen, am Hals gekrausten Blusen angezogen und die großen, meist schwarzen Umschlagtücher um Kopf und Schultern gelegt haben; und die schmutzigen, lärmvollen Fabriken in England würden sein, als gäbe es sie gar nicht und als hätten die Mädchen sie nie gesehen.

Aber vielleicht ist es auch anders: Vielleicht legen die Mädchen statt dessen neues Rouge auf die Lippen, pudern die Wangen, ziehen die schlecht rasierten Brauen mit dem Stift nach, spritzen sich ein wenig – oder auch allzuviel – billiges Parfüm in den Halsausschnitt – und imponieren den männlichen ›Eingeborenen‹ von Inisheer als Damen der großen Welt, die ihren Brüdern und Vettern eine Shagpfeife oder eine Armbanduhr mitgebracht haben. Und natürlich würden sie dann kaum noch irisch sprechen können, sondern alle ihre Geschichten auf englisch mitteilen, um zu beweisen, daß sie es wirklich weit in der Welt gebracht haben.

Eine ganze Reihe von Beobachtungen und Erfahrungen, die ich später auf Inishmore sammeln konnte, legen mir die Meinung nahe, daß sich die Heimkehrer in der Mehrzahl der Fälle nach dem letzten Muster verhalten, denn aus langen Jahrhunderten des Unterworfenseins – wenn auch nur unwillig ertragen – spukt vielen Iren aus dem Volke immer noch die Vorstellung im Kopfe, daß das Englische irgendwie etwas Besseres und Vornehmeres darstellt. Dabei ist natürlich jedermann auf Aran, der wenigstens ein paar Schafe und Kühe und Äckerlein sein eigen nennt, ein König über der blitzenden grünen See, in der kristallen klaren Luft, auf den blanken grauen Felsen, unter den zauberblauen Wolkenhimmeln, vergleicht man sein Dasein mit dem Leben aus zweiter

Hand, das der durchschnittliche englische Industriearbeiter führt. Doch jene drei Mädchen, die mit mir nach Inisheer fuhren, wenn mich nicht alles täuschte! – sie werden sich strahlend vor Vergnügen das große, dunkle Tuch um Kopf und Schultern geschlagen haben, aus dem die Frauen- und Mädchengesichter so hold und geheimnisvoll zu blicken vermögen – und vielleicht fragt sie am ersten Abend schon der einzige Sohn des Nachbarn, ob sie nicht daheim bleiben und ihn heiraten wollen. Wahrlich, ich wünschte es ihnen, als die schwarzen Corraghs, in welche die Mädchen übergestiegen waren, wieder ablegten und dem Ufer zustrebten, wo eine Anzahl von Menschen, Männer, Frauen und Kinder, sie erwarteten.

Andere Boote hatten schon die erste Ladung am Strande abgesetzt und kamen zum zweiten Male zum Schiff, um sich wiederum mit unwahrscheinlichen Lasten vollzupacken. Ich sperrte Mund und Nase auf, als ich sah, wie schwere Eisentonnen voll Petroleum und ein Dutzend Säcke voll Zement, dazu Körbe voll Steinkohlen in die scheinbar so gebrechlichen Kähne gehoben wurden.

Der riesige Inselmann winkte mir nochmals lachend und mit einem irischen ›Gott segne dich!‹ zu, als er als letzter von unserem Kutter ablegte, der langsam seine Schraube wieder anlaufen ließ. Natürlich hatten die Männer von Inisheer erfahren, daß ich ein Deutscher war – und wenn ich sie gebeten hätte, mich für eine Weile zu beherbergen, so hätten sie es sicher gern getan, wobei es sich von selbst versteht, daß man dann am Abend am Herd aus der fernen, großen Welt Geschichten erzählt. Dazu wäre ich gern bereit gewesen, aber ich war schon bei den Conneely in Kilmurvey angemeldet.

Die Insel sank hinter uns zurück, und wir schwenkten bald wieder in die große Dünung der offenen See. Vor Inishmaan wiederholte sich das gleiche Spiel wie vor der östlichen Insel. Die Männer in den Booten sahen womöglich noch ›echter‹ aus als die von Inisheer; der Strand schien mir, von unserem Schiff auf der Reede aus betrachtet, von noch wilderen und schwereren Felsen eingefaßt als der der kleineren Nachbarinseln; und die weißen Steinhütten noch schutzloser und gewagter auf die grauen Steinblöcke gesetzt.

Eine knappe Stunde später umrundeten wir die Stroh-Insel mit ihrem Leuchtturm und legten uns sachte vor Kilronan an die Pier, auf der uns ganze Schwärme von jungen Mädchen und Männern erwarteten.

Mich zu empfangen, waren sie bestimmt nicht erschienen. Ich brauchte gar nicht so bestürzt zu sein, wie ich es anfänglich war; außer mir trug ja der Kutter keinen Passagier mehr an Bord. Der Leuchtturmwärter war in Inisheer ausgestiegen. Zu wessen Empfang sollten also die vielen Leute sonst aufgekreuzt sein, wenn nicht zu meinem. Die Deutschen leiden ja leicht an Größenwahn.

Doch meine außerordentliche Betretenheit stellte sich als völlig grundlos heraus. Die zahlreichen stadtfeinen jungen Leute warteten alle auf den Kutter, um nach vollendetem Urlaub wieder nach England zur Arbeit zu reisen; zwei Tage sind sie unterwegs, wenn alle Anschlüsse funktionieren.

Ein Mann in meinem Alter sprach mich von der Pier aus an:

»Wollen Sie zu Conneelys?«

»Ja«, sagte ich, »nach Kilmurvey!«

»Ich bin Mr. Conneely! Seien Sie gegrüßt! Geben Sie mir Ihr Gepäck herüber. Der Wagen wartet.«

So nett wird man auf Aran vom Schiff abgeholt!

Inishmore, die ›große Insel‹

Wer ist schon einmal auf einer Jaunting Car gefahren? Das gibt's nur in Irland! Ein tolles Erlebnis, in der Tat!

Über zwei hohen Rädern ist eine Art Packsattel für Passagiere aufgebaut. Die Fahrgäste sitzen nach rechts und links über den Rädern mit den Beinen nach außen. Wenn das luftige zweirädrige Gefährt kippt, kann man leicht abspringen. Aber es ist ein weiter Sprung von der windigen Höhe. Man genießt eine ungehinderte Aussicht und kann eilenden Fußgängern und verdientermaßen den Radfahrern, ohne darin geübt zu sein, leichthin auf den Hut spucken, wenn man zu solch unschuldigen Scherzen neigt. Aber meistens hält man sich da oben, besonders bei den ersten Versuchen, krampfhaft fest, um nicht von dem heftig stampfenden und schlingernden Vehikel in den Straßengraben geschleudert zu werden. Erst allmählich beginnt man die Vorzüge des Transportes in einer Jaunting Car (zu deutsch etwa ›Spazierwagen‹) zu begreifen: die frische Luft hoch über dem Schwanz des munter trabenden Rosses, den weiten Blick über die Lande und die ausgezeichnet abhärtende Wirkung der irischen Jaunting Car, die auch das ärgste Muttersöhnchen zwingt, mit männlicher Stirn dem Sturm, der Sonne und dem Regen ohne weichliche Regenschirme oder Verdecks Trotz zu bieten.

Und auf solcher erstaunlichen Jaunting Car bin ich in Inishmore eingezogen, zunächst sechs Kilometer weit von Kilronan-Pier nach Kilmurvey zu Conneelys und dann an den folgenden Tagen kreuz und quer durch die ganze fünfzehn Kilometer lange Insel vom einen Ende zum andern. Man gewöhnt sich an alles – und im Dienste meines Berufes habe ich mich mit noch schwereren Strapazen abfinden müssen, als nur in einer Jaunting Car zu fahren, auf welcher einem die Därme bis zur Verschlingung geschüttelt werden und das Gehirn zermahlen wird.

Gewöhnlich kutschierte mich Michael, einer von Conneelys vielen Söhnen, ein heller, frischer Bursche, der immer lachte und es fertigbrachte, mir den fürchterlichsten Schreck einzujagen, den ich seit dem englischen Torpedo damals an der norwegischen Küste im Kriege erlebt habe. Und vor dem Marterwagen trabte schnell und unermüdlich Dick, das braune Connemara-Pony mit wolligem, warmem Fell und kurzen, aber sehr eifrigen und flinken Beinen, daß es eine wahre Lust war.

Gleich als ich ankam, wurde mir mitgeteilt, daß ich der einzige Fremde auf der Insel wäre. Natürlich war das Interesse für mich entsprechend groß, und ich hatte keine Mühe, mich mit jedermann bekannt zu machen, den ich kennenlernen wollte.

So schuckelte ich also in meinem hochstelzigen Wägelchen die einzige Straße dahin, die man auf der Insel gut und sicher mit Pferd und Wagen befahren kann; sie mißt die ganze Länge der Insel aus, von Eararna im Südosten bis zu dem entlegenen letzten Dörfchen Bungowla am Nordwestende. Von dort aus erblickt man dann nur noch die kleinen Brannock-Inseln mit ihrem Leuchtfeuer des Nachts – und hinter ihnen nichts weiter mehr als den leeren, blanken, ungeheuren Schild des Weltmeeres, selten nur, ganz selten, von einem Segel befleckt oder der Rauchfahne eines Dampfers getrübt – denn keine der großen Schiffahrtsstraßen der Erde folgt der riff- und klippenreichen irischen Westküste.

Ich wurde herzlich und freundschaftlich von der guten Mrs. Conneely aufgenommen, erhielt ein geräumiges, blitzsauberes Zimmer mit elektrischer Heizung angewiesen (den Strom dazu lieferte ein Dieselmotor) und widmete mich dann ganz einem ebenso ausführlichen wie vorzüglichen Mittagessen. Ich war den Conneelys zwar empfohlen, wäre aber auch ohne Empfehlung genauso gastlich aufgenommen worden. Ich machte in diesem entlegenen Wirtshaus wieder einmal die gleiche Erfahrung, die ich oft und überall in Irland gemacht habe: Man ist meist vorzüglich aufgehoben in den mittleren und kleinen Häusern, die im wesentlichen als Familienbetrieb den Gast wie einen Freund an ihren Busen ziehen. Zwar geht es in ihnen entsprechend familiär und einfach zu; aber es gibt reichlich und gut zu essen, und man fühlt sich, wenn man kein Snob ist, schnell in ihnen zu Hause.

Bei Conneelys in Kilmurvey befand ich mich wohl – und als ich mich gestärkt hatte, ließ ich mir den Weg zum Dun Aengus beschreiben.

Doch der Pfad führte mich nur bis zu einer kristallklaren, wohlschmeckenden Quelle unter einer grauen Felswand, und dann hörte er auf. Von dieser Quelle, die sorgfältig gefaßt in ein steinernes Becken rinnt, beziehen die Leute von Kilmurvey ihr Wasser zum Trinken und Kochen – und sie sind zu beneiden um so vorzügliches Wasser, das jede Tasse Tee zu einem Genuß macht.

Bald trat ich aus dem Felsenengpaß, der bei dem flüsternden Brünnlein bergwärts führte, auf eine sumpfige Wiese, die in Gummistiefeln leicht zu überqueren war. Vor mir stieg das Land, eine Wirrnis von grauen Felsplatten, klobigen Blocken und Grenzwällen, aus losem Geröll sorgsam getürmt, in gleichmäßig aufwärts schwingender Wölbung zu einem scharf in den späten Nachmittagshimmel gerissenen Felsengrat an.

Und auf der höchsten Kuppe dieses Grates hatte ich schon von der Fahrstraße her, die auf der anderen, der Nordseite, der Insel verläuft, die breit hingelagerten Steinmauern des Dun Aengus erkannt. Das Wort Dun, das in vielen irischen Namen vorkommt, bedeutet eine der vorgeschichtlichen, steinernen Burgen, von denen heute selten mehr erhalten ist als die Ringmauern, während die Wohngebäude innerhalb der Mauern sich gewöhnlich nur noch durch die Reste von Fundamenten verraten. Dun Aengus auf der großen Aran-Insel ist sicherlich die großartigste dieser alten Befestigungsanlagen. Nun hatte ich mich also aufgemacht, diesem ›gewaltigsten Denkmal Europas aus barbarischer Zeit‹ – wie man es genannt hat – meinen Antrittsbesuch abzustatten.

Langsam suchte ich mir meinen Weg bergan, zuweilen über blanken, nackten Fels, so glatt, als wäre er geschliffen. Tiefe Risse zerklüften den Fels – und wo sie eng aufeinander folgen, ist er zu senkrecht nebeneinanderstehenden Steinrippen zerwittert; man muß seinen Fuß sehr vorsichtig setzen, um nicht zu Schaden zu kommen. In manchen von diesen Schrunden wächst Kraut und Gras, eine zum Teil sehr seltsame Pflanzenwelt, wie ich mir habe sagen lassen; aber von Botanik verstehe ich leider nichts. – Die tiefsten und gefährlichsten Spalten im steinernen Grund haben die Bauern mit Felsgeröll und Schutt gefüllt, damit sich die Rinder nicht die Beine brechen. Das Vieh findet an diesen Hängen eine zwar nur in Flecken und schmalen Streifen sich bietende, aber ausgezeichnete und nahrhafte Weide.

Ich begegnete elfenbeinweißen Rindern, die außer ihren großen, stillen Augen und dem feuchtglänzenden schwärzlichen Maul nicht einen einzigen dunklen Fleck am Körper trugen. Die Tiere erhoben sich langsam vor mir, wenn ich mich näherte, gingen mir aber nicht aus dem Wege, sondern ließen sich gern hinter den Hörnern kraulen, wobei sie den schönen Tierkopf ein wenig senkten. Gewöhnlich folgten sie mir ein paar Schritte weit, als fiele es ihnen schwer, gleich wieder auf meine Gesellschaft zu verzichten.

Manchmal fand ich keine Lücke in den Steinmauern, die mir den Weg zu der alten Burg verwehrten; dann mußte ich sie überklettern. Das erfordert einige Kraft und Geschicklichkeit, denn die groben Felsbrocken und Klötze sind unverbunden zu Manneshöhe aufgetürmt, und wenn man nicht aufpaßt und sich eine unsichere Stelle aussucht, so kann es nur allzu leicht geschehen, daß dem Ungeübten ein Halbzentnerklotz – oft genug ist er dreimal so schwer; aber dann stürzt er auch nicht so leicht! – auf die Zehen oder gegen die Schienbeine kollert, was nicht unbedingt zu den Annehmlichkeiten des Daseins zu rechnen ist.

Ich war das einzige Menschenwesen weit und breit. Die Häuser des Dörfchens waren als weiße Flecken tief am Strand im Norden zurückgeblieben. Hinter ihnen dehnte sich in verschleiertem Jadegrün, hier an die neun Kilometer breit, der Sund, der die Inseln von der Küste des Festlandes trennt. Weit darüber schwebte als veilchenblaues Schattenbild die Gipfelwand der Berge von Connemara.

Es war sehr still. Die Sonne schien hinter einem zarten Schleier aus Dunst warm wie im Frühling. Auf spitzen Steinen saß hier ein Rotkehlchen und dort eines und sang seine bescheidene Strophe. In den Löchern und Spalten der lockeren Steinmauern flötete eintönig der westliche Wind. Und wenn ich im gemächlichen Steigen innehielt und lauschte, so konnte ich das dunkle Grollen der Brandung vernehmen, die ewig gegen das senkrechte Felsenriff der Südwestkante der Insel anstürmt.

Die weißen, sanften Rinder, die Einsamkeit, die heiseren Rufe der silbern schimmernden Möwen mit den sichelschmalen Flügeln über mir, die uralte, tote Burg hoch vor mir und das dumpfe Donnern der zerschellenden Brecher der hohen atlantischen See als die Grundmelodie – war dies überhaupt noch eine wirkliche Landschaft?

Sanfte Kühe, hellwollige Schafe, Pansflöten in den seltsam durchsichtigen Mauern aus Stein – ich war in eine ältere, reinere, einfachere Welt zurückgekehrt.

Dun Aengus – vielleicht ist es ein anderer Aengus, nach dem die Burg genannt ist, aber es gefiel mir an jenem stillen

Nachmittag, mir einzubilden, daß es jener Angus Og, Angus der Junge, Sohn des Dagda, sei, nach dem die gewaltige Burg auf dem turmhohen Felsenriff über der smaragdenen See genannt ist. Es war so still ringsum. Der Glanz des Abends überflutete schon die See im Westen; die Rotkehlchen sangen sorglos weiter, wenn ich dicht an ihnen vorüberschritt, und der Brachvogel ließ seinen glockenhellen Ruf so ohne Scheu in meiner nächsten Nähe erschallen, daß ich fast erschrak.

Ja, hier konnte Angus Og, der Gott der Liebe aus alter irischer Zeit, eine Zuflucht gefunden haben. Vier helle Vögel schwebten immer, sachte mit dem Winde schwingend, über seinem Haupt; es waren seine Küsse, die in solcher sanften Form Gestalt gewonnen hatten – und wenn sie sangen, dann wurde unwiderstehlich die Liebe wach in den Herzen der Mädchen und jungen Männer. So sehr verliebte sich Angus einst in die schöne Caer, die Tochter des Ethal Anubal, eines Königs der Danaanns von Connaught, daß er Himmel und Hölle in Bewegung setzte, sie zu gewinnen. Aber Caer ist immer nur ein Jahr lang Mensch; dann wird sie mit ihren Dienerinnen und Gespielen zu einem Schwan, einem glänzenden Zug von Schwänen. Als Angus sie endlich wiederfindet, schwimmt sie mit einhundertfünfzig anderen Schwänen auf dem See Drachenrachen. »Oh, komm und sprich zu mir, Caer!« ruft der Liebende über das Wasser. – »Wer ruft mich?« antwortete Caer, die schönste der Schwaninen. »Ich bin es, Angus der Junge!« gibt sich der Gott zu erkennen und beichtet, weshalb er gekommen ist. Und plötzlich fühlt er sich vor übergroßer Sehnsucht in einen Schwan verwandelt, gleitet in den See und gesellt sich endlich der Geliebten.

Und dann fliegen die beiden göttergleichen Wesen zu des Angus Schloß am Flusse Boyne im Osten Irlands – und während sie dahinfliegen, lassen sie einen zaubervollen Gesang ertönen, daß alle, die ihn hören, für drei Tage und Nächte in Schlaf sinken, einen Schlaf, erfüllt von liebevollen und leidenschaftlichen Träumen. – Und ewig lebt Angus in seinem Wolkenschloß in den fernen Paradiesen des Westens.

Das ist Angus der Junge, Angus Og – und es gefällt mir so, daß die gewaltige Burg auf den Aran-Klippen nach ihm ihren Namen hat.

Der äußerste Mauerring ist schon verfallen, abgetragen und in die Steinmauern der Aran-Gehöfte verwandelt; aber er ist doch deutlich zu erkennen. Von der Größe des Ganzen kann man sich eine Vorstellung machen, wenn man hört, daß dieser äußerste der drei Mauerringe eine Fläche von etwa achtzehn Morgen Land umschließt. Zwischen diesem äußersten und dem mittleren Wall ist ein etwa zehn bis fünfzehn Schritt breiter Ring von spitzen, aufrecht stehenden Felszacken und Steinbrocken gelegt, alle etwa einen Meter hoch und höher; sie sind viel zu dicht aneinandergedrängt, als daß man sich zwischen ihnen hindurchzwängen, und andererseits viel zu spitz und zu locker gesetzt, als daß man über sie hinweg balancieren könnte. Selbst heute noch erfordert es akrobatisches Geschick, diese *chevaux de frise* (wir sagen ›Spanische Reiter‹) zu überqueren, obgleich ein großer Teil der Zacken gestürzt, verwittert und gebrochen ist.

Und dann die nächste Mauer, gut vier Meter hoch und noch fast völlig im Stande; sie ist auf ihrer Oberseite immer noch zwei bis drei Meter breit und besteht aus losen, aber mit großer Kunst und Genauigkeit ineinandergefügten Blöcken, die heute genauso zuverlässig auf-, über- und ineinander ruhen wie vor wieviel tausend Jahren, als diese Feste von Königen oder großen Häuptlingen erbaut wurde – niemand weiß mehr, wer sie waren und wie sie hießen; nur eine blasse, unbestimmte Sage verkündet noch, daß es die Fomorier gewesen sind, die die Burg erbaut haben. Noch vor den Tuatha de Danaann sollen die Fomorier das Land bewohnt haben; die Danaann wurden von den Milesieren abgelöst, von denen die heutigen Iren abstammen. Geht man diesen Sagen auf den Grund, so bleibt vielleicht übrig, daß verschiedene Wellen keltischer und vorkeltischer andersrassiger Eroberer oder Einwanderer sich übereinandergeschoben haben, alle über See herkommend und wahrscheinlich aus verschiedenen Richtungen, wie es auch die Sagen wissen wollen.

Während ich auf der klobigen Mauer umherkletterte und mich vergeblich bemühte, auch nur zu schätzen, wie viele Tausende von Tonnen Gestein gebrochen und bewegt worden sind, als diese gewaltigen Anlagen errichtet wurden, bemerkte ich plötzlich, daß die schmalen Tore oder Durchlässe in den einzelnen Ringwällen nicht in einer geraden Linie hintereinandergereiht sind, sondern den Eintretenden zu einem Zickzackkurs zwingen. Wer also das äußerste Tor gewonnen hatte, konnte nicht einfach geradeaus weiter zum zweiten stürmen, sondern sah sich zunächst dem geschlossenen Wall der folgenden Mauer gegenüber. Um den nächsten, noch engeren und niedrigeren Eingang zu erreichen, mußte er erst unter der hohen Mauer entlangrennen, konnte also leichter von Pfeilen oder Speeren oder geschleuderten Steinen erreicht werden.

Die Mauern alle bilden auf ihrer oberen Kante zwei oder drei meterbreite Stufen, wobei die höchste außen liegt. Die Verteidiger standen also stets so, daß ihr ganzer Körper im Schutz der Steine verblieb. Noch heute gut benutzbare Treppen verbinden die einzelnen Mauerstufen untereinander und mit dem Erdboden. Mir fiel auf, wie schmal die Treppenstufen gebildet sind, obgleich beliebig viel Platz für breitere gewesen wäre. Auch die Brustwehren auf den Mauern sind niedriger, als wir sie anlegen würden. Ich fragte mich, ob die längst verschollenen Erbauer der Burg vielleicht einer Rasse angehört haben, die körperlich kleiner geartet war, als wir es heute sind. Darauf scheinen auch die merkwürdig niedrigen Tore zu deuten. Wir können sie nur gebückt durchschreiten, wenn wir uns nicht die Stirn an den mächtigen Steinbalken stoßen wollen, welche die wuchtenden Steinmassen darüber abfangen.

Schließlich stand ich vor dem gewaltigen innersten Wall, der sich über immer noch steigendem Grund sechs bis acht Meter hoch aufreckt.

Ich stieg die letzten Stufen hinan zu dem einzigen Tor in diesem Steingebirge; das Tor glich mehr einem Tunnel durch die drei oder mehr Meter dicke Steinwand als einem Tor.

Weit öffnete sich vor mir das Innerste, ein ebener Platz mit kurzem Gras bedeckt, aus dem sich inmitten eine steinerne Plattform wohl zwei Ellen hoch über dem sonstigen Grund erhob, als sei sie aus dem Felsengrund herausgemeißelt. Ringsum die grauen Mauern mit ihren doppelt übereinandergestaffelten Gangstufen, Treppen und Nischen schlossen den Blick ein; das Land, die übrige Insel, war versunken.

Vor mir brach der Felsengrund ab, wie gemeißelt. Die Mauern reichten, ein mächtiges Hufeisen, bis zur Kante des Felsens und brachen dort ebenfalls ab.

Nichts hinderte den Blick, zur offenen Seite des Hufeisens hinauszuschweifen, nicht einmal ein schwankes Geländer oder irgendein anderes Zeichen der Warnung. Das Meer dort – unendlich bis zu dem glänzenden Bogen des Horizonts!

Ich stand kirchturmhoch über dem Meer. Die ungeheure Felsenplatte, nach Südwesten aufgeworfen, nach Nordosten langsamer unter Wasser gleitend, stürzt an der südwestlichen Seite aus großer Höhe senkrecht, ja an vielen Stellen sogar weit ausladend und überhängend zur tiefen See ab.

Ich wagte es nicht, dicht an den hundert Meter tiefen Abgrund zu treten. Ein Gefühl des Schwindels wandelte mich an, da inmitten der uralten Burg über dem uralten Meer; donnernd und grollend drang das Dröhnen der Brandung hier ans Ohr.

Ich wollte sie sehen. Ich legte mich auf den Bauch und schob mich mit Kopf und Schultern über die Felsenkante. Aber ich konnte den Fuß der riesenhohen Klippe, auf der Dun Aengus steht, nicht erblicken. Der Fels, auf dem ich lag, mußte wie ein riesiger Balkon weit über das Meer hinaushängen. – Wenn die Kanzel, auf der du liegst, jetzt plötzlich abbricht und du mit Tausenden von Tonnen Gestein in die grünglasige Tiefe segelst, dann bist du so begraben, daß dich keiner je wiederfindet – dachte ich.

Spürte ich doch, wie unter mir der gewachsene Fels, wenn in der Tiefe einer der Brecher des offenen Atlantik mit ungeheurer Wucht anbrandete, jedesmal leise bebte und schütterte. Durch eine hundert Meter starke Schicht starren Steins hindurch machten sich die wilden Wasserstöße des Meeres immer noch bemerkbar. Was könnte eine bessere Vorstellung von der furchtbaren Gewalt anrollender Brandung geben als dies dumpfe Schüttern des Felsbodens unter mir, der ich so hoch über dem Meere lag.

Aber ich vergaß die alberne Angst, daß ich der Tropfen sein könnte, den die Massen hängenden Gesteins gerade nicht mehr tragen würden; denn ich erspähte nun aus der Vogelschau, was man sonst nur aus flachster Verkürzung vom Strande her beobachtet: das Spiel der Brandung in den Klippen. Senkrecht von hoch oben blickte ich durch die unbeschreiblich smaragden grün anwogenden und zurückprallenden Brecher bis tief auf den Felsengrund der Küste, wo sich unter der Oberfläche riesige, kantige Blöcke übereinandertürmten. Sicherlich waren sie alle mit der Zeit bei großen Stürmen aus den Felsenriffen der Inselkante herausgebrochen und in die Tiefe gestürzt. Denn wenn sich das Meer, wie man es an vielen Stellen der Südkante Inishmores beobachten kann, tief unten ins Gestein hineinfrißt, so daß man nicht einmal mehr vom günstigsten Standort erkennen kann, wie weit bereits die Brandungswogen ihre keilende Sprengkraft in die Tiefe des Felsenriffes der Insel vorgetrieben haben, dann muß in Jahrhunderten oder Jahrtausenden einmal der Augenblick erreicht sein, in welchem sich der ungeheure, über der Brandung hängende Felsvorsprung nicht mehr in sich selber trägt, sondern den furchtbaren Spannungen nachgibt, die in ihm mit der Zeit entstanden sein müssen, und abstürzt ins Meer.

Mit silbernen Schaumkronen stürmten die Wasserberge heran, rannten brüllend gegen die Felsen und prallten, verwandelt in riesige Wirbel, Fontänen und fegende Segel aus Sprüh und Schaum, wieder zurück, um oft genug mit der nächsten Woge – zwischen zwei Feuer geratend – einen noch wilderen Tanz aufzuführen. Seltsam majestätisch und feierlich langsam, so kam es mir auf meiner luftigen Höhe vor, rollte unter mir die Brandung hin und wider. Kormorane flatterten manchmal auf schwarzglänzenden Schwingen über den kristallen grünen Aufruhr, so schnurgerade und zielbewußt, als folgte sie einer unsichtbaren Richtschnur. Die Möwen zogen ungerührt über der Tiefe ihre schimmernden Kreise.

Ich konnte die Steilküste hinauf- und hinunterschauen. Überall weithin rollten die silbernen Zeilen der Brandung gegen die ragenden Wände, hier und da in der Ferne zu turmhohen Fontänen aufsteigend, die sich im Aufwind entfalteten und herrlich langsam wie wallende Federhüte wieder zusammensanken.

Wie lange ich dort oben auf den Steinen lag, in die Tiefe blickte, die Vorgebirge der Steilküste nach Nordwest und Südost verdämmern sah, der Sonne zuschaute, die, dem Horizont zusinkend, langsam das Grün des Meeres in ein rötliches und immer röter werdendes Blau verwandelte, das mit einem Male in lauter Gold und Purpur umschlug, als brennte die ganze weite See –

das weiß ich nicht.

Ich weiß nur, daß es schon tief dämmerte, als ich mich endlich wieder über die Felsentrümmer, die Steinmauern und die gefährlichen Risse im felsigen Boden talwärts tastete.

Plötzlich kam mir ein Gedanke, der mich so überraschte, daß ich stehenblieb und mich noch einmal nach dem mit großer Klarheit in den Abendhimmel gezeichneten Dun umwandte: die Burg hat ursprünglich gar nicht ihre jetzige Hufeisenform besessen. Die Umfassungsmauern endeten nicht einfach an der Klippenkante. Die Anlage war noch viel größer als heute; vielleicht rund oder oval und nicht nach der See hin offen wie jetzt. Aber dann sind doch irgendwann vor langer vergangener Zeit die in der Tiefe unterwaschenen Felsenmassen abgestürzt, abgebrochen und haben einen großen Teil der ursprünglichen Befestigung mit sich in die Tiefe gerissen. Und in weiteren hundert Jahren wird ein neuer Klippenfall auch das, was heute noch steht, im Meer versinken lassen – vielleicht geschieht es schon morgen, wer will es wissen, denn die Felsentafel, auf welcher sich der Rest von Dun Aengus heute befindet, ist von der niemals ruhenden, selbst bei Windstille nie ganz versiegenden Brandung längst bis in unbestimmte Tiefe unterwaschen.

Ich beschloß, diese Theorie, die sich mir beinahe zwangsläufig aufgedrängt hatte, mit der Meinung der sachkundigen Wissenschaft zu vergleichen, erhielt aber eine Bestätigung viel schneller, als ich erwartete.

Während ich gemächlich zu Tal stieg, näherte sich mir von der Seite her ein Mann, der anscheinend hinter den ferneren Steinwällen nach seinem Vieh gesehen hatte; er konnte keinem anderen Ziel zustreben als ich auch, dem Dorfe nämlich, das vor uns schon einige gelbe Lichter aufblinken ließ.

Wovon spricht man, wenn man als Wildfremder im Abenddunkel auf einer entlegenen Felseninsel im Atlantik in pfadlosem Gelände einem hochgewachsenen, grauhaarigen Manne begegnet, der unter anderen Himmelsstrichen vielleicht annehmen würde, man hätte ihm ein Kalb oder ein Schaf stehlen wollen –?

Wir jedenfalls unterhielten uns in musterhaft klassischem Englisch über die farbenflutende Schönheit des Sonnenunterganges, der gerade erst erloschen war und noch ein paar schmale Wolkenstreifen im Westen in der Tönung blassester Rosen überhauchte. Ja, wir lobten die Pracht der Sonnenuntergänge über dem Meer, und ich wunderte mich über seine gewählte und gebildete Sprechweise, die nicht danach klang, als hätte der Mann sein Leben auf dieser Insel zugebracht. Ich brachte also das Gespräch auf meine noch ofenwarme Theorie, daß Dun Aengus in alten Zeiten einmal viel größer, vielleicht rund oder eiförmig angelegt gewesen sei. Er schien nicht weiter erstaunt über diese, wie ich glaubte, sehr neuartige These und nahm mir einigermaßen den Wind aus den Segeln, als er mir erklärte, daß in der Tat die Mehrzahl der Altertumsforscher dem Dun eine ursprünglich viel beträchtlichere Größe zuschreiben und ebenfalls einen Klippensturz annehmen. Ich hatte also eine bereits offene Tür eingerannt. Immerhin tröstete es mich, daß es wenigstens die richtige gewesen war.

Der Mann meinte dann in seiner liebenswürdig stillen Art, da ich mich offenbar für Altertümer interessiere, solle ich nicht versäumen, mir das alte Kirchlein aus frühchristlicher Zeit anzusehen, das dicht hinter seinem Wohnhaus unter ein paar alten Bäumen versteckt läge – ein paar von den nur wenigen Dutzend Bäumen, die es überhaupt auf den Inseln gäbe. – Ich hätte also gleich zwei Seltenheiten nebeneinander, fügte er zum Abschied hinzu, während er mit freundlichem Gruß durch ein klirrendes Eisentor auf eine weite Rasenfläche verschwand, in deren Hintergrund auf einer flachen Anhöhe sich schattenhaft ein Haus erhob.

Ich erfuhr bald, daß ich in jenem freundlichen alten Mann, der meine Theorie über Dun Aengus so enttäuschend selbstverständlich bestätigt hatte, Mr. O'Flaherty-Johnston, dem reichsten Grundbesitzer der Insel, begegnet war. Dieser O'Flaherty nennt etwa sechshundert Morgen Inselboden sein eigen.

Ein Teil davon ist karge Weide zwischen Klippen und Felsen; vieles aber auch sorgsam eingehegte üppige Grasflur und große Ackerfläche fruchtbaren, ›gemachten‹ Bodens. Denn auf Aran gibt es kaum ein Stückchen Land, das sich von Natur her gleich zu einem Garten oder Feld eignet.

Die Felder und Gärten müssen auf dem blanken, nackten Fels, wie er jetzt noch in dem abgelegeneren Südweststreifen der Insel überall zutage tritt, buchstäblich aus dem Nichts geschaffen werden – und sind seit Jahrhunderten auf diesen drei Eilanden im großen Meer geschaffen worden, so daß man auf dem Unterland längs der Fahrstraßen kaum noch nacktem Fels begegnet; überall grünen zwischen den brusthohen, schützenden Mauern saftige Wiesen oder schimmert in bräunlichem Schwarz die steinlose, fruchtbare Muttererde, zu schmalen, langen Beeten aufgeteilt, mit fußtiefen Entwässerungsfurchen dazwischen.

Man will es anfangs nicht glauben, daß all dies wunderbare Ackerland ›künstlich‹ ist, bis man dann irgendwo abseits auf einem Streifzug ein paar Männer beobachtet, die auf einer Felsenplatte ein Feld herstellen.

Ich glaube, auf der ganzen Welt gibt es dies nicht zum zweiten Male, daß sich wenige tausend Menschen im Laufe der Zeit auf nacktem Fels Tausende von Morgen reicher Erde geschaffen haben. Sie mögen anfangs von dem Reichtum der hohen See gelebt haben, den Fischen, Muscheln und Schnekken, den Seehunden, den Eiern der Seevögel und den Seevögeln selbst – wie sie ja auch ihre Felder nur mit Hilfe der See anlegen konnten. Heute aber, mit langsam abnehmender Bevölkerung, bringen die künstlichen, doch längst zu Natur gewordenen Felder so viel hervor, daß die Inselbewohner sich allein von ihrem Ertrag ernähren können als Bauern, als

Viehzüchter, als Gärtner und die Fische ihnen nur noch eine Zukost liefern.

Zunächst wird das grobe Felsgeröll von der Steinfläche abgeräumt, soweit es nicht dazu dient, die tiefen Risse und Spalten im Felsen aufzufüllen. Die Steintafel befindet sich vielleicht seit Generationen im Besitz der Familie, war von einer sorgfältig unterhaltenen Mauer eingefaßt und bot sich kahl und blank dem Regen, der Sonne und dem Sturm, geachtet und vererbt von Eltern auf Kinder und Kindeskinder, denn sie war ja kein toter, wertloser Fels, sondern der Möglichkeit nach ein fruchtbares Ackerfeld, das mit seinen Kartoffeln oder seinem Roggen eine Familie nähren konnte (auf Aran wird Roggen angepflanzt, während sonst in Irland nur Weizen, Gerste und Hafer gezogen werden).

Dann war es so weit: auf jenem Steinboden zwischen den Mauern bei Gordnagapple wurde ein Feld ›gemacht‹, wie die Leute es nennen. Die Spalten im Boden waren schon geschlossen. Flache Steintafeln jeder Größe wurden darüber geschichtet, um eine einigermaßen gleichmäßige Fläche herzustellen. Danach wird von sandigen Buchten an der niedrigen, der Küste von Connemara zugekehrten Seite in den zweirädrigen Karren Seesand angefahren, Fuhre für Fuhre – schwere Tage für den Esel oder das zähe Pony oder auch das schwere, große Pferd. Der Sand wird eine Handbreit hoch auf der Steinfläche ausgebreitet; je besser sie nach unten abgedichtet ist, desto weniger neigt der Sand dazu, nach schweren Regengüssen in den Spalten zu verschwinden. Über die Sandfläche wird frischer Seetang gebreitet, den die Wellen rings um die Insel auf Klippen und Flachufern unermüdlich anspülen, der aber auch bei Niedrigwasser an seinen Standorten in flachen Buchten geschnitten wird. Dieser Seetang, an Jod und Mineralsalzen reich, vergeht schnell und bildet Humus. Über die Schicht aus Seetang, die in langen, schmalen Beeten ausgelegt ist, wird abermals Sand gebreitet; darüber wieder Tang und abermals Sand. Je mehr Schichten übereinander getürmt werden, desto tiefer und reicher wird der Mutterboden. Jedes Jahr wird neuer Tang, Stalldung, Straßenkehricht in den Boden gebracht und natürlich auch neuer Sand, wenn es nötig ist. Es entsteht ein milder, bakterienreicher, warmer Boden, der reiche Ernten spendet, wenn man ihm stets wiedergibt, was man ihm nimmt.

Es klingt sehr einfach, wenn man es so hinschreibt, wie auf Aran Land ›gemacht‹ wird. Aber wie viele Male mußte der Esel meilenweit zum Strande hinuntertrotten, um den Sand aufwärts zu schaffen! Wie oft hat der tropfende Seetang die Kleider kalt durchfeuchtet! Wieviel tausendmal mußte die Schaufel in die Erde gesenkt, die Forke in den faulig stinkenden Tang gestochen werden, ehe so ein Feld, in dem jede Handvoll Boden weit hergeholt ist, wirklich die Saat aufnehmen kann! Sät man dann nicht Klee oder Gras ein, um eine Weide draus zu machen, so bedarf der Boden ständiger Pflege und Aufsicht – und auch die Weiden müssen jedes Jahr mit einer dünnen Lage Seetang frisch gedüngt werden.

Von diesem kostbaren Land besitzt also einer an die sechshundert Morgen und ein anderer, den ich später auch kennenlernte, an die fünfhundert. Dann folgen zwei oder drei Dutzend Bauern, die vielleicht dreißig bis fünfzig Morgen besitzen, und der an Zahl weit überwiegende Rest muß sich mit zwerghaften Höfen von fünf bis zehn Morgen oder auch mit einem Garten begnügen.

Das kann man nicht gerade eine besonders günstige Bodenverteilung nennen. Gar nicht zu reden von dem Brotgetreide, das allenthalben wachsen könnte, denn der weitaus größte Teil des Landes dient als Weide. Aber der Weizen, aus dem das meiste Brot auf Aran (wie in ganz Irland) gebacken wird, stammt aus Kanada oder Australien – denn weder die große Aran-Insel noch die größere Insel Irland, reiche Länder des Ackerbaus mit fruchtbaren Böden, produzieren auch nur annähernd so viel Brotgetreide, als sie zur Ernährung ihrer wahrlich nicht übergroßen Bevölkerung brauchen.

Es ist ein Jammer, daß die Leute von Aran und die Leute von Irland auswandern müssen – so daß Irland ein Land war und ist, in dem die Bevölkerung ständig zurückging; erst seit wenigen Jahren ist wieder ein leichtes Ansteigen feststellbar – und in England oder Amerika sind sie natürlich für Irland verloren; zwar senden sie mit beispielloser Treue den Überschuß ihrer gewiß nicht großen Löhne in die kleinen Hütten hinter den Torfmooren an den braunen Hängen der Gebirge. Manchmal kommt auch einer, der in der Fremde sein Glück gemacht hat, wieder in das kleine Dörfchen auf Aran oder in Donegal zurück, baut sich ein besseres Häuschen mit Ziegel- oder Schindeldach anstatt des Strohs, in dem die Mäuse hausen und die Vögel brüten, und heiratet das hübscheste Mädchen weit und breit, denn jetzt ist er sozusagen zu einem Gentleman-Farmer avanciert, kann den ganzen Tag Virginia-Tabak rauchen und seiner jungen Frau einen Federhut und Seidenstrümpfe kaufen.

Aber im allgemeinen werden die Auswanderer nicht reich. Sie vergehen in den fremden Ländern, werden Amerikaner oder Australier, und die Grüne Insel sieht sie nie wieder.

Zwar gibt es die ›Land-Kommission‹, die das Recht hat, große Besitze aufzuteilen und die Zwerghöfe ringsum mit einer vollen Ackernahrung zu versehen, oder Bauern neu anzusetzen, die anderswo nicht leben und nicht sterben können. Aber die Land-Kommission setzt sich natürlich auch aus Iren zusammen; und die Iren sind liebenswürdige und fromme Leute, die von Paragraphen und Bestimmungen nicht viel halten und denen das Menschliche letztlich stets wichtiger ist als alle Theorien und Programme; was kann man Besseres vom Menschen sagen, als daß er menschlich handelt; in Irland – Gott sei Dank, daß es das noch gibt! – hat die anspruchsvolle Ausschließlichkeit von Parteiprogrammen oder allheilenden Ideologien noch keinen Hund vom Ofen weggelockt.

Die Land-Kommission kann sich füglich nicht immer und in allen Fällen entschließen, mit dem Messer kalter Nur-Gerechtigkeit und Sachlichkeit die notwendigen und harten Schritte zu machen.

Und eigentlich finden die kleinen Bauern nicht viel dabei, da die größeren Besitzer, wenn sie nur richtige Iren sind, hartnäckig auf ihrem Besitz hockenbleiben, denn auch nach ihrer Meinung ist Eigentum heilig, und der Eigentümer kann damit machen, was ihm beliebt, zum Beispiel gar nichts. Und wenn sie selbst so viel Land besäßen und an der Großen Stelle wären, würden sie es haargenau ebenso machen.

Denn das irische Volk besteht aus lauter überzeugten

Individualisten, die lieber in Lumpen und Armut nach der Väter Weise auf eigene Fasson selig werden, als sich zu ihrem Vorteil, aber unter Aufgabe ihres Privatvergnügens und Schlendrians, in ein größeres Ganzes gehorsam einfügen. Und die Regierung in Dublin soll sich nicht mausig machen; Renten und Unterstützungen und Prämien auf tausendundeine Sache, die darf sie zahlen – und soll das Geld dazu möglichst durch indirekte Steuer hereinholen; die merkt man nicht so; aber vorschreiben soll sie möglichst nichts; das steht ihr nicht an. Und ohnehin sind Politiker und Parlamentarier und Beamte bloße Schaumschläger! – So ungefähr sieht der irische Spieß- und Besitzbürger – und das sind, gemessen etwa an unseren Verhältnissen, noch beinahe alle Iren – die Welt und sein Land. Er ist also ein musterhafter Demokrat, geht jeden Sonntag und Feiertag treu zur Messe, trinkt sein Bier oder seinen Whisky und wettet bei den Pferderennen so eifrig, daß die irischen Krankenhäuser nebenbei mit davon leben können. Und ich bin wirklich neugierig, wie lange die Geschichte weitergehen wird, und wie lange sich ein kleines Land wie die Republik Irland ein ›laissez faire, laissez aller!‹ noch weiter leisten kann, wenn ringsum eine aufs äußerste angespannte Welt rechnet und plant und ihre Menschen in immer festere Systeme zielstrebiger Produktion und geregelten Verbrauchs einspannt.

Irland bezahlt diese holde Lässigkeit, diese Freiheit, die keinem vorschreibt, was er zu tun hat, diese bezaubernde Unwilligkeit, irgend jemandem Vorschriften zu machen oder, wo sie schon erlassen sind, allzu entschieden darauf zu drängen, daß sie auch befolgt werden, bezahlt dies alles durch viele Jahre hindurch mit dem Verlust von jährlich etwa 24000 jungen, kräftigen, unternehmungslustigen Männern und Mädchen – von vorzüglich ausgebildeten Ärzten, Priestern, Physikern, Chemikern angefangen bis zu ungelernten Bauernburschen und arbeitslosen Fischerknechten aus dem hintersten Cork oder Kerry oder Mayo, bezahlt es mit dem höchsten Heiratsalter der Zurückgebliebenen, das irgendwo auf der Welt zu finden ist (die Männer heiraten erst Mitte der Dreißiger, die Frauen nur wenige Jahre früher im Durchschnitt!) mit der prozentual niedrigsten Zahl der Eheschließungen (die unter der ländlichen Bevölkerung am niedrigsten ist!), dem Absinken der Geburtenziffer, einem hohen Anteil Unverheirateter an der Bevölkerung, einem Überschuß an Männern gegenüber den Frauen, der höher ist als irgendwo sonst, und einem ständigen, erst seit etwa 1963 zögernd innehaltenden Absinken der Gesamtbevölkerung.

Man rechne nur nach: Jedes irische Kind, das auf guten und teuren irischen Schulen, Hochschulen und Universitäten aufgezogen und ausgebildet wird, mag dem Staat etwa 1500 Pfund gekostet haben, wenn es zwischen seinem achtzehnten und fünfundzwanzigsten Jahr das Land verläßt, um sein Wissen und Können anderen Ländern dienstbar zu machen. Rechnet man hinzu, was der kleinen irischen Republik an späteren Leistungen entgeht, wenn sie bei ihrer nicht ganz drei Millionen erreichenden Einwohnerzahl auf jährlich 24000 junge Leute verzichtet, so ergibt sich, daß der irische Staat jährlich einen Verlust von fünfzig Millionen Pfund investierten Kapitals erleidet; es war in der Ausbildung und Aufzucht seiner Kinder angelegt.

Aber so ernste Gedanken sind eigentlich zu schwer und zu mühsam für dieses Reisebuch. Doch ist es fast unmöglich, ihnen nicht zu begegnen, an jeder Straßenecke beinahe, an jedem Kreuzweg, denn überall wandern die jungen Leute fort; überall begegnet man den alten Junggesellen und Junggesellinnen, und überall findet man verfallene Häuser, in denen niemand mehr wohnt – und die niemand wiederaufzubauen oder zu flicken für nötig hält; es hat lange Zeit gedauert, ehe ich mich an die vielen Ruinen in Irland, in allen Städten, allen Dörfern, am zahlreichsten auf dem platten Lande gewöhnt hatte.

Als ich an jenem ersten Abend zu Conneelys zurückkehrte, fragte ich, wem das dachlose Haus nebenan und wem die leeren, verfallenden Häuser weiter hinten und gegenüber gehört hätten. Ich erhielt eine Antwort, die ich später dutzendfach auf der Insel zu hören bekam und die man überall in Irland zu hören bekommt:

»Da wohnte ein alter Mann, ein Witwer. Er ist voriges Jahr gestorben; seine Kinder sind in Amerika. Wer soll sich noch um das Haus kümmern! Und da drüben wohnte ein altes Ehepaar. Die Leute hatten acht Kinder; sie sind alle ausgewandert, nach England und Amerika. Und seit die alten Leute sich vor zwei Jahren kurz hintereinander auf den Friedhof legen ließen, verfällt ihr Haus. Von den Kindern hat sich keines sehen lassen. Wer weiß, ob sie überhaupt wissen, daß die Eltern nicht mehr leben...!«

Eine unbestimmte Schwermut schien mir trotz aller Sonnenschöne über der wunderbaren Insel zu schweben wie graublauer Höhenrauch. Was auch immer ich sah und erlebte, gewann durch diese verhaltene Trauer sanftere, weichere Umrisse; das Strahlende wurde ein wenig blasser, aber das Tragische wurde von einem Schimmer stiller Heiterkeit versöhnlich überspielt.

Diese Empfindung verließ mich während all der Tage nicht, die ich auf Aran verbrachte. Und auf Aran wurde mir wie in einem Gleichnis für die größere Insel Irland klar, daß dieser Zug einer schwermütigen Heiterkeit, einer verhalten heiteren Schwermut, bezeichnend und kennzeichnend ist für die Insel im fernen Westen Europas, die Heimat aller Regenbogen.

Wo auch immer ich mich aufhielt in Irland – dies war das Geheimnis seines Zaubers, daß das Land lächelte unter Wolken von Schwermut.

Es ist so alt, dies Land; es hat so ungeheuer viel erlebt, Ströme von Blut und Not, Kampf und Knechtung, Aufstand, Plünderung, glänzende Siege und vernichtende Niederlagen, Treue und Verrat, wildeste Leidenschaft und unbeschreiblichen Jammer und Hunger und tierische Armut. Es hat nie aufgehört, dies Land, seine uralten, tausendjährigen Geschichten zu erzählen: von großen Taten, bedenkenlosen Amouren und seltsam dichterischer Zauberei; es hat seine eintönig traurigen Lieder gesungen – mit Texten, zuweilen so alt, daß ihr Sinn im Schlund der Jahrhunderte versunken ist und nicht mehr verstanden wird –, was aber nicht hindert, daß jede neue Generation sie wieder und weiter singt.

Und niemals ist es den Fremden gelungen, die sich übermächtig zu Herren des Landes aufschwangen, Irland wirklich bis in die Tiefe und bis in seine Hintergründe zu beherrschen. Die Fremden kamen mit unwiderstehlicher Macht, mit vielfacher Überlegenheit; sie unterdrückten die Sprache, den Glauben, das alte Recht und die ältere Sitte; sie verwandelten ein ganzes Volk in ärmlich elende Knechte, die auf ihrem angestammten Grund und Boden als vollkommen rechtlose, ausgepreßte, wehrlose Pächter saßen und buchstäblich nichts weiter ihr eigen nannten als die Lumpen, die sie auf dem Leibe trugen. Und trotzdem ist es in Jahrhunderten nicht gelungen, der irischen Nation das Rückgrat zu brechen. Mit unbeschreiblicher Treue und Zähigkeit wurde die alte Überlieferung von Geschlecht zu Geschlecht weitergegeben. Niemals gewöhnte sich das Volk daran, sich mit der englischen Herrschaft abzufinden; niemals vergaß es, daß es nur sich selbst untertan zu sein brauchte, daß es einstmals das ganze übrige Europa geistig geführt hat, daß es der Born der Christenheit für ganz West- und Mitteleuropa gewesen ist – niemals vergaß es die Freiheit, der sich von Jahrhundert zu Jahrhundert seit dem frühen Mittelalter immer wieder die Besten der Nation geopfert haben; sie endeten auf dem Schlachtfeld oder dem Schafott oder gingen freiwillig in die Verbannung, um unter fremden Fahnen gegen die Feinde Erins zu fechten – unter Spaniens, Frankreichs, Österreichs Standarten – und zu sterben.

Und niemals vergaßen die Iren, Roms treueste Söhne, den katholischen Glauben, obgleich sie mit einem Schlag in die Reihen der Herren hätten treten dürfen, wenn sie sich der ›Kirche von Irland‹, das heißt der englischen Hochkirche, angeschlossen hätten. Lange Zeit haben sie die Messe nur heimlich hinter Felsen und Hecken, in Höhlen und entlegenen Klüften halten dürfen, die heute noch fromm verehrt werden. –

Nach vielen Jahrhunderten des Kampfes, der Drangsal, der Sehnsucht, der zähen Beharrung ist heute wenigstens für sechsundzwanzig von den zweiunddreißig Grafschaften Irlands die politische Freiheit erfochten. Die Nation darf wieder den uralten keltischen Namen führen: Erin – oder in der korrekteren, offiziellen Form: Eire. Niemand hindert mehr die Frömmigkeit. Der Tag des heiligen Patrick, des Vaters der irischen Christlichkeit, der 17. März, wurde zum nationalen Feiertag erhoben, und das dreiteilige grüne Blättchen des Shamrock, des Wildklees, zum nationalen Symbol neben der Harfe, dem Instrument der irischen Sänger alter Zeit. Die Harfe wurde zum Wappen des jungen Staates, des einzigen auf der Welt, der ›Musik im Wappen‹ führt.

Zwar ist Eire noch nicht vollständig; im Nordosten der Insel klafft die tiefe Wunde; sechs Grafschaften der Nordprovinz Ulster fehlen noch, um ein freies Irland vollständig zu machen. Aber abgesehen davon ist die Republik so unabhängig wie nur irgendein Staat sonst und bestimmt ihr Schicksal allein nach eigenem Gutdünken. Das Ziel eines langen, ungemein tragischen Weges ist im wesentlichen erreicht.

Im wesentlichen – so mag man sagen, aber nicht mehr! Noch blutet das Land. Denn noch fehlt ihm zur Einheit und Ganzheit der nordöstliche Teil seiner in mancher Hinsicht wichtigsten unter seinen vier Provinzen, nämlich Ulsters im Norden der Grünen Insel.

›Aran der Heiligen‹

Ich wanderte an manchem Tag und in mancher Mondnacht um die Hafenbucht der großen Insel Aran und sah die berühmten Aran-Corraghs, in denen die Männer einst der Brandung Trotz boten, hoch auf dem Trockenen liegen, und in ihrer Teerhaut klafften große Löcher. Und hochseetüchtige Fischkutter gab es nur noch zwei oder drei auf der ganzen Inishmore, wo noch vor wenigen Jahrzehnten fünfzig oder sechzig und auch mehr den Reichtum des Meeres in die Netze fingen.

Und auf der Pier standen die jungen Männer und Mädchen, die noch vor ein, zwei Generationen die Boote gebaut und die Ruder geführt, die Netze geknüpft und die Äcker ›gemacht‹, die Wolle der Schafe gesponnen und zu wunderbar dauerhaften Stoffen verwoben hatten, die ein schweres und gefährliches, aber freies und fröhliches Dasein geführt haben – standen da auf der Pier und warteten auf das Schiff, das sie in die trüben, rußigen Fabriken Englands und Schottlands bringen sollte.

Und auf dieser Insel im Atlantik, wo in jeder Bucht munter die Fische springen und Fischdampfer aus Spanien und Frankreich, obgleich sie hier eigentlich nicht fischen dürfen, reiche Fänge einheimsen, gab es nur höchst selten frische Fische, genauso selten wie überall sonst an den buchten- und fischreichen Küsten Irlands. Dafür wurden auch auf Aran Fischkonserven jeder Art aus Norwegen, Südafrika und Australien feilgeboten.

Und in diesem gleichen Irland war die Butter rationiert, obgleich das Rindvieh mit sein größter Reichtum ist. Und Speck und Schinken mußten eingeführt werden, dazu Brotgetreide und Futtermittel; Schweineschmalz bildete eine seltene Kostbarkeit, die nur gelegentlich zu haben war. Dafür gab es allerdings Rindfleisch und Hammelfleisch überreichlich.

Die Wälder sind abgeholzt. Irland ist das waldärmste Land Europas. Aber es quillt über von Wasserkräften und unabsehbaren Lagern besten Torfs; trotzdem brennen in weiten Bezirken des Landes die Leute immer noch Kerzen oder Petroleum.

Die Eisenbahnen wurden eingestellt und abmontiert, weil sie sich ›nicht rentierten‹.

Und während bestes Ackerland unter Gras liegt und nur ein paar weidene Kühe nährt, kümmern hunderttausend bäuerliche Zwergbetriebe elend dahin – ihre ›Besitzer‹ haben zum Sterben zuviel und zum Leben zuwenig, nennen kaum einen Pflug ihr eigen und ›wirtschaften‹ mit einem winzigen Eselchen, wie fast alle in Connemara. – Ach, es gibt viele Unbegreiflichkeiten in diesem Land, das ich trotz all seiner offensichtlichen Mängel wie eine zweite Heimat lieben lernte.

Ich bin über Inishmore gewandert und gefahren, ich bin um das einsame Kirchlein des McDuagh gestrichen mit seinen überschweren Mauern, dem schmalen, engen Eingang und jenem hohen, flachen Stein, in den ein Kreuz gemeißelt ist – wahrscheinlich einem jener heidnischen »standing stones«, der aufgerichteten riesigen Steinbalken oder Steinplatten. Die frommen Mönche haben dem heidnischen Grabmal oder Mahnmal ein grobes Kreuz eingegraben, es damit geweiht und in den Dienst der christlichen Lehre gestellt, wie so viele andere heidnische Zeichen und Einrichungen. Die Steinplatte mit dem alten Kreuz erhob sich in einem kleinen Hain alter Eschen. Das Kirchlein des McDuagh, desselben, nach dem Kilmacduagh auf dem Festland seinen berühmten Namen trägt, liegt mit den alten Bäumen ringsum in einer geschützten Senke; die Stürme brausen darüber hin und berühren es nicht. Das grüne, saftige Gras wächst bis an die Mauern und auch durch den Eingang ins Innere des dachlosen Gebäudes. Ein Rotkehlchen schmetterte sein kleines Lied, ohne mich zu beachten, obgleich es erst Februar war; die Sonne wärmte schon. Das uralte Kapellchen aus dem siebenten Jahrhundert, abseits der Straße, träumte vergessen vor sich hin – vergessen, gewesen, vorbei – einem tiefen Dornröschenschlaf verfallen.

Nach dem Bericht eines alten Mannes soll die Kirche des Colman McDuagh der Mittelpunkt der Universität Aran gewesen sein – vor dreizehn- oder vierzehnhundert Jahren, als die Inseln noch den stolzen Namen Ara Naoimh, das ›Aran der Heiligen‹, führten. Der heilige Enda erhielt im fünften Jahrhundert die Inseln von Aengus, dem König von Munster, verliehen, bekehrte die heidnischen Bewohner, deren wehrhafte Ringburgen noch heute auf den Kuppen mancher Hügel dunkel drohen und deren alte Siedlungen sich noch heute in vielen erstaunlichen Resten bewahrt haben. Friede senkte sich über die Inseln; die riesigen Forts aus grauer Vorzeit, Dun Aengus und Dun Eochaill und Dubh Cathair und einige andere, boten nur noch den Rindern und Schafen Schutz und nicht mehr ängstlichen, flüchtigen Menschen. Die Inselleute brauchten die frommen Männer, die überall ihre kleinen Kirchen, Konvente und Klöster errichteten, nicht zu fürchten. Sie siedelten sich unter den Klostermauern an – und nur, wenn über See her Gefahr drohte, zogen sie sich mit dem Vieh in den Schutz der alten Burgen zurück.

Weit über ganz West- und Südeuropa verbreitete sich der

Ruhm Arans, seiner Gelehrsamkeit und Frömmigkeit. Von weit her strömten die Studenten zusammen. Noch heute trägt eine alte Grabplatte in dem Ruinendörflein der ›Sieben Kirchen‹, in dessen geweihtem Grund die guten Leute aus Onaght schon seit mindestens zehn Jahrhunderten ihre Toten begraben, die grobe Inschrift ›VII Romani‹. Unter dem alten Stein liegen also sieben Studenten oder Priester aus Rom begraben, die nach dem ›Aran der Heiligen‹ gepilgert waren, um dort zu studieren. Ob sie so fern der südlichen Heimat von den Klippen gestürzt, ob ihr Boot gekentert ist und nur ihre Leichen das Ufer erreichten – das wissen wir nicht mehr. Aber wir wissen, daß Rom damals in Verfall geraten war, im Staub lag, von Barbaren bedroht und beherrscht – in Irland aber im fernen Nordwesten hatte das junge Christentum eine Heimstätte gefunden und breitete sich von hier aus wieder nach Osten aus. Über fünfundsiebzig Klöster – bis nach Norditalien hinunter – sind in der großen Zeit Irlands zwischen 500 und 900 nach Christus von der Grünen Insel aus gegründet worden. Und es gab einmal eine Zeit – eben jene Jahrhunderte –, in der sicherlich ein Ire war, oder zumindest ein Schüler der Iren, wer sich in Westeuropa der Sprache des Neuen Testaments, des Griechischen, als mächtig erwies.

Aber diese Zeit ist lange vorbei, und auf den dachlosen Giebeln der vielen kleinen Kirchen und in den leeren Fensterhöhlen singen die Blaumeisen und die Amseln.

Eine andere der Kirchen trägt den romantischen Namen ›Kirche der vier schönen Heiligen‹ – des heiligen Fursey, des Brendan von Birr, des Conall und des Berchan. Ob die vier längst verschollenen Männer wirklich so schön waren oder sich das Wort ›schön‹ auf ihre Frömmigkeit bezieht, daß wußte mir keiner der Umwohner mehr mitzuteilen. Dicht neben der Kirche wird ein heiliges Brünnlein noch heute verehrt, von Felsbrocken umrandet, auf denen viele bescheidene Opfergaben rosteten und verwitterten.

Ich hörte, daß dieser Brunnen zu den Quellen und Brunnen im irischen Land gehört, zu denen manch ein junger Ire oder eine Irin heimlich wallfahren, bevor sie, von der Not daheim gezwungen, Irland verlassen, um als Auswanderer in fremden Ländern ihr Glück zu versuchen. Wer vor dem Abschied aus solcher Quelle trinkt und sich mit feuchtem Finger bekreuzigt, der wird in der Fremde nicht von unerträglichem Heimweh geplagt; es fällt ihm leichter, am neuen Orte heimisch zu werden und das Land seiner Geburt zu vergessen.

Von Brunnen ›gegen das Heimweh‹ war mir schon in Kerry erzählt worden – ich hatte auch an einem solchen verborgenen Quell gestanden, der den armen Teufeln von Auswanderern das Scheiden von den heimatlichen Küsten und Bergen leichter macht. Ich hatte anfangs den Sinn der seltenen Sitte nicht begriffen, weil wir wohl eher daran denken würden, den Trunk aus einem solchen Brunnen als ein Zauberwasser zu uns zu nehmen, damit wir in der Fremde die Heimat nicht vergessen. Aber ein Ire scheint so davon überzeugt, seine geliebte Insel niemals vergessen zu können, daß er sich vielmehr gegen ein Übermaß des Heimwehs glaubt sichern zu müssen – es könnte ihm sonst in der Ferne das Herz brechen. Gibt es diese Sitte noch ein zweites Mal in Europa? Ein Trunk aus geweihter Quelle, der das Heimweh leichter ertragen, die Heimat leichter vergessen macht? Ich glaube kaum! Und gerade aus diesem Land, in dem sich die Auswanderer so sehr vor dem Heimweh fürchten, müssen jährlich fast ein Viertel-Hunderttausend junger Leute davonziehen, weil sie zu Hause keine Hoffnung und kein Ziel für ihre Zukunft sehen. Nein, ich wunderte mich nicht mehr, daß über den Aran-Inseln die Schwermut hing wie ein Schleier.

Man könnte ein dickes Buch allein damit füllen, die Altertümer der Aran-Inseln zu beschreiben. Das liegt mir fern. Es kam mir auch nicht darauf an, die Namen der vielen Heiligen auseinanderzuhalten, denen die vielen Kirchen- und Klosterruinen und die heiligen Quellen geweiht waren. Für das Auge eines Mannes wie ich, der nicht gerade ein Fachmann in Kirchenruinen ist, glichen sich die alten Gemäuer außerordentlich, und ich kann sie in der Erinnerung kaum auseinanderhalten. Eine nur wird mir unvergeßlich bleiben: die älteste und zugleich kleinste von ihnen, auf irisch Teampull Beanain geheißen, auf deutsch die ›Kirche des heiligen Benignus‹.

Sie liegt hoch auf einer Felsenkuppe über dem Dörfchen Killeany, das sich um die schon verfallene Arkyn-Burg schlingt – dieselbe, in der Cromwell seine Soldaten vergaß, so daß sie schließlich katholische Insulanerinnen heirateten, Irisch lernten, katholisch wurden und ganz mit ihren Nachkommen in der einheimischen Bevölkerung aufgingen; die Urenkel sind nur noch an den englischen Namen kenntlich.

Teampull Beanain streckt seine beiden überspitzen Giebel seit eintausendvierhundert Jahren schon in den blauen oder regnerisch-stürmischen Himmel, eine weithin über See sichtbare Landmarke in lang vergangenen und in heutigen Tagen. Ich mußte ein paar Mauern überklettern und dann steil aufwärts steigen, ehe ich die ungemein mächtigen Mauern erreichte; sie sind aus zyklopenhaften, gut behauenen Felsbrocken gefügt. Die überaus steilen Giebel haben den Stürmen bis heute standgehalten, während das schwere Steindach, das sich einmal über dem winzigen Innenraum zwischen den dicken Mauern erhoben haben muß, längst eingestürzt und abgetragen ist. Solche Dächer mag man gebaut haben, bevor man lernte, mit Rund- oder Spitzbogen die lastenden Gewichte abzufangen. Das Innere des Tempels ist kaum größer als zwei mal drei Meter; es kann also gerade den Altar und wenig mehr beherbergt haben, war eigentlich nicht viel mehr als ein Schutzdach über dem Allerheiligsten. Die Gemeinde wird der Messe ringsum im Freien kniend beigewohnt haben. Bis zum heutigen Tage hat sich diese Übung in Irland erhalten. Ich habe in entlegenen Tälern von Mayo und von Donegal erlebt, daß sonntags ein großer Teil der Männer im Freien um die Türen der Kirchen kniete, wo die Gotteshäuser zu klein waren, die Menge der Andächtigen zu fassen.

Ich hatte das Glück, Teampull Beanain zum erstemal an einem klaren, stillen Abend zu erleben. Die See breitete sich in der Tiefe unglaubhaft veilchenblau. In der Ferne jenseits des Sundes hoben sich in einen Himmel aus blaßblauer Seide die Gebirge Connemaras, die aus einem durchsichtigen, wie von innen her glimmenden Stahlblau gezaubert schienen. Die Stille war vollkommen. Hinter meinem Rücken sank die Sonne dem goldrot aufbrennenden Horizonte zu. Ich saß solange neben dem uralten Tempelchen auf einer Felsenplatte, sah die Berge im Nachtblau des Abends verdämmern, Meer und Himmel in eins verrinnen, sah die ersten Sterne aufschimmern, vergaß so sehr, daß in Kilmurvey Mrs. Conneely mit dem Abendbrot auf mich wartete, daß mich erst ein heftiger Rheumastich in meiner Kehrseite daran erinnern mußte, wie früh es noch im Jahre war und daß man in der Kühle des Abends nicht ungestraft auf kalten Steinplatten verharrte. – Michael Conneely, der unten bei der Arkyn-Burg mit dem Pony-Wagen wartete, um mich durch die stille Nacht über Berg und Tal, aber immer über der metallen dunklen Riesenschüssel des Meeres, nach Hause zu fahren – ach, der vergnügte, immer höfliche und geduldige Michael fror schon erbärmlich und wärmte sich den Rücken an der warmen Flanke des Ponys Dick. Kein Wunder also, daß er nicht so gesprächig und frageeifrig war wie sonst; zwar äußerte er kein Wort der Kritik, aber auch kein anderes und schien nur darauf bedacht, das Pony zur Eile anzutreiben – wodurch ich wiederum gezwungen wurde, mich auf dem gefährlich schleudernden und schwankenden Sitz über den knarrenden Rädern krampfhaft festzuhalten.

Aber während ich sonst wohl dem kühngesichtigen Michael ein gutes Wort gegeben und mich bei ihm entschuldigt hätte, sagte ich diesmal kein Wort und ließ ihn seinen Ärger ruhig in sich heineinfressen. Ich war ihm noch gram wegen des Schrecks, den er mir am Vormittag des gleichen Tages eingejagt hatte. Wir waren gemeinsam zum Dun Aengus hinaufgestiegen, das seinen Namen wohl nicht nach dem sagenschönen verschollenen Liebesgott trägt, sondern nach einem allerdings nicht viel weniger sagenhaften König Aengus, dem Sohn des Hamore, der es etwa um Christi Geburt erbaut haben soll. Wir waren auf den alten Mauern umhergeklettert, und ich hatte mir große Mühe gegeben, einige Standorte ausfindig zu machen, von denen ich die gewaltige Burg am besten photographieren konnte. Es hatte sich ergeben, daß wir aus der innersten Umwallung in den ersten Vorhof hinaustreten mußten, um eine Gesamtaufnahme der Hauptburg machen zu können. Die viele Meter hohe, an der Außenseite senkrecht aufragende Hauptmauer reicht bis unmittelbar an die Klippenkante, die weit hinaushängt über die hundert Meter unter ihr donnernd tobende Brandung.

»Komm!« sagte ich zu Michael. »Wir nehmen unsere Kameras und das übrige Zeug und gehen durchs Tor zurück an die zweite Mauer. Von dort aus werden wir vielleicht eine schöne Aufnahme machen können.«

»Ach«, sagte er gut irisch, denn ›ach‹ ist auch ein irisches Wort, »wozu den weiten Umweg«, und lächelt vergnügt. »Ich klettere an der Außenseite über der Klippe um die Mauer herum!«

Ich halte es für einen schlechten Scherz und erwidere ein wenig unwillig: »Du bist nicht recht gescheit, mein Junge. Ein einziger lockerer Stein, ein kleiner Fehlgriff, und wir sehen kein Fetzchen von dir wieder. Nimm den Kasten da! Aber sei vorsichtig!«

»Ja!« sagt er nur.

Ich wende mich und schreite schnell zum Burgtor hinüber, denn eine große Wolke näherte sich der Sonne. Natürlich nahm ich an, daß sich der sonst folgsame Michael mir anschließen würde. Aber ganz war ich meiner Sache nicht sicher und drehte mich nach ihm um – erstarrte im gleichen Augenblick vor Entsetzen, glaubte ich doch, ihn gerade über der Klippe verschwinden zu sehen, meinen Kamerakasten in der Hand schwenkend.

Ich stürze den Weg zurück und springe die zerfallene Treppe hinauf zur Mauer; weiß selber nicht, was ich da wollte.

»Michael!« schreie ich. »Michael!«

Gräßliche Vorstellungen jagen sich in meinem Hirn. Wie sollte ich den Eltern erklären, daß ihr Michael...? Warum habe ich mich nicht eher nach dem Bengel umgesehen! Wer in diese Tiefe stürzt, der ist verloren – und selbst wenn unten keine Brandung schäumte –! Und endlich habe ich den Mauersims erreicht – und da steht Michael unbeschädigt auf den Felsen unter mir außerhalb der Mauer und lächelt stolz zu mir herauf, als hätte er die größte Heldentat vollbracht. Der Bengel ist tatsächlich, über der Tiefe schwebend, um den Abbruch der drei Meter breiten Mauer herumgeklettert – nur um sich den kleinen Umweg durchs Tor ins Freie zu ersparen. Ich nahm es ihm sehr übel und ernannte fortan seinen Bruder Jonny zu meinem Führer und Begleiter.

Wahrscheinlich wird Mike mich verkalkten Angsthasen überhaupt nicht begriffen haben, denn die Kinder auf Aran klettern von klein auf in den Klippen umher, aus Sport und Übermut oder um die Eier der Seevögel zu sammeln, die im Frühling zu Tausenden in den schroffen Felswänden nisten. Früher machten es manche Männer auf Aran zu ihrem Beruf, über schmale Felsenbänder, auf scheinbar jeden Halts entbehrenden glatten Wänden den Seevögeln nachzusteigen. Aber das ist wohl vorbei, seit es soviel einfacher geworden ist, nach England auszuwandern und auf sehr viel weniger gefährliche Weise als Omnibusschaffner oder als Kesselheizer das tägliche Brot zu verdienen.

Aran der Stürme

Und wahrlich –: bei aller romantischen Begeisterung für das rauhe, heldische Dasein auf den sturmumtosten Felseninseln im Atlantik oder an der westirischen Küste – es ist wesentlich leichter, für ein solches Dasein nach der Weise der härteren, ärmeren und kühneren Väter begeistert zu sein, wenn man es nicht selber zu führen braucht, als wenn man keine andere Wahl hat, als sich eben damit abzufinden, daß unendlich mühsam jedes Äckerchen Kartoffelland erst künstlich aus Seesand und Seetang geschaffen werden muß, oder daß, wie in Connemara oder etwa auf dem ›Blutigen Vorland‹ in Donegal, in einer wüsten Felsenwildnis Furche für Furche dem versumpften und vertorften Boden abgelistet werden muß, oder daß man in winzigen Booten Nacht für Nacht meilenweit auf die hohe See hinausfahren muß, um zu fischen, nach den Hummerkörben zu sehen oder verlorenen Netzen nachzuforschen, oder daß man in den unbeschreiblich schroffen, feindlichen Klippen umherklettern, umherhängen muß, um die Eier der Möwen, der Sturmschwalben, der Tolpel und der Kormorane zu sammeln und sich von dem Ansturm der erregten Vögel oder einer der tückischen, urplötzlich heraufsaugenden Böen in den Meeresabgrund wirbeln zu lassen.

Gewiß, die ganze Welt wird im vollen Sinne des Ausdrucks ärmer, wenn die Männer aussterben, die in selbstgebauten Booten aus Lattenwerk und geteerter Leinwand sich durch brüllende Brandung zu kämpfen verstanden, wenn die helläugigen kunstfertigen Greise und Greisinnen dahinsinken, die die reiche Märchen- und Lieder-Überlieferung Irlands noch lebendig in ihren Herzen und Köpfen trugen, wenn die Spinner und Spinnerinnen, die Weber und Weberinnen verschwinden, die noch von der Wolle, die auf dem Rücken ihrer eigenen Bergschafe wuchs, bis zum großen Umschlagtuch um ihre Köpfe und Schultern oder bis zu den festen Hosen an ihren Beinen die ganze Arbeit innerhalb ihrer eigenen vier Wände verrichteten.

Aber wieviel Sorge, Gefahr und nackenkrümmende Arbeit war mit alledem verknüpft! Nicht irgendeine romantische Begeisterung oder eine besondere Leidenschaft für Kühnheit und Abenteuer hat die männlichen Künste und die weiblichen Fertigkeiten in abgelegenen Landstrichen wie dem Westen Irlands so lange am Leben gehalten, sondern nur die allerbitterste Notwendigkeit. Es ist noch nicht lange her, da starb auf den Hebriden vor der schottischen Küste kaum je ein Mann eines »natürlichen« Todes, und unter den Fischern an der irischen Westküste war es nicht anders, ihr »natürlicher« Tod war, auf See zu bleiben, »bei den Fischen«.

Während ich diese Zeilen niederschreibe, umheult ein Orkan mein kleines Häuschen in Connemara; es ist ja nur eine Stunde von der hohen See entfernt. Als ich aber heute morgen aufstand und nach dem Wetter sah (immer sieht man hier nach dem Wetter, und jedermann spricht davon), dachte ich, es würde ein stiller, verhangener Tag werden, milde, voll frühlingsweicher Luft, die längst, jetzt um die Tag- und Nachtgleiche, zu Tausenden die Narzissen aus der Erde getrieben hat mit ihren zartgelben Blüten und den bläulichgrünen pfeilspitzen Blattbüscheln, voll jener warmen, üppigen Golfstromluft, welche die mächtigen Stechginsterbüsche an den Hängen und Straßen und in den Hecken mit ganzen Fluten goldgelber Blüten überschüttet.

Blick über die Clew-Bay in der Grafschaft Mayo: Meer und kahle Gebirge, felsiges, karges Land, nur wenige grüne Wiesen und Weiden, eine Landschaft, die in unzähligen Sagen und Heldengeschichten lebendig ist.

Der Wall des Benbulben in der Grafschaft Sligo. Weit stößt der langgestreckte Rücken gegen das Meer vor. Zu seinen Füßen fruchtbares, grünes Land. Im Schatten dieser Berge wurde der große Dichter Yeats geboren.

Ein typisches irisches Bauernhaus in der Grafschaft Clare. Zu beiden Enden je ein großer Kamin, der mit Torf beheizt wird; die Wände bestehen aus grobgefügten Felssteinen, das Dach ist mit Stroh gedeckt.

Weit ausgedehnt noch immer die Torfmoore im mittleren und westlichen Irland. Dieser Torf ist ein Jahr zuvor gestochen worden; er ist trocken und hart und gibt eine heiße Flamme.

Doch gerade als ich vor dem Hause stand wie jeden Morgen, um die grauen Berge gegenüber und die alten Eschen, Zedern und Eiben höchst ehrerbietig zu begrüßen und auch die beiden Palmen, die schon seit siebzig Jahren allen Unbilden standhalten, hörte ich die erste Sturmbö das enge Tal heraufbrausen wie einen mit höchster Geschwindigkeit herandonnernden riesigen Schnellzug. Die Talfurche öffnet sich nach Nordwesten dem Meere zu, und alle Winde aus dieser Richtung empfange ich sozusagen aus erster Hand. Das dunkle Grollen schwillt in wildem Crescendo an; schon sehe ich die entfernteren Bäume am Talhang ihre Wipfel beugen, und dann werde ich selbst von der Luftwoge getroffen wie von einer harten Brandungswelle. Ich taumele. Regen prasselt, fegt, peitscht waagerecht auf mich ein, an mir vorüber, trifft so heftig das Gesicht, als wären es Hagelkörner. Gebrüll und Geheul erfüllt die Luft. Der Sturm ist da. So plötzlich bricht er zuweilen an diesen Küsten herein. –

Als ich zum zweiten Male nach Killeany fuhr, zeigte mir mein Begleiter verstohlen einen hochgewachsenen Mann, der am Straßenrande stand und sich mit dem Briefträger unterhielt: »Das ist er, der da!«

»Wer?« fragte ich verwundert dagegen.

»Der einzige von den dreien, der noch übrig ist.«

Und dann wußte ich plötzlich, wenn ich vor mir hatte. Die Geschichte war mir gerade erst berichtet worden: Drei Männer fuhren des Abends in einem Corragh hinaus, um zu fischen. Der Himmel ist bedeckt; aber es scheint der Mond hinter den Wolken, und die See ist ruhig; ein stößiger, aber nur leichter Wind rauht hier und da das Wasser; aber Corraghs bleiben selbst noch in schwerer See tüchtig – wieviel mehr in dieser ein wenig unsichtigen, aber sonst friedlichen Nacht.

Um die lange, schreckliche Geschichte kurz zu machen: In der dritten Stunde nach Mitternacht, als das Boot meilenweit vor der Inselküste lag, tobte es plötzlich aus Südosten heran. Im Nu kam eine mächtige See auf, schon riß der Sturm den Schaum von den Wellenkämmen und jagte ihn den drei Fischern in die Augen, vernebelte sofort die Horizonte, ganz unmöglich war es, gegen diese See nach Hause zu rudern. Alle ihre Kraft verging in dem verzweifelten Bemühen, den

Bug des Bootes gegen die Windrichtung zu halten, denn wäre der Kahn nur ein einziges Mal quer zu den Wellen geschlagen worden, so hätte sie der nächste Brecher seitwärts umgeworfen, ausgekippt; sie wären nie wiedergekommen. Die drei Männer haben den Sturm bestanden, doch waren sie so weit aufs Meer verschlagen, daß ihre Kräfte versagten, als sie endlich wieder Kurs auf Aran nehmen konnten. Das Boot wurde schließlich unversehrt bei wieder ruhigem Wetter an der Küste des Festlandes angetrieben. Zwei Männer waren der furchtbaren Überanstrengung und den Unbilden der Nacht, der See, der Kälte erlegen; sie lagen tot im Boot. Der dritte, eben jener, der mir gezeigt wurde, konnte mit vieler Mühe ins Leben zurückgerufen werden. –

Dicht vor der äußersten Westspitze der großen Aran liegen die kleinen Brannock-Inseln, auf deren westlichster ein Leuchtturm des Nachts die Einfahrt in die Bucht von Galway anzeigt. Die Inseln liegen keine zehn Minuten Ruderfahrt voneinander und von der sich ihnen weit entgegenstreckenden Landzunge von Inishmore entfernt. Ein paar Schafe weiden auf ihnen; sonst sind sie, von den Leuchtturmwärtern abgesehen, unbewohnt.

Drei Männer machten sich von Inishmore nach der nächstgelegenen, der größten Brannock-Insel auf, einer flachen, felsigen Kuppe über den ewig silbern umschäumten Uferklippen. Die ganze Insel ist nicht mehr als tausend Schritt lang, wo sie am längsten ist.

Die drei Männer wollen nach ihren Schafen sehen – ob es Zeit ist, sie zu scheren, wie die Lämmer sich entwickeln, und ob sie auch alle gesund und unbeschädigt sind.

Am späten Nachmittag, als die Männer schon an die Heimfahrt denken, wälzt sich dicht über den grauen Wassern eine formlose Wand heran: Seenebel! Nichts gefürchteter als dieser graue, feuchte Nebel! Wenige Minuten später hüllen die schweren, nassen Schwaden die Männer ein, unheimlich dicht und stickend. Kommen sie mehr als drei Schritt auseinander, so vermögen sie sich nicht mehr in den gestaltlosen Wolken zu unterscheiden.

Aber sie wissen genau, in welcher Richtung ihr Boot zu

finden ist und sie werden den Weg bis zur Landestelle an der großen Insel finden.

Sie finden ihr Boot nicht. In den träge wallenden Schwaden verlieren sie schon nach wenigen Schritten jedes Gefühl dafür, ob sie wirklich geradeaus oder im Kreise umher stolpern. Eine Art Panik faßt sie, als sie merken, daß sie ihr Boot verfehlt haben. Sie fangen an, sich darüber zu streiten, ob sie den Corragh hoch genug aufs Ufer gezogen haben, so daß ihn die bevorstehende Flut nicht entführen kann. Sie wissen nichts mehr genau. Alles scheint schauerlich verändert, als sie ohne Rechts und Links, ohne Nord und Süd, beinahe ohne Oben und Unten durch die graue Leere tappen. Wenn sie nun plötzlich über die Klippen treten! Die sind weder sehr hoch noch sehr steil auf diesen Eilanden, die sich nur wie ein runder Buckel aus der See heben. Aber schon ein Absturz von zwei oder drei Metern auf kantige Felsen genügt, sich Hals und Beine zu brechen. Schon sind die Männer von der durchdringenden Feuchte bis auf die Haut durchnäßt. Einer von ihnen stürzt und schlägt sich heftig. Kein Wind geht, der ihnen wenigstens als ein unbestimmter Richtungsweiser dienen könnte. Sie hören ganz in der Nähe plötzlich die Brandung rauschen und erstarren vor Furcht, plötzlich ins Ungewisse abzustürzen. Sie bemühen sich, dem drohenden Geräusch zu entfliehen, nur um es plötzlich aus entgegengesetzter Richtung dringen zu hören. Und dann stürzt wirklich einer unvermutet, und ohne daß auch nur ein Laut vorher gewarnt hätte, über einen Felsen ins Wasser, und die beiden anderen haben alle Mühe, ihn wieder aufs Trockene zu ziehen; er hat sich die Hand gebrochen und den Unterschenkel und stöhnt entsetzlich.

Auf einmal ist die Nacht da, namenlos finster. Die Männer wagen keinen Schritt weiter, sie hocken dicht beieinander, um sich zu fühlen, denn sehen können sie nichts voneinander, nicht einmal einen tiefen Schatten in der vollkommen lichtlosen Schwärze. Die Kälte dringt den Männern bis ins Herz. Der Verletzte stöhnt. Sie beten mit schnatternden Zähnen, halb irre in der zur Ewigkeit sich dehnenden Nacht. Sie beten, um die Gespenster abzuwehren, die sie von allen Seiten mit unerklärlichen Geräuschen umdrängen.

Als endlich wieder das erste Licht durch den unverändert lastenden Nebel sickert, sind die zwei Gesunden dem Irrsinn nahe. Von dem meilenweit westlich stehenden Leuchtturm drang zuweilen das Nebelhorn herüber und machte mit seinen dumpfen, kaum noch irdisch anmutenden Lauten die gräßliche Einsamkeit nur noch gräßlicher.

Aber der Nebel will auch am nächsten Morgen nicht verwehen. Der Verletzte wird von langen Ohnmachten übermannt; die beiden anderen fürchten, daß er ihnen unter den Händen stirbt. Sie alle erheben sich nicht mehr, verzweifelt, steif und erfroren bis ins Mark.

Am Nachmittag endlich schwindet der Nebel ebenso plötzlich, wie er eingefallen ist. Eine halbe Stunde später findet ein Suchtrupp von der großen Insel die drei Verschollenen. Sie müssen zum Boot hinuntergetragen werden. Sie haben viele Wochen lang krank gelegen, sich jedoch alle drei wieder zum Leben erholt. Aber keiner von ihnen ist seither der gleiche, der er vor der Nacht im Nebel war. Sie sind für den Rest ihres Daseins gezeichnet.

Man muß einmal gehört haben, wie die Frauen auf Aran (und auf der großen Blasket und auf Tory und auf vielen anderen Inseln) mit Furcht und Haß von der See sprechen – und mit wieviel Respekt und ewigem Mißtrauen die Männer –, um ganz zu begreifen, wie hart das Dasein auf diesen weit in die Wüste des Meeres hinausgeschobenen Vorposten Europas mit den Menschen umspringt.

Im März 1952 beantragten die letzten vierzig Bewohner der großen Blasket bei der irischen Regierung, auf dem Festland angesiedelt zu werden. Inishmurray ist vor einigen Jahren bereits evakuiert worden, ebenso die Iniskea's. Inishtrahull zählte noch vor wenigen Jahren an die fünfzig Einwohner, heute ist es leer. Und auf den größeren Inseln wie Aranmore in Donegal, der Clare-Insel, Inishbofin und der Achill-Insel Mayo geht die Bevölkerung ständig und schnell zurück. Es ist gewissermaßen so, daß in dieser Zeit der schnellen und sicheren Verkehrsverbindungen, vor allem auch des Radios, das die moderne Großstadt mit allen ihren vermeintlichen und tatsächlichen Vorzügen und Erleichterungen selbst noch in das entlegenste sturmumheulte Fischerhaus auf Tory

Island zu tragen vermag, kein Mensch mehr Lust verspürt, sein Leben täglich einer feindlichen und namenlos harten See anzuvertrauen, wenn er statt dessen als Saisonarbeiter in der schottischen oder englischen Landwirtschaft oder als Fabrikarbeiter im englischen Industriegebiet in einem halben Jahr bei acht Stunden erträglicher Arbeit (und das Kino nebenan) so viel verdient, daß er dann im Winterhalbjahr auf Achill-Island oder Inishturk mit der Familie auskömmlich existieren kann. Man muß sich zum Beispiel auf der großen, einzigartig schönen Achill-Insel sagen und zeigen lassen, wie schaurig armselig und menschenunwürdig die Leute gelebt haben, um zu erkennen, welch unbeschreiblichen Fortschritt es bedeutet, daß heute die meisten Männer von Achill einen großen Teil des Jahres nach England auf Arbeit fahren. Das gleiche gilt zum Beispiel auch für Tory Island.

»Vom sichern Port läßt sich's gemächlich raten« – und auch aller Romantik und Heldenkühnheit der »Männer von Aran« nachtrauern. Aber wenn man selbst ein »Mann von Aran« ist, dann ist man ein Mensch wie alle anderen und verdient sich sein Geld lieber auf einfachere, schnellere und weniger gefährliche Weise; es liegt einem nichts daran, in einem Museum für Seemannstugenden und Homespun Tweed zu leben, wenn man sich's anderswo etwas komfortabler einrichten kann.

Eines Tages wanderte ich auf der hohen Südkante der Insel von dem Dun Aengus aus nach Westen. Zur Linken unter den turmhohen Klippen, die nur ganz allmählich gegen Westen abflachen, um schließlich unter der Oberfläche der hohen See zu verschwinden, dehnte sich das Weltmeer leer und grün und kalt, makellos, einen Horizont wie mit einem Diamantsplitter so scharf in den Himmel reißend. Zu meiner Rechten senkte sich der mächtige Felsblock der Insel allmählich dem flachen Nordufer zu; dort schimmerte in tiefer Bläue der Sund, der die Insel vom Festland trennt. Und hinter und über ihm, unwahrscheinlicher noch und tiefer blauend, lagerten sich in mächtigem Halbrund die Gebirge der Grafschaft Galway wie eine Zauberkulisse: Connemara mit den Zwölf Bens, dort Joyce's Country mit dem Maamturk-Gebirge und weiter östlich die flacheren Kuppen von Jar Connaught. – Es war einer jener vollkommenen Tage, um derentwillen es sich lohnt, die Strapazen und Widrigkeiten einer großen Reise auf sich zu nehmen. Die Luft wehte von Südosten mit seltsamer Milde, so daß ich mich versucht fühlte, stehenzubleiben und mich nach einem passenden Felsblock umzusehen, auf dem ich mich von der Sonne bescheinen lassen konnte. Aber jedesmal, wenn ich's versuchte, verging mir die Lust, denn der Stein war eiskalt, und die Luft war angenehm, wenn man sich kräftig bewegte, von Felsen zu Felsen sprang und die vielen Steinmauern überkletterte, die auch hier den Felsboden in Eigentum zerlegten. Sobald man nur wenige Minuten verharrte, um ins unwahrscheinlich klare Blau des Hochseetages zu träumen, spürte man, daß das Jahr noch jung und der Monat März zu keiner echten Wärme fähig war, sosehr er auch südlichen Frühling zu spielen vorgab.

Unter mir halbrechts tauchte Bungowla auf, das letzte, das westlichste Dorf der Insel. Seine weißgekalkten, strohgedeckten Hütten schmiegen sich in eine Senke; die Straße schwingt von der Höhe hinein, rinnt hindurch und versickert gegen das westliche Vorland zwischen Felsen, Mauern, glasklaren kleinen Teichen und Tümpeln und einer Zeile von teerschwarzen Corraghs, die auf der Nase liegen und auf die Zeit warten, in der sie ihre breiten, seetüchtigen Bäuche wieder den Wellen anvertrauen können, das Wetter nicht mehr so heimtückisch unsicher ist wie um diese Jahreszeit. Aus den niedrigen Schornsteinen steigt in dünnen Wolken der Torfrauch und verweht schnell. Ich denke daran, daß die Insulaner ihren Torf von Connemara herüberholen müssen, denn auf den Arans gibt es keinen Torf. Jeder braune Ziegel, der da unter mir als blauer Rauch in die kristallene Luft verweht, ist über den ganzen zwölf bis fünfzehn Kilometer breiten Sund in offenen Booten herübergerudert worden. Es ist deshalb nicht weiter verwunderlich, daß die Leute auf Aran seit alten Zeiten neben dem kostbaren Torf jenes Material zur Feuerung benutzen, das überall üblich da ist, wo sich nichts anderes bietet und zugleich die Menschen Tierzüchter sind: getrockneten Kuhdung. Die Fladen, die das liebe Rindvieh hinterläßt, werden sorgfältig aufgehoben und auf die großen Steine gelegt, aus denen die vielen Mauern um Wiesen und Felder errichtet sind; da trocknen sie zu dürren Scheiben zusammen, die im Kamin eine blaurötlich-bunte heiße Flamme ergeben und nur wenig Asche hinterlassen; der Rauch allerdings ist ätzend und beißend – aber wenn nicht gerade ein Sturm in die Schornsteine schlägt, dann braucht das niemand zu stören.

Das Dorf am Ende der Welt, denke ich bei mir: Bungowla. Dahinter kommt weiter nichts mehr als die groben Klippen, der silberne, niemals rastende Tumult der Brandung, ein paar Inselchen mit dem Leuchtfeuer des Nachts und dann die unabsehbare, blitzende Öde der offenen, hohen See.

Wenn des Abends unbestimmte Wolken in der Purpurglut des Westens schweben und in dem lautlos gleitenden Spiel von Dunst und Farben die Nähe und die Ferne ihr Wesen miteinander vertauschen, dann mag wohl ein Träumer auf den Gedanken verfallen, dort hinten fern im Westen warten geheimnisvolle Inseln darauf, von Wagemutigen angesteuert zu werden. Und in Irland sind von jeher alle Träume zu Hause gewesen. In der verhangenen Luft über den Hügeln, in den ziehenden Schwaden des Nebels oder des Regens über den weiten Mooren, in den Luftgebilden und Wolkenschatten, die die Sonne herauf-, heran- und vorüberzaubert – ach, und im ewigen Flüstern der Bäche, im Wellengekräusel über den braunschwarzen Torfteichen, im Singen der hohen Binsen im Wind vom Meer, im Raunen und Rauschen der alten Bäume an den Flußufern, dem Rascheln und Flüstern in den Fuchsienhecken und den Weißdornwänden – gewiß, gewiß, sie leben noch fort, die ›stillen Leute‹, die ›kleinen Leute‹, die Feen und Zwerge, das seltsame, listen- und kunstreiche Volk der Tuatha de Danaann – sie alle leben noch heute, und wenn dich des Abends unter der finster aufragenden Mauer des Dun Aengus oder des Dun Eoghanacht oder zwischen den Trümmern der Kirche der vier schönen Heiligen, obgleich sonst kein Wind geht, ein Luftzug trifft, ein kühles Windwirbelchen, wie sie manchmal zur stillen Nacht um alte Gemäuer streichen, dann weißt du ganz genau, daß eben ein Feenzug, eine heimliche Schar der ›friedlichen

Leute‹ an dir vorübergewallt ist. Auf alle Fälle empfiehlt es sich dann, die Kappe abzunehmen, ein Kreuz zu schlagen und ein Ave Maria zu beten.

Ein paar Kinder spielten unten im Dorf, winzig klein anzusehen, vor einer weißen Hauswand in der Sonne, das Meer blitzte weit hinaus, ein Mädchen trieb ein Eselchen aus dem Dorfe dem Berge zu. Aus den Körben, die dem grauen Tier mit den langen Ohren rechts und links unförmig am Bauche hingen, glänzte es stumpf zu mir herauf; sicherlich schaffte das Mädchen Seetang auf eins der Äckerchen hinter den hohen Steinwällen; und da hinten wartete ein Ponywagen; er wartete wahrscheinlich auf mich, um mich rechtzeitig zum Mittagessen nach Kilmurvey zu bringen. Unermeßlich strahlte ringsum die hohe See – und in der abgrundfernen Weite schwebte der Nachklang der Taten, der Trauer und der vertanen Tugenden eines alten Volkes. Die großen, stolzen Namen ringsum schienen mir wie Akkorde hörbar in der stillen, kühlen Luft zu schwingen; Aran, Connemara, Ennistymon, Gorumna, St. MacDara – volltönende Namen der irischen Sprache.

Ich hörte Schritte hinter mir, die ersten fremden Schritte auf diesem einsamen Ausflug, an dem ich Gespenster sah am hellen Mittag. Ich blickte mich um. Ein alter Mann mit freundlichen Augen schlurrte über die Steine des groben Weges heran. Er trug einen der merkwürdig schmalen Spaten westirischer Gegenden über der Schulter, die mich stets an Brechstangen erinnerten und die in dem felsigen Boden wohl auch manchmal das Werk von Brechstangen verrichten.

Der Alte mit einem erstaunlich wachen und beweglichen Gesicht über den grauen Bartstoppeln begrüßte mich ausführlich in irischer Sprache; wie mir schien, ließ er sich gleichzeitig lobend über das Wetter aus. Ich kam dem Alten sicherlich wie gerufen; er hatte den ganzen Vormittag einsam auf dem Felde gearbeitet, freute sich also auf ein Gespräch, dazu noch mit einem Fremden. Aber ich mußte ihn enttäuschen. Ich sagte auf englisch:

»Ein prächtiger Tag, ja, das muß man sagen! Wenn auch noch etwas kalt. Aber ich muß Sie um Entschuldigung bitten:

Ich spreche kein Irisch!« – Oder vielmehr, ich gebrauchte den irischen Ausdruck: ich ›habe‹ kein Irisch.

Aber der Alte schien nicht weiter enttäuscht, sondern erwiderte in fließendem Englisch mit der eckigen Aussprache, die den Mann mit irischer Muttersprache kennzeichnet:

»Oh, das macht nichts! Das macht gar nichts. Ich kann Englisch ebensogut wie Irisch sprechen. Sie sind dann also der Deutsche, der bei Conneelys wohnt?«

»Der bin ich«, bestätigte ich und fügte hinzu: »Nachrichten reisen schnell auf der Insel, scheint's«

»Ja, das tun sie wohl – wie ein Esel des Nachts!«

»Ein Esel des Nachts? Das ist ein sonderbarer Vergleich. Sind Esel des Nachts so gut zu Fuß? Habe ich noch nie gehört.«

Der Alte lachte so verschmitzt, daß seine Bartstoppeln bebten, um nicht zu sagen ›klirrten‹. Er meinte ungemein vergnügt:

»Ja, man kann immer noch etwas hinzulernen. Auf Aran lernen selbst weitgereiste Leute noch etwas hinzu. Sie wissen nicht, daß Esel nachts viel besser vorwärts kommen als am Tage? Dabei ist das eine sehr alte Geschichte; sie ist schon bald zweitausend Jahre alt. Als die Heilige Familie nach Ägypten floh, da mußte sie sehr vorsichtig sein, denn überall waren die Häscher hinter ihr her, um den kleinen Jesus zu töten. Die gebenedeite Jungfrau ritt mit dem heiligen Kind im Arm auf einem Esel, und der heilige Joseph führte ihn. Aber während sie durch die Wüste und über viele Abgründe im Gebirge zogen, um in Ägyptenland Schutz zu finden, war es oft so dunkel, daß Joseph trotz aller Mühe den Pfad nicht mehr erkennen konnte. Aber der gute Esel, der die Jungfrau Maria und das Christkind auf seinem Rücken trug, der wußte wohl, wer ihm in der gefährlichen Nacht anvertraut war, und natürlich wußte er auch, wieviel darauf ankam, daß er seine kostbare Last schnell und unversehrt aus dem heiligen Lande brachte. Darum gab er sich große Mühe und schleppte die Jungfrau mit dem Kinde bergauf und bergab, durch dunkle Nacht und helle Nacht, und wenn der heilige Joseph den Weg nicht mehr erkennen konnte – der Esel konnte ihn immer noch sehen und setzte unermüdlich und sicher einen

Fuß vor den anderen und stolperte nicht ein einziges Mal, denn damit hätte er das schlafende Kindlein im Arme der Mutter geweckt. Ja, ohne den Esel wäre die Heilige Familie wohl kaum sicher nach Ägypten gelangt. Und deshalb hat Gott Vater den Eseln seitdem verliehen, daß sie des Nachts schneller und sicherer vom Fleck kommen als viele andere Tiere, die des Tags viel schneller sind als sie – und außerdem sind die Esel auch nachts viel schlauer als am Tage!«

Er sah mich an, um festzustellen, welche Wirkung diese erstaunliche Geschichte auf mich ausüben mochte. Aber ich sagte nur:

»Sieh einer an! Das ist eine hübsche Geschichte! Die muß ich mir merken!«

»Ja!« erwiderte er mit einem stolzen Unterton. »In Irland gibt es viele Geschichten. Irland ist voll davon. Das ist wohl anderswo nicht so?«

Während wir gemächlich dem Weg zum Dorf hinunter folgten, antwortete ich:

»Nein, das ist nicht so. Hier weiß jeder eine Geschichte zu erzählen und hat Spaß daran. Aber ich glaube, die besten Geschichten werden auf irisch erzählt, und leider verstehe ich kein Wort Irisch, wie ich schon sagte.«

Der Alte hielt inne, drehte sich mir zu und tippte mir mit dem Zeigefinger auf die Brust:

»Irisch ist eine schöne Sprache, das ist gewiß! Und es lassen sich Geschichten viel besser auf irisch erzählen als auf englisch, heißt es, obgleich ich zwar schon viele Bücher und Zeitungen auf englisch gedruckt gesehen habe, aber nur wenige auf irisch. Und ein Buch ist ja auch nichts anderes als eine gedruckte Geschichte. Und als ich noch zu See fuhr, da wußten die Iren, die nur Englisch sprachen, und natürlich auch viele Engländer genauso gute Geschichten zu erzählen wie ich und ein paar andere auf irisch. Und dann hatte die Sache noch einen anderen Haken: was auf englisch erzählt wurde, das verstand jedermann. Aber nur wenige verstanden, was auf irisch erzählt wurde.«

Ich fühlte mich versucht, eine Lanze für das gute, alte Keltisch zu brechen, über das ich soviel gehört und für das ich in manchen Kreisen der Hauptstadt Dublin und auch in

Cork soviel beinahe schwärmerische Verehrung getroffen hatte:

»Irland kann doch nicht aufhören, irisch zu sprechen. Kein Volk darf seine alte Sprache aufgeben. Es gibt sowieso nicht mehr viele Leute in diesem Lande, die seine Sprache noch als Muttersprache beherrschen. Darum sollte das Englischsprechen in den Gegenden des Landes, wo das Irische noch wirklich lebt, überhaupt eingestellt werden, zum Beispiel auf Aran. Statt dessen scheint hier jedermann Wert darauf zu legen, ja nicht in Verdacht zu geraten, er verstünde kein Englisch. Das kommt mir manchmal etwas komisch vor.«

»Komisch?« fiel der Alte ein und war offensichtlich ein wenig erbost. »Komisch, sagen Sie? Mir kommt das gar nicht komisch vor, das können Sie mir glauben. Die Leute in Dublin von der Regierung und die Beamten, die haben gut reden! Die sitzen in festen Stellungen und beziehen ein schönes Gehalt. Nichts weiter als Irisch würde ich reden, von morgens bis abends, wenn ich auch so eine gute Anstellung haben könnte, das will ich meinen! Aber wir hier, wir armen Leute? Unseren Kindern nutzt das Irische gar nichts. Ja, wenn sie auf der Insel bleiben könnten, dann brauchten sie kein Englisch zu verstehen. Sehen Sie einmal, lieber Herr, wer bei uns Kinder hat, der hat gleich ein halbes Dutzend oder mehr. Und was sollen wir hier mit den Kindern anfangen, wenn sie erwachsen sind? Sie finden keine Arbeit. Sie müssen nach England oder Amerika gehen, damit sie von dorther uns alte Leute ein wenig unterstützen können, wie das meine Söhne zum Beispiel machen. Ich habe gute Söhne, Dank sei allen Heiligen! Und wenn unsere Kinder ins Leben hinausziehen, dann haben sie es doppelt so schwer, wenn sie kein ordentliches Englisch sprechen. Aber natürlich . . .«, und plötzlich verwandelte sich der Mann, der sich ganz vortrefflich in Zorn geredet hatte, in einen listigen, kleinen Hexenmeister, zupfte mich am Ärmel, blieb abermals stehen und fuhr vertraulich fort:

»Natürlich die fünf Pfund, die die Regierung zahlt, die nimmt man gerne mit. Es gibt auf den Inseln Leute, die haben acht Kinder in der Schule. Das ist eine feine Sache! Macht vierzig runde Pfund oder achthundert Schilling im Jahr.

Davon kann man eine ganze Weile leben, wenn man seine Kartoffeln und seine Milch außerdem hat.«

»Was Sie meinen, verstehe ich nicht. Wofür zahlt die Regierung fünf Pfund und an wen?«

»Die Sache ist so: Jedes Jahr kommt ein Inspektor in die Schulen und hört sich an, wie die Kinder Irisch sprechen. Er versteht sich auf die Sache und bekommt meistens sehr schnell heraus, in welchen Familien daheim Irisch gesprochen wird und in welchen die Eltern sich bemühen, Englisch zu sprechen. Und für jedes Kind, in dessen Elternhaus einwandfrei das Irische als Umgangssprache im Schwange ist, zahlt die Regierung fünf Pfund im Jahr. Wenn einer also acht Kinder in der Schule hat – das kann leicht sein, denn manche Eltern schicken ihre Kinder schon mit fünf in die Schule und lassen sie mit fünfzehn immer noch hingehen; und dann können ja auch Zwillinge dazwischen sein –, wenn einer also acht Kinder hat und zu Hause Irisch gesprochen wird, und wo wird das auf den Inseln nicht, der kriegt achthundert Schilling im Jahr geschenkt!«

Der Alte erzählte mir das mit einer Miene, als hätte er mir einen Hauptspaß mitzuteilen, etwa so, als verriete er mir das Geheimnis, wie man auf alle Fälle in der Lotterie das Große Los gewinnt, ob man will oder nicht. Ich fragte belustigt und höchst ungläubig zurück:

»Man kann doch nicht Leuten eine Kopfprämie auf die Kinder bezahlen, wenn sie nichts weiter tun, als ihre Muttersprache sprechen.«

»O doch, man kann es, und man tut es überall in der Gaeltacht, wie ich mir habe sagen lassen. Und die Lehrer, die in der Gaeltacht auf irisch unterrichten, die bekommen an die dreißig Pfund im Jahr mehr Gehalt als die andern Lehrer, damit sie nicht auf die Kinder neidisch werden, deren Eltern fürs Irischsprechen bezahlt werden.«

Ich faßte mir an den Kopf und sagte:

»Lieber Mann, ich kenne die Iren; es macht ihnen einen Heidenspaß, einen gutmütigen Fremden wie mich ein wenig zum Narren zu halten. Was Sie mir da erzählt haben – es klingt mir zu unglaubwürdig. Solche Bären müssen Sie anderen Leuten aufbinden. Ich denke viel zu hoch von den bewundernswerten Bemühungen Ihrer Regierung, die alte Sprache des Volkes zu retten und neu zu beleben. Aber man kann keine Sprache retten, indem man die Leute bezahlt, die sie noch als Muttersprache sprechen. Man wirft dabei einen Haufen Geld zum Fenster hinaus, ohne den Leuten zu helfen. Denn wenn die Kinder erwachsen sind und dann doch nach England auswandern müssen, sind sie nur um so schlechter dran, wenn sie bis dahin nur Irisch gesprochen haben.«

Der alte Mann wurde ernst:

»Das ist genau das, was ich sage. Und Sie können mir getrost glauben. Es gibt genug andere Leute auf der Insel, bei denen Sie sich erkundigen können. Wenn Sie meine Meinung hören wollen: Wir sollten jedem Menschen dankbar sein, der hierherkommt und mit uns Englisch spricht. Ja, wenn die klugen Leute in Dublin, die soviel von der Sprache schwärmen, die sie selber nicht sprechen, das viele Geld dazu verwendeten, die armen Gebiete in der Gaeltacht – die ganze Gaeltacht ist arm – schneller als bisher zu entwickeln und aufzubauen, so daß die jungen Leute in der Heimat ihren Verdienst finden und nicht auszuwandern brauchen, dann würde unsere alte, schöne Sprache von ganz allein am Leben bleiben, und man brauchte die Leute nicht zu bestechen, damit sie noch fortfahren, Irisch zu sprechen. Aber daraus wird nichts, glauben Sie nur. Das Englische wird über kurz oder lang zu unserer Alltagssprache. Und wenn das Irische auch nur als Sonntagssprache überlebt, so können wir von Glück sagen.«

Er sah mich triumphierend an, als er die Bemerkung von der ›Alltagssprache‹ und der ›Sonntagssprache‹ machte; offenbar tat er sich viel darauf zugute. Als echter Ire genoß er natürlich einen guten Witz oder einen witzigen Ausdruck ganz bewußt und mit Verständnis.

Mich hatte das bittere Wort tief getroffen – und als mich nachher der freundliche Jonny (oder besser Séan, der ›Hans‹ in irischer Form, gesprochen ›Schan‹) mit dem Ponywagen über die auf und ab schwingende Straße nach Kilmurvey schaukelte, war ich sehr schweigsam, so daß mich der gute Junge mehr als verwundert von der Seite betrachtete. Er konnte nicht wissen, daß mir ein Traum zerstört worden war, der Traum, daß das alte Keltisch sich im freien Irland wieder zu einem stolzen Baum entfalten würde, dies Keltisch, dem die europäischen Sprachen und Literaturen so viel verdanken, zum Beispiel fast alle ihre Versformen.

Wir fuhren an Dun Eoghanacht vorbei; und endlich ließ ich einmal meinem lange angestauten Ärger freien Lauf über eine Sprache, die großartig Dun Eoghanacht schreibt und hinterher lediglich erwartet, daß man dies Buchstabenungetüm ganz simpel Dun Onacht ausspricht; das ist mehr, als man von einem braven Ausländer erwarten sollte.

Schließlich kam der Tag, an dem ich Aran verlassen mußte.

Das Pony trabte zum letzten Male vor mir über die schön geschwungene Straße, die an dem Berg in der Mitte von Inishmore entlangführt. Es war ein kalter, windiger Tag mit hastig wandernden Wolken. Auf der Kuppe des Berges erhebt sich ein alter Leuchtturm, der nicht mehr befeuert wird – und nicht weit davon lagert sich breit und dunkel die Vorzeitburg Dun Eoghaill (gesprochen Dun Ochill).

Das Schiff hatte auf uns gewartet; es war uns eine falsche Abfahrtszeit angegeben worden.

Ich winkte lange. Ich ließ ein paar Menschen zurück, die ich nicht vergessen werde. –

Spät am Abend, lange nach dem Dunkelwerden, schwang sich der brave Kutter bei hoher Flut in den Hafen von Galway. Am Tag darauf hatte ich nach Dublin zu fahren, der Hauptstadt der Republik, der seit grauen Zeiten bedeutendsten Stadt der Insel.

VIERTES KAPITEL

Dublin, die Hauptstadt

Dublin heißt amtlich gar nicht mehr Dublin, seit es nach jahrhundertelangem Freiheitskampf wieder ein irisches Irland gibt. Dublin hört jetzt auf den Namen Baile Atha Cliath, was irisch ist und etwa ›Stadt an der Furt bei den Hürden‹ bedeutet und in jedem Poststempel zu lesen ist, der in Dublin auf einen Brief gedrückt wird. Baile Atha Cliath – sehr klangvoll, sehr feierlich, sehr irisch – aber ein wenig umständlich für den Alltag. Ich glaube, wir bleiben bei Dublin, um so mehr, als auch Dublin irisch ist. Denn die seetüchtigen und räuberischen Wikinger, die mit zuverlässigem Blick für das strategisch Richtige an der Mündung des Liffey einen ›Brückenkopf‹ befestigten, nannten ihre Siedlung nach dem irischen Namen Dubh Linn, was ›schwarzer Tümpel‹ bedeutet, womit offenbar ein kleiner See gemeint ist, zu dem sich der Liffey kurz vor der Mündung erweitert.

Die Wikinger – die ›Dänen‹, wie man sie hier nennt – sind die ersten über See anrückenden Fremden gewesen, die den Iren ihre Insel, die sie selbst ein Jahrtausend zuvor zu erobern und zu besiedeln begonnen hatten, wieder streitig machen wollten. Und da nun Irland erst in unseren Tagen ein freier, selbständiger Staat geworden ist, dem England nur noch die letzten sechs Grafschaften mit der Stadt Belfast vorenthält, so haben die stolzen und ein wenig romantischen Nationalisten jenen noch vor die dänische Stadtgründung zurückreichenden Namen wieder auferstehen lassen, der nicht mit dem Geruch der Fremdherrschaft behaftet ist.

Und so ein wenig romantisch und dichterisch überhaucht und wunderbar ›unmodern‹ – mir will kein besseres Wort einfallen – ist die Halbmillionenstadt mit dem feierlich umständlichen Namen überhaupt, trotz der Horden von dunkelgrünen Doppeldecker-Omnibussen, die in den Hauptverkehrszeiten über die mächtige O'Connell-Brücke, den eigentlichen Mittelpunkt der Stadt, wallen, gefolgt und umringt – und umdrängt von niemals abreißenden Schwärmen von Autos, Fahrrädern, klobigen zweirädrigen Karren mit elefantenhaften Pferden davor – und auch gelegentlichen Herden feister Rinder, die stieren, verängsteten Blicks dem nahen Hafen zutrappeln, um zu Schiff den Fleischtöpfen Englands oder auch Deutschlands zuzustreben. Denn die ›Kilwa‹ oder die ›Suderau‹ von der ›Hamburger Bugsier- und Bergungs-Reederei‹ legt sich gewöhnlich wenige Minuten vom Stadtzentrum entfernt an die Pier, lädt all die Dinge aus, die Deutschland nach Irland schickt, zum Beispiel Elektrizitätskabel, Volkswagenteile, Bier, Kondensatoren, Kameras und stopft sich dann den Bauch voll mit Häuten, Wolle und lebendem Vieh, das den Leuten in Frankfurt oder Hannover prächtig munden wird, denn es ist auf den grünsten Weiden der Welt, den irischen, fett geworden.

Ja, die Hochseedampfer vermögen in Dublin beinahe bis auf den Marktplatz vorzudringen, so weit reicht das tiefe Wasser in die Stadt hinein. Zwar legen die großen Fährschiffe, die über die Irische See hinweg den Verkehr mit England vermitteln, nicht mehr in Dublin selbst an, sondern in dem eine gute halbe Omnibusstunde weiter südlich gelegenen Dun Laoghaire. Aber der Verkehr der Fremden und Einheimischen auf der mächtig breiten, stolzen O'Connell-Straße und -Brücke, auf Westmoreland-, Dame-, Grafton- und Nassau-Straße ist trotzdem den ganzen Tag und weit über Mitternacht hinaus so gemächlich lebendig, als entlüde jede Stunde ein Fährschiff von England seine fünfhundert oder tausend Passagiere. Gemächlich – ja, und vergnügt und redselig und witzig und niemals so in Eile, daß man nicht zwischendurch eine viertel oder eine halbe Stunde verschwatzen könnte. Keiner rast, und jeder hat Zeit, mitten in der Großstadt – und es geht auch; es geht sogar besser. Und die Dubliner – genauso ein festumrissener Typ, wie der Berliner einer war und ist und wie der Pariser oder Wiener – lieben es, lange Nacht zu machen und sich gegenseitig zu einem Schwatz oder zu einer Debatte zu besuchen zu jeder nur denkbaren Tages- und Mitternachtszeit. Dafür stehen sie dann auch spät auf. Und ein eifriger Deutscher, der da glaubt, um neun oder gar acht Uhr morgens seine Geschäfte beginnen zu können, sieht sich bitter enttäuscht. Es hat gar keinen Zweck, vor neun Uhr morgens aufzustehen, denn vor zehn, halb elf ist doch kein Dubliner, der auch nur das geringste auf sich hält, auf seinem Büro oder Amt vorzufinden. Und um eins, halb zwei ist er schon wieder fort und erscheint höchstens noch einmal von drei bis fünf, und dann läßt er's wirklich genug sein! Dafür braucht er auch längst nicht so viele Steuern zu bezahlen wie wir, will an seinem Wesen nie die Welt genesen lassen und ärgert sich höchstens darüber, daß es heute wieder einmal zuviel regnet, obgleich es nirgendwo in Irland so wenig regnet wie in und um Dublin; was aber nach unseren Begriffen nicht viel heißen will, denn in Irland regnet es jeden Tag mindestens einmal; allerdings scheint dafür auch jeden Tag einmal mindestens die Sonne. Und dann ist es strahlend hell in den breiten, stolzen Straßen Dublins, und immer winkt irgendwo am Ende der Häuserzeilen, sanfter bald, bald tiefer blauend, das Gebirge herein, die Dublin- und Wicklow-Mountains mit ihren einsamen, verträumten Schluchten, den wilden Hochmooren und wunderbaren grünen Einsamkeiten, die nichts davon zu ahnen scheinen, daß ein paar Kilometer weiter eine alte, behäbige Großstadt summt. Und immer stößt das Meer, die Irische See, mit frischen Winden in die Straßen, um die Kirchen, die vielen mächtigen Säulen, die so viele Fassaden und Giebel und statuengeschmückte Simse in diesem ›nordischen Athen‹ tragen; und die Palmen in den beinahe übergroßen Parks, die Rhododendren, die Eichen und Ahorne und Ulmen rauschen und werfen Scharen von weißen und grauen Möwen in die seidige Luft; denn Möwen sind die eigentlichen, die allgegenwärtigen Vögel dieser Stadt.

Weiträumig und von einem wunderbaren Anhauch alter Wildnis wie verzaubert lagern sich Parks in und um die Stadt, ›Sankt-Stephans-Grün‹, ›Merrion-Platz‹, ›College-Park‹ und der riesengroße ›Phönix-Park‹, der gut 1500 Morgen umfaßt; in ihm verborgen und abseits wohnt in einem bescheidenen Schlößchen, auf irisch »Arus an Uachtarain« geheißen, der Staatspräsident der Republik. Die beiden Häuser des irischen Parlaments (Olreachtas) tagen im, wie so vieles in Dublin, altmodisch vornehmen Leinster-Haus, das sich 1745 die Herzöge von Leinster, der Südostprovinz Irlands, gebaut haben. Im gleichen 18. Jahrhundert ist eigentlich das ganze Stadtbild Dublins entstanden, so wie es sich zurückhaltend, sehr vornehm, sehr solide, noch heute präsentiert – aber ohne die Steifheit englischer Fassaden der gleichen Epoche. In Irland kann man nicht steif sein; hier ist man liebenswürdig, herzlich, freundlich zu Fremden, lieber menschlich als technisch tüchtig; und alle Vorschriften sind für die Menschen, nicht die Menschen für die Vorschriften da, und die Omnibusschaffner singen sich eins wie in Italien die Gondoliere, und alle Passagiere haben ihren Spaß daran.

Dublin ist überhaupt eine weibliche Stadt wie Paris und nicht sachlich, hart und männlich wie Berlin oder London. In Dublin brauchen Theater nicht von Amts wegen unterstützt zu werden; sie sind – bei erstaunlich billigen Preisen – jeden Abend voll, trotz anspruchsvoller Spielpläne. Die Stücke Shaws, der ja wie so viele andere berühmte Leute aus Dublin stammt, muß man im Abbey-Theatre, dem berühmten, oder im Gate-Theatre sehen, von irischen Schauspielern gespielt!

Jonathan Swift, der Schöpfer Gullivers, war Geistlicher an der St.-Patricks-Kathedrale, die von normannischen Großen vor achthundert Jahren erbaut wurde, um andere normannische Große zu übertrumpfen, die die Christ-Church erbaut hatten, die noch auf die Wikinger zurückgeht.

Mitten in der Stadt, riesengroß, mit musealen Schätzen von unberechenbarem Werte angefüllt, liegt die berühmte Universität Trinity College, gegründet von der Königin Elisabeth I. von England als Hort englisch-königlichen und englisch-hochkirchlichen Geistes – und der gesamte Verkehr macht immer noch weite Umwege um den hochumwallten College-Park. Aber heute ist Trinity College mit der National-Universität eine irische Hochschule. Und in Dublin Castle, der alten Zwingburg Irlands, residieren heute irische Behörden.

Und die Dubliner machen zwar nach ihrer Art sehr ironische und unziemliche Scherze darüber, daß alle Straßennamen in Dublin an erster Stelle die unaussprechlichen und unlesbaren irischen, darunter erst die vertrauten englischen Bezeichnungen tragen. Die Dubliner sprechen kein Irisch – sie lernen es als Fremdsprache in der Schule –, aber stolz sind sie doch darauf, daß ihre Stadt, die stets das Zentrum der Fremdherrschaft in Irland gewesen ist, heute einfach ›Baile Atha Cliath‹ im Poststempel führt und die Vorstadt Dun Laoghaire (gesprochen etwa: Dun Lärie – na also) nicht mehr Kingstown zu heißen braucht.

Bomben in Dublin

Zweimal sind während des Zweiten Weltkrieges in Dublin Bomben gefallen, deutsche Bomben. Aus Versehen natürlich, denn die Republik Irland war während des Krieges neutral; sie war und ist Deutschland und den Deutschen wohlgesonnen. Deutsche Flieger, die Glasgow angreifen sollten oder Liverpool, hatten sich verirrt und warfen die Bomben auf den nächstbesten Platz, der beleuchtet war – das war unglücklicherweise das freundlich-neutrale Dublin, die Hauptstadt Eires, das auch 1944 nicht mehr in den Krieg gegen Deutschland eintreten wollte.

Die Iren in Dublin – geneigt, die Deutschen ohnehin für anständige Leute zu halten – sind sogar der entgegenkommenden Ansicht, die deutschen Bombenflugzeuge wären über England angeschossen gewesen und hätten sich ihrer Bomben entledigen müssen; sie hätten aber ihre peinlichen Grüße von oben so placiert, daß kein Schaden angerichtet wurde. Wie dem auch sei, die Dubliner nahmen uns den fehlgegangenen Tropfen Krieg nicht übel. Und als andere deutsche beschädigte Bomber bei Dublin notlanden mußten, wurden die Besatzungen zwar interniert; dann jedoch baten die deutschen Flieger beim Premierminister der Republik höflich um die Erlaubnis, an der Universität in Dublin studieren zu dürfen; dies wurde ihnen ohne viele Umstände gewährt. Einem gefiel es so gut, daß er nach dem Krieg hierblieb, Ire wurde, ein wunderschönes Mädchen heiratete (schwarzhaarig und blauäugig, wie die schönen Irinnen sind) und sich eine angesehene und einträgliche Stellung erwarb. Als er verzweifelt im Krieg bei Dublin bauchlandete, hat er sich einen so erfreulichen Ausgang seines Abenteuers gewiß nicht träumen lassen. Er ist nicht der einzige deutsche Soldat, der nach dem Krieg Irland zur zweiten Heimat wählte.

Dublin ist die einzige Hauptstadt der englischsprachigen Welt gewesen, die im vergangenen Krieg nicht auf der Seite der Gegner gestanden hat. Es blieb unberührt von dem Wahnsinn, der das Antlitz aller anderen Städte des Westens veränderte, wenn nicht zerstörte. Die Zeit, in welcher auch in Dublin die Häuserzeilen brannten, liegt schon über fünfzig Jahre zurück. Auch waren die Wunden, die damals ins Stadtbild gerissen wurden, längst nicht so tief und schwer, wie sie von Sprengbomben, Phosphor und Luftminen geschlagen werden. 1916 erhoben sich die Iren, um sich von England die politische Freiheit zu erkämpfen. Dieser berühmte Osteraufstand wurde nach einwöchigem Kampf blutig niedergeschlagen. Aber die große O'Connell Street mit dem mächtigen Hauptpostamt, dem Zentrum der Rebellen, lag in Schutt und Asche. Bis in die Jahre 1922/23 hinein brachen immer wieder Kämpfe aus, bei denen unter anderem das großartige irische Obergericht der ›Four Courts‹ und das bedeutende ›Zollhaus‹ in Flammen aufgingen. Zwar hatte 1921 England sechsundzwanzig der zweiunddreißig irischen Grafschaften die Freiheit gewährt, sich nach Art eines Dominions, etwa Kanadas, selbst zu regieren; aber die radikalen unter den irischen Freiheitskämpfern hielten ihre Kameraden und Mitkämpfer für Verräter, die jene fehlenden sechs der Grafschaften im Nordosten des Landes (in Ulster) um des Friedens und des Vertrages willen an England ausgeliefert und damit die Einheit der ganzen Insel verhindert hätten. Zwischen den ›Republikanern‹ (die sich nur mit der Freiheit der ganzen Insel ungeteilt zufriedengeben wollten) und den ›Freistaatlern‹ (die sich zunächst mit dem ›Irischen Freistaat‹ der sechsundzwanzig Grafschaften, der heutigen Republik Irland, abzufinden bereit waren) brach nach dem Abzug der Engländer ein tragischer Bürgerkrieg aus, der in Dublin manches Haus zerstörte und verbrannte, darunter eben die ›Four Courts‹. Heute sind die Zerstörungen im Stadtbild vergessen (wenn auch manche alte Verbitterung in den Herzen einer Anzahl bester irischer Patrioten immer noch brennen mag). O'Connell Street, die

›breiteste Hauptstraße Europas‹, wie die Dubliner behaupten, ist längst wiederaufgebaut und saugt den mächtigen Verkehr der stolzeren Hälfte der Stadt südlich des Liffey über die ebenso breite O'Connell-Brücke in sich hinein. Das Hauptpostamt ist hinter der alten Fassade wiedererstanden; und die neuen Gebäude bemühen sich ein wenig um amerikanischen Stil, was ihnen nur sehr unvollkommen gelingt, denn die Iren sind keine Amerikaner, auch wenn sie sich noch so große Mühe geben, was sie übrigens nur selten tun.

Dublin ist keine sehr ›elegante‹ Stadt – und die nach dem letzten Modeschrei gekleideten Damen, die man gelegentlich erblickt, sind gewöhnlich Amerikanerinnen. Es gibt auch nur ganz wenige ›erstklassige‹ Restaurants; Cafés überhaupt keine in der Halbmillionenstadt, die der Erwähnung wert wären. Dafür aber gibt es eine Fülle von verräucherten netten Kneipen, aus denen man nicht leicht wieder hinausfindet, wenn man sich erst einmal vor der Bar festgepflanzt hat, und Pat oder Mike oder Schan einem das pechschwarze Stout eingeschenkt haben oder einen ehrlich bemessenen Whisky. Am besten und sozusagen für die Weltliteratur hat sie James Joyce geschildert, der auch ein Dubliner ist – ebenso wie Oscar Wilde, der zwar die Dublinsche Einfachheit und Bescheidenheit als vielgefeierter Londoner Salonheld vergaß, aber den Dublinschen Witz, die geistige Behendigkeit dieser Stadt behielt, selbst noch als er im Zuchthaus saß.

Hoch erhob sich als unangemessen gewordenes Wahrzeichen in der O'Connell Street die »Nelson Pillar«. Auf ragender, riesiger Säule, in der eine Wendeltreppe zum Fuß der Statue des englischen Admirals führte, blickte Nelson über Stadt und See hinweg zu den schönen blauen Wicklow-Bergen hinüber. Aber die Dubliner ließen ihn zunächst ruhig stehen, wo er stand, wenn er auch ein englischer und kein irischer Admiral ist. Und sicherlich werden auf seinen Schiffen viele gute irische Seeleute mit ihm den Heldentod gestorben sein. Und man nimmt nun einmal in Irland den Engländer, der sich stets überlegen und erstklassig gegenüber den zweitklassigen irischen ›Eingeborenen‹ fühlt, mit lächender Duldsamkeit hin. Aber die Straße, in der Nelson stand, heißt nun O'Connell Street – und das ist sehr wesentlich. Inzwischen allerdings ist Lord Nelson von seinem hohen Postament verschwunden, und wer heute (1979) nach Dublin fährt, würde ihn vergeblich suchen. Vor einigen Jahren hat einer jener unversöhnlichen Fanatiker und Nicht-vergessen-Könner, die unter den Iren nie aussterben werden, die Nelson-Säule für alle Zeiten zu Fall gebracht.

Ich weiß, mancher wird nicht damit einverstanden sein, daß ich mich damit begnüge, dem Kapitel ›Dublin‹ nur so wenige Seiten zu widmen, während ich entlegenen Teilen des irischen Landes, etwa dem Inselchen Tory, von dem nie ein Mensch ein Sterbenswörtchen gehört hat – und das dazu wahrscheinlich mit Recht – den vielfachen Raum in diesem Buche zubillige. Schließlich ist Dublin eine weltberühmte Stadt, dazu die Hauptstadt der Irischen Republik, nimmt in der Weltliteratur eine wesentliche Stellung ein und ist überhaupt ein Ort mit Gesicht, Charakter und Vergangenheit.

All dies gebe ich zu, ohne zu rechten. Aber um es frei herauszusagen: Ich bin kein Freund der großen Städte und also ein unzeitgemäßer Mensch. Wenn im übrigen Dublin ein Ort ist, über den schon so viel gesagt und geschrieben ist, dann – so scheint mir – sollte ich meine Leser vielmehr einladen, mich in jene Teile Irlands zu begleiten, von denen zumindest bei uns noch kaum berichtet worden ist, dorthin, wo es einsam ist und still, wo einfache, liebenswürdige Menschen wohnen, wo das Weltmeer seinen großen Atem ins Land haucht, die uralten Berge und Moore und verwunschenen Täler sich vom Regen überwehen oder auch vom reinen Blau der Frühlinge überwölben lassen – und sich voll keuscher Wollust in den purpurgoldenen Röten unwiederbringlich vollkommener Abende baden.

Und ich glaube, man sollte nur über Dinge schreiben, an denen das Herz hängt.

So schreibe ich also jetzt ein paar Seiten über Shannon Airport, von wo des Nachts die großen Flugzeuge starten, um ihren Leib voller Menschen durch die sternenfunkelnde Leere des dunklen Himmels, gaurisankarhoch über dem Meeresboden, nach Amerika zu tragen. Denn dem dröhnenden Zauber von Shannon Airport verfiel ich auf der Stelle.

FÜNFTES KAPITEL

Shannon Airport

Noch immer steuern einige der Flugzeuge, die täglich und nächtlich von Nordamerika her europawärts fliegen, als ersten Hafen im westeuropäischen Bereich Shannon Airport im Südwesten Irlands an. Dort werden ihnen die fast geleerten Tanks wieder mit Benzin gefüllt, schnell werden ihre Motoren überprüft, die Passagiere dürfen die engen Kabinen verlasssen, nehmen vielleicht in dem freundlichen, großen Speisesaal des Hafens ihre erste vollständige Mahlzeit seit der Abfahrt von Amerika ein, vertreten sich ein wenig hinter den Schranken, die sie von der grünen irischen Welt ringsum abschließen, die Beine – und nach einer Stunde schon fordert sie quäkend und schnarrend der Lautsprecher auf, wieder ihre Plätze einzunehmen. Die große, fahrbare Treppe wird abgezogen, die Türen des mächtigen Rumpfes werden von innen geschlossen, die Motoren donnern auf, langsam rollt die riesige Maschine ans ferne Ende des gewaltigen Flugplatzes, wartet auf das Startsignal, segelt dann jagend und immer sausender mit Motoren, die nun in voller Wildheit brüllen, die zementene Bahn entlang, schwebt mit einem Male, stößt sich noch einmal leicht und spielerisch gleich einem Riesenreiher vom Boden ab, gewinnt schnell Höhe und ist nach wenigen Minuten ein winziger, schwarzer Punkt im Blau oder Grau des Himmels oder ein schnell verblassendes, winziges Fünkchen in der Sternennacht, das bald endgültig vergeht und vergessen ist. Und wer von den Menschen auf der irischen Seite der großen Barriere, die den Flugsteig umschließt, Bescheid weiß, der erkennt an dem Winkel, in welchem sich die Transatlantikvögel himmelwärts entfernen, ob ihre nächsten Ziele London heißen oder Paris oder Genf oder Frankfurt/Main, die zu Luft nur noch höchstens vier bis fünf Stunden entfernt sind.

Zur Zeit – sie ist noch nicht lange vergangen – als man den Atlantik noch mit Propeller- und nicht mit Düsenmaschinen überflog, starteten und landeten so gut wie alle Transatlantikflugzeuge in Shannon. Seit nur noch ›Jets‹ meerüber unterwegs sind, die eine viel größere Reichweite haben als Propellerflugzeuge, setzte der einstmals weltbekannte Shannon-Airport Spinnweben an. Jener Dornröschenschlaf, von dem so viele alte Menschenwerke in Irland befallen scheinen, vermag also auch Machwerke der Gegenwart beinahe von heut auf morgen zu verzaubern. Allerdings haben die Iren versucht, ihn abzuwehren und um den sehr friedlich gewordenen Airport junge Industrie anzusiedeln, um die Leute, denen der Airport zu Löhnen und Gehältern verholfen hatte, nicht brotlos werden zu lassen. Das ist auch leidlich gelungen!

Vielleicht bin ich altmodisch, vielleicht bin ich zu lange und ausführlich nach alter Art gereist, als daß es mir hinter meiner eisernen Barriere auf der irischen Seite nicht irgendwie unheimlich wäre, mir auszudenken, wo all die Passagiere, die da gerade ein wenig steifbeinig aus der AIR-LINGUS-Maschine steigen, herkommen und wo sie hinwollen. Die drei weißhaarigen, gutgepolsterten Herren, die laut und unbekümmert reden und keinen Blick auf ihre Umgebung verschwenden: wahrscheinlich Geschäftsleute aus Chicago oder Cincinnati, Millionäre vielleicht, in Dollars natürlich, weltbeherrschenden – was kostet Irland? Der da im weißseidenen Turban und schwarzseidenen Vollbart, in perfekt geschnittenem englischem Straßenanzug: ein Moslem aus Indien, kommt aus Pakistan oder fliegt nach Pakistan, je nachdem, wie herum um den Erdball er es vorzieht. Und da folgt ihm auch schon in gemessenem Abstand seine Weiblichkeit, in wallenden, zartfarbigen Gewändern aus Seidenmusselin – eine Falte des Kopftuches haben sie vors Gesicht gezogen, die Frauen, deren schlanke Körper der nimmermüde Wind vom Meere her preisgibt, wenn er die leichten Stoffe dicht um die Glieder saugt. Aber unter dem Tuche her tasten tiefschwarze Augen die fremde Welt ringsum ab. Gleich hinter diesen Gestalten aus dem Taj Mahal trudelt ein kleiner, kurzhalsiger, dicker Chinese die schwanke Treppe hinunter; er trägt eine goldene Uhrkette über der Weste, seine Hosen sitzen schlecht und sind ewig nicht gebügelt, und die schwarzen Haare starren ihm kurz gekroppt wie eine stachlige Kappe um die niedrige Stirn. vielleicht ist es ein braver Opiumhändler aus Hongkong, oder ein Grossist und Spezialist für Schweinedärme aus dem Chinesenviertel von San Francisco oder Seattle – es gibt unverschämt reiche Leute, die den Darmhandel der ganzen Welt beherrschen.

Und dann natürlich flatternd, schwatzend, schön wie Reklamegöttinnen und munter wie Schulkinder, die eben hitzefrei bekommen haben, ein ganzer Schwarm junger Amerikanerinnen, alle ohne Hut natürlich, blond und braun und schwarz und platin, mit breiten Lack- und Ledergürteln um die schlanken Hüften, und ihre jungen, festen Brüste stechen unter berechnet strammer Wolle unverblümt in die erstaunte Gegend, und alle ihre Schuhe mit niedrigen Absätzen; und die Falten ihrer Faltenröcke sind ein wenig verdrückt – und eine pudert sich im Gehen und bleibt einen Augenblick stehen, um die rubinroten Lippen nachzuziehen: es schläft sich schlecht im Flugzeug, und man ist ein wenig übernächtigt – und ein ganz klein wenig und heimlich im hintersten Winkel des Herzens hatte man Angst in der schwarzen Nacht hoch oben irgendwo über dem weglosen, abgründigen Atlantik, ganz den zwei unbekannten Piloten da vorn in der Steuerkanzel ausgeliefert, wo das blasse, grünliche Dämmerlicht über Dutzende von Meßuhren und zitternden Zeigern am Armaturenbrett einen Geisterschein verbreitet und ringsum hinter dem dünnen Glas nur samtene Nacht wogt, oben und unten und rechts und links und voraus – und achtern bleibt die gleiche zeichenleere Nacht zurück, in die sich die stumpfe Hainase der Maschine unablässig hineinfrißt. Studentinnen vielleicht, die Europa ›machen‹ wollen und froh sind, wieder für eine Stunde festen Boden unter den Füßen zu haben – und nicht mehr das gestaltlose Nichts der Nacht vierzigtausend Fuß über dem Weltmeer.

Ein Herr im hochgeschlossenen Priesterrock geht vorüber; wahrscheinlich kommt er von einer Weltkonferenz der Anglikanischen Kirche, die sich mit dem Verfall der Heidenmission befaßt hat. Die Heiden neigen heute alle dazu, dem falschen Evangelium aus Moskau oder den Sirenenklängen nationaler Rebellen inständiger zu lauschen als den sanften Worten des einzigen Mannes, der der Welt den Frieden schenken könnte, wenn man ihm gehorchte. Das von tiefen Längsfalten gefurchte Gesicht des Geistlichen blickt abwesend, ernst und sorgenvoll. Aber auch der Herr Rektor oder Dekan oder Erzdiakon, oder wie sein Titel sein mag, verschwindet durch die Pendeltür, hinter welcher das üppige Frühstück wartet.

Und die in der englischsprechenden Welt allgegenwärtigen älteren oder alten Damen, die ihre Zinsen und ihre Langeweile nach alter Sitte immer noch verreisen – heute per Luft – und die stets in mir den Argwohn erwecken, sie täten es nur, um irgendwo der Einkommensteuer zu entgehen –, sie, mit den gewöhnlich allzu jugendlichen Hütchen, und allzu flötengleichen Stimmen, bilden auch hier den Grundstock und den unveränderlichen Kern der Passagiere. Ich glaube, alle amerikanischen und englischen Schiffs-, Eisenbahn- und Fluggesellschaften müßten Bankrott ansagen, wenn es nicht so viele reiselustige Damen in reiferem Alter gäbe, die über Geld, Zeit und Unternehmungslust verfügen. Da merkt man erst, was die meisten Leute für arme Schlucker sind. Wir werfen uns schon in die Brust, wenn wir einmal im Leben einen echten Oberbayern haben jodeln hören oder uns im Kölner Karneval einen Papierzylinder an einem Gummischnürchen übers Ohr gezogen haben.

Die wirklich interessanten Reisenden fallen nicht auf. Sie tragen eine schmale Aktenmappe unter den Arm geklemmt oder ein ledernes Portefeuille mit silbernem Schlößchen in der Hand, sind unauffällig und von ersten Schneidern angezogen und nehmen ihre fahrplangerechte Ankunft auf Shannon Airport, dem einzigen Luftfreihafen der Welt, wo alle Waren der Welt zollfrei zu haben sind (wenn man sie nur über die Freihafengrenze brächte!) – ach, diese sachlichen, unauffälligen Herren sind schon auf so vielen phantastischen Flughäfen gelandet, daß sie von dem unwahrscheinlich purpurnen Abendrot über den sanften irischen Küstenhügeln im Westen der Grafschaft Clare nicht mehr sonderlich berührt werden; es verzaubert die irischen Abende schon seit ewigen, alten Zeiten, während die geheimen Schriftstücke in ihren Aktentaschen erregende Neuigkeiten enthalten – nur keine guten. –

Die Nächte am Rande der Startbahn sind erregender noch als die Tage. »KLM kündigt die Ankunft an ihrer Maschine von Amsterdam, Flug-Nr. 712, Abflug nach New York 21.35 p. m. Der Passagier van Gelderen wird gebeten, sich am KLM-Schalter zu melden, wo ihn ein Telegramm aus Kairo erwartet.« So schallt es aus dem Lautsprecher, während durch die andere Drehtür gerade die Passagiere der irischen Maschine ins grelle Scheinwerferlicht der Startbahn treten, um zum Weiterflug nach Montreal einzusteigen.

Und am Himmel fern im Osten blitzt ein mächtiger Stern auf, wird groß und größer und blendender und senkt sich, von einem grünen und einem roten Funken flankiert. Gerade mir gegenüber am anderen, drei Kilometer weit entfernten Ende der Rollstrecke setzt die Maschine auf und rollt mit nachlassenden Motoren den Hafengebäuden zu. Ein Mann mit starken Stablampen lenkt das schattenhafte Untier mit grellen Zyklopenaugen an seinen Platz in der Reihe der vier, fünf haushofen Fernmaschinen, die sich aus plumpen Benzintankern neue Kraft saugen. Der Mann neben mir, dessen Eltern noch froh waren, wenn sie gelegentlich in der Kreisstadt das Kleinbähnchen abdampfen sahen, rollt mit großem Geschick seine Zigarette von einem Mundwinkel in den anderen und sagt dabei gleichmütig, ohne sich zu verschlukken: »Die Pariser Maschine der Air Lingus, der irischen Flug-Gesellschaft, ist morgen früh in Boston und morgen mittag in Chicago. Die Herrschaften kriegen ein paar Stunden geschenkt, weil sie nach Westen fliegen. Aber was machen sie mit den paar Stunden...?«

Ja, das fragte ich mich auch, als der silberne Leib des Flugzeuges in die Sternennacht über den Atlantik davondonnerte, rauschte, sang und entschwand, während der nächste Aluminiumvogel schon seine Motoren zur Startprobe aufheulen ließ.

Die Sterne schienen wie seit eh und je.

SECHSTES KAPITEL

Ballina im wilden Mayo

Ballina – dachte ich, während ich darauf wartete, daß die Eisenbahnschranken endlich geöffnet würden –, Ballina klingt südländisch (mit dem Ton auf der letzten Silbe), klingt nach Apfelsinen und süßem Wein und schmelzenden Liedern mit Gitarrenbegleitung. Viele Namen hier umher haben solch mittelmeerisch weichen Klang: Killala oder Crossmolina, Bellavary oder Bohola. –

Allmählich wurde ich ungeduldig. Ich wartete schon zehn Minuten. Ganz in der Ferne stieß eine altertümlich forsche Lokomotive zwecklos riesige Dampfwolken aus, rangierte drei leere Güterwagen mit mächtigem Gezisch, spielte sich furchtbar wichtig auf. Aber sonst war weit und breit nichts von einem ›sich nähernden Zug‹ – wie es auf den Warnschildern so feierlich heißt – zu erkennen.

Mißmutig und allmählich die Geduld verlierend, dachte ich weiter: Die romantischen Namen sind aber auch das einzig Schöne und Bemerkenswerte an diesen westirischen Nestern. Und wenn das Land ringsum nicht wäre, das große, wilde, königliche Land, die weitgeschwungenen feierlichen Ödnisse der Grafschaft Mayo – um alles in der Welt, nein, es lohnte sich nicht, nach Ballina zu fahren; es sei denn, man wollte zum Pferdemarkt, der an diesem Tage die Straßen mit Hunderten von mehr oder weniger schönen Rössern erfüllte. Mühsam genug hatte ich mich in meinem Auto durch all die gemächlich handelnden Männer in verblichenen Regenmänteln und formlosen Anzügen von der Stange – und allesamt in hohen Gummistiefeln – hindurchwinden müssen. Kühe, Pferde, Schafe und ein freundlicher und ausführlicher Schwatz auf der Straße sind wichtiger als der bei uns viel zu gehorsam bediente Götze ›Verkehr‹.

In Irland – philosophierte ich weiter, ein wenig mit dem Gashebel spielend, damit meinem Motor die Zeit nicht lang wurde – hat sich die natürliche Rangordnung der Werte noch erhalten: Erst kommt das Menschliche, der Klatsch über den lieben Nachbarn etwa, das Spiel mit den Kindern, das Kalb, das zu Markte getrieben wird – und dann erst kommt die Technik. Alles ganz schön und gut; aber wenn die Brüder jetzt nicht bald die Schranke aufmachen, dann soll sie der Teufel holen! Schließlich bin ich hier dicht am Hauptbahnhof einer für westirische Verhältnisse beträchtlichen Stadt, befahre eine ›öffentliche Straße zweiter Ordnung‹, die von Ballina zum Conn-See führt – Lough Conn hört sich besser an; Lough wie deutsches »Loch« gesprochen –, und habe im übrigen keine Zeit zu verlieren; denn gerade scheint einmal die Sonne an diesem mit Regen, Hagel, Wolken, Wind und Sturm mehr als reichlich gesegneten Dezembertage, und ich will, wenn es sich lohnt, den ›Dolmen der vier Moals‹ photographieren, der irgendwo unweit der Straße zum Lough Conn zu finden sein muß. Im Westen steigt eine blauschwarze Wand auf. Wenn es mir erst wieder in die Kamera hagelt, nützt mir der schönste Dolmen nichts.

Vielleicht schließen sie die Schranken deshalb, damit die Leute gezwungen werden, in der Stadt zu bleiben und sich die für ein Städtchen von sechstausend Einwohnern erstaunlich zahlreichen Hotels von innen anzusehen, was genausowenig aufregend sein wird wie der Anblick der ganzen übrigen zweistöckigen, windigen Stadt mit dem volltönenden Namen.

Mich werden sie nicht dazu bewegen oder gar zwingen, in Ballina zu bleiben. Ich habe jetzt eine Viertelstunde gewartet. Das ist lange genug. Schließlich bezahle ich auch meine Steuern, allerdings in Deutschland, und das reichlich, allzureichlich! Die Deutschen stehen bei den meisten Iren in dem unbegründeten Geruch, tüchtige Leute zu sein und sich auch in schlimmster Situation zu helfen zu wissen. Also gut, beschließe ich, ich will diesem Gerücht Ehre machen – und unternehme etwas, was ich daheim nie im Leben wagen würde, vor allem deshalb, weil hinter geschlossenen Schranken stets früher oder später ein malmender Zug zu erwarten ist. Ich steige also aus und mache mich, ohne daß die Leute auf der Bahnhofstraße sich mit mehr als einem gleichgültigen Blick darum kümmern, an den Schranken zu schaffen, um sie zu öffnen. Aber die Sache ist nicht so einfach, wie ich mir vorstelle – ganz abgesehen von dem heimlichen Zittern im Gemüt, von einem uniformierten Zerberus ›aufgeschrieben‹ zu werden. Eisenbahnschranken werden in Irland nicht durch die uns vertrauten, rot-weißen, gitterklirrenden Bäume dargestellt, die sich majestätisch wie ein überdimensionaler Zeigefinger auf und ab bewegen, sondern durch klobige, doppelflügelige Tore, die sich zu den Geleisen hin derart zugemessen öffnen, daß sie die Eisenbahnstrecke verschranken, wenn sie die Straße freigeben oder umgekehrt; ich hatte sie umgekehrt vor mir: Sie gaben die Strecke frei und verschrankten die Straße zum Lough Conn, der mein braves Auto, des langen Leerlaufs müde, entgegenbebte. Doch der schwere Stahlriegel, in ein zementiertes Loch im Pflaster gesenkt, der die Tore in ihrer ›Geschlossen‹-Stellung festhielt, war unterirdisch irgendwie blockiert. Soviel ich auch daran zerrte und ruckte, allmählich ins Kochen geratend, so ungerührt verharrte er in seiner alten Lage.

Eine Frau blickte aus einem Fenster im ersten Stock des Hauses hinter mir. Sie hatte offenbar nicht viel zu tun, denn sie beobachtete meine Bemühungen lange und milde interessiert; sonst war auch beim besten Willen nichts weiter Aufregendes in der Bahnhofstraße zu entdecken; und mein Auto (und folglich auch meine eigene Wenigkeit), an seiner ZZ-Nummer für alle kundigen Iren sofort als Ausländer erkennbar, bildete zu so untouristischer Zeit in dieser wenig ›fremdenverkehrten‹ Gegend immerhin eine kleine Abwechslung.

Ich sah wohl oder übel die Aussichtslosigkeit meiner Bemühungen ein, mich als Übertreter der irischen Gesetze und als unerlaubter Überfahrer des Schienenstrangs der Midland Great Western Railway zu betätigen. Ich stellte den Motor ab, zog den Zündschlüssel aus dem Schloß, verriegelte die Autotüren und wollte mich zu dem etwa zweihundert Schritt entfernten Stationsgebäude begeben, um den offenbar erwarteten schriftlichen Antrag auf Öffnung der pp. Schranken nördlich des Hauptbahnhofes Ballina zu stellen – denn in Irland, im zaubervollen Land der sechsundzwanzig Grafschaften, muß man in einem fort schriftliche Anträge stellen, wenn man in den Dunstkreis der im übrigen schrecklich freundlichen und liebenswürdigen und ganz unbürokratisch menschlichen Behörden gerät. Zwar fragt den Fremden hinterher niemals irgendwer nach den wunderbaren Papierchen, mit denen man ausgerüstet wird; sie haben nur den Zweck, die Brieftasche unmäßig zu verdicken, was ich nicht leiden kann, und bilden wohl in Wahrheit nichts weiter als zärtlich geduldete Symbole der noch so jugendlichen, auch außenpolitischen Selbständigkeit der sechsundzwanzig Grafschaften.

Gerade also will ich losstapfen, da winkt mir die Frau aus dem Fenster gegenüber und deutet auf den Signalmast zehn Schritte vor dem Eisenbahnübergang. Ach so – stimmt, vielen Dank, liebe Frau! Ich lüfte den Hut! Und lächle! Gequält allerdings. Das Signal steht auf ›Freie Fahrt!‹ Also wird wohl doch ein Zug erwartet. Dank, Dank, gute Frau! Sie haben vielleicht mein Leben gerettet.

Ich schließe mein Auto wieder auf und überlege, ob ich nicht den Dolmen Dolmen sein lasse und anderen Altertümern zufahre. Irland ist ja reicher als irgendein anderes Land Europas damit gesegnet – und sie sind wirklich uralt und unberührt und efeuüberwachsen, wie es sich gehört.

Da spricht mich ein Herr an, der von jenseits der Geleise – ich sah in dort heranschreiten, an jeder Hand ein schwarzhaariges Mädchen – auf die Schranken zugegangen war und die Geleise auf der Fußgängerbrücke überquert hat. Er sagt, und seine hübschen, zierlichen Töchterlein strahlen mich dabei an: »Wissen Sie, eh da mal einer kommt und Ihnen aufmacht...! Man muß den Trick kennen!«

Und er zwängt sich, Rechtsanwalt oder Arzt oder höherer Polizeibeamter, der er ist und sich von seinen Kleinen aufs Amt oder in die Sprechstunde begleiten läßt, durch einen Spalt im Zaun der Brücke, wobei ich sehr für seinen feudalen Tweedmantel fürchte, steigt über die Geleise, erreicht eine Weiche der Hauptstrecke, legt sie um, und das Signal schwenkt auf ›Halt!‹

»So!« ruft er und kommt auf den Schienen entlang zu mir von innen an das Schrankengitter. »Jetzt ist der Riegel nicht mehr blockiert!« Leicht läßt er sich heben. Die Tore schwenken auf, sperren die Schienen und geben die Straße frei. Dann schließen wir sie wieder, und der Herr Amtsrichter stellt unter begeisterten Zurufen seiner beiden schwarzlockigen Töchter das Signal und die Weiche auf ›Freie Fahrt!‹ Ich bedanke mich angelegentlich. Er erwidert nachbarlich vertraulich.

»Wir Einheimischen wissen natürlich Bescheid. Nun, wenn Sie das nächste Mal hier vorbeifahren, brauchen Sie sich nicht mehr über die Eisenbahnfaxen zu ärgern!«

»Richtig!« rufe ich und brause ab. Aus dem Augenwinkel nehme ich eben noch wahr, wie ein Eisenbahner meinen Helfer, der mit seinen Mädchen geruhsam weiterwandert, ehrerbietig freundlich grüßt. Ich beschließe, auf der Rückfahrt – denn ich muß hier wieder die Bahn überqueren – mir selber die Schranke zu öffnen und einmal zu probieren, ob mir etwas passiert. Und um es vorwegzusagen: ein Beamter kam vorbei, als ich die Tore wieder hinter mir schloß; er bemerkte vorwurfsvoll: »Ich habe Sie schon stehen sehen und wollte Ihnen gerade aufmachen. Aber Sie sind fixer als ich. Was bedeutet denn das D an Ihrem Auto? Dänemark?« – »Nein, Deutschland!« – »Jaja, die Deutschen! Gute Reise! Und mag die Heilige Jungfrau sie beschützen!« – Wenn das nicht freundlich und menschlich von einem Mann gesagt und gehandelt ist, von dem man daheim unweigerlich angeschrien und ›aufgeschrieben‹ worden wäre, dann weiß ich nicht, was man sonst freundlich nennen sollte. Aber so fand ich sie allermeist, die irischen Beamten, besonders die Polizei, umhegt von Paragraphenhecken, aber mehr zur Zierde als im Ernst, und stets bereit, dahinter hervorzukommen und ganz einfach menschlich zivil und nett zu sein. Glücklich das Land, das solches von seinen offiziellen Dienern und Vertretern sagen kann! Freundliches, glückliches Eire!

An den Gräbern der Vorzeit

Ich brauchte nicht weit zu fahren: eine Anhöhe links der Straße, die dort zu einem Hohlweg zwischen zwei Hügeln wurde. Da oben sehe ich einen Zyklopenblock über die Kante des Hanges lugen. Ob das der gesuchte Dolmen ist? Ich lenke mein Auto aus dem Weg und halte nach einer Stelle Ausschau, wo ich den obendrein durch Stacheldraht verwehrten Hang erklettern kann. Ich schaffe es schließlich, ohne mir die Hosen zu zerreißen, und stehe nach wenigen Schritten vor dem gewaltigen Mal. Ein riesiger Steinblock, vielleicht zwei Ellen hoch, fünf Ellen breit und tief, schwebt – auf die Spitzen von drei anderen, halb im Boden verborgenen, ebenso gewaltigen Blöcken gewuchtet – trotz seiner Schwere wie selbstverständlich leicht auf der Kuppe des Hügels über dem grasigen Grund, so daß ein Mann bequem darunter hocken könnte.

Seitab weiden ein paar Kühe. In der Ferne ist noch das Städtchen zu ahnen – das gleichgültige Städtchen mit seinem Pferdemarkt und hundert Geschäften und Läden und Lädchen und seinen durchaus nicht bemerkenswerten Hotels, und da hinten steigen immer noch die weißen Dampfwolkenbälle der rangierenden Lokomotive in die Luft, die sich mitsamt dem Schienenstrang, dem Bahnhof, dem Übergang und dem albernen ›Freie-Fahrt‹-Signal in der Talfurche verborgen hat.

Ich bin plötzlich hier oben allein mit dem Wind aus Nordwesten, ein paar sturmgebeugten, kahlen Bäumen, den leise im scharfen Luftzug singenden, blattlosen Fuchsienhecken, der weiten, ein wenig melancholischen Landschaft und der himmelhohen, formen-, wunder- und farbenvollen Wolkenschaft. Und dazu diesem reglos wuchtigen, geheimnisvollen Felsengebilde, das von Riesen getürmt scheint.

Ja, ›Wolkenschaft‹! Ich hatte mir schon nach wenigen Wochen in Irland angewöhnt, von ›Wolkenschaft‹ zu sprechen, wie man bei uns von Landschaft, im Englischen obendrein von Meer- oder Seeschaft spricht, denn die Wolken über Irland – sie schaffen am hohen Himmel eine Welt für sich, deren unerschöpflich wechselvolles Spiel vielleicht nur noch mit den Wolkenbildern über dem Indischen Ozean verglichen werden kann, wenn der Sommermonsun zu wehen beginnt.

Dolmen heißen sie also, diese Gräber längst verschollener und vergessener großer Krieger oder Häuptlinge aus der

Steinzeit. Man hat sie einst für Druidenaltäre gehalten. Aber immer hat man unter ihrem für Ewigkeiten gefügten Zyklopendach Graburnen, Knochenreste, manchmal auch Schmuckstücke und Werkzeuge ausgegraben; und es kann wohl kein Zweifel bestehen, daß wir in diesen Dolmen uralte Grabkammern der Mächtigen der Steinzeit zu sehen haben, von denen kein Lied, kein Heldenbuch mehr kündet.

Oder doch –? Vielleicht kein Heldenbuch, aber Lieder und uralte Geschichten vielleicht! Denn das Volk ringsum, die Bauern in ihren weißgetünchten, strohgedeckten Steinhütten, sie wissen beinahe von jedem dieser Vorzeitmäler eine Geschichte zu erzählen, meist soger mehr als eine. Im Volksmund heißen die Dolmen ›Gräber der Giganten‹ oder auch ›Betten des Diarmuid und der Grainne‹. Die erste Bezeichnung erklärt sich von selbst, bestätigt die Ergebnisse der wissenschaftlichen Forschung und entspricht ganz unserem Wort ›Hünengrab‹. Die zweite aber klingt an eine der schönsten Geschichten des Ossianischen Zirkels an, und dieser Diarmuid ›mit dem Liebesfleck‹, wie er heißt, ist sicherlich eine der liebenswürdigsten Gestalten der ganzen irischen Geschichtenwelt, dieser großartig reichen Dichtung, an der das keltische Volk der Iren seit zweieinhalb Jahrtausenden feilt und formt und verfeinert, buchstäblich noch bis zum heutigen Tage. Warum Diarmuid (oder Dermot in der englischen Abschleifung) den Namen ›mit dem Liebesfleck‹ trägt, ist obendrein eine andre Geschichte, eine so reizende, daß ich sie gleich erzählen möchte. Aber ich glaube, ich spare sie mir aúf, bis ich in meinem Buch zur Grafschaft Sligo gelange (gesprochen Sleigo), den Sligo ist Dermots und Granias eigentliches Land.

Ich hocke auf einem Felsblock im Gras, fünf Schritt neben dem Dolmen, dem ersten, den ich in Iralnd gesucht und gefunden habe, und all dies zieht mir blaß durch den Sinn. Es ist sehr still ringsum. Vor Jahrtausenden wurde hier ein König begraben oder ein mächtiger Häuptling oder wie immer man die Steinzeitgroßen nennen mag. Ich begreife nicht, wie die Menschen damals, deren einfache Werkzeuge wir aus ihren Gräbern annähernd kennen, es fertiggebracht haben, das ungeheure Gewicht des obersten Blockes auf die drei unteren zu heben. Selbst für heutige Maschinen ist es nicht leicht, irgendwo auf freiem Felde auf weichem Untergrund solche Gewichte zu bewegen und in eine genau bemessene Lage zu lüften. Und ich werde mir darüber klar, wie große und tiefe Kräfte der Seele – der Ehrfurcht, der Liebe, des religiösen Schauerns – in jenen Menschen der Vorzeit lebendig gewesen sein müssen, daß sie solche wahrhaft für die Ewigkeit gefügten Denkmäler errichteten.

Von diesem Dolmen bei Ballina erzählt das Volk eine besondere Geschichte; er soll das Grab von vier Milchbrüdern bezeichnen, deren Namen alle mit Maol begannen; darum ›Dolmen der vier Maols‹. Die vier ermordeten ihren Herrn Ceallach, den Bischof von Kilmoremoy. Warum sie das taten – wer will das jetzt noch wissen! Die vier wurden gefaßt und vom Bruder des ermordeten Bischofs an den Galgen gehängt, zu vier an einen, und zwar an einer Stelle, die dem heutigen Ballina am Ostufer des Moy-Flusses gegenüberliegt und der Vorstadt ihren Namen gegeben hat; sie heißt nämlich Ardnaree, was dem irischen Ard na Riaghadh entspricht und ›Hügel der Hinrichtungen‹ bedeutet.

So haben all die irischen Städtchen und Felsen und Klüfte, Berge, Ruinen und Klippen ihre Geschichten und Sagen, ihre Feen, Riesen und Romane. Das mag bei uns in alten Zeiten auch nicht anders gewesen sein. Aber heute sind diese Überlieferungen seit hundert und mehr Jahren tot, führen höchstens noch in Märchenbüchern, hier und da einem Volkslesebuch, einem Kasperletheater ein künstliches, nur noch scheinbar lebendiges Dasein – und selbst dort sterben sie aus und werden von amerikanischen Comics, von Micky Mouse und Hopalong Cassidy, also Industrieprodukten, verdrängt.

In Irland aber, das von Technik und Industrie gerade erst an der Oberfläche berührt ist, sind die alten Überlieferungen heute noch am Leben, und zwar nicht als eine zu den Kindern ins Kindische abgesunkene, sondern als eine bunte, fabelhafte Welt großer Dichtung, alter Weisheit und ehrfurchtsvoller Einsicht in das Schicksal, als Ergebenheit vor den ewigen Mächten. Gewiß, das Proletariat der Großstadt Dublin weiß nichts von den alten Überlieferungen, und auch überall dort in der Mitte und im breiten Osten der Insel, wo die englische Sprache die alte irische verdrängt hat, lebt man wie anderswo von Zeitung, Kino, Radio und dem Wochenmagazin. Aber im Westen des Landes, dort versammeln sich noch heute die Nachbarn in den weitverstreuten Dörfchen an der See oder im Gebirge abends bei diesem oder jenem alten Mann, der aus dem schier unerschöpflichen Vorrat des lebendigen Vergangenen erzählt, als hätte es sich gerade erst gestern ereignet.

Uns Heutigen, die wir an Schnellzüge, Dampfheizung, Düsenjäger und durch psychologische Tortur erpreßte Geständnisse jeden Widersinns gewohnt sind, will es unglaubhaft erscheinen, daß man die Natur noch unendlich belebt empfindet, bewohnt und gehütet von Feen und Geistern, durchwaltet von Mächten des Übersinnlichen – und nicht nur als einen ›Lieferanten von Rohstoffen‹.

Ein sehr kluger und berühmter irischer Professor der Ethnologie erzählte mir davon, wie es ausging, als er den bekannten Erfinder industrialisierter Märchen-Massenproduktion, den Amerikaner Walt Disney, der Micky Mouse, Bambi, Schneewittchen und unzählige andere Figuren für die Leinwand ›bearbeitete‹, im Westen Irlands mit Menschen zusammenbrachte, die eigentlich noch in der Frühzeit Europas leben, Menschen, die nicht etwa ›an Märchen glauben‹ oder Vorzeitsagen für wissenschaftliche Wahrheit halten, sondern die wissen, daß hinter der Natur und ihren Erscheinungen mehr vorhanden ist, als wir mit unseren oberflächlichen fünf Sinnen wahrnehmen.

Der irische Gelehrte und der amerikanische Filmgewaltige gelangen nach ausgiebigem Marsch zu dem winzigen, geduckten Bauernhäuschen in den Bergen Westirlands. Der alte Bauer, der hier wohnt, ein berühmter Shanachie, ein Erzähler irischer Geschichten, tritt vor die Tür und begrüßt die Gäste. Er kennt und schätzt zwar den Professor; aber der Fremde da mit dem schwerverständlichen Englisch –? Soso, aus Amerika! Soll da viel reiche Leute geben; aber die Söhne der Bauern ringsum, die nach Amerika auswandern müssen, nennen es das ›Land des Schweißes‹.

Das Gespräch geht so eine Weile hin und her. Aber der

Alte, dem das unverblümt zupackende, mit Fragen nicht sparsame Wesen des Amerikaners ungewohnt ist und vielleicht sogar unpassend erscheint, findet wenig Gefallen an dem Mann aus Kalifornien. Disney andererseits hat sich vielleicht mehr von der Begegnung versprochen und fragt schließlich, wahrscheinlich etwas gönnerhaft und mit allzu lächelndem Wohlwollen, ob der Alte nun wirklich Feen gesehen hätte – eine sehr amerikanische Frage. Der alte Bauer fühlt sich gestellt. Er blickt zur Seite und gibt schließlich zur Antwort:

»Wenn Sie es wissen wollen...! Nein, die Feen selbst sind mir noch nicht begegnet. Aber ihre Spuren, die habe ich gesehen!«

Wendet sich, murmelt noch einmal:

»Ihre Spuren, die wohl...!«,
begibt sich in sein kleines Haus zurück und zieht die Tür hinter sich ins Schloß. Die Audienz ist beendet; er ist weiterer indiskreter Fragen überdrüssig.

Ur-Hochzeitsbetten

Damals, als ich an dem schweigenden Dolmen der vier Maols lehnte, der Wind mich leise singend mit sanften Stößen umwehte, als sei in ihm ein freundliches Tier verborgen, das mich, Anschluß suchend, mit seiner feuchten, kühlen Nase auffordernd anrührt, als in der Ferne über den blaßblauen Dezemberhimmel die Regenschauer aus schwärzlicher Wolke hinstelzten, da spürte auch ich, Kind einer durchaus ernüchterten und zerdachten Welt, daß man die Geister der Luft und des irischen Landes selbst zwar nie zu sehen bekommt – aber ihre Spuren, ja ›ihre Spuren, die wohl...!‹. Ich war damals schon Monate im Lande. Ich hatte den Regen und die Nebel in Schwaden über die Moore, über die Hänge der Berge schweifen sehen. Oder eine Amsel hatte im strahlenden Sonnenschein, wenn die weißen Wolkentürme über den Himmel wandern, aus der leeren Fensterhöhle eines der alten Gemäuer gesungen, die alle paar Kilometer irgendwo in der irischen Landschaft von vergangener Größe träumen – oder der atlantische Sturm hatte seinen salzigen Schaum und Staub meilenweit ins Land getragen und heulte und kreischte zwischen den Felsen und über den Schluchten wie alle Verdammten der Hölle – ja, dann fiel es auch mir nicht schwer, an Feen und Geister zu glauben.

Als ich von dem Dolmen der vier Maols Abschied genommen und wieder in den Hohlweg hinuntersprang, in dem mein Auto wartete, sprach mich ein Mann an, der mit einem winzigen Esel stadtwärts wanderte:

»Haben Sie Dermots und Granias Bett gefunden da oben? Sehr still dort, nicht wahr? Die Kühe machen keinen Lärm.«

»Das stimmt!« erwiderte ich. »Still ist es da!«

»Photographiert haben Sie auch, sehe ich. Es kommt nicht allzu oft vor, daß Fremde kommen, um dies Bett Dermots und Granias zu besuchen. Es gibt ja 366 davon in Irland; für jeden Tag des Jahres eins; und viele sind schöner als dieser Dolmen hier!«

Ich spürte nicht viel Lust, mich auf einen langen Schwatz einzulassen. Man weiß bei diesen völlig harmlos und absichtslos beginnenden irischen Gesprächen nie, wie lange sie dauern. Und ich hatte noch manches vor an diesem Tag und weit zu fahren, und wer weiß, was für Straßen sich mir bieten würden. Man weiß das in Irland nie; meist sind sie recht gut, wenn auch schmal und kurvenreich; aber manchmal können sie auch sehr übel sein. Ich gab dem Eseltreiber daher nur zur Antwort:

»Ich denke, hier liegen die vier Bösewichter begraben, die den Bischof Ceallach umbrachten.«

»So heißt es, so heißt es!« rief der Mann mit dem Esel. Er lachte verschmitzt und fuhr fort: »Betten von Grania und von Dermot mit dem Liebesfleck bleiben es doch. Sichere Reise, mein Herr! Und Gott beschütze Sie!«

Ich dankte ihm sehr für seine guten Wünsche und fuhr davon. Während ich durch die Stadt rollte und mich zur Straße nach Norden, nach Killala, weiterschleuste, ging mir das verschmitze Lächeln des Mannes nicht aus dem Sinn. »Dermot mit dem Liebesfleck«, dachte ich, während ich mich abseits der Hauptstraße einem schmalen, zwischen haushohen Hecken eingezwängten, tief zerwaschenen Weg entlangquälte, der mich in die Nähe der längst verfallenen Rosserk- und der berühmten Moyne-Abtei bringen sollte. Ich stand einige Ängste aus, daß mir ein anderes Auto oder ein Wagen entgegen käme, es wäre ein kaum zu vollbringendes Kunststück gewesen, aneinander vorbeizukommen.

Aber es begegnete mir nichts Lebendiges, außer zwei schnell davonhuschenden wilden Kaninchen. So ist es meistens in Irland: die Straßen sind schmal, aber dafür sind sie leer.

Gefangen im Hohlweg der Hecken, die Seitenwege zählend, damit ich die Abzweigung nach Rosserk nicht verpaßte, denn es gab natürlich keine Wegweiser wie beinahe immer, wenn man die Hauptstraßen verläßt – so gondelte ich in den Mittag hinein und dachte an Dermot mit dem Liebesfleck.

Ach, ich kann die hübsche Geschichte, wie er dazu kam – zu dem Fleck, meine ich – auch jetzt schon erzählen. Wenn ich später in Sligo bin, erzähle ich mehr von ihm.

SIEBTES KAPITEL

Dermots Liebesfleck

Dieser Dermot ist mir von Anfang an wie ein keltischer Adonis vorgekommen. Stets und immer wird er in den Ossianischen Geschichten, die sich um Finn mac Cumhal (gesprochen: Finn Mäckúl) und seinen Sohn Oisin (gesprochen Uschien oder verderbt, aber uns geläufiger: Ossian) ranken, als ein wunderbarer, schöner Krieger dargestellt, dem die Herzen der Mädchen und Frauen zufliegen. Nach der Zahl seiner kühnen Liebesabenteuer zu schließen, könnte er ein heidnischer Vorfahr Don Juans sein. Und sonderbarerweise, vielleicht uralte Beziehungen nahelegend, wird sein Tod ebenso wie der des Adonis der Griechen durch einen wilden Eber bewirkt.

Dr. Douglas Hyde, der erste Präsident des Irischen Freistaates und schon im vorigen Jahrhundert Begründer der ›Gaelischen Liga‹, die sich die Pflege und die Erneuerung der irischen Sprache zur Aufgabe machte, ließ sich die Geschichte, warum der Liebling der irischen Erzähler, Dermot O'Dyna, den Beinnamen ›mit dem Liebesfleck‹ trägt, in einer stürmischen Nacht von einem Bauern in der Grafschaft Galway berichten. Damit trat sie zum ersten Male in die Literatur ein, obgleich sie vielleicht schon an die zweitausend Jahre alt ist oder noch tiefer in die keltische oder allgemeineuropäische Frühzeit zurückweist.

Folgendes etwa erzählte am lautlos brennenden Torffeuer der Galway-Bauer dem Professor Hyde:

Einst begab es sich, daß Dermot O'Dyna mit drei Gefährten auf die Jagd zog. Sie gehörten gleich ihm zu dem Freikorps der Fianna, dessen Führer der große Finn mac Cumhal war; Goll, Conan und Oscar waren ihre Namen. Die vier Männer vergaßen sich, von der Leidenschaft der Jagd fortgerissen – und die sinkende Nacht überraschte sie weit vom Lager der Fianna. Mit der Dunkelheit hatte es zu regnen begonnen. Wenn auch die Männer gewohnt waren, bei jedem Wetter die Nächte im Freien zu verbringen, so war dies doch keine Zeit des Krieges, und warum sollten sie die langen Stunden der Finsternis trübselig unter triefenden Bäumen verhocken, wenn vielleicht gar nicht weit ein freundliches Dach auf sie wartete. Sie machten sich also auf die Suche, und nach einiger Zeit fanden sie in einem Tal, das keiner der vier je vorher entdeckt hatte, eine einsame Hütte, aus deren Schornstein Rauch aufstieg und aus deren offener Tür der rote Schein eines flackernden Herdfeuers ins Freie drang.

Dermot stieß von weitem schon den Ruf der Freundschaft aus, um die Bewohner nicht zu erschrecken. Ein alter Mann kam aus dem Haus, begrüßte sie würdevoll und hieß sie gern willkommen, als sie ihn um ein Obdach für die Nacht baten.

So traten die vier über die Schwelle. Hell empfing sie das hohe, warme Feuer, an dem ihre Kleider bald trockneten.

Der alte Mann wohnte nicht allein in der einsamen Hütte; ein junges Mädchen teilte mit ihm den Hüttenraum; ihr Antlitz leuchtete in seltsam scheuer, aber so bestrickender Schönheit, daß die vier Krieger glaubten, solche Anmut nie erlebt zu haben. Außerdem beherbergte die Hütte noch eine Katze und einen prächtigen Hammel – und daß es mit der Hütte etwas Besonderes und Geheimnisvolles auf sich hatte, das sollten die vier Helden bald merken.

Der Hammel hatte höchst manierlich in einer Ecke gelegen, die Gäste aus großen, dummen Augen betrachtet und sich im übrigen nicht weiter gemuckst, wie es sich für Hammel geziemt. Und die Katze hatte sich ihren Ruheplatz nicht weit vom warmen Feuer an der Kaminwand gesucht, hielt die Augen geschlossen und schnurrte vor sich hin.

Das junge Mädchen hängte gleich nach dem Eintritt der vier späten Gäste einen großen Topf übers Feuer. Auf dem großen, weißgescheuerten Tisch, der mitten im Raum stand, legte sie vier hölzerne Teller und Löffel aus; ein würziger Geruch stieg aus dem Topf, und den hungrigen Jägern lief das Wasser im Mund zusammen. Der alte Mann fragte sie indessen nach den letzten Kriegszügen der Fianna; sie hatten wieder einmal für den Hochkönig zu Tara die Küsten Irlands verteidigt. Dann erzählte er selbst von Saat und Ernte und vom Ergehen seines Viehs. Endlich war es soweit: Die kräftige Bohnensuppe dampfte auf dem Tisch, und das Mädchen lud die Gäste mit einer leichten Handbewegung ein, Platz zu nehmen und es sich gut schmecken zu lassen. Sie ließen sich das nicht zweimal sagen, setzten sich auf die vier Schemel um den Tisch und wollten sich eine gute Portion auftun.

Ehe sie aber noch den ersten Bissen zum Mund geführt hatten, erhob sich mit einem Male der Hammel aus einer Ecke, nahm einen kurzen Anlauf und sprang mit einem geschickten Satz auf den Tisch, ohne den Topf oder die Teller umzustoßen.

Das war ein höchst sonderbares und unhammeliges Benehmen, und die Männer, denen überall der wollige, ›kräftig riechende Hammel‹ vor der Nase umhertrippelte, mochten keinen Löffel zum Mund führen, ehe nicht das unerwünschte Tier vom Tisch vertrieben war. Der alte Mann und seine schöne Tochter – aber ob es wirklich seine Tochter war, das wußten die Krieger nicht genau – machten sich indessen in einem Nebenraum zu schaffen, wohl, um den vier Gästen das Nachtlager zu richten. Ärgerlich versuchten die Männer, den Hammel vom Tisch zu treiben. Aber jedesmal, wenn sie zupackten, das anders nicht gehorchende Tier herunterzuzerren, stieß der Hammel so kräftig zu, daß ein ums andere Mal die gewaltigen Recken zu Boden rollten. Schließlich glückte es Goll, den Hammel bei einem der Hinterbeine zu packen und mit einem schnellen Ruck vom Tisch zu reißen. Aber das sollte den vieren schlecht bekommen.

Bis jetzt hatte der Hammel nur gespielt und die Männer geneckt. Jetzt wurde er zornig und teilte nach allen Seiten so harte Stöße aus, dazu unfaßbar schnell, daß sie nach wenigen Augenblicken mehr oder weniger betäubt am Boden lagen und der Hammel, auf ihnen stehend, triumphierte.

Wie die Männer jammervoll den Boden der Hütte deckten, erschien aus dem Schlafraum der alte Bauer.

»Sie da!« rief er, offenbar nicht weiter überrascht. »Hat unser Hausgenosse wieder einmal seinen Übermut bewiesen. Zwecklos und sinnlos wie immer.«

Und vorwurfsvoll fügte er hinzu: »Kätzchen, warum hast du es zugelassen? Komm, binde den dummen Hammel fest, damit er nicht weiteres Unheil anrichtet!«

Die Katze hatte selbstzufrieden mit geschlossenen Augen neben dem Feuer geruht, leise schnurrend, in ihr Wohlbehagen versunken. Auf die Worte des alten Mannes, der den vier Recken vom Fußboden her mit einem Male riesengroß und gewaltig vorkam, dessen Stimme donnerte, dessen Augen blitzten, als gehörten sie Gott – auf solche Worte dieses mächtigen Wesens sprang die Katze mit einem Satz dem Hammel in den Nacken, krallte sich in seine Ohren und lenkte ihn, der auf der Stelle schwächlich gehorchte, in seinen Winkel zurück, wo sie ihm mit einigen geschickten Sprüngen einen festen Strick so um die Hörner wand, daß er sich nicht mehr von der Wand bewegen konnte.

Die vier Recken erhoben sich ächzend, ihre Beulen reibend. Scham und Ärger erfüllte sie heftig, zugleich große Verwirrung. Der alte Mann allerdings erschien ihnen gleich wieder wie jeder andere freundliche, betagte Bauer, seit sie abermals auf ihren Füßen standen; er fand offenbar das erstaunliche Benehmen des Hammels nicht weiter bemerkenswert. Dermot O'Dyna, Goll, Conan und Oscar aber glühten vor Zorn. Als nun auch das schöne Mädchen ins Zimmer trat und versteckt zu lächeln schien, erklärte Dermot:

»Wir wollen bei euch nicht bleiben, Alter! Noch nie sind wir so erniedrigt worden; dazu noch vor den Augen deiner schönen Tochter. Wir danken dir für deine Bereitwilligkeit, uns über Nacht aufzunehmen. Aber dein Haus ist verhext; wir wollen lieber trotz der Nacht versuchen, das Lager der Fianna zu erreichen.«

Der Alte lächelte, winkte dem Mädchen: »Hänge den Kessel noch einmal übers Feuer; die Suppe wird kalt geworden sein, und unsere Gäste müssen sich stärken.«

Das Mächen folgte dem Auftrag, und der Alte fuhr, zu Dermot gewandt, fort:

»Ihr braucht euch nicht zu schämen, Freunde. Ich hätte allerdings besser achtgeben sollen, um euch die Niederlage zu ersparen. Aber beruhigt euch. Ihr seid nicht einem gewöhnlichen Hammel erlegen. Und die Katze, die euch so leicht übertroffen hat, ist keine gewöhnliche Katze. So bleibt also ruhig bei uns. Diese Niederlage braucht euer Ansehen als tapfere und große Krieger nicht zu mindern!«

»Ja, bleibt!« fügte das Mädchen hinzu und blickte Dermot aus großen Sternaugen bittend an.

Dermot senkte schon das Haupt. Diesen Augen war schwer zu widerstehen. Aber Goll, hochfahrenden Geistes, war nicht so leicht zu beschwichtigen; er rief:

»Nein, so einfach sind wir nicht abzufertigen. Wer weiß, was für Demütigungen uns hier noch erwarten. Du mußt uns sagen, wer es ist, der uns so schmählich hat versagen lassen!«

»Ich hätte es lieber verschwiegen«, erwiderte der Alte. »Aber wenn ihr so gekränkt seid, dann will ich das Geheimnis lüften. Der Hammel, das ist die Welt. Die ganze Welt mit all ihren Mächten und Kräften – sie ist stärker als selbst ihr vier; ihr unterlegen zu sein, braucht euch nicht zu beschämen. Und die Katze...! Die Katze allerdings ist das einzige Wesen, dem die Welt nicht standhält, ist die einzige Gewalt, welche die ganze irdische Welt unter ihre Botmäßigkeit zwingt. Die Katze nämlich ist – der Tod!«

»Der Tod?« wiederholten die vier Fianna entsetzt und wichen ein paar Schritte vor dem längst wieder ruhig schlummernden Tier am Herd zurück.

»Fürchtet euch nicht!« tröstete das Mädchen heiter und setzte den dampfenden Topf abermals auf den Tisch. »Der Tod schläft, solange ihr unter unserem Dache weilt. Kommt, die Suppe wird euch schmecken!«

So liebenswürdig und anmutig klang die Bitte der Tochter, daß die Männer wie mit einem Zauberschlage jeden Ärger weichen fühlten; wie Schuppen fiel es ihnen plötzlich von den Augen: So hinreißend, so verführerisch, so zaubervoll war ihnen noch nie ein weibliches Wesen erschienen. Sie vergaßen das Geschehene; ein sehnsüchtiges Verlangen ergriff von ihren Herzen Besitz – und sie setzten sich schweigend und verwirrt zu Tisch.

Wortlos verzehrten sie ihr Mahl. Dann meinte der Alte:

»Ich will euch jetzt eure Ruhestatt zeigen. Wir haben nur drei Räume im Haus. Wir sind einfache Bauern. Dort hinter dem Verschlag hausen das Vieh und unsere anderen Tiere. Hier in dem großen Raum, wo das Feuer wärmt, schlafe ich; denn ich bin der Herr des Hauses und bin uralt und brauche Wärme. Ihr müßt mit dem dritten Raum vorliebnehmen, in dem meine Tochter schläft. Dort haben wir euch ein weiches Strohlager bereitet. Des Mädchens Bett steht neben der Tür; im Dunkeln werdet ihr euch nicht genieren. Kommt nur zuerst und legt euch nieder!«

Der Alte zog einen brennenden Span aus dem Feuer und leuchtete den Männern voran in den Nebenraum. Dort erwartete sie eine üppige Schütte duftenden Gerstenstrohs, auf der sie gewiß nicht frieren würden. Die vier bedankten sich und streckten sich aus.

Aber wenn der Alte erwartet hatte, daß sie schnell einschlafen würden nach dem langen Tag und dem bösen Kampf mit dem übermächtigen Hammel, der die Welt bedeutet, so hatte er sich getäuscht. Sie waren ja nicht alte, sondern junge Männer und Helden, und die Erwartung, daß das junge, wunderschöne Mädchen sich in der gleichen dunklen Kammer nur wenige Schritte entfernt zur Ruhe legen würde, hielt sie wach und träufelte ihnen Unruhe ins Blut.

Nach längerer Zeit verstummten die Geräusche aus dem großen Raum, in dem sie gegessen und getrunken hatten; und schließlich vernahmen die Lauschenden, daß das Mädchen die Kammer betrat und die Tür hinter sich zuzog. Die vier Männer hoben erstaunt und betroffen ihre Köpfe vom Lager, denn ein geheimnisvolles Licht hatte sich in dem bisher nachtschwarzen Zimmer verbreitet, Licht wie von einer sanften, stillen Kerze, die hinter einem seidenen Schirme brennt. Die Männer erkannten schließlich mit zitterndem Herzen die Quelle dieses milden Strahlens: so groß war die Schönheit des Mädchens, daß sie selbst noch in der Dunkelheit wie ein nächtliches Feuer hinter fernen Bergen schimmerte.

Das Mädchen entkleidete sich, wohl seinen eigenen Glanz nicht ahnend, und legte sich zu Bett, als nähme es die Augen seiner vier Schlafgenossen nicht wahr, die groß aus dem andern Stubenwinkel herüberbrannten.

Goll war es schließlich, der dem Verlangen, den süßen Leib zu berühren, als erster nicht widerstehen konnte. Er erhob sich leise und schlich zum Bett des Mädchens hinüber:

»Laß mich zur dir, schönster Glanz! Ich will, daß du mein wirst. Der Schlaf bleibt mir beharrlich fern.«

Das Mädchen wandte ihm die großen Augen zu; es hatte ebensowenig geschlafen wie die Männer. Es flüsterte zur Antwort: »O Goll, einmal habe ich dir schon gehört, und niemals wieder darf es geschehen. Ich weise dich ab! Geh, lege dich nieder!«

Goll spürte einen wilden Schmerz in der Brust, wie von einem Speerstoß. Aber er wagte kein weiteres Wort, tappte vorsichtig zu seinem Lager zurück und streckte sich, wie ein Verwundeter stöhnend, wieder aus.

Oscar hatte wohl gemerkt, daß sein Waffenbruder wenig Glück errungen hatte. Er dachte sich: vielleicht habe ich besseren Erfolg. Er horchte eine Weile, und als ihm der ruhige Atem der anderen zu verraten schien, daß sie schliefen, schlich er zu des Mädchens Bett.

Aber wieder zog sie die Decke unters Kinn, und ehe Oscar noch ein Wort herausgebracht hatte, hörte er schon die leisen, aber sehr bestimmten Sätze: »Ich kann dich nicht empfangen, Oscar! Auch deine Liebste bin ich schon gewesen. Aber das ist vorbei, und nie wieder kann es sein.«

Oscar war ebensowenig wie Goll fähig, sich zu erklären, was sie wohl meinen mochte; schon einmal hatte sie ihm angehört – und nie wieder? So viele Wunder waren in dieser Nacht, daß er dieses neuen Rätsels kaum gewahr wurde. Aber Gewalt war undenkbar diesem schimmernden Wesen gegenüber. Traurig ließ er sich wieder aufs Stroh sinken.

Nach einer Weile versuchte Conan sein Heil. Er meinte es besonders klug anzufangen; er schmeichelte:

»Schöne Feentochter, niemand belauscht uns. Unwiderstehlich ist deine Anmut, und du bist schön wie die Morgenwolken über Slieve Bloom. Wenn du dich mir ergibst, will ich dein Lob singen bis an mein Lebensende.«

»Lieber Conan«, antwortete die Schöne, die einen blanken Arm unter der Decke hervorgestreckt und hinter ihr schimmerndes Haupt gelegt hatte, »deines Lobes bedarf ich nicht. Ich bin, wie ich bin, auch ohne dein Lob. Ich mag dich nicht mehr, nachdem ich dir schon einmal gehört habe. Du kannst dich wieder zum Schlafe niederlegen.«

Conan knirschte heimlich mit den Zähnen. Aber diesem zarten Gegner vermochte der rauhe, gewalttätige Mann keinen Widerstand zu leisten; er wendete sich und stampfte wieder zu den Gefährten zurück.

Dermot hatte heimlich wachgelegen und das Mißgeschick der drei anderen beobachtet. Als Goll, Oscar und Conan nun enttäuscht in Schlaf gesunken waren – denn worauf sollten sie nun noch warten! –, dachte Dermot: wenn sie einen von uns gemeint hat, so kann nur ich es noch sein. Lautlos raffte er sich auf und schritt sachte zum Lager der heftig Begehrten.

Das Mädchen hatte sich im Bett aufgerichtet und blickte Dermot mit großen Augen strahlend entgegen. Der Glanz seiner Anmut umgab es wie eine feine, zärtlich glimmende Wolke. Dem Dermot verschlug der Anblick den Atem. So Zaubervolles hatte er nie erlebt. Er brachte kein Wort heraus, aber seine Augen sprachen deutlicher als alle Worte. Das Mädchen breitete die Arme aus und sprach:

»O Dermot, lieber Dermot, auf dich wartete ich. Wie gern würde ich dir gehören. Aber auch dir muß ich mich versagen, denn auch dir bin ich schon einmal zu Willen gewesen – und nie kehre ich zu denen zurück, die ich einmal besuchte. Du mußt wissen, wer ich bin und wie ich heiße. Mein Name ist Jugend, und nur einmal ergebe ich mich. – Aber ich liebe dich, und es fällt mir schwer wie noch nie, dich abzuweisen. Doch nicht ohne ein Zeichen meiner Gunst sollst du von mir scheiden. Komm, beuge deinen Kopf zu mir hernieder!«

Dermot gehorchte mit brennendem Herzen. Und Jugend berührte seine Stirn mit leichtem Druck ihres Fingers.

»Ein Mal habe ich in deine Stirn geprägt, liebster Dermot. Fortan wird kein Mädchen dich anschauen können, ohne dich zu lieben. Leb wohl, Dermot; ach, laß mich allein!«

Sie warf sich zur Seite, Tränen überströmten ihr Gesicht, und ihr Glanz erlosch wie der einer schönen Lampe, die ihr Öl verbraucht hat.

Im Dunkeln tastete sich Dermot zu seiner Schlafstätte zurück. Sein Herz war sehr schwer. Er tat kein Auge zu in dieser Nacht, so müde er war.

Fortan aber vermochten die Mädchen Dermot nicht zu widerstehen. Wenn er sie nur anblickte, fielen sie ihm schon zu, wie Blumen vor der Sichel fallen. Denn er war nun: Dermot O'Dyna ›mit dem Liebesfleck‹.

ACHTES KAPITEL

Killala mit dem spitzen Turm

Die Vergangenheit liegt wie ein Schleier, wie ein feiner Nebel über der großen Insel Irland im Meer. Das Gewesene ist an jedem Berghang zu spüren, wo uralte Steindenkmäler den Stürmen und dem Regen gleichmütig trotzen oder die steinernen Zellen und winzigen Bethäuser lang verschollener Mönche oder Eremiten von großer Frömmigkeit zeugen. Und die zerfallenen Türme normannischer Burgen, englischer Schlösser, irischer Klöster – jede Grafschaft zählt viele Dutzende; manche nur noch formlose Steinhaufen oder leere Fassaden wie ausgebombte Häuser in deutschen Städten; aber manche zu Natur geworden, Geisterwohnungen, von der Nachglut großer Taten und Abenteuer umglimmt.

Rosserk Abbey

An jenem Tage, der mich nach einigen Schwierigkeiten zu den Dolmen der vier Maols führte, hatte ich mir noch andere Altertümer zu suchen vorgenommen. Ich war auf der Fahrt zu der Abtei Rosserk, einer Ruine natürlich. Von zehn Abteien, die auf den genauen Karten der irischen Landesaufnahme (den einzigen wirklich guten und zuverlässigen Karten, die von Irland zu haben sind) erwähnt werden, zehn davon sind Ruinen – und sie sind dicht gesät, unwahrscheinlich dicht; in manchen Gegenden liegen sie nur wenige Wegstunden auseinander. Die heutigen Klöster sind nur in seltenen Fällen auf den Karten verzeichnet. – Als ich neben meiner Route von Ballina nach Killala Rosserk Abbey und Moyne Abbey angegeben fand, in Fraktur gedruckt, womit Altertümer jeder Art bezeichnet werden, da wußte ich, daß ich Ruinen finden würde, viele Jahrhunderte alte, verlassene Gemäuer. Und an jenem Tage, wie schon an manchem anderen meiner irischen Tage, stand mir der Sinn danach.

Lake Corrib in der Grafschaft Mayo. Alle Weiden sind mit hohen Steinmauern umgeben, damit das Vieh nicht entweichen kann, aber auch, um ihm Windschutz zu bieten. Im Vordergrund ist der felsige, nur mit wenig Gras bedeckte Boden gut zu erkennen.

Oben: Menhire, gewaltige, noch heute stehende Zeugen aus der Steinzeit. Vielleicht waren es Denkmäler für berühmte Krieger, vielleicht sind es Reste astronomischer Markierungen. Unten: Ein »Dolmen« bei Carwan, Grafschaft Clare. Die mächtige Steinplatte wird von drei Säulen getragen.

Westirische Landschaft bei Rosapenna, Grafschaft Donegal. Bäume halten sich kaum im ewigen, harten Westwind, der vom offenen Atlantik über das Land weht.

Verlassene Gehöfte in Donegal. Auf den langsam faulenden Strohdächern wächst das Unkraut, bis sie schließlich einstürzen. Die steinernen Zäune zerfallen allmählich, aber die wuchtigen Mauern der Häuser können Jahrhunderte überdauern.

Wenn ich mich nicht verzählt hatte, mußte dieser Seitenweg zum Moy-Fluß hinunterführen und ihn etwa dort erreichen, wo nach der Karte die Abtei zu finden sein würde. Ich bog von der eingleisigen engen Nebenstraße in den groben Feldweg ab. Ja, da lag ein Lädchen zur Linken in einem langgestreckten, weißgetünchten, strohgedeckten Bauernhaus. Das mußte Abbeytown sein, denn diese Lädchen, in denen lange Reihen von Konserven jeder Art und vielfach erstaunlicher Herkunft und sonst noch das Notwendige von Zahnpasta und Luftpost-Couverts bis zu Brot, Butter und Tee feilgehalten werden, bilden stets den Mittelpunkt der aus zwei, drei Dutzend weitverstreuter Häuser bestehenden Dörfchen. So, jetzt habe ich nach der Karte den Rosserk-Bach zu überqueren, der rauschend und schäumend neben mir talab springt. Da ist die Brücke! Und nun müßte zur Linken die Abtei auftauchen.

Ist das nicht ein zinnenbewehrter Turm, welcher über die grünen Hügel links der Straße blickt? Sie ist es ohne Zweifel, die alte Abtei Rosserk! Aber wie gelange ich hin? Mein Weg führt zum Fluß hinunter und endet bei ein paar armseligen Bauernhütten. Ein Auto mag hier seit Monaten nicht mehr aufgetaucht sein. Ein Hund begrüßt mich schweifwedelnd, als ich aussteige.

Ich frage, wie man am besten zu der Ruine der Abtei gelange. Ob es einen Weg dorthin gebe. Nein, einen eigentlichen Weg nicht. Ich könnte natürlich von hier quer über die Wiesen wandern; der Turm weise mir die Richtung. Aber dann müßte ich mindestens ein halbes Dutzend Steinmauern überklettern. Ratsamer wäre, bis zur Brücke über das Bächlein zurückzufahren, dort über die Mauer zu klettern und dem Wasser zu folgen; es brächte mich zwar nicht unmittelbar zur Abtei, aber dicht in ihre Nähe, ich brauchte außer der ersten keine Mauer weiter zu bezwingen und hätte den glattesten Weg. Aber Gummistiefel sollte ich mir anziehen, dann das Land wäre naß und sumpfig.

Ich wendete mit einiger Mühe und tat, wie mir geheißen. Die Gummistiefel hätte ich mir ohnehin angezogen; sie lagen immer griffbereit unter dem Nebensitz. Ja, diese Mauern, die in Irland – soweit nicht Hecken ihre Stelle einnehmen – jedes

Feld und jede Wiese oder Weide einwallen, sind eine langweilige Sache; sie nehmen dem Wandernden oder dem Fahrenden oft genug jede Aussicht und verwandeln jeden Gang feldein in eine halsbrecherische Kletterpartie. Ich glaube, daß Strecken von vielen hunderttausend Kilometer zusammenkämen, wenn man die Mauern, die Irland aufteilen, alle zusammen hintereinander messen würde.

Ich stellte mein Auto neben den strudelnden Rosserk-Bach, der kräftiges Hochwasser von den letzten sintflutartigen Regen führte, schlüpfte in die Gummistiefel, bewaffnete mich mit meiner Kamera und kletterte neben dem verbarrikadierten Gittertor über die Mauer. Ja, die Gummistiefel waren eine gute Sache: Ich versank gleich bis über die Knöchel im schwarzen glucksenden Morast. Erst nach einem Weilchen erreichte ich einigermaßen begehbaren Grund und merkte sogar, daß ich mich auf einer alten Straße befinden mußte, denn unter einer Schicht von spärlichem Gras und schwarzer Erde, von den Kühen zu Brei getreten, spürte ich festen, ebenen Grund. Von der anderen Seite des Flüßchens her grüßte mich ein alter Bauer. Sein Hündchen wedelte mit dem Schwanz und hätte gern über das rauschende Wasser hinweg mit mir Freundschaft geschlossen. Eine unmäßig fette Muttersau nahm mit einigen Grunzlauten, die ihren schweren Körper sichtbar erschütterten, ebenfalls von mir Notiz. Sie ruhte im schwarzen Morast wie ein riesiges, helles Stück Speck.

Selbst wenn ich Geld dafür bekäme, würde ich in der Hütte da drüben nicht wohnen wollen. Das Wasser lief dem Bauern in die Tür. Der Hof war ein Pfuhl von Kot und Schmutz und zerflossenem Torf, und auf dem Strohdach über den blinden Scheiben in den schiefen Fenstern wuchsen Gras und Kraut zwei Fuß hoch. Aber der alte Mann, dem diese Herrlichkeit gehörte, war freundlich; er rief mir noch einen Gruß hinterher, den ich nicht verstand, und hob zum Abschied die Hand.

Und dann war ich allein; jeder Schritt weiter zum Fluß hinunter führte mich tiefer in die Vergangenheit zurück.

Von einem Hügel abseits zur Linken blickte mir ein Gallan nach, einer jener sonderbaren riesigen Steinbalken, die aufrecht in die Erde gerammt sind und manchmal zwei Mann hoch und noch höher ins Freie ragen. ›Standing Stones‹, stehende Steine, werden sie ein wenig phantasielos auf englisch genannt; das irische Gallan paßt besser zu ihnen; sie mögen wie die Dolmen ein Grab bezeichnen oder zur Erinnerung an eine große Tat errichtet sein, vielleicht auch wichtige Grenzmarken gebildet haben. Wieder ist kaum faßlich, wie die Menschen alter Zeiten – und diese Gallans stammen wie die Menhirs des europäischen Kontinents noch aus den spurlos vergessenen Jahrhunderten vor den Kelten und den Germanen –, wie jene Steinzeitmänner die gewaltigen Gewichte zu bewegen lernten, die bei der Errichtung dieser vierkantigen Steinpfosten zu bewältigen waren. Aber die Taten, denen die Gallans ein ewiges Denkmal setzen sollten, sind verschollen; kein Nachhall dringt mehr aus der Tiefe der Jahrtausende zu uns späten Menschen herauf. Die Steinmäler selbst wurden zur Tat, und wir bewundern sie.

Über mir wölbt sich blauer Himmel, aber Wolken von Sturm- und Regenböen durchwandern ihn drohend von Nordwesten, von der offenen See her, die gerade die Flut in die Mündung des Moy hinaufpreßt. Die Sonne ist immer in Gefahr, von einem der schwarzen Wolkenberge verschlungen zu werden.

Ein paar schwarze Kälber bleiben in einem Seitental zurück, und dann begegnet mir kein lebendes Wesen mehr. Von einem Hügel her sehe ich schließlich auf die Ruine nieder. Ihr Turm, kunstvoll über den beiden Hauptbogen der Kapelle errichtet, steht noch völlig unversehrt und blickt über die langgestreckte, schmale Meeresbucht, in die sich der Moy hier schon ergießt, zur hohen See hinaus. Die Wolken ziehen tief übers Land, aber noch ist die Sonne frei.

Der Eingang zur Abtei ist vergittert, denn sie wird von der Verwaltung der irischen Altertümer geschützt. Aber durch das Gitter vermag ich ein wunderschönes, völlig unversehrtes gotisches Altarfenster aufzunehmen. Ein Grabkreuz erhebt sich in der leeren, dachlosen Kapelle. Noch sind Reste des Altarsteines unter dem hohen Fenster erkennbar; aber auf dem Boden, auf dem die Mönche knieten und die Messe sangen, wächst üppig das grüne Gras. Ein paar Dohlen kreischen durch die leeren Hallen und Höfe und Zellen, in die der Himmel blickt – und auf der Zinne des Turmes hocken Sturmmöwen regungslos.

Der Wind singt durch die fensterlosen Räume. Ich überrasche drei Kaninchen, als ich um die Ecke biege, um zum Wasser hinunterzuwandern. Sie huschen blitzschnell davon in irgendein Loch unter den Mauern. Sie allein bewohnen die alte Abtei, unwürdige Nachfolger der frommen Franziskaner, die hier in ihren braunen Kutten der Regel des Heiligen dienten, dem die Blumen verwandt und die Tiere befreundet waren. Manch einer mag unter diesen Dächern, die nun zerfallen sind, ein freundliches Quartier gefunden haben. Heute führt nicht einmal ein Fußweg mehr zur Ruine. Der Sturm vom Atlantik umheult den Turm, und der Regen stürzt in die Hallen und Höfe und steht darin in schlammigen Teichen.

Auf einer kleinen Tafel der staatlichen Behörde ist verzeichnet, daß die ›Rosserk Friary‹ um 1400 von einem Mitglied der Familie Joyce gegründet und um die Mitte des 15. Jahrhunderts, also gegen 1450, wieder verlassen worden ist. Die Joyces haben ganzen Gebirgen in der Grafschaft Galway ihren Namen gegeben, ein wehrhaftes, wildes Geschlecht walisischen Ursprungs, das mit den Normannen nach Irland kam und bald zu einem Bestandteil der irischen Welt wurde, nicht weniger irisch als die eingeborenen irischen Familien, wie die O'Flahertys oder die O'Connors.

Also war die schöne Abtei, wenn die Tafel richtig berichtet, nur fünfzig Jahre lang von den guten Brüdern bewohnt. Seitdem läßt sie fünfhundert Jahre lang schon Sonne, Wind und Regen, Nacht und Sturm und Blitz und Mondschein über ihre Mauern hinwallen. Sie steht noch heute, und es ist nicht einzusehen, warum sie nach weiteren fünfhundert Jahren nicht auch noch stehen sollte. –

Langsam nahm ich von dem einsamen Gemäuer Abschied. Die Flut rauschte zu seinen Füßen von See her landeinwärts. Die Sonne wurde endgültig von den Wolkenheeren überwunden. Grau, leblos, leer wuchtete die alte, wehrhafte Abtei über dem grauen Strom unter grauem, schwerem Himmel. Ich war so allein mit der grauen Vergangenheit wie nie und nirgendwo. Aus der Ferne hinten grüßte stumm der noch zweitausend Jahre ältere Gallan; er würde in zweitausend Jahren noch von seinem Hügel in den verhangenen Himmel ragen – vielleicht wird man dann von uns und unseren sogenannten Taten ebensowenig wissen wie wir von dem namenlosen Riesengeschlecht, das diese zyklopischen Dolmen und Gallans errichtete. –

Regen fiel in wehenden Schwaden gleich Scharen von kalten, fliehenden Feen in schleppenden Schleiergewändern. Denn Kälte war eingefallen, seit die Sonne verschwunden war.

Ich machte mich auf den Rückweg. Die sanfte Hoffnungslosigkeit, die mit dem Regen vom Himmel zu wallen schien, legte sich mir wie Meltau aufs Gemüt.

Ich fand mein Auto, brav im Regen auf mich wartend. Ich watete in den schäumenden Bach, um von den Stiefeln die Klumpen schwarzen Morasts abzuwaschen, die daran hafteten. Dann fuhr ich wieder in meine Lederschuhe, nahm einen Schluck Tee aus der Thermosflasche und holperte über die jammervolle, tief zerwaschene Straße vorsichtig davon.

Eine halbe Stunde weiter erhob sich die Abtei Moyne rechts der Straße auf einer flachen Kuppe, weitläufiger noch, düsterer. Aber man mußte einen Gutshof durchfahren, um zu ihr zu gelangen, und sicher erst die Erlaubnis des Besitzers einholen, um sie besuchen zu dürfen. Dazu regnete es. Ich sah den Regen über die spitzen, leeren Giebel und den klobigen, viereckigen Turm von Moyne dahinwallen – und fuhr vorbei. Ein anderer Großer normannischer Herkunft, MacWilliam Burke (ursprünglich de Burgho), hat sie 1460 gegründet. Vielleicht hat Moyne also die ein halbes Jahrhundert ältere Rosserk abgelöst; vielleicht sind die beiden adligen Familien, die wilden Joyces – ob ihrer Körpergröße und Kraft berüchtigt – und die nicht sehr viel sanfteren Burkes einander wegen ihrer Mönche in die Haare geraten; die etwas weniger mächtigen Joyces unterlagen; ihre Franziskaner mußten das Feld räumen; die zierlichere, gefälligere Rosserk-Abtei verfiel schließlich, und Moyne triumphierte. Aber heute ist Moyne genauso eine Ruine wie Rosserk und Hunderte anderer, zum Teil viel älterer Klöster. Dafür haben Heinrich VIII. mit den vielen Frauen und nach ihm seine Tochter, die jungfräuliche Königin Elisabeth, am gründlichsten aber der grimmige Cromwell (zweihundert Jahre nach der Gründung von Moyne) gesorgt.

Die Hexe von Killala

Ich kam nach Killala, einem uralten Bischofssitz, den der heilige Patrick selbst, der Vater der irischen Christenheit, vor anderthalb Jahrtausenden gegründet haben soll. Das Städtchen (mit dem Ton auf der zweiten Silbe) lag dürftig im Regen, völlig jeden Glanzes ermangelnd, den wir sonst mit der Vorstellung eines Bischofssitzes verknüpfen. Die Kathedrale stand naß und verlassen im Regen. Der Runde Turm von Killala erfreute mich mehr. Alle diese schlanken Türme, von denen etwa siebzig in Irland gezählt werden, gehörten einst zu Kirchen und Klöstern, dienten als Glockentürme – ebenso wie der frei stehende Campanile in Italien –, zugleich aber auch als Zufluchtsturm und Burg in Zeiten der Gefahr. Ihre sonderbar winzigen Eingänge liegen in fast allen Fällen hoch über dem Erdboden. Man kann sich noch heute vorstellen, wie die Mönche, Nonnen und Priester – drohte der Feind – mit eilig gerafften Kutten die Leiter erkletterten und durch das enge Türchen hoch oben in der Wand des Turmes verschwanden. Dann wurde die Leiter nachgezogen, und die räuberischen Wikinger, oder was sonst die irischen Lande unsicher machte, hatten das Nachsehen.

Die Türme stehen noch immer, einige sogar noch mit ihrem spitzen Kegeldach, während die Kirchen und Klöster, die einst zu ihnen gehörten, verfallen und verschwunden sind. Der Runde Turm von Killala, in seiner Schlankheit und Höhe ein wenig an ein Minarett der Mohammedaner erinnernd, grüßte mich von seinem Hügel in der Stadtmitte schon von weitem, als ich Killala zurollte.

Ich las dann, daß der Turm vor 150 Jahren vom Blitz getroffen, aber inzwischen repariert sei – und daß die Schlüssel, wenn ein Neugieriger das Land und die Meeresbuchten von den 89 Fuß seiner schlanken Höhe betrachten will, bei der Polizeiwache abzuholen wären.

Auf die Polizeiwache traute ich mich nicht. Ich war mir durchaus keines Vergehens oder Verbrechens bewußt. Ganz im Gegenteil: Jedesmal jedoch, wenn ich bis dahin mit irischen Polizeibeamten zusammengtroffen war, dienstlich oder nicht, war ich, weil ich Deutscher bin, mit so viel Begeisterung und Freude am Fragen, Hören und Debattieren begrüßt worden, daß ich nie weniger als eine Stunde gebraucht hatte, wieder entlassen zu werden. Diese Stunde konnte ich an jenem Tage nicht riskieren, denn im Dezember wird es früh dunkel, und ich wollte noch –

ja, was wollte ich an diesem Tage noch alles? Möglichst noch vor dem Dunkelwerden –! Dabei war es schon so gut wie finster. Ein paar Kilometer hinter Killala wartete die Ruine der Dominikaner-Abtei Rathfran darauf, von mir erkundet zu werden; der ganze Bezirk schien angefüllt zu sein mit Altertümern jeden Alters aus verschollener heidnischer Zeit, aus frühchristlichen, aus mittelalterlichen Tagen – und außerdem sind hier auch noch im Jahre 1798 die Franzosen gelandet unter ihrem General Humbert, um den aufständischen Iren gegen die Engländer zu helfen; allerdings endete dieser Versuch wie die vorhergegangenen mit einem Mißerfolg; zwar nahmen die revolutionären Truppen zunächst Killala, Ballina und Castlebar; aber schon nach einem Monat trieb sie der englische General Trench wieder auf die Schiffe und davon. Wenn die Iren über See Hilfe erwarteten, um sich von ihren Beherrschern, den Engländern, zu befreien, ob es nun die Spanier waren, auf die sie hofften, oder die Franzosen, die Holländer, zuletzt unvollkommen die Deutschen, stets waren Fehlschlag und Niederlage das Ende. Erst als die Iren sich auf sich allein verließen und bestenfalls in Amerika bei ihren ausgewanderten Stammesgenossen Geld sammelten – erst da errangen sie die Freiheit, um die sie viele hundert Jahre lang unerhörte Opfer an Gut und Blut gebracht haben.

Und ich sollte eigentlich gleich die tragische Geschichte jenes großen Aufstandes gegen die drückende Herrschaft Englands erzählen, der sich damals an den Gedanken der

Französischen Revolution entzündete und an dem strahlend erfolgreichen Freiheitskampf der dreizehn amerikanischen Kolonien, in deren Reihen unzählige irische Auswanderer gefochten haben.

Aber dann würde mein Bericht von diesem einen Reisetag noch viel länger, als er schon geworden ist, und ich geriete in die Versuchung, die außerordentliche Vielfalt der Grünen Insel von einem einzigen Tage her aufzublättern.

Denn außer Rathfran Abbey und dem Strand von Kilcumeen, wo die Franzosen landeten in jenen wilden Tagen, in denen die Sturmglocken der Französischen Revolution (und das klingende Stürzen ihrer Guillotinen) unser allerpersönlichstes Zeitalter einläuteten, ist hinter Killala noch das uralte, romantische in Ruinen liegende Kirchlein des heiligen Cuimin zu sehen, mit einem heiligen Brünnlein, dessen Heiligkeit sicherlich aus heidnischer Zeit stammt, als man die Gottheit noch in Quellen und Flüssen, in der Sonne, den Sternen und der silberschäumenden Brandung der hohen See verehrte. Und nicht weit davon ist ein Ogham-Stein zu bewundern. Ogham ist eine seltsame Schrift, die in Irland vor dem lateinischen Alphabet benutzt wurde; sie besteht aus bestimmt angeordneten Serien von Kerben, um die Kanten großer, roh behauener Steine gemeißelt, und aus Linien auf der Oberfläche der Steine. In einer uralten Handschrift (unendlich vieles in Irland verdient den Titel ›uralt‹), dem ›Buch von Ballymote‹, fand man den Schlüssel zu den Ogham-Inschriften. Unabhängig davon hatte schon der Bischof Graves von Limerick die Bedeutung der Ogham-Zeichen erforscht. Sie teilen fast regelmäßig nur die Namen von Männern und deren Vätern mit, bezeichnen also wieder einmal Gräber oder Grenzen.

Und dann verzeichnet die Karte verschiedene Cromlechs, aufrecht stehende, meist spitze Steinblöcke von der Größe eines Menschen etwa, die in einem Kreis angeordnet sind. Ob sie einst Opferstätten, Tanzplätze der Götter und Göttinnen (die heute zu Feen oder Geistern herabgesunken sind) oder die Grabstätten vornehmer Geschlechter einschlossen, oder all dies gemeinsam, das wird wohl nie mehr mit Gewißheit zu erkunden sein. Denn die Völker und Rassen, die diese Cromlechs errichteten, sind, wer weiß wie lange schon, untergegangen; vielleicht klingt ihr Name noch nach in manchen alten Vorzeitsagen der irischen Kelten, und gewiß fließt ihr Blut verborgen in den Adern der heutigen Bewohner der Insel Erin.

Selbstverständlich liegt unweit der Rathfran-Abtei ein verfallenes Schloß, das einstmals, wenn mir die alte Bäuerin aus Mullaghnacross, die ich ein Stückchen im Auto mitnahm, weil es so regnete und sie so triefte und mir so verzweifelt entgegensah, denn die Räder meines Autos spritzten aus den Löchern der Straße Fontänen von Wasser und Schlamm nach beiden Seiten – wenn jene alte Bäuerin, die nach dem Rauch nassen Torfes roch und die, als sie erst meinen Wissensdurst erkannte, am liebsten wohl einen ganzen Abend lang all die Geschichten erzählt hätte, wie zum Beispiel Sankt Patrick (sie bekreuzigte sich bei dem Namen) darauf verfallen wäre, gerade in Killala einen Bischofssitz zu gründen, was es mit dem in Stein gehauenen Kreuz über dem Grabe des Sankt Cuimin, was es mit dem Ogham-Stein in Breastagh auf sich hätte –, jene wackere, lebendig und mühelos erzählende Bäuerin wollte also wissen, daß das alte Schloß an der Rathfran-Bucht einst den Farrells gehört hätte. Aber ich wußte nicht, was an den Farrells sonst bemerkenswert gewesen ist, und außerdem wollte ich nach Ballycastle weiter, und sie mußte ohnehin hinter der schönen Brücke über den Cloonaghmore bei Palmerstown aussteigen.

Dann hinter Ballycastle, links von der Straße, irgendwo einsam am Hang – nein, wie ich die freundliche alte Frau, die mir mit ihrem wortreichen Dank natürlich Gottes Segen für die Weiterfahrt gewünscht hatte, mit ihrem schweren Bündel davonstapfen sah, dachte ich noch einmal an die grausige Schnapsdrossel zurück, die mir in Killala in einer Seitenstraße begegnete, als ich mir in einer Regenpause Mühe gab, eine Stelle ausfindig zu machen, von der aus ich den spitzen Runden Turm auf den Film bannen konnte.

Das alte Weib, Urbild einer altkeltischen Hexe, humpelte auf mich zu; sie hatte mich wohl als Fremden erkannt; sie ging an einer dem Hexenstand gemäßen Krücke, in der Rechten hielt sie eine wohlgefüllte Schnapsflasche – Wasser wird es wohl nicht gewesen sein, denn Wasser riecht nicht nach Alkohol; die schmierige, unvorstellbar schmutzige Alte aber roch nach fünfzigprozentigem. Sie bettelte mich stracks an, und ich aus Furcht, ihre Rache herauszufordern, spendete ihr ein Silberstück – und photographierte sie zur Strafe samt Flasche und Krücke. Das war das erste und einzige Mal, daß ich in Irland angebettelt worden bin. Sonst sind die Leute hier zu stolz, und wenn sie zehnmal in Lumpen gehen, manchmal höchst fabelhaften Lumpen. Auch noch in dem ärmsten und elendesten Iren ist irgendwo ein Herr versteckt; die Leute eignen sich nicht besonders gut zum Gehorchen, zum blinden überhaupt nicht.

Und dann entließ mich die Hexe von Killala mit einer Überfülle von christlichen, streng katholischen Segenswünschen, was mich einigermaßen verwirrte. Ich hatte bis dahin nicht für möglich gehalten, daß whiskytrinkende Hexen so viele Heilige auf einmal zitieren können. –

Ich fand den Standing Stone hinter Ballycastle; die gute Halbzoll-Karte des Ordnance Survey Office von Irland ließ mich auch hier nicht im Stich.

Die Sonne schüttelte vor dem Untergang noch einmal die Wolken ab und rollte hinten im Westen über das Meer, durch Gebirge von Gold. Der Atem der hohen See drang in Wogen herber, feuchter, salzig schmeckender Luft herüber. Und gegen den wilden Himmel ragte das von Flechten bunt gemusterte granitene Steinmal schlank, ein wenig nach Norden geneigt, an die fünf Meter hoch auf, mitten aus einem ganz und gar verwachsenen Friedhof, in dem mir Gräber über Gräbern geschichtet schienen; ich brach ein paarmal ein, als ich mich durch das Dornengestrüpp über bemooste Grabplatten zu der fast überschmalen Säule hindurchwand; sie war nicht viel dicker als ein guter Firstbalken in einem unserer Bauernhäuser. Und abermals umwölkte mich vollkommene Einsamkeit; ein paar Seeschwalben ließen sich hoch über mir vom Winde schaukeln, sonst nichts.

Die Ruine eines Kirchleins stand auf der anderen Seite des Friedhofs, unter üppigen, dichtem Geflecht von Efeu fast begraben, so daß man ihre ursprüngliche Form gerade noch erahnen konnte, aber nicht mehr.

Diese Steinsäulen werden wohl auch göttlichen Charakter besessen haben und angebetet worden sein. An jenem stillen, menschenfernen Abend mit der verglühenden Sonne über dem Weltmeer begriff ich, daß in heidnischen Zeiten dieser ragende Stein auf seinem Hügel angebetet worden ist. Die Verstorbenen wurden in seiner Hut begraben mit dem Blick auf die See im Westen, wo nach der Sage das Land der ewig Lebendigen, das heißt das Totenreich, die Heimat der Götter und Feen, zu finden ist.

Sonderbar: immer im Westen! Auch in Japan hatte ich unter den Bauern und Fischern diesen Glauben gefunden: Die Toten, die reinen Herzens entschlafen sind, ziehen in die Länder Amidas, in die fernen Paradiese des Westens. –

Und als vor anderthalb Jahrtausend die Menschen in dieser fruchtbaren Niederung am Unterlauf und der Mündung des Moy zum Christentum bekehrt wurden, vernichteten sie die Zeichen heidnischer Verehrung nicht, sondern bauten ein christliches Heiligtum daneben und fuhren fort – nicht minder, wenn auch anders fromm als früher –, ihre Toten in der uralt geweihten Erde beizusetzen, bis zum heutigen Tage! Ich sah fünfzig Schritt von dem heidnischen Idol entfernt ein frisch ausgeschaufeltes Grab, das auf den Sarg wartete. In Irland – und damit erklärt sich zum großen Teil das Geheimnis, warum hier ein solcher, schier unübersehbarer Reichtum von großartigen Altertümern zu finden ist, nicht in einzelnen, seltenen, sondern in Hunderten, ja Tausenden von Beispielen –, in Irland sind von Anbeginn Christentum und Heidentum nicht als unversöhnliche Feinde einander gegenübergetreten; vielmehr nahm die neue Lehre die Schätze der alten in ihre Obhut, pflegte sie und erlaubte den Leuten, ihren früheren Besitz in die jungen Heiligtümer mit hinüberzutragen, so daß das Alte mit dem Neuen zu einem lebendigen höheren Wesen verschmolz.

Aber dann war es endgültig Nacht, und ich hatte mein Programm für diesen Tag längst nicht abgehaspelt. Und so ging es mir schon seit Monaten. Wenn ich wirklich einmal irgendwo pünktlich eintreffen wollte oder mußte, blieb mir nichts weiter übrig, als mir starre Scheuklappen anzupassen und, ohne rechts und links zu blicken, dem Ziel zuzusteuern. Hundert Gelegenheiten, bei denen ich gern angehalten hätte, blieben am Wege liegen.

Denn das Land bietet seine Vergangenheit, eine unbeschreiblich reiche, bunte, bewegte Vergangenheit, an jedem Kreuzweg dar, an jeder geschützten Meeresbucht, auf unzähligen Inseln vor den sturmgepeitschten Küsten oder in den großen Seen im Innern, deren gewöhnlich torfiges Wasser so klar ist wie zartbrauner Kristall, in den kleinen Städten mit den buntbemalten Häusern, die heute noch Märkte abhalten, die auf eine Tradition von manchmal tausend Jahren und mehr zurückblicken, an den immergrünen Weiden der großen mittelirischen Ebenen und den bienendurchsummten Tälern zwischen den sagenumwobenen Bergen.

Was blieb mir weiter übrig, als die Nase meines Autos zurückzuwenden, denn vor mir schwang die Straße zur brandungumdonnerten Steilküste Nord-Mayos hinauf, und auf weite Strecken erwarteten mich dort Wildnis und leere Berge und, wie ich mir hatte sagen lassen, schaurige, steinige Straßen. Ich fuhr also nach Killala zurück und blieb dort in einem Gasthaus, des' Nam' und Art ich mit Recht vergessen habe. Aber nach dem High Tea, der mir die unvermeidlichen Brateier mit Speck bescherte, traf ich in der Bar den freundlichen Mann, der mir ein paar Stunden zuvor aus purer Freundlichkeit geholfen und gezeigt hatte, wie und wo ich den Runden Turm von Killala am besten photographieren konnte. Er entpuppte sich als einer der wenigen gehobeneren Beamten, die das Städtchen aufzuweisen hatte, und da jeder echte Ire bereit ist, alles und jedes unter der Sonne zu diskutieren und zum Gegenstand eines Gesprächs zu machen, so lenkte ich unsere Unterhaltung bald auf die Frage, die mich schon den ganzen Tag beschäftigte.

»Den ganzen Tag bin ich hinter Altertümern her gewesen. Jeden Tag, seit ich in Irland bin, taumelte ich durch Gewesenes. Aber wissen Sie, Mr. MacFahy, das scheint hier in der Luft zu liegen. Die Iren leben zuviel in der Vergangenheit. Ein Engländer sagte mir neulich dasselbe; er meinte, die Iren seien mit dem Kopf nach hinten geboren; so blickten sie immer zurück, stolperten über die Gegenwart und kümmerten sich nicht die Spur um die Zukunft. Ist das nicht in dieser schnellebigen Zeit ziemlich gefährlich?«

Der Mann mit dem klugen, grauhaarigen Haupt in dem formlosen Anzug (der sicherlich viel zu häufig naß wurde, um ›Fasson‹ zu behalten) nahm einen langen Schluck aus seinem Glas schwarzen Bieres und erwiderte:

»Natürlich ist es gefährlich. Aber wenn zwei Weltkriege, und was sonst noch an kleinerem Kriegsgewimmel passiert ist, an einem Volk vorübergegangen sind, dann kommt das Volk auf die Idee – eine gefährliche Idee! –, daß ihm die Neutralität garantiert ist, daß es davon profitiert und im übrigen auf dem Zaun sitzenbleiben kann, wenn sich die andern die Schädel einschlagen. Vor zweitausend Jahren, als die Römer ihr Imperium zusammensiegten und sich die Welt botmäßig machten, vergaßen sie Irland am hintersten Ende der bewohnten Erde. Und heute müssen uns die Amerikaner beschützen, ob sie wollen oder nicht; und die Engländer müssen uns auch beschützen, ob sie wollen oder nicht, und es kommt sie bestimmt sauer an. Dadurch gewinnen wir Zeit, uns mit der Vergangenheit zu beschäftigen. Das haben wir schon immer mit großem Vergnügen getan – und ich muß sagen, es lohnt sich, obgleich ich natürlich pro domo spreche.«

»Ja, ganz gewiß! Jetzt merken die Iren, wie müde sie sind und daß mit der Freiheit eine unheimlich schwere Aufgabe überhaupt erst anfängt. Da flüchten sie lieber in die Vergangenheit. Man spiegelt sich so schön darin; die Gegenwart sorgt für sich selber. Denn jeder kauft gern irisches Rindvieh.«

»Ein hartes Urteil, mein lieber Freund aus Deutschland. Sie geben selbst zu, daß wir unermüdlich und trotz schrecklicher Rückschläge durch Jahrhunderte niemals aufgehört haben, an unsere Freiheit zu denken und für sie zu kämpfen. Daß wir uns nun ein Dutzend Jahre ausruhen, Rückschau halten und zusehen, was von der Vergangenheit noch vorhanden ist und was von ihr lohnt, aufgehoben zu werden – wer sollte uns das verdenken?«

»Verdenken, Mr. MacFahy? Keineswegs – und ich wäre obendrein der letzte, der es täte! Ich bade mich sozusagen mit wahrer Lust in dieser mit schwärmerisch großartiger Vergangenheit geladenen Luft. Bei uns wurde bei jeder neuen Wendung, welche die Geschichte nahm, das Bisherige zum allergrößten Teil weggeräumt, abgerissen, umgebaut, ›gleichgeschaltet‹. Das ist hier anders. Man achtet, was war, und läßt es stehen; es verfällt ein wenig, bedeckt sich mit Moos und Efeu und bleibt ein Teil des gelebten Daseins. Das gilt nicht nur für die sichtbaren, sondern auch für die unsichtbaren Dinge. Manchmal glaube ich, daß in diesem Lande nichts sterben kann. Die Leute erzählen einem irgendeine aufregende Geschichte, und man meint beim Zuhören, es kann höchstens erst eine Woche her sein, daß sie passiert ist. Doch wenn man dann fragt, so hört man, daß dreißig Jahre seit den Ereignissen vergangen sind oder dreihundert; oder vielleicht handelt es sich überhaupt um eine Sage, deren geringer Gehalt an Tatsächlichkeit dreitausend Jahre alt ist. Die Legenden aus der Frühzeit des irischen Christentums gehen um, als hätten noch die Väter der heute Lebenden den heiligen Patrick und den heiligen Brandon persönlich predigen hören. – Und am sonderbarsten finde ich, daß die heutigen Iren den Engländern vorwerfen, was Cromwell in Irland angerichtet hat. Cromwell ist annähernd dreihundert Jahre tot, und die Zeiten haben sich geändert.«

»Allerdings! Aber die Folgen der Cromwellschen Taten, die sichtbaren und die unsichtbaren, wie sie so schön sagten, umgeben uns jeden Tag. Die Probleme, mit denen wir in der Gegenwart zu kämpfen haben, lassen sich zum großen Teil unmittelbar aus Ereignissen der Vergangenheit ableiten, für welche die Engländer so oder so verantwortlich sind. Natürlich haben die heutigen Engländer nicht persönlich schuld an dem, was uns vergangene englische Regierungen angetan haben; andererseits müssen aber wir heutigen Iren uns mit den Folgen des Wahnsinns abquälen, der vor Jahrzehnten und Jahrhunderten auf uns losgelassen wurde.«

Ich erwiderte:

»Die europäischen Völker haben sich im Laufe der Geschichte so viel Unrecht angetan, und die Schwierigkeiten, vor denen sie heute stehen, sind so sehr die Folgen vergangenen Unrechts und ehemaliger Bösartigkeiten – seit Jahrhunderten –, daß wir keinen Schritt vorwärts tun könnten, wenn wir ununterbrochen die Vergangenheit aufwärmten. Gewiß, an den Iren ist entsetzliches Unrecht begangen worden, vielleicht mehr als an irgendeinem anderen europäischen Volk. Aber das ist vorbei. Nun sollte kein Tag versäumt werden. Statt dessen hockt man an den alten Feuern des Zorns und Hasses, auf denen kein Topf mehr kocht. Was hätten die Iren in den Jahren ihrer Freiheit alles vollbringen können! Aber ich glaube, man ist ganz damit einverstanden, daß alles beim alten bleibt.«

»Das ist richtig und falsch zugleich. Wir möchten ganz gern in dieser heutigen Welt vorankommen, aber wir möchten zugleich nichts von der Geruhsamkeit aufgeben, in der wir uns wohl fühlen. Sie werden es mit der Zeit schon begreifen: In Irland kann man und will man nicht außerhalb des Gewesenen in einer nur nüchternen und gräßlich fortschrittlichen Zeit leben. Wir sind glücklicherweise noch nicht zu Zwangsarbeitslagern, Düsenjägern und Gangstern fortgeschritten – und ich finde, das ist auch etwas wert.«

»Gewiß, Mr. MacFahy, einverstanden! Statt dessen aber betrug Ihr Handelsdefizit nicht weniger als erkleckliche Dutzend Millionen Pfund – für ein Land von drei Millionen Einwohnern eine höchst fortschrittliche Summe! Die Iren sind also gar nicht bescheiden, wie sie selber so gern glauben, sondern leben weit über ihre Verhältnisse, und wenn sie sich nicht entschließen, sich energisch um die Gegenwart zu kümmern, wird ihre politische Freiheit in wirtschaftlicher Unfreiheit enden, ein Zustand, in dem sie sich, bei Licht besehen, eigentlich schon befinden.«

»Ach, Fremdling aus einem allzu tüchtigen Land, man darf das alles nicht so wichtig nehmen. Irland im fernen Westen Europas, eine Insel am Rande der Zeit – hier brennen die

Probleme nicht so auf den Nägeln wie im engen, eingeklemmten Mitteleuropa.«

Ich hätte noch vieles erwidern können; aber ich fürchtete, schon allzu deutlich und unfreundlich geworden zu sein. Ich war ja schließlich ein Gast in diesem Land und genoß so viele herzliche Gastfreundschaft, daß es unpassend gewesen wäre, die Schwächen der liebenswürdigen und liebenswerten Gastgeber kleinlich nachzurechnen.

Wir verabschiedeten uns sehr herzlich voneinander. Wie überall und immer in diesem Land, wo die Menschen nichts mehr lieben als ein lebendiges Gespräch, hatten wir uns das halbe Dutzend Attacken, die wir gegeneinander geritten, nicht übelgenommen.

Als ich hinterher in einem kalten Bett lag, das auch mit der lauwarmen Wärmflasche nicht viel gemütlicher wurde, dachte ich: Wie schön, daß in diesem Land die alten Zeiten nicht vergessen sind! Wie schön, in einem Land zu sein, in dem Friede herrscht, echter Friede! Wie schön, daß hier die meisten Menschen nicht von Ehrgeiz zerfressen sind, daß sie den Neid nicht zu kennen scheinen, daß sie nicht darauf aus sind, auf allen Gebieten den Vogel abzuschießen, sondern daß sie eigentlich nur ein einziges Ziel und Ideal zu kennen scheinen: ihr Leben nach eigenem Geschmack zu leben, ohne sich vom Staat, der Mode, dem Beruf, der Kaste oder Klasse Vorschriften machen zu lassen, ganz einfach menschlich zu leben.

In solchem Land ist gut sein, dachte ich noch, sah halb im Traum den zyklopenhaften Dolmen, die einsame Rosserk-Abtei und den ragenden Gallan über dem Friedhof voll getürmter Gräber und Grabsteine und war dann trotz kalten Betts und knarrender Matratze eingeschlafen. –

Und ahnte damals, als ich diese letzten Zeilen schrieb, noch nicht, daß in dem englisch gebliebenen Teil der alten irischen Provinz Ulster im Nordosten der Insel ein Krieg blutigen Terrors ausbrechen würde zwischen Ulster-Protestanten und Ulster-Katholiken (beide von durchaus gleicher keltischer Herkunft), der noch heute wegen seiner Sinnlosigkeit die Welt mit Grauen erfüllt.

NEUNTES KAPITEL

Gälisch in Not

Da ich spät schlafen gegangen und außerdem noch müde wie ein Karrenhund gewesen war, schlief ich am nächsten Morgen lange. Dies ist das Paradies der Langschläfer, und man macht keinen schlechten Eindruck, wenn man erst um zehn oder gar um elf zum Frühstück erscheint. Die Leute hier halten nicht viel davon, aufzustehen, solange es noch dunkel ist, oder gar bei künstlichem Licht mit der Arbeit anzufangen. Da die Menschen hier in ihrem ganzen Leben und Wesen viel unverkünstelter, viel natürlicher geblieben sind, so gehorcht man noch viel selbstverständlicher als bei uns den Elementen. Im Winter fängt es in West-Irland erst nach acht Uhr an, langsam hell zu werden, und deshalb öffnen die kleinen Städtchen, in denen der Strom des Geschehens nur sehr, sehr sachte rinnt, erst nach zehn Uhr ihre Läden.

Wahrscheinlich hat das noch einen anderen Grund, den ich nicht verschweigen will. Jedes – oder beinahe jedes größere Geschäft in den kleinen Städten ist mit einem Ausschank für Bier, Whisky, Sherry, Port, und was die durstigen irischen Seelen sonst noch begehren, verbunden. Vor zehn Uhr morgens darf aber in diesen – mit Verlaub zu sagen – Kneipen kein Alkohol ausgeschenkt werden. Wenn aber die Leute vom Lande schon einmal ins entfernte Städtchen wallen, um einzukaufen, dann wollen sie bei der Gelegenheit auch gleich ein Gläschen trinken – manchmal auch mehrere. Deshalb erscheint kein Kunde vor zehn Uhr in den Geschäften – und deshalb hat es auch wenig Sinn, sie früher zu öffnen. So hängt alles miteinander zusammen, jede Medaille hat zwei Seiten: das löbliche Gesetz, das den Alkoholausschank auf bestimmte Tagesstunden beschränkt, fördert auf der anderen Seite die Langschläferei. Der Mensch vermag eben seit Adams Fall nichts mehr zu vollbringen, was nur gute Folgen hätte; irgendwo schaut immer der Pferdefuß heraus.

Während ich also in Killala in meinem bescheidenen, aber endgültig durchwärmten Bette lag und zusah, wie in den Scheiben des Fensters langsam der Morgen aufdämmerte, überlegte ich mir zum hundertsten Male, wie ich später in diesem Buch deutlich machen könnte, was mich am stärksten in Irland bewegt hat: seine Beladenheit mit Geschichte und Vorgeschichte, dies sonderbare Erlebnis, welches mir ähnlich nur in Japan begegnete: Die ganze Luft scheint von Vergangenheit angefüllt zu sein, Vergangenheit nicht nur von ein paar Jahrhunderten, sondern vom Range der Jahrtausende.

Wo sonst als hier in Irland, wo nichts Gewesenes völlig stirbt, sondern alles in unendlicher Vielfalt und Fülle verwandelt ins Gegenwärtige und Zukünftige eingeht oder auch als efeubewachsene Ruine am Wege stehenbleibt – mit Ehrfurcht und sogar zuweilen mit einem Anhauch heiliger Scheu von den Späteren betrachtet –, wo sonst als im grünen Erin wäre es möglich, daß neben dem Auswärtigen Amt in einem schönen alten Haus die ›Kommission für irische Folklore‹ oder Volkskunde eingerichtet ist, deren Aufgabe darin besteht, den ungeheuer reichen Schatz an heute noch lebendigen alten Überlieferungen, Sagen, Märchen, Feengeschichten, Legenden, an alten Gebräuchen und Sitten, an Sprichwörtern, Rätseln und Scherzfragen, an alten Regeln und Formen des Umgangs, des Verhaltens in allen Lebenslagen und natürlich auch an mannigfachem altem Aberglauben zu sammeln, zu photographieren, auf Platten aufzunehmen und sorgfältig zu ordnen und zu katalogisieren. Diese ›Irish Folklore Commission‹ beschäftigt nicht nur in ihrem großen Hause zu Dublin einen Stab ausgesuchter wissenschaftlicher Mitarbeiter; ihre Hauptarbeit ist natürlich überhaupt nicht am Schreibtisch zu leisten; eine ganze Schar von freiwilligen, nebenamtlichen und eine Anzahl von hauptamtlich beschäftigten Helfern sammeln für die Kommission in allen Teilen des Landes, vor allem aber in den noch irischsprachigen Gebieten des Westens der Insel, die große Ernte einer zweitausendjährigen, überwältigenden Überlieferung in die Scheuern der Wissenschaft, nein, der ganzen Nation und ganz Europas. Unter so respektvollen Gedanken hatte ich mich schließlich erhoben, mich rasiert, wozu das Wasser aus der Wärmflasche immer noch gut zu gebrauchen war, und mich dann zu meinen Eiern mit Speck, dem schwarzen Tee und der halbbitteren Orangenmarmelade begeben. Der Wirt setzte sich zu mir und wollte am liebsten das Gespräch vom Abend zuvor mit mir fortsetzen, dem er zwar zugehört, an dem er sich aber wegen vieler anderer Kunden nicht hatte beteiligen können.

Aber ich war auf der Hut. Wenn ich mich wieder festredete, dann kam ich weder dazu, die großartige Nordküste Mayos zu sehen noch rechzeitig bei Mr. Corduff einzutreffen – in dem entlegenen Rossport, das nur über eine einzige schaurige Straße zu erreichen ist. Und vorher wollte ich noch einen Besuch bei Mr. Caulfield machen, dem Schulmeister von Belderg, einer nicht minder entlegenen, dem Touristenverkehr ebenso unbekannten Ortschaft wie Rossport.

Ich saß also bald hinter dem Steuer und rollte über die gleiche Straße aus Killala fort, über die ich am Abend zuvor dorthin zurückgekehrt war. Diesmal hielt ich mich nirgendwo auf. Ich sauste durch Ballycastle zum Tal des Ballinglen hinunter, überquerte ihn und fing dann an, auf guter Straße zur Steilküste aufzusteigen. Ich kümmerte mich nicht um die verlockenden alten Burgen, Schlösser, Kirchen und heiligen Quellen, die ringsum verzeichnet waren, sah noch einmal die hohe heidnische Steinsäule von Doonfeeny herüberwinken, vor mir tauchte die kahle braune Kuppe des Maumakeogh auf; die dichter besiedelten Gebiete blieben zurück; ich trat in die unendlich einsamen, leeren Hochmoore und Küstenberge der Baronie Erris ein.

Und plötzlich öffnete sich tief unter mir, in grenzenloser Ferne verschwimmend, der Blick auf die Weite des Weltmeeres. Der Atlantik lag vor mir. Ich hielt an und trat an den Rand der Straße, die hier, hoch am Berg, dicht über der senkrecht zur See abfallenden Steilküste dahinführt.

Der Wind hatte nachgelassen; man konnte ihn nicht mehr Sturm nennen. Aber die Brandung in den für mich unsichtbaren Klippen donnerte immer noch maßlos und wild. Zuweilen sah ich abseits, wo ein Einschnitt in die Küste mir die Sicht bis zum Fuße des Landabbruches freigab, den

Gischt wie eine plötzlich aufbrechende Fontäne haushoch und höher emporsprühen, ein ›blow-hole‹, ein Blasloch verratend, wo die anbrandende Woge mit ungeheurem Druck ihr grünes Wasser durch eine Öffnung in oder zwischen den Felsen zum Himmel jagt. Silbern und grün das Meer, in der Ferne zu grauer, silbern überfleckter Unendlichkeit vergehend – über den Himmel wanderten noch immer die finsteren Gebirge der Regenböen; ich sah es in ihnen blitzen. Ja, mitten im Winter habe ich bei rasendem Weststurm und Kälte schmetternde Blitze, brüllende Donner erlebt, die selbst noch das Donnern der Brandung überklirrten. Das Land ringsum glänzte naß, die leere Straße spiegelte das zwischen den schwarzen oder eigentlich schwarzvioletten Bergen tiefleuchtende Blau des Himmels.

Ungefähr einen Kilometer vor mir zog ein Regensturm landeinwärts in die Bucht von Donegal; über mir schien die Sonne, und wieder einmal erlebte ich das Wunder, das mir zum Symbol Irlands wurde: einen ungeheuren, vollkommen gerundeten doppelten Regenbogen. Fast kein Tag war mir vergangen in den Monaten, die ich schon auf der Grünen Insel unterwegs war, an dem nicht irgendwo aus dem reingewaschenen Himmel mich ein Regenbogen begrüßt hätte. Hier über der Küste an der Bucht von Benaderreen angesichts eines Regenbogens, wie man ihn vielleicht zuweilen im Traum, aber nie in Wirklichkeit zu sehen bekommt, sagte ich mir: Dies Land ist die Heimat aller Regenbogen, von hier stammen sie her, nirgendwo wölben sie sich so strahlend und so häufig auf; man sollte es das Regenbogenland nennen.

Unablässig donnerte die Brandung in den Klippen; hoch über ihnen, wo das Land beinahe schon senkrecht zu den nackten Felsen abfällt, weideten Schafe. Im Osten stand vor der Landzunge von Downpatrick Head der mächtige Felsklotz von Doonbristy in der Brandung, deren sprühendes Silber bis zu mir herüberleuchtete. Auf der Oberfläche dieses stumpfen Klippenturms liegt eine steinerne Festung aus grauer Vorzeit. Was mögen das für Menschen gewesen sein, die sich auf diesem kahlen Klippenklotz, den ein Streifen schäumender Brandung vom Festland trennt, verbarrikadierten? Wie kamen sie überhaupt dorthin? Wovon lebten sie? Wie erkletterten sie die steilen Wände? Vor allem aber dies: Vor wem fürchteten sie sich so sehr, daß sie sich auf diesen ragenden, kalten Steinpfeiler mitten in die Brandung des Atlantiks setzten, vor wem?

Die Kinder im Sturm

Als ich mich endlich satt gesehen hatte – was gibt es Großartigeres, als am Steilhang eines Berges über einer Felsenküste zu stehen und zwischen Sonnenblitzen schwarzblaue Gewitterböen über ein grünsilbern wogendes und stürmisches Weltmeer hinwallen zu sehen? –, als ich einsteigen und weiterfahren wollte, tauchten vor mir auf der Straße, die sich um einen Bergnacken schwang, vier Schulkinder auf.

In dieser Einsamkeit, dieser unbeschreiblich weiträumigen, wilden Landschaft, vom Dröhnen der Brandung wie von einem langhinhallenden, dunklen Orgelton ganz und gar angefüllt, so daß gar kein anderer Laut möglich schien, von segelnden Sturmmöwen überschwebt –: vier Kinder, das kleinste so klein, daß es immer ein wenig traben mußte, um mit den anderen Schritt zu halten; das älteste, ein Mädchen, mochte zehn oder elf Jahre zählen. Als sie näher kamen, erkannte ich, daß sie die lustig kleinen Ranzen auf dem Rücken trugen, die in Irland üblich zu sein schienen; die vier wanderten also in die Schule oder kamen aus der Schule. Sie alle gingen barfuß in hohen Gummistiefelchen, und ihre farblosen Kleider schienen mir nicht recht für die Jahreszeit zu passen.

Ihr Gespräch verstummte, als sie mich erreicht hatten. Offenbar waren sie nicht gewohnt, Autos halten und Fremde auf dieser wenig befahrenen Straße aufs Meer hinausstarren zu sehen, wo doch in der Tat nichts weiter zu sehen war als zweifelhaftes Wetter und eben das Meer.

Sie lachten mich an, als sie vor mir standen. Ihre vier Nasen trieften munter, aber ihre blauen Augen unter den schwarzen Haaren blitzen, und im übrigen sahen sie trotz eines bedenklichen Lochs in der Hose und eines beträchtlichen im Rock so vergnügt und gesund aus, daß jedem, der sie ansah, das Herz im Leibe lachte. Sie waren offenbar fest entschlossen, mit mir ein Gespräch zu beginnen. Wieder einmal hatte ich Grund, mich über die Heiterkeit und Arglosigkeit der Kinder zu wundern, die ganz der friedlichen Verträglichkeit und Zutraulichkeit der Hunde und Pferde, der Katzen, Kühe und Esel Irlands entspricht. Kein Mensch scheint in Irland je auf den Gedanken zu verfallen, daß man bei Kindern – und Eseln und Hunden – ohne Schläge nicht auskäme.

Ich lache natürlich auch vor so viel Vergnügen und Neugier und erinnere mich, daß ich als eiserne Ration eine Tafel Schokolade hinter der Klappe am Armaturenbrett verstaut habe. Als ich das süße Geschenk anbiete, verwandelt sich die Heiterkeit in Scheu. Entweder wissen sie nicht, was Schokolade ist, oder sie nehmen ungern etwas geschenkt. So breche ich mir selbst ein Stück ab und reiche die Tafel der ältesten, ohne sie weiter zu beachten. Ich frage:

»Ihr kommt aus der Schule?«

»Ja, Herr!«

»Habt ihr weit zu laufen, Kinder?

»Ja, Herr, eine Stunde bei gutem Wetter, aber gegen den Wind manchmal viel länger.«

»Ach, wenn schlechtes Wetter ist, dann läßt euch doch die Mutter gar nicht aus dem Hause.«

Der Kleinste, der Trabläufer, hat inzwischen Geschmack an der Schokolade gefunden; sie reicht ihm schon bis zu den Augen. Er will unbedingt auch seinen Senf dazugeben und kräht dazwischen:

»Allemal doch! Wir gehen immer in die Schule! Und dann sind ja die Weihnachtsferien!«

»Aber die Stürme fallen doch nicht immer in die Weihnachtsferien, Kinder!«

Das Mädchen antwortete verständig:

»Nein, das tun sie auch gar nicht. Manchmal ist es schon schlimm. Aber dann fassen wir uns alle bei der Hand, und ich gehe an der Luvseite; da kann ich meine Geschwister ein bißchen schützen.«

Tapfere, kleine Schwester! Ihr ältester Bruder sagt:

»Diese Stelle ist immer die schlimmste. Im vorigen Winter sind wir einmal gerade hier, wo man gar keinen Schutz hat, überhaupt nicht mehr vorwärtsgekommen; der Sturm blies schier aus Westen. Da haben wir uns einfach auf alle viere niedergelassen und sind gekrochen. Das hat Spaß gemacht.«

Aber die Schwester meint:

»Mir hat es gar keinen Spaß gemacht. Aber mein Bruder hier, Ferdiad, der ist so wild; einmal ist er schon bis zur Brandung hinuntergeklettert, und mein Vater mußte ihn an einem Strick wieder heraufziehen, weil die Flut kam und er vergessen hatte, wie er hinuntergekommen war.«

»Das sind ja schöne Geschichten!« sage ich und frage weiter:

»Habt ihr denn gar keine Angst, einmal ins Meer geblasen zu werden?«

»Nein!« ruft es ganz erstaunt aus vier roten Mündern. »Nein, damals war ja unser Kleiner, Conn, noch nicht dabei! Und wir passen schon auf ihn auf.« Das ruft der Zweitkleinste und umarmt den ›Kleinen‹ mit stürmischer Gewaltsamkeit, wonach die Schokolade auch an ihm klebt. Die Älteste belehrt mich ernsthaft:

»Nein, wenn der Wind vom Land her weht, dann wird er nie so heftig, daß er uns ins Wasser treiben kann – und wenn wirklich schwerer Sturm ist, dann kommt er von See und treibt uns höchstens aufs Land. Aber wenn man am Boden hockt oder hinter einem Felsen, dann kann uns der Sturm nichts tun. Und manchmal läßt er zwischendurch für ein paar Minuten nach, und dann kommt man wieder ein Stück weiter.«

Die Kleine mit den blitzenden Augen sagt es so leichthin, wie in der Großstadt die Kinder von den Automarken oder den Straßenbahnlinien sprechen – und hier an den Westküsten ist schon mancher starke Mann von den Klippen geweht worden. Das Mädchen kümmert sich für einen Augenblick darum, daß die kümmerlichen Reste der Schokolade gerecht verteilt werden, und fährt dann fort:

»Mein Vater weiß immer, wann wir es nicht wagen dürfen, zur Schule zu gehen. Aber wir haben alle Gummistiefel; die hatte er nicht, als er hier zur Schule ging; er ging barfuß

Sommer und Winter und ist keinen Tag von der Schule ferngeblieben.«

»Wie heißt du denn?« frage ich das weise Kind.

»Ich heiße Eileen!«

»Ihr habt alle so schöne irische Namen. Wie heißt denn der hier? Seinen Namen habe ich noch nicht gehört?«

»Er heißt Ardan.«

»Sicher sprecht ihr Gälisch zu Hause?«

»Nein, Herr, wir sprechen Englisch. Aber meine Mutter ist aus Rossport. Da wird Irisch gesprochen. Darum hat sie uns allen irische Namen gegeben. Und unser Lehrer sagt, das wäre schön. Und wir lernen Irisch in der Schule, und unsere Mutter spricht es mit uns; das ist gar nicht schwer. Mein Vater mag es nicht sehr leiden!«

»Doch mag er es leiden!« trumpft Ferdiad auf.

»Nein, nicht! Sei still!«

Ich sage:

»Kinder, zankt euch nicht! Vater wird es schon leiden können, wenn eure Mutter aus Rossport ist. Da fahre ich außerdem heute noch hin und werde erst mal nachsehen, ob dort wirklich alle Leute nur Irisch sprechen.«

Sie staunen mich an. Wenn ich ihnen gesagt hätte, ich käme aus London oder Deutschland, so hätte ich damit wohl keinen großen Eindruck erzielt. Daß ich aber am gleichen Abend noch am Orte ihrer Großeltern sein werde, erregt ihre maßlose Bewunderung. Ich fahre fort:

»Kommt, ich fahre euch heim oder wenigstens bis dorthin, wo der Seitenweg zu eurem Haus abführt. Wir schwatzen schon zu lange! Eure Eltern könnten denken, euch wäre etwas passiert.«

»Ach nein, das nicht!« versichern sie und purzeln mir Hals über Kopf ins Auto, als wäre keine Sekunde zu verlieren.

Sie waren sehr enttäuscht, daß es im Auto nur wenige Minuten dauerte, wozu sie sonst vielleicht eine halbe Stunde, bei Sturm eine Stunde oder mehr brauchten.

Traurig und selig zugleich winkten sie mir nach.

Die Kinder mit den schönen irischen Namen und dem Streit darüber, ob der Vater es gern hörte, wenn die Mutter mit den Kindern Irisch sprach, bewies mir wieder einmal die Verzwicktheit der Sprachenfrage Irlands. Die Kinder sprachen daheim Englisch, weil es die Sprache des Vaters war, der aber als kleiner Bauer oder Fischer sicherlich genausosehr ein Ire war wie die Mutter; diese wiederum stammte aus einer dreißig Kilometer entfernten Gegend, wo Irisch als Umgangssprache im Schwange ist. Und die Kinder lernen ihre Muttersprache in der Schule als eine Fremdsprache.

Die Volksschullehrer in Irland müssen tüchtige Leute sein, dachte ich mir, während ich langsam der Straße folgte, die allmählich von der Küste fort sich mehr ins Innere zog; jedoch blieb die hohe See in Sicht. Plötzlich war der Weg hals- und achsenbrecherisch schlecht geworden und forderte meine volle Aufmerksamkeit. Ja, die Lehrer müssen zwei Sprachen voll beherrschen: das Englische, das war zwar nicht die alte Sprache Erins ist, aber von jedermann gesprochen wird, und das Irische, das nur in begrenzten Bezirken des Westens allgemein gesprochen und verstanden wird, in den übrigen Landesteilen aber als erste Fremdsprache gelehrt wird – wie andererseits in den irischsprachigen Gebieten Englisch als Fremdsprache gelehrt wird. Theoretisch wird also früher oder später das Ziel erreicht sein, das ganze irische Volk zweisprachig zu machen. Das angestammte Irisch würde dann die Sprache der Familie sein, der Kunst, der Literatur, der wunderbar reichen Überlieferung; das Englische die Sprache für die Außenwelt, für das Geschäft, die Technik, den modernen Beruf. Das klingt sehr schön und einleuchtend; hoffentlich läßt es sich auch verwirklichen. Kein Volk soll seiner alten, angestammten Sprache untreu werden, besonders dann nicht, wenn sie so biegsam ist, so reich an Formen und Begriffen, so geschaffen und so gepflegt für Erzählung und Gedicht, Rede und Drama wie das Irische, dieser alte Zweig des einst gewaltigen Baumes der keltischen Sprachen; er ist ja fast ganz vergangen, der vor alters weit verästelte Stamm des Keltischen; nur noch im fast verlorenen

Bretonischen, im Walisischen, im Schottischen und schließlich im Irischen oder – wie die Iren selber sagen – im Gälischen lebt er in letzten grünen Zweigen am dürren Baum fort – und auch diese sind in großer Gefahr abzusterben.

Nach einiger Mühe fand ich das Schulhaus von Belderg. Der Belderg River rauscht vor ihm dem nahen Meer zu, die grobe, schmale Straße zwischen sich und der Schulhausmauer einengend. Der Fluß hatte nach den letzten schweren Regenfällen so wütendes Hochwasser geführt, daß er gerade vor dem Schulhaus die Straße unterspült hatte; das Wasser war zurückgegangen und schäumte nur noch zwischen den Felsen unten, wo es hingehörte. Ich klemmte mich nicht ohne Angst oben über den Rest der Straße, sie gab erfreulicherweise nicht nach, sonst hätte ich samt Auto, Gepäck und besten Absichten ein unrühmliches Ende gefunden. Hinter der Schule das Haus auf dem Berg, da wohnt der Lehrer, war mir gesagt worden. Aber Mr. Caulfield sei nach vollendetem Unterricht zur Meeresbucht angeln gegangen; ich brauchte nur dem Fahrweg weiter zu folgen, er brächte mich zum Strand.

Aber auf halbem Weg kam mir ein Mann in Gummistiefeln mit einer Angel und einem Netz voller Fische entgegen. Das mußte Caulfield sein. Ich hielt an und begrüßte ihn, denn er war es. Ich war ihm empfohlen worden und wurde herzlich empfangen.

Ich erzählte von meinem Gespräch mit den Kindern. Er kannte sie, wenn sie auch nicht bei ihm in die Schule gingen. Ja, sie wohnten sehr abgelegen; ihre Eltern seien prächtige Leute.

Nein, hier in dieser Gegend würde kein Irisch mehr gesprochen; aber durch die Schule käme es wieder unters Volk. Er selbst stamme aus einer englischsprachigen Gegend; in seinem Vaterhaus wäre wie überall dort kein Wort Irisch gesprochen oder verstanden worden.

»Aber sehen Sie, wie sich das geändert hat: Bei mir zu Hause hier in Belderg wird nur Irisch gesprochen. Meine Kinder haben sich von klein auf in der Sprache wohl gefühlt und haben nie gemerkt, welche Anstrengung es anfangs für meine Frau und mich bedeutete, das erst erlernte Irisch statt des von Jugend auf vertrauten Englisch anzuwenden. Es gehört eine ziemliche Portion Willen dazu!«

»Und Begeisterung!« fügte ich ein. Er lachte:

»Natürlich! Wer nicht daran glaubt, daß wir nach der politischen Freiheit uns auch unsere Sprache erobern müssen, der hat sein irisches Herz nicht auf dem richtigen Fleck!«

»Sind Ihre Kinder beim Irisch geblieben, oder haben ihre Spielgefährten, die kein Irisch sprechen, sie zum Englischen hinübergezogen?«

»Durchaus nicht! Die Kinder lernen alle bei mir Irisch; jene, die gut oder einigermaßen Irisch sprechen können, werden von den anderen bestaunt und bewundert; diese anderen schnappen beim Spiel die Sprache schneller und leichter auf, als ich sie ihnen mit dem besten Unterrichtssystem beibringen könnte. Meine eigenen Kinder, meine ältesten, sind jetzt auf eine höhere Schule übergesiedelt, auf welcher der ganze Unterricht in irischer Sprache erteilt wird; Englisch wird natürlich auch gelehrt, aber auch Englisch und Latein oder Mathematik in irischer Sprache.«

»Damit wären Ihre Kinder fest für die alte Sprache des Landes gewonnen. Das muß für Sie, der Sie einer schon seit Generationen zum Englischen übergegangenen Familie entstammen, ein schöner Triumph sein. Die Frage ist nur: ist ein Fall wie der Ihre eine Ausnahme oder die Regel?«

»Ja, freilich, das ist die entscheidende Frage! Aber ich kümmere mich nicht darum. Ich versuche, an meinem bescheidenen Platz das Beste zu leisten und meinen Schulkindern in den Jahren, in denen ich sie habe, das Gefühl für die Schönheit und Fülle unserer alten Sprache einzuflößen, die schon ein gepflegtes Instrument des künstlerischen Ausdrucks war, als die Mischsprache Englisch überhaupt noch nicht existierte.«

Wieder einmal schlug die Abneigung gegen England, die Engländer und das Englische mir entgegen, wie schon unzählige Male bei ganz anderen Gelegenheiten zuvor; Menschen aller irischen Schichten hatten sie verraten; manchmal wollte es mir so scheinen, als sei diese Abneigung schon zu einer Art Dogma geworden, das sich allerdings beinahe zwangsläufig in den vergangenen Jahrhunderten der irischen Geschichte hat entwickeln müssen. Dabei glaube ich kaum, daß die heutigen Engländer, die ja zu Tausenden als Touristen herüberkommen oder sich auch hier ansiedeln, weil die Steuern mäßig und die Leute freundlich sind, viel von dieser Ablehnung aus Grundsatz merken. Die Iren sind zu verständige und höfliche Menschen, als daß sie einen einzelnen entgelten ließen, was ihnen nach ihrer Überzeugung von vergangenen englischen Regierungen angetan worden ist.

Ich wollte das Gespräch nicht ins Anti-Englische ausrutschen lassen. Damit hatte ich mich sowieso häufig genug abzufinden, und ich finde, es ist allmählich höchste Zeit, daß die Brudervölker Europas ihren alten Haß und Familienärger begraben, alte Schuld und alte Schulden streichen und auf einem neuen Kontoblatt von vorn beginnen. Wie sehr wir alle zusammengehören, wir Europäer, das habe ich gerade in Irland wieder gespürt. Was wissen wir auf dem Kontinent schon von der Insel hinter der Insel England? Nicht viel! Und doch verknüpfen uns tausend Fäden, uralte und neue.

Jetzt aber hielt ich Mr. Caulfield bei dem Thema ›Gälisch‹ fest, und wir sprachen noch lange darüber, bis es Zeit für mich wurde, aufzubrechen, um nicht allzu spät bei Corduff in Rossport einzutreffen. Wir verabredeten einen ausführlichen, mehrtägigen Besuch für den kommenden Februar. Dann fuhr ich durch einen dichten Schleierregen und die früh hereinbrechende Dunkelheit davon. Von der hohen See war nichts mehr zu sehen; aber das konnte sich schnell ändern. Und die wilden Wintergewitter des Vormittags waren eingeschlafen und vergessen.

Auf der lähmend langsamen Fahrt von Belderg nach Rossport hatte ich Muße, den merkwürdigen Schwebezustand zu bedenken, in dem sich die Iren mit ihrer Sprache befinden.

Niemand kann heute in Irland ein öffentliches Amt bekleiden, der nicht gewisse Mindestkenntnisse im Irischen aufzuweisen vermag. Beamtenanwärter müssen spätestens am Ende des zweiten Jahres nach ihrem Eintritt in den Staatsdienst eine Prüfung ablegen und nachweisen, daß sie die Sprache *sprechen*, nicht nur lesen und schreiben können. Da das Gälische für drei von vier Beamtenanwärtern genauso eine fremde Sprache ist wie für uns etwa das Ungarische oder Griechische, ist es nicht gerade wenig, was der irische Staat von seinen jungen Beamten erwartet. Wer die Prüfung nicht besteht, wird vom Staatsdienst ausgeschlossen, mag er auch noch so gutes Englisch sprechen und sonst ein Ausbund an Tüchtigkeit sein. Die Studenten an den Universitäten müssen beträchtliche Kenntnisse im Irischen nachweisen, ehe sie zu den Examen zugelassen werden. Studenten, die das Irische voll beherrschen, genießen an der National-Universität und den Lehrerbildungsanstalten beträchtliche Vorteile.

Vielfach versuchen literarische und dramatische Gesellschaften, die irische Sprache, die alle Voraussetzungen für Drama und Poesie erfüllt, wieder unter die Leute zu bringen. Eine über das Land verbreitete Vereinigung, ›An Fainne‹ (der Ring) genannt, verpflichtet ihre Mitglieder, nur Irisch untereinander zu sprechen. Im Sommer verbringen viele Tausende aus dem englischsprechenden Osten der Insel ihre Ferien oder auch längere Zeit in der ›Gaeltacht‹, jenen Landschaften im Westen der Insel, wo das Irische noch als lebendige Sprache vorherrscht, besuchen dort Sprachkurse und Sommerschulen und bewegen sich in einer gälisch sprechenden, denkenden und handelnden Umgebung.

Schließlich aber wird das Schicksal der gälischen Sprache nicht vom Staat gewendet oder entschieden werden. Zwar widmet sich ein beträchtlicher und sicherlich sehr wertvoller, wenn nicht der wertvollste Teil der irischen Jugend dem Studium des Gälischen. Immer wieder traf ich unter jungen Lehrern, jungen Akademikern und Priestern, jungen Bauern und Kaufleuten vorzügliche Menschen, die für das Gälische glühten, sich verschworen, mit ihren Kindern nur Gälisch zu sprechen und alles daranzusetzen, die Sprache des alten Erin zu erhalten. Aber ihre Zahl reicht nicht aus. Die unerbittliche Statistik, aufgebaut auf den Fragebogen der amtlichen Volkszählungen, weist nach, daß die Zahl der gälischsprachigen Iren nach wie vor, wenn wohl auch verlangsamt, im Rückgang begriffen ist. Das Englische dringt gegenüber dem Gälischen weiter vor.

Das Gälische gilt als ungemein schwierig, gerade weil es

eine so ausdrucks- und wortreiche, biegsame, farbige und poetische Sprache ist. Seine Aussprache ist gerade für Menschen, die ans Englische gewöhnt sind, besonders verzwickt, da die Rachenlaute und die offenen, klaren Vokale des Gälischen zwar einem Deutschen kaum Schwierigkeiten bieten, wohl aber einem Engländer. Die Orthographie des Gälischen ist überaus kompliziert; das Schriftbild stimmt noch weniger mit dem gesprochenen Wort überein – so erscheint es dem Fremden – als etwa im Englischen. Hinzu kommt, daß das Gälische nur mit den ihm eigentümlichen Schriftzeichen (die sich von den lateinischen nicht weniger unterscheiden als die deutsche Frakturschrift) vollkommen wiedergegeben werden kann.

Eine der größten Schwierigkeiten, denen sich das heutige Irisch gegenübersieht, ist in der Tatsache zu suchen, daß es nicht genug Bücher, Zeitungen, Zeitschriften in irischer Sprache gibt. Alle bedeutenden irischen Zeitungen erscheinen in englischer Sprache und führen nur hier und da einen Artikel in irischer Sprache und in irischer Drucktype.

Vor allem ist es so bequem, Englisch zu sprechen. Jedermann versteht es; die starken englischen Radiostationen mit außerordentlich reichhaltigem Programm sind in manchen Teilen Irlands besser abzuhören als die kleine und in ihren Mitteln beschränkte irische Station ›Radio Eireann‹. Die gesamte amerikanische, die ganze englische Literatur, die alle Gebiete der Kunst, der Unterhaltung, der Geschichte, der Wissenschaft auf unübertreffliche Weise umgreift, steht jedem Iren zur Verfügung. Die Bücher, die in irischer Sprache herauskommen, können nur auf eine geringe Auflage rechnen; sie sind deshalb entweder ärmlich ausgestattet, oder zu teuer, oder sind – beides. Wer sich in den großen Buchhandlungen der irischen Hauptstadt Dublin umsieht, wird eine kaum überblickbare Auswahl englischer Bücher vorfinden – nach irischen Büchern muß er fragen; sie sind kaum zu entdecken.

Die Situation, wie sie wirklich ist, der immer noch beträchtliche Abstand zwischen idealer Theorie und nüchterner Praxis, wird blitzartig und erheiternd beleuchtet durch eine Notiz, die die Dubliner *Irish Times* (die von den großen irischen Blättern am weitesten dem englischen Standpunkt zuneigt) auf der ersten Seite brachte. In Dublin tagte die jährliche Landesversammlung der Fianna Fail, der nationalirischen Partei, welche gerade wieder mit Éamon de Valéra zur Regierung gelangt war. Für die Jahre 1948 bis 1951 war ihr eine aus sehr verschiedenartigen Elementen zusammengesetzte Koalitionsregierung vorausgegangen. Vor 1948 aber hatte die Fianna Fail (gespr. Feul) sechzehn Jahre ununterbrochen regiert; sie beanspruchte für sich, und das mit gutem Recht, das freie, das irische Irland konzessionslos zu vertreten. (De Valéra, der ›große alte Mann‹ der Irischen Republik, wurde später zum höchsten Staatsamt des Landes, zum Präsidenten, gewählt. Inzwischen ist er, betrauert von der ganzen irischen Nation, zum Kreis jener tapferen Männer versammelt worden, die sich in der Vergangenheit um die irische Freiheit verdient gemacht haben).

Die Notiz stand fettgedruckt in einem Kasten und lautete:

›Gestern gab es Gelächter auf der Jahresversammlung der Fianna Fail; gerade war ein Antrag diskutiert worden, die Bemühungen um die Belebung der irischen Sprache zu verstärken. Mr. T. Derrig, der Minister für Landfragen, der den Vorsitz führte, stellte den Antrag zur Abstimmung, und zwar in irischer Sprache. Wenige Hände nur erhoben sich zum Zeichen der Bejahung; keine Hand zur Gegenprobe. Der Minister wiederholte den Antrag nochmals, bediente sich aber des Englischen dabei. Jetzt stimmte einhellig die ganze Versammlung für den Antrag.‹

Wenn solches am grünen Holz der Fianna Fail geschieht . . .? De Valéra hatte durchaus recht, wenn er auf der gleichen Versammlung erklärte, daß sich das Schicksal des Gälischen in unseren Tagen entscheiden würde: Wenn die Sprache nicht in diesem Irland von heute, einem endlich freien, irischen Irland zu erhalten und zu entfalten wäre, dann sei sie überhaupt nicht zu retten, dann sei sie verloren.

Als Fremder kann man nur mit tiefer Bewegung mitansehen, wie hier eine uralte, wunderbare, unendlich reiche europäische Sprache, die in allen großen europäischen Sprachen ihre Spuren hinterlassen hat, um ihr Leben kämpft. Die Besten der irischen Nation mühen sich, ihr Allereigenstes nicht vergehen zu lassen. Es wäre nicht für Irland, sondern für die ganze abendländische Welt ein im vollen Sinne des Wortes unersetzlicher Verlust, wenn das Gälische – die Sprache des einzigen und letzten keltischen Staates – sterben müßte.

ZEHNTES KAPITEL

Der Dichter und der Steuerinspektor

Als ich zum erstenmal dem alten Herrn Corduff, einem pensionierten Polizeibeamten, ins Haus fiel, hatte er mein Kommen zwar unbestimmt erwartet, den genauen Zeitpunkt aber nicht gewußt. Ein paar Schulkinder hatten mich zu seinem Haus gewiesen; ich mußte an der nächsten Ecke noch einmal fragen und erkannte an dem Ton, in dem die Befragte, eine grauhaarige Bäuerin, mir Bescheid gab, daß Corduff in diesen Bezirken als ein angesehener Mann, eine Persönlichkeit von Bedeutung, galt. Die Bäuerin hatte sich gegen den staubfeinen, nässenden Regen ein mächtiges schwarzes Umschlagtuch um Kopf und Schultern geschlungen. Das erinnerte mich an die umfänglichen, vielfach gefalteten und gerafften schwarzen Kapuzenmäntel, die von den Frauen im äußersten Südwesten Irlands, etwa in der Gegend von Skibbereen, noch getragen werden und die den Trägerinnen etwas Fürstlich-Großartiges verleihen – letzte Reste einer sonst im ganzen Lande schon verschwundenen altirischen Tracht (wenn man von den gelegentlich noch in der Grafschaft Donegal anzutreffenden roten Röcken und den Mützen, Hosengürteln und den mokkassinartigen Schuhen der Männer von Aran absieht).

Corduff war gerade dabei, mit einem Handwerker das Dach seines Hauses zu reparieren. Hecken und Bäume und Gärten umringten das Anwesen weithin. Kühe mit nassem Fell grasten auf den tiefgrünen Weiden zwischen den hohen Buschwänden. Im Westen schimmerte grau die hohe See. Wie ein nordisches Tuskulum lag das wohlgehaltene Haus, gegen alle Stürme gut geschützt, in seiner grünen Umwallung.

Ich wurde von Corduff und von seiner herzlich-mütterlichen Frau sofort willkommen geheißen, neben den wohlige Wärme ausstrahlenden Küchenherd placiert, damit mir die steifen Glieder auftauten und die Feuchtigkeit aus meinen

Kleidern wich. Frau Corduff, mit vielen Worten beteuernd, wie unklug es von mir gewesen sei, unangemeldet zu erscheinen, so daß sie kein Mahl für mich bereitgehalten habe, rassselte bei all diesen freundlich anklagenden Sätzen geschäftig mit Töpfen und Pfannen und Wasserkesseln und bemühte sich zu beweisen, daß sie auch ohne Vorankündigung ein prächtiges Mittagessen zu zaubern verstand.

Corduff selbst inzwischen, ein beinahe zierlicher, lebendiger Mann mit hellen, schnellen Augen und grauen Haaren, war irgendwohin verschwunden, um seine Arbeitskleider gegen einen sauberen Anzug zu vertauschen. Er erschien mit einer Flasche irischen Whiskys, und ich mußte auf leeren Magen einen sehr steifen Willkommenstrunk, schier natürlich und nicht vermischt mit lächerlichem Wasser, zum Himmel heben – und natürlich konnte man auf einem Bein nicht stehenbleiben – und dann waren aller guten Dinge drei –.

Und als ich mich endlich zu dem verzweifelt herbeigesehnten Mahl an den großen Küchentisch setzen durfte, war ich bereits ins Land der Seligen vorgedrungen; das Englische, in dem ich Rede und Antwort stehen mußte, kam schon einigermaßen schwerzüngig heraus, und alle harmlosen S-Laute rutschten ins Gelispelte ab. Frau Corduff, dergleichen rauhe Sitten wohl durchschauend, griff schließlich ein und verfügte, daß ich erst einmal tüchtig zulangen müßte. Ich brauchte wahrlich nicht genötigt zu werden. Während ich die heiße Gerstensuppe, das Hammelfleisch, die Eier, den Speck, die dampfenden Kartoffeln zu mir nahm, klärten sich zu meiner großen Erleichterung die verschwommenen Umrisse des Küchenherds, des Fensters, an dem der Regen herunterrann, und vor allem die der liebenswürdigen und besorgten Frau Corduff. Glücklicherweise war ich imstande, nachdem ich eine Tasse des überstarken schwarzen Tees getrunken hatte, auch wieder den Mitteilungen Corduffs mit Verständnis zu lauschen; eine Zeitlang hatte ich nur das Geräusch von Worten vernommen, aber keineswegs ihren Sinn begriffen. Als ich mich endlich nach üppigem Mahl meiner Zunge wieder mächtig fühlte, konnte ich mich nicht enthalten zu bemerken:

»Hören Sie, lieber Freund und Gastgeber, dieser irische Whisky hat es in sich. Ich war ziemlich hinüber, ehe ich dieses Mahl verzehrt hatte. Ihre liebe Frau hat mich sozusagen erst wieder zu einem Menschen machen müssen!«

»Ja, der Wein des Landes ist ein gutes Getränk und trifft ins Schwarze. Aber drei muß man schon nehmen. Die Drei ist eine heilige Zahl, und wir sind gewohnt, die klugen Dinge auf dreierlei Weise zu sagen.«

»Und zu trinken auch . . .!« sage ich. Mein Kopf war wieder einigermaßen klar, vermittelte mir aber das sonderbare und peinliche Gefühl, er wäre von innen gewaltsam aufgeblasen und hätte das doppelte Volumen seiner normalen Größe erreicht. Ich hatte schon mehr als einmal mit dem ›Wein des irischen Landes‹ schlechte Erfahrungen gemacht, aber so schlecht wie gerade bei Corduff war es mir noch nie ergangen. Ich schwor mir, in Zukunft vorsichtiger zu sein und lieber ›auf einem Bein stehen zu bleiben‹.

Während Frau Corduff sich ans Geschirrabwaschen begab, zogen wir beiden uns einen Stuhl vor den Kamin und kamen nun, da ich vernünftig antworten konnte, erst richtig ins Gespräch miteinander.

»Ja, die Frau, die da nach Minnaunn geheiratet hat, die kenne ich. Ich kenne jedermann hier in der Gegend. Kein Wunder schließlich, wenn man so lange bei der Polizei gewesen ist. Die Eltern der Frau sind sehr ordentliche Leute, Fischer eigentlich von Beruf. Früher, als die Küstenfischerei noch von hier aus betrieben wurde, verdienten sie ganz gut. Aber jetzt ist das vorbei. Es geht ihnen recht ärmlich, seit die modernen Boote der Hochseefischerei das Geschäft allein machen. Sie müssen nun mit dem Ertrag ihrer wenigen Äcker auskommen. Und das langt nicht hinten und nicht vorn.«

»Jetzt verstehe ich auch«, erwiderte ich, »warum die Mutter der Kinder, mit denen ich unterwegs gesprochen habe, erst wahren Orkan als schlechtes Wetter anspricht. Sie ist eine Fischerstochter und mit der See vertraut.«

»Ja, so wird es sein. Die Männer wagten sich mit ihren Booten noch hinaus, wenn ein Binnenländer mit Grauen der Brandung zusah, die in den Felsen tobte. Der Großvater der Frau lebt auch noch, ein wunderbarer Geschichtenerzähler und unerschöpflich in dem, was er zu berichten weiß. Kein Wunder weiter –: Er heißt O'Daly.«

»Das klingt ja, Mr. Corduff, als hinge das Talent, Geschichten gut zu erzählen, an dem Namen O'Daly?«

Corduff zupfte ein wenig an seinen grauen buschigen Augenbrauen und meinte:

»Hängt es auch. Die O'Daly sind eine jener alten Bardenfamilien, die vor tausend, ja noch vor vierhundert und weniger Jahren den großen Bestand der alten Sagen, Geschichten, Gedichte von Generation zu Generation forterbten. Dichter von Beruf, die viele Jahre lang in allen Künsten der Lyrik, des Preisgedichts, der poetischen Schmähung ausgebildet wurden. Diesen Familien oder besser der ganzen bardischen Zunft, der Sänger- und Gelehrtenzunft, die in heidnischen Zeiten wohl nur ein Teil der allmächtigen Priesterkaste unter den Kelten war, den Druiden, ist es zu danken, daß der Reichtum unserer historischen, genealogischen und poetischen Überlieferung bis auf unsere Tage kam. Zwar bestand bei den heidnischen Priestern der alten Kelten ein strenges Gesetz, nach welchem das heilige Wissen niemals schwarz auf weiß niedergelegt werden durfte. Deshalb haben wir kaum Kenntnis von den religiösen Vorstellungen unserer heidnischen Ahnen. Aber alles andere, ebenfalls nur durch das Gedächtnis überliefert, blieb so lange und noch viel länger am Leben, bis es von schreibkundigen Mönchen und christlichen Priestern niedergeschrieben wurde. Und die letzten, immer noch erstaunlich großartigen Reste der Ernte sammelt die Wissenschaft heute in ihre Archive. Ich selbst habe eine Anzahl solcher Geschichten aufgezeichnet und an die Irische Folkore-Kommission nach Dublin geschickt. Der alte O'Daly könnte Ihnen noch viele erzählen.«

»Das wäre ein Fest für mich. Aber mein Irisch ist erst in kümmerlichen Ansätzen vorhanden. Ich würde kein Wort seiner irischen Erzählung verstehen.«

»O'Daly spricht recht gutes Englisch. Wenn ich ihm sage, daß Sie von weit her gekommen sind, wird er vielleicht bereit sein, Ihnen eine seiner Geschichten auf englisch zu erzählen. Allerdings kaum in seinem Hause; das würde ihn genieren. Ich müßte ihn zu uns einladen. Aber das könnte ich tun!«

Ich antwortete nichts. Die Gastlichkeit und Freundlichkeit der Corduffs war überwältigend. Ich war als völlig Fremder zu ihnen gekommen, als einzige Einführung den Gruß eines gemeinsamen Freundes aus Dublin mitbringend. Aber so hatte ich die echten Iren alle gefunden: überaus gastfreundlich, offenherzig, von so natürlicher, menschlicher Anteilnahme und Liebenswürdigkeit, daß kein Gefühl der Fremdheit das Herz beengt. Sonst habe ich mich in fremden Ländern oft genug als einer gefühlt, der draußen steht, als ›Ausländer‹, dem der Zugang ins Private, ins eigentliche Dasein des anderen Landes verweigert wird. In Irland ist mir dies nie geschehen; im Gegenteil, gerade weil ich ein Fremder war, die Heimat, die Verwandten, die gewohnten Freunde entbehren mußte, kam man mir besonders herzlich und aufgeschlossen entgegen. Unter Iren ist man schnell zu Hause, wenn man ihre Freundschaft sucht und sich nicht überhebt, wozu der Deutsche, der Engländer, auch der Amerikaner allzu gerne neigen. Ich brachte schließlich heraus:

»Lieber Herr Corduff! Erst trinke ich Ihre Whiskyflasche leer, was ich noch morgen bedauern werde. Dann verzehre ich das beste Mittagessen meines Lebens, obgleich ich Ihnen nur einen kurzen Antrittsbesuch machen wollte. Dann halte ich Sie von der nützlichen Beschäftigung ab, Ihr Dach zu reparieren und den Hintereingang Ihres Hauses umzubauen, und dann laden Sie mich gleich zum zweiten Male ein und wollen den alten O'Daly dazubitten.«

»Natürlich!« erwiderte er lächelnd. »Warum auch nicht? Wann kommt schon einmal ein Fremder nach Rossport, dazu noch ein Deutscher. Ich werde noch ein paar Freunde einladen. Kennen Sie die drei Wenigkeiten, die besser sind als Fülle?«

Die klugen irischen Triagen

»Schon wieder eine Dreiheit?« fragte ich mißtrauisch. »Die drei Glas unvermischten Whiskys waren allzu guter Dinge drei...«

»Sie werden Ihnen ausgezeichnet bekommen. Es ist guter Whisky; er hat noch keinem geschadet.«

»Nein, nein! Solch kleiner Trunk tut wohl. Sicherlich!« ließ sich auch noch Frau Corduff hinter unseren Rücken vernehmen, wo sie das Geschirr abtrocknete.

»Passen Sie auf!« fuhr Corduff fort. »Drei Wenigkeiten, die besser sind als Überfluß: schöne Worte, sparsam gebraucht; wenige Kühe auf guter Weide und wenige Freunde im Gespräch bei einem guten vollen Glas.«

Ich sann dieser Dreiheit einen Augenblick nach. Er fiel abermals ein:

»Und die letzte der drei angenehmen Wenigkeiten können wir nächste Woche verwirklichen, nicht wahr, Frau Corduff?«

»Ich würde mich freuen...!« ließ sich die Befragte heiter vernehmen.

»Mit O'Daly also?« wollte ich wissen.

»Gewiß. Kennen Sie übrigens die prächtige und außerdem wahre Geschichte von einem der Vorfahren unseres O'Daly hier, von Muireadhach O'Daly von Lissadel?«

Nein, ich kannte sie nicht. Und ich begann bereits zu fürchten, daß es eine lange Geschichte werden könnte. Ich war wirklich nur zu einem Antrittsbesuch nach Rossport gekommen und hatte noch weit zu fahren – bis nach Falmore an der äußersten Südspitze der Mullet-Halbinsel. Aber etwas anderes wollte ich gern wissen:

»Der alte Dreispruch, den Sie eben erwähnt haben, Herr Corduff – ich finde ihn sehr schön: schöne Worte, sparsam verwendet; ein paar Kühe nur im grünen Gras und wenige gute Freunde um eine gefüllte Flasche. Gibt es noch mehr dieser alten Dreiheiten? Sind sie noch unter den Leuten im Gebrauch?«

»Gewiß, sie gehören zum alltäglichen Leben. Manche habe ich besonders gern. Wissen Sie zum Beispiel, welches die drei schmalen Dinge sind, die die Welt zusammenhalten?«

»Drei schmale Dinge? Schlanke Dinge meinen Sie, dünne Dinge?«

Er nickte. Ich zerbrach mir den Kopf, den aufgeschwollenen. Nein, es wollte mir nichts einfallen. Er ließ mich nicht lange zappeln; er sagte:

»Das schlanke Blättchen der grünen Saat über der Erde; der

schlanke Strahl der Milch, den der Melker aus dem Euter der Kuh in den Eimer jagt; der schlanke Faden der Wolle über der Hand einer fleißigen Frau.«

»Wissen Sie was, Herr Corduff, diese Dreiklänge sind so seltsam und so treffend, die schreibe ich mir auf. Sonst vergesse ich doch das meiste.«

»Bitte, schreiben Sie nur. Vielleicht führen wir auf diese Weise ein paar davon nach Deutschland aus – und nicht nur unser Schlachtvieh. Wissen Sie vielleicht, was die drei erlaubten Handbreiten sind?«

Was blieb mir anders übrig, als ein dummes Gesicht zu machen? Er lächelte; es zuckte in den vielen Falten seines alten, klugen Gesichts:

»Die Handbreit zwischen Schuh und Hose, die Handbreit zwischen Ohr und Haar, die Handbreit zwischen Knie und Rocksaum.«

Ich lachte: »Hosen auf halbmast, Haar auf altpreußisch und Röckchen wie beim Ballett; eine lockere Mischung, Ihre alten Iren, lieber Herr Corduff!«

Er wehrte sehr entrüstet ab:

»Wo denken Sie hin, frivoler Fremdling? Der Rock muß natürlich eine Handbreit unter dem Knie enden, nicht darüber!«

Frau Corduff stand hinter dem Stuhl ihres Mannes, hielt in der linken Hand den Teller, von dem ich gegessen hatte, in der rechten, die sie in ihre runde Hüfte stützte, das Wischtuch und fragte:

»Welches sind die drei respektlosen Schwestern?«

Ich kam nicht mehr mit. Anscheinend bildete dies Fragenstellen ein beliebtes Spiel, bei dem jeder zeigen konnte, wie groß sein Besitz an Wissen und alter Lebens- und Menschenkenntnis ist. Sie antwortete selbst:

»Die drei respektlosen Schwestern heißen: Fräulein Zudringlich, Fräulein Leichtfertig und Fräulein Faselig.«

Inzwischen war der Maurer in die Küche getreten, um sich für seinen Mörtel einen Eimer Wasser zu holen. Er hörte zu und schien das Fortgehen vergessen zu haben. Er fragte behäbig:

»Wer sind die drei größten Grobiane der Welt?«

Ich versuchte eine Antwort:

»Ein Unteroffizier, der Bootsmann auf einem Kohlendampfer und eine Frau auf dem Markt, die Fische verkauft.«

»Großartig!« schrie Corduff. »Three cheers for the Germans!«

Aber der Maurer ließ sich nicht aus der Fassung bringen. Er sagte:

»Nein. Viel besser: die drei größten Grobiane sind ein Bengel, der noch nicht trocken hinter den Ohren ist und einen Greis hänselt, ein gesunder Kerl, der einen Krüppel hänselt, und ein kluger Mann, der einen Dummkopf hänselt.«

Ja, das war ausgezeichnet gesagt. Damit konnte meine Wahl sich nicht vergleichen.

Frau Corduff kam mit drei anderen Schwestern dazwischen:

»Welches sind die drei sitzengebliebenen Schwestern?«

Die Gesellschaft sah mich erwartungsvoll an. Ich wußte es nicht. Frau Corduff zählte triumphierend auf:

»Miß Unwirsch, Miß Keusch und Miß Häßlich.«

Das war prächtig. Und dann fragte Corduff:

»Und welches sind die drei Geldkisten, deren Tiefe keiner kennt?«

Und er antwortete, ohne mich erst lange auf die Folter zu spannen:

»Erstens die der Regierung, zweitens die der Kirche und drittens die eines arrivierten Poeten.«

»Au!« schrie ich. »Werden Sie nicht anzüglich, Mr. Corduff. Ich bin ad eins nicht arriviert und ad zwei kein Poet, sondern höchstens ein armer Schreiberling, der mühsam im Nebel seinen Weg zum Pfandhaus sucht.«

»Na, wer weiß!« meinte Corduff, zog ein finsteres Gesicht und fuhr fort:

»Welches sind die drei Kennzeichen schlechter Erziehung?«

»Ich weiß eine ganze Menge zu nennen, aber die richtigen drei wären es doch nicht. Also verraten Sie mir schon, womit man beweist, daß man keine Kinderstube gehabt hat.«

Corduff blickte mich bedeutungsvoll an und entgegnete gedehnt:

»Wer keine gute Erziehung genossen hat, den erkennt man an drei Dingen: erstens dehnt er einen Besuch zu lange aus; zweitens starrt er die Leute an und drittens fragt er zuviel!«

Ich sprang auf:

»Jetzt wird mir's zu bunt! Und außerdem ist das schlechte Benehmen nicht nur auf meiner Seite. Mein Antrittsbesuch dauert nicht nur zu lang – Ihr fragt mich auch viel zuviel, was kein Weiser beantworten kann.«

»Ein Weiser schon«, sagte Corduff noch anzüglicher. Wir lachten allesamt und waren uns in unserer mangelhaften Kinderstube völlig einig.

Aber es wurde wirklich Zeit, daß ich aufbrach. Wir verabredeten einen ausgedehnten Besuch für die folgende Woche.

»Mit O'Daly also? Sie haben ihn doch noch gar nicht gefragt.«

»Ich weiß, er kommt gern. Die O'Daly sind ein bewegliches Geschlecht, beweglicher noch als die O'Mulconry und O'Duighan und die O'Clery, andere alte bardische Geschlechter und heute genauso auf den Hund gekommen wie die O'Daly. Im alten Erin standen die Barden an Rang den Königen gleich. Das ist genauso vorbei, wie die Macht der Könige vergangen ist. Die Sänger und Poeten und Geschichtenerzähler von heute kriegen bestenfalls Tantiemen und ein paar lächerliche Prozente.«

»Wenn sie nicht von den Verlegern, die an die Stelle der Könige getreten sind, übers Ohr gehauen werden. Welch Absturz der Könige – auf den Verleger gekommen!«

»Welch Absturz!« echote Corduff, denn auch er schrieb an einem Buch über die Sitten der Grafschaft Mayo und machte sich keine Illusionen.

Ich ließ den Motor an, drehte die Scheinwerfer auf und lenkte mein Auto auf die grobe, steinige Straße hinaus.

Der Regen hatte nachgelassen, Sterne blinkten. Vom Meer her, aus Nordwesten, folgte mir ein kalter Wind.

ELFTES KAPITEL

Mullet, Wellenbrecher im Weltmeer

Der nächste Morgen brachte Schauer von gefrorenem Regen, mehr Wind und dazwischen nieselnde Feuchte. Ich hoffte auf ein wenig Sonne und zögerte, mich wieder auf den Weg zu machen.

Und außerdem hatte ich mich bei Mrs. Keane so wohl gefühlt, daß mir der Abschied schwerfiel.

Mrs. Keane unterhält neben ihrem Laden für alles und jedes, was man auf dem irischen Dorf braucht, ein kleines Gasthaus, wo im Sommer einige treue Gäste von weit her aus den großen Städten die unbeschreibliche Ruhe und den einfachen Frieden genießen, der hier, am Ende der Welt, wohl schon seit alten Zeiten waltet.

Falmore am Ende der Welt –. Mayo ist eine der entlegensten Grafschaften Irlands. Die etwa 25 Kilometer lange Halbinsel Mullet ist mit dem Festland nur über eine schmale Landbrücke verbunden, auf welcher das freundliche Städtchen Belmullet liegt. Die Mullet wiederum liegt vor dem äußersten Nordwestende Mayos. Und am äußersten Ende der Mullet liegt das Dörfchen Falmore, am Ende gewissermaßen eines langen, in den Atlantik vorgeschobenen Wellenbrechers.

Wer kennt schon Mayo, hatte ich mir gedacht, als ich nach den erfüllten Stunden bei Corduff die Lichter des Städtchens Belmullet vor mir auftauchen sah. Ich war durch die breiten Straßen geglitten, die unter den hohen Bogenlampen wie erstorben lagen – kein Mensch war mehr unterwegs gewesen, abends um halb neun. Solide Leute, die Belmulleter! Dann hatte ich mich über die Brücke getastet (wie gut, daß diese irischen Karten zuverlässig sind; oft ist niemand zu finden, den man fragen könnte!): Die Brücke schien mir den Gezeitenstrom zwischen Broad Haven und Blacksod Bay zu überqueren; hinter ihr hatte ich in weitem Bogen Kurs nach Südwesten genommen, um die vielfach zerlappte, hügelige, an manchen Stellen bestürzend schmalbrüstige Mullet-Halbinsel der Länge nach zu durchmessen

Der Wind traf mich in der Flanke, hart und gleichmäßig vom großen Meer her. Wenn ich nicht schon so lange im westlichen Irland mit seinen harten Winden unterwegs gewesen wäre, hätte ich den Wind wahrscheinlich schweren Sturm genannt. Aber damit hätte ich im Stil des Binnenlandes heftig übertrieben. Was Sturm an diesen westlichen Küsten Europas wirklich bedeutet, auch das hatte ich inzwischen zur Genüge erlebt.

Wer kennt schon die Mullet, hatte ich mir weiter gedacht. Die Straße lag vollkommen verlassen. Zuweilen erschien eine schwarze Kuh im Scheinwerferlicht, der es auf den Wiesen und Weiden jenseits der begrenzenden Steinwälle vermutlich zu naß geworden war. Das Rindvieh steht stets quer über der Straße, rührt sich nicht, glotzt und steht noch genauso bewegungslos da, wenn man sich im Schneckentempo irgendwie vorbeigedrückt hat. In Irland beherrschen die Rinder, die Esel, die Schafe jede Straße, die ihnen paßt; die Autos müssen sehen, wo sie bleiben.

Der Weg nach Falmore umrundet die landgeschützte Elly Bay. Es war gerade um die Zeit der Flut. Das Wasser flappte bis an den Straßenrand. Die Halbinsel ist an dieser Stelle nur wenige Steinwürfe breit. Im Licht der Scheinwerfer zog von rechts her, wo die freie See sich öffnete, der Regen in Schwaden heran wie ein endloser Reigen kalter Gespenster. Merkwürdig faustgroße Flocken trieben durch die Luft; sie tauchten gleich plumpen Nachtfaltern im grellen Strahlenkegel auf, fegten schnell im harten Wind vorbei und verschwanden nach links hinaus auf das geschützte Wasser der Blacksod Bay. Sie verwirrten mich, die seltsamen Luftsegler; schließlich hielt ich an und stieg aus.

Schaum war es, salziger Schaum, den weiter im Westen der Sturm von den Kämmen der brandenden Wogen riß und vor sich her über die Halbinsel blies, um ihn wie einen Gruß des ungezähmten Ozeans zur stilleren Bucht hinüberzutragen. Einer plötzlichen Laune folgend, löschte ich auf der einsamen Straße das Licht und stellte auch den Motor ab. Mir war, als ob ich auf der Stelle taumeln müßte. Die Schwärze ringsum war vollkommen. Kein Mond stand am Himmel; die tiefziehenden, schweren Wolken verschlangen das blasse Licht der Sterne. Ich hing in der schwarzen Unendlichkeit, nicht wissend, wo oben, wo unten war. Ich tastete nach meinem Auto; ja, da war es, naß, glatt und kalt – und beruhigend fest.

Und ungeheuer umschwang mich das Brausen und Donnern der Brandung, die seitab hinter den flachen Dünen auf einen flachen Strand auflaufen mochte. Ein nasser Schwamm traf mich aus der Finsternis mitten ins Gesicht, brannte ein wenig in den Augen, schmeckte salzig auf den Lippen. Manchmal wurde der gleichmäßig dumpfe Donnergesang von einem plötzlich wilderen Laut übertönt, als vernähme man aus der Ferne gedämpft den Abschuß eines schweren Mörsers. Auch bebte dann die Erde leise. Ich kannte den unbändigen Ton: Einer der ganz großen Brecher, wie sie vielleicht nach jeder zehnten oder zwölften anbrandenden Woge sich aufrichten, war dicht über dem Strand nach gewaltiger Bäumung zusammengestürzt, viele Tonnen eisigen, glasigen Wassers zu Boden schmetternd.

Brach die See durch den dünnen, sandigen, schmalen Damm? Zur Linken ganz nahe blinkte stumpf, gerade zu ahnen, das Wasser der Meeresbucht; meine Augen gewöhnten sich schon an die Finsternis. Und rechts – wenn mich nicht meine Augen täuschten – nahm ich ein langsam sich verstärkendes, auf und ab schwellendes Glimmen wahr: die Schaumkämme der Brandung, nichts anderes konnte es sein.

Eine grundlose Furcht faßte mich plötzlich an. Ich stand mit meinem kleinen Auto mitten in der brüllenden See, allein, Finsternis maßlos ringsum. Ich flüchtete hinter den Schutz der Scheiben, tastete nach dem Zündschlüssel; der Motor sprang gehorsam an; sein gleichmäßig surrender Gang beruhigte mich, als spräche mir ein Reisegefährte Mut zu. Ich schaltete die großen Lampen ein und sprengte mir meinen Lichtkegel in die feindliche Finsternis. Während ich schaltete und langsam anfuhr, lächelte ich über mich, daß mich ein Zipfelchen der Urangst gestreift hatte.

Ganz glücklich aber war ich erst, als ich hinter der freundlich summenden Petroleumlampe der Mrs. Keane saß, das

Torffeuer im Kamin mich von hinten wärmte und ich mir ein ausführliches warmes Abendbrot munden ließ.

Es war nicht ganz leicht gewesen, das kleine Gasthaus am Ende der Welt zu finden. Ich sah mich mit meinem Auto schon über irgendeine ungeschützte Kaimauer in den Atlantischen Ozean rollen – wie es in Irland merkwürdig oft passiert. Da stets die Insassen der Autos ertrinken, erfährt man nie, welch verhängnisvoller Irrtum die Fahrer ins Meer lockt.

Schließlich hatte ich einen alten, durchnäßten Mann von der Straße gelesen, der sich bei der Arbeit verspätet und dessen Fahrradlampe versagt hatte, so daß er gezwungen gewesen war, den Heimweg zu Fuß anzutreten. Er dankte mir herzbewegend, als ich neben ihm anhielt und ihn des Zwanges enthob, die letzten Kilometer nach Falmore bei Finsternis, Sturm und Regen zu Fuß zu durchmessen. Als er bei den ersten Hütten des Dorfes ausstieg und mir die Lage des Keaneschen Hauses wenigstens ungefähr klargemacht hatte, dankte er mir nochmals unter Anrufung der Mutter Gottes. Der Ton seiner Stimme und der Ausdruck in seinem alten, graustoppligen Gesicht offenbarte mir unmittelbarer, als es lange Erörterungen vermocht hätten, wie schwer und hart das Leben an diesen rauhen Küsten auf den Menschen lasten mochte. Im Winter: ewige Nässe, ewiger Sturm, ewige feuchte Kälte; in den geduckten Hütten spendet das Torffeuer im Kamin nur wenige Schritt im Umkreis Wärme. Und die Menschen werden alt und sind allein. Und das kleine Anwesen bringt gerade genug, um das Leben davon zu fristen.

Der alte Mann hatte geklagt:

»Vier Söhne haben wir. Sie sind alle in Amerika, und keiner will zurückkehren, es geht ihnen nicht besonders gut im Lande des Schweißes; aber sie schlagen sich leidlich durch. Und dann haben wir noch drei Töchter; zwei davon sind in England; bloß unsere jüngste ist zu Hause; das ist ein starkes, gutes Mädchen, Gott sei Lob und Dank! Sie ist uns eine gute Hilfe. Ja, ein gutes Mädchen ist sie, die Marie. Ohne sie wären wir ganz allein.«

Der alte Mann hatte neben mir im dämmrigen Auto gesessen, und sein trauriger Bericht hatte mich sehr trübe gestimmt. Es war immer das gleiche Lied. Die irischen Familien sind mit Kindern gesegnet – aber kaum sind die Kinder flügge, so ziehen sie in die weite Welt, dorthin, wo Englisch gesprochen wird. Manchmal kehrt hier und da einer zurück; aber die meisten bleiben draußen.

In Connemara hörte ich eine rührende oder eher erschütternde Geschichte. Aus einer der vielen armen Hütten, die sich dort in die Berge ducken wie eben entschlüpfte Küken an den Leib der Henne, war der Sohn nach Amerika ausgewandert, denn der winzige Hof versprach ihm keine Zukunft. Seine schrecklichste Erinnerung an die alte Heimat war im großen Amerika der Gedanke an das ärmliche Strohdach der väterlichen Hütte. Sie faulen ja schon nach ein oder zwei Jahren, diese Dächer, bei dem vielen Regen; und das Unkraut sprießt auf ihnen, und das Wasser rinnt den Leuten durchs Dach in die Suppe. Der Wind zerrt daran, und um es überhaupt dort zu halten, wo es hingehört, muß das Strohdach mit einem Netz aus festen Stricken an der Hauswand festgeschnürt werden. Erschien also eines Tages der Sohn aus Amerika über das große Wasser bei seinen alten Eltern, machte sich ohne Verzug nach der Stadt Galway auf, kaufte Dachsparren und feste Ziegel, ließ die guten Dinge anfahren, riß mit ganz unirischer, in Amerika erlernter Entschlossenheit das elende Stroh, aus dem schon wieder einmal malerische, aber höchst unpassende Blumen erblühten, mitleidslos herunter, nagelte die neuen Sparren auf und deckte das ganze Haus mit guten Ziegelplatten, die zwar viel weniger malerisch aussehen als Stroh und Blumen, Moos und Vogelnester, dafür aber ein Leben lang und länger halten und zuverlässig wasserdicht sind.

Dann spannte er seinen Eltern die beiden ältesten Töchter aus und nahm sie mit nach Amerika, weinend beim zweiten Abschied aus der Heimat mit den ebenfalls weinenden Schwestern und beweint von den Zurückbleibenden.

Denn die Iren haben es von jeher als die ärgste Strafe empfunden, ihre Heimat verlassen zu müssen. Und sie vergessen nie, woher sie stammen, und denken noch in späteren Generationen mit Ehrfurcht und Liebe an die karge Erde, auf der sie geboren wurden. Das war schon vor alters nicht anders, als in Irlands großer Zeit vor mehr als tausend Jahren irische Mönche sich aufmachten, um ferne Länder zur Lehre Christi zu bekehren und um in England und auf dem europäischen Kontinent bis nach Österreich und Italien hinein Klöster zu gründen, die den Ruhm irischer Namen bis in die Gegenwart verkünden. Das berühmteste von ihnen ist wahrscheinlich St. Gallen in der Schweiz, das der heilige Gallus aus Irland geschaffen hat.

Die alten Mönche verließen die Heimat, um sich zu kasteien, denn Erin zu lassen – eine härtere Strafe war nicht auszudenken, die man sich zur Ehre Gottes und in der Nachfolge Christi selbst auferlegen konnte. Und dies: daß schon in alten Zeiten die Iren den Abschied von der grünen Heimatinsel als schwerste Bußübung betrachteten, hat wahrhaft Geschichte gemacht, Geistesgeschichte, denn einer dieser Mönche, der große Columba, gründete auf der kleinen schottischen Insel Iona ein Kloster, von dem aus Schottland zum Christentum bekehrt wurde und das sich zur größten und bedeutendsten Pflanzstätte der Wissenschaft und Frömmigkeit in allen keltischen Landen und weit darüber hinaus entwickelte. Die erstaunliche Geschichte, wie Columba dazu bewogen wurde, sein geliebtes Irland zu verlassen, um eine böse Tat zu sühnen, will ich hier noch nicht erzählen, sondern erst später, wenn mich das Buch nach Drumcliff in Sligo geführt hat. –

Ich trat, nachdem ich geklopft hatte, in Mrs. Keanes warme Küche. Ein alter Mann saß am Herd und las Zeitung. Ein Kind saß am Tisch und machte Schularbeiten. Eine mütterliche Frau stand am Herd und rührte in einem Topf; eine andere Frau in mittleren Jahren stopfte eine Wolljacke.

»Willkommen!« sagten sie alle. »Willkommen!«

Und Mrs. Keane fügte hinzu:

»Wir haben lange auf Sie gewartet. Ich wollte die Suppe schon vom Feuer nehmen. Und ich hatte Sorge, ob Ihnen wohl etwas passiert sein könnte. Die Nächte sind dunkel, und die Straße führt so dicht an der See hin. Nun wärmen Sie sich erst auf. Und dann können Sie sich in Ihrem Zimmer ein wenig waschen, wenn Sie wollen. Heißes Wasser ist genug vorhanden. Und dann ist Ihr Essen bereit. Der Kamin brennt schon eine ganze Weile; das Zimmer ist warm.«

So wird man in Irland empfangen, wenn man nachts in ein kleines Gasthaus kommt. Die guten Leute wußten nicht, wer ich war. Ich hatte am Tag zuvor angerufen, daß ich nach langer Fahrt wahrscheinlich erst spätabends ankommen würde – weiter nichts. Allerdings hatte ich mich auf einen in Irland sehr bekannten und geschätzten Mann berufen können. Aber auch dort, wo ich nicht empfohlen war, war ich wie ein alter Freund empfangen worden, zum Beispiel bei ›Kruger‹ Kavanagh in Dunquin in Kerry oder bei Gallagher in Corraun im südlichen Mayo oder im ›Slieve League‹ in Carrick in Donegal. – Irland ist überall bezaubernd und königlich gastfrei, wo es nichts weiter als irisch ist.

Als es still geworden war in Mrs. Keanes Haus, als ich den folgenden Tag genügend vorbereitet und die Petroleumlampe gelöscht hatte, hörte ich in der Ferne wieder die große Brandung des Weltmeeres in den Klippen orgeln, ein dumpfer, stöhnender Gesang. Ein abnehmender Mond schien inzwischen hinter den Wolken aufgegangen zu sein. Durch die regennassen und vom Salzstaub des Meeres überzogenen Fenster erkannte ich undeutlich ein paar große Felsen und dahinter die bleiern schimmernde, unruhige See. Kein Laut war sonst zu vernehmen, nur das dunkle Lied der See, das wilde Seufzen des Nordwest und ab und zu, bei einer der stoßenden Böen, das Prasseln des Regens gegen die Scheiben – das ist der Dreiklang einer irischen Winternacht.

Im Bett – mit Verlaub zu sagen – ließ ich noch einmal den vergangenen Tag an mir vorüberziehen. Er war reich gewesen wie eigentlich alle Tage, die ich in Irland verlebt habe. Von neuem mußte ich mir gestehen, daß zwar das großartige Land mir unvergeßliche Blicke, grandiose Bilder gespendet hatte, daß aber das Beste die Menschen gewesen waren, die ich getroffen hatte, diese einfachen, liebenswürdigen, klugen Menschen, die sich nicht viel aus feierlichen Redensarten machen und nicht zu wissen scheinen, was Steifheit und Förmlichkeit überhaupt bedeuten. Und alle selbstbewußt, niemals linkisch oder verlegen, ganz das verkörpernd, was man sich unter einem ›freien Manne‹ vorstellt. Man braucht nur ein wenig ein Auge dafür zu besitzen, um zu verstehen, daß dieses Volk und diese Rasse sich niemals damit abfinden konnten, besiegt, unfrei, und abhängig von fremdem Willen zu sein. Sie haben viele hundert Jahre um die verlorene Freiheit gekämpft, gegen unwahrscheinliche Übermacht, ein kleines Volk gegen ein Reich, das einst die Welt beherrschte, hundertfach verstümmelt, geknebelt, vertrieben, enteignet. Immer wieder von neuem hat sich Irland erhoben, hat die Besten aus der Schicht der Fremden an sich gezogen und zu Iren gemacht, so daß zwar niemand mehr weiß, wo die ›reinblütigen‹ Iren anfangen und aufhören – wahrscheinlich gibt es gar keine mehr nach all den vorkeltischen, schottischen, walisischen, englischen, spanischen und sogar ein wenig deutschen Beimischungen (die Pfälzer bei Limerick!) –, wohl aber hat der unverwechselbar irische Geist alle diese verschiedenen Elemente zu einer einheitlichen, eigenständigen Nation zusammengeschmolzen.

In jener einsamen Nacht in Falmore, in der mich der Schlaf floh, vielleicht, weil ich mir zuviel zugemutet oder mich ein Zuviel an Eindrücken getroffen hatte – ja, damals wieder fragte ich mich, ob so, wie die Iren heute noch sind, wo sie ihr altes irisches Dasein führen, so offen, gastfrei, gesprächig und im vollsten und besten Sinn des Wortes menschlich – ob so nicht einmal alle Europäer gewesen sind, ehe sie von der Technik, der Vermassung, der Geldwirtschaft und der allgemeinen Verstädterung verschlungen wurden. In Irland gibt es das alles erst in Anfängen. Die Entwicklung zur gleichmacherischen Zivilisation wird auch hier im fernen Westen Europas unter den schimmernden Regenbögen nicht aufzuhalten sein – die entsprechenden Symptome sind überall zu entdecken –, aber noch weht hier die angenehme, milde Luft aus blühenden Gärten der alten, schönen Mutter Europa, die anderswo längst den ›kunst‹gedüngten, von Traktoren zerwühlten, ›für den Markt produzierenden‹ Feldern moderner Agrikultur oder den Schutthalden der Industrie haben weichen müssen. Landschaften, die natürlich nicht nur in der Außenwelt existieren, sondern auch in der menschlichen Seele ihr Spiegelbild erzeugen.

Irland ist ganz am Anfang der europäischen Geschichte, als die Welt der Antike zerbrach, der Hort und Pflanzgarten des christlichen Glaubens gewesen und wohl der erste Quell jener Geistigkeit, die später die europäische genannt wurde – so unbestimmt dieser Ausdruck auch sein mag.

Und manchmal glaube ich, daß Irland und die Iren, die am Anfang der europäischen Geistigkeit gestanden haben, auch als letztes Beispiel dieser großen, blütenreichen, aber auch tragisch zerfallenen Welt übrigbleiben werden – oder schon übrig sind. Seine Entlegenheit als ferne Insel im Atlantik, sein Mangel an jedweden Bodenschätzen, die es der modernen Industriewirtschaft ›interessant‹ gemacht hätten, wie es der englischen Nachbarinsel geschehen ist, sein schweres Schicksal, das ihm erst als letzter der kleinen europäischen Nationen die politische Freiheit schenkte und überdies seine natürliche Begabung für Poesie und Wissenschaft haben es selbst in unserer wirren Zeit, trotz des sinnlosen Blutvergießens in Nordirland, zu einem Hafen der Stille, des Friedens und der einfachen Menschlichkeit gemacht, wo noch jeder einzelne nach seinem Gusto wachsen und handeln kann, ohne daß ihm irgendeiner dazwischenredet und ihn mit Propaganda füttert für irgendein hektisches Ziel.

Der Gedanke beschäftigte mich so stark in meinem Bett bei Mrs. Keane in Falmore, daß ich, da ich doch nicht einschlafen konnte, aufstand und nach einem Buch griff, das ich mir als Reiselektüre mitgenommen hatte: T. W. Rolleston, *Mythen und Legenden der keltischen Rasse.* In diesem ausgezeichneten Werk kommt der Autor auch auf die allgemeine europäische Bedeutung der Kelten, speziell Irlands, zu sprechen. Ich las in jener Nacht die Zeilen noch einmal und fand sie so treffend, daß ich sie in diese bescheidene Skizze über Irland aufnehmen will. Der Absatz lautet in der Übersetzung etwa folgendermaßen (S. 49 der neunten Auflage, bei George G. Harrap & Comp. Ltd., London):

». . . Der Beitrag der Kelten zur Kultur der westlichen Welt war sehr bemerkenswert. Etwa vier Jahrhunderte lang – von ungefähr 500 bis 900 nach Christi Geburt – war Irland der Zufluchtsort der Gelehrsamkeit und der Quell der literarischen und philosophischen Kultur halb Europas. Die Versformen der keltischen Dichtkunst haben wahrscheinlich stärker als irgendwelche anderen den Bau aller modernen Verse bestimmt. Die Mythen und Legenden der gälischen (irischen) und kymrischen (walisischen) Völker entzündeten die Fantasie einer ganzen Schar kontinental-europäischer Dichter. Es ist wahr: der Kelte selbst schuf kein großes Bauwerk der Literatur, ebensowenig wie er eine dauerhafte oder eindrucksvolle Staatsform entwickelte. Sein Denken und Fühlen ist wesentlich lyrisch und auf das Sinnenhafte gerichtet. Das Leben in allen seinen Erscheinungen und Wirklichkeiten erregte ihn heftig und bewegte ihn tief. Er war empfindsam und im höchsten Maße beeindruckbar, aber er sah die Dinge nicht in ihren größeren und weiterreichenden Zusammenhängen. Sein Talent, feste Ordnungen einzurichten oder Prinzipien zu dienen, war nur wenig entwickelt, aber er war und ist ein unersetzlicher und nie versagender Verteidiger der Menschlichkeit gegen die Tyrannei von Prinzipien, die Kälte und Unfruchtbarkeit grundsätzlicher Ordnungen. Königtum und Bürgertum sind beide durchaus fähig, zu toten Formeln zu versteinern und so die menschliche Seele zu fesseln, anstatt sie zu beflügeln. Aber immer ist der Kelte ein Rebell gewesen gegen alles, was nicht vom Atem des Lebens erfüllt war, gegen jede ungeistige und nur äußerliche Form der Herrschaft. Es ist zwar ebenfalls wahr, daß er gern übereifrig gewesen ist, die schönen Früchte des Daseins zu genießen, ohne die Ernte langsam und geduldig vorzubereiten. Aber er hat bereits der heutigen Welt unschätzbare Dienste erwiesen – und wird sie ihr weiter erweisen –, indem er darauf besteht und bekennt, daß die wahre Frucht des Lebens eine Wirklichkeit des Geistes ist, die im unermeßlichen Betrieb der modernen Zivilisation niemals ohne Schaden und Schmerz vergessen oder verdunkelt werden darf.«

Das ist – im Kritischen wie im Zustimmenden – ausgezeichnet gesagt, obgleich es schon 1911 zum ersten Male ausgesprochen wurde. Auch heute habe ich ihm nichts wesentlich Neues oder Besseres hinzuzufügen, wenn mich jemand nach meinem Gesamteindruck der irischen Welt fragen sollte.

Der zu spät erschienene Deutsche

Meine Abreise am nächsten Morgen wurde nicht nur durch den Regen und meine Hoffnung auf die Sonne verzögert, sondern auch noch erstens durch meine Frage, ob die Inseln bewohnt wären, die weit draußen im westlichen Meer verhangen zu erkennen waren und zweitens durch die Tatsache, daß ich ein Deutscher bin.

Ja, berichtete meine freundliche Wirtin, das wären Nord-Inishkea und Süd-Inishkea. Sie wären bewohnt gewesen – und es sei nicht einmal so lange her. Bauern und Fischer hätten drüben gelebt und wären glücklich und nicht sehr arm gewesen. Allerdings erhielten die Inishkeas die Stürme des Atlantik aus allererster Hand, und da die Inseln ziemlich flach wären, hätten sie auch nicht viel Schutz geboten. 1927 sei ein furchtbarer Sturm hereingebrochen, an den sie sich noch gut erinnern könnte. Dieser Sturm habe auf den Inseln die ganze Fischerflotte von den Ankern gerissen und Boot für Boot zerschlagen. Auch sonst schreckliche Verheerungen angerichtet, die Dächer abgedeckt, die Türen und Fenster eingedrückt und Schornsteine gestürzt. Als der Sturm endlich vorüber war, hätten die Leute von Inishkea den Mut verloren. Wer sollte ihnen die Boote ersetzen? Sie standen vor dem Ruin. Die Regierung mußte eingreifen, erklärte die Inseln für unbewohnbar und verpflanzte die Bewohner samt und sonders aufs Festland, auf die Mullet-Halbinsel. Nun brächten die Inselleute nur noch im Sommer ihr Vieh hinüber, damit es auf den alten Wiesen weiden könnte. Aber sonst wohnte niemand mehr da drüben.

Und doch sind die Inseln seit alten Zeiten bewohnt gewesen; man findet auf ihnen uralte Steinkreuze mit verwischten

Inschriften, die etwa aus dem 7. Jahrhundert stammen müssen, also 1300 Jahre alt sind. So lange haben Menschen europäischer Rasse auf den Inishkeas ausgehalten; heute geben wir den Kampf auf, als seien wir zu weich geworden – und der Staat zahlt Unterstützungen. Ob nicht schon in früheren Jahrhunderten manchmal der Sturm den Leuten von Inishkea die Boote zerschlagen hat? –

Ja, und dann läge da noch Inishglora, mit den Ruinen eines Kirchleins, das der heilige Brandon gebaut hätte. Aber trotz des Heiligen, dieses frommen Mannes, hätte die Erde von Inishglora eine unheimliche Eigenschaft behalten: Die Menschen, die in ihr begraben wurden, stürben nie vollkommen; ihr Haar und ihre Nägel führen fort zu wachsen, langsam, aber immer weiter und weiter.

»Wird denn noch jemand auf Inishglora begraben?« fragte ich.

»Nein!« sagte Mrs. Keane. »Eben deshalb nicht! Denn wenn schon einer tot ist, dann soll er sich so benehmen, wie man das von den Toten erwartet, und nicht sein Haar dreimal um Inishglora wachsen lassen!«

Mrs. Keane lächelte bei diesen Worten und blickte mich nicht an. Trotzdem konnte ich den Verdacht nicht unterdrükken, daß der alte Aberglaube nicht abgetan ist. In Irland blickt die heidnisch-keltische Haut noch ab und zu unter dem gut katholischen oder ›modernen‹ Gewand hervor, und die Leute lächeln zwar ein wenig über die alten Vorstellungen, aber sie handeln auch danach – und im weiten bäuerlichen Irland, wo alles ein wenig langsamer geht und die Leute beharrlicher beim alten bleiben als anderswo, glauben sie auch noch heimlich an die übersinnlichen Dinge, an die guten und bösen Feen, die guten und bösen Geister und was sonst noch in dieser träumenährenden irischen Luft als entthronte Götter und Göttinnen der heidnischen Vorzeit umhergeistert – man darf natürlich nicht gerade Hotelportiers, Taxichauffeure oder die Stewardessen von ›Air Lingus‹, der tüchtigen und zuverlässigen irischen Fluggesellschaft, danach fragen –.

Dann wollte ich schon einsteigen und abfahren – gut war das Frühstück gewesen, und die freundliche Wirtin hatte mich reichlich mit Proviant für den ganzen Tag versehen –, da fiel meiner Gastgeberin ein:

»Ach, Sie müssen sich noch ins Anmeldebuch einschreiben! Das hätte ich beinahe vergessen.«

Ich tat, wie mir geheißen, und schrieb Namen und Herkunft ins Anmeldebuch. Dann trat ich wieder ins Freie, um mich endgültig zu verabschieden. Da stürzte die gute Mrs. Keane mit dem Buch in der Hand hinter mir aus dem Haus und rief:

»Jetzt erst sehe ich, wer Sie sind: ein Deutscher aus Deutschland! Ich hatte das gestern abend wohl mißverstanden. Ach, wenn mein Mann das noch erlebt hätte! Wie hätte ihn das gefreut!«

Der Frau standen die Tränen in den Augen; sie rollten auch schon herab, ihre Stimme zitterte. Ich war bestürzt: War ein Deutscher in Falmore eine solche Sensation?

Aber Mrs. Keane war eine viel zu praktische Frau, als daß sie nicht gemerkt hätte, wie sehr mich ihr unerwarteter Ausbruch erstaunte. Sie erklärte:

»Mein Mann ist vor drei Jahren gestorben, und Sie müssen schon entschuldigen, daß es mich aufregt. Es ist ja erst so kurze Zeit her...! Und noch kurz vor seinem Tode hat er von der Frau Schulze gesprochen, bei der er zehn Jahre – bis zu seiner Rückkehr – in Chicago gewohnt hat; er hätte sie, die Frau Schulze, so gerne noch einmal gesehen; er wußte ja wohl, daß er sterben mußte. Was hat er mir nicht alles von der deutschen Frau erzählt! Wie gut sie zu ihm gewesen wäre! Er war ja nur ein armer Ire hier aus der Nähe. Was wußte er schon vom großen Chicago! Sie hat ihn versorgt wie eine Mutter, die Frau Schulze! Denn daß er sich drüben gut gehalten hat, sein Geld sparte und nicht aufs Trinken oder Kartenspielen kam, das hat er alles der Frau Schulze zu verdanken. Und als er dann wiederkehrte, haben wir geheiratet und dieses Haus hier gebaut mit dem Geschäft und dem kleinen Hotel. Und was die Frau Schulze alles verstanden hat – das wurde er nie müde zu berichten. Sie buk ihr eigenes Brot, und es soll so kräftiges, starkschmeckendes Brot gewesen sein. Und sie buk ein Dutzend verschiedener Kuchen und Torten. Und sie kochte ihre Seife selbst. Und nähte ihre

Kleider selbst und hat meinem Mann die Hemden und Strümpfe und Anzüge gestopft. Alles war immer blitzsauber bei ihr, und jeden Sonntag schickte sie ihn in die Messe, obgleich sie doch protestantisch war. Lutheranerin war sie, obgleich ich nicht weiß, was das für eine Sekte ist. Und alle ihre Logiergäste behandelte sie so. Aber sie mußten ihr parieren; sie war aus Preußen; aber wer das tat, der hatte es so gut bei ihr wie zu Hause und der kam auch zu etwas; und wenn die Männer sich verheirateten und kriegten Kinder, dann mußte sie Pate stehen. Sie konnte alles, und sie wußte alles und war sehr gut. Sie nahm nur Iren und Deutsche. Alle anderen Nationen lehnte sie ab. Und immer hat mein Mann von ihr geschwärmt. Immer wollte er so gern noch einmal mit einem Deutschen über Chicago und über Deutschland und die Deutschen sprechen – und wie es käme, daß Deutsche und Iren so gut miteinander auskämen. Aber niemals kam ein Deutscher zu uns nach Falmore, hier am Ende der Mullet, am Ende von Mayo und Mayo am Ende von Irland – und nun kommen Sie – und nun ist er tot! Ach, wenn er doch wenigstens so lange gelebt hätte, wie hätte er sich darüber gefreut, daß er die deutschen Worte hätte anwenden können, die er bei Frau Schulze gelernt hat...«

Ich stand der Frau, der die hellen Tränen über die Backen kullerten, fassungslos gegenüber. Ich brachte gerade eben heraus:

»Ja, Chicago, das kenne ich gut. Da bin ich gewesen. Ganz gewiß hätte ich mich gern mit ihm über Amerika und Deutschland unterhalten. Ja, es ist ein Jammer! Gute Menschen sterben immer zu früh!«

»Er ist zu früh gestorben. Sie haben recht! Er hätte noch zwanzig Jahre leben können. Aber der Krieg auf der ganzen Welt und die Unsicherheit überall! Das hat ihn alles sehr mitgenommen, obgleich es uns gar nicht selber betroffen hat.«

So wanderte unser Gespräch noch eine Weile hin und her. Schließlich konnte ich mit schicklicher Zurückhaltung andeuten, daß ich mich allmählich auf den Weg machen müßte.

»Gewiß, ich halte Sie schon allzu lange auf. Es tut mir so leid, daß ich erst so spät begriffen habe, wer da zu dieser ungewöhnlichen Zeit bei mir zu Gast war. Kommen Sie wieder, aber für ein paar Tage. Ich will es Ihnen sehr schön machen. Aber schreiben Sie vorher! Möge die Jungfrau Sie beschützen auf allen Ihren Wegen! Leben Sie wohl!«

Ich winkte noch einmal durch die Scheibe und ließ den Wagen langsam über den groben Seitenweg zur Straße hinaufsteigen. Der staubfeine Regen wallte noch immer in endlosen Schwaden vom nahen Meer herüber; aber es schien heller zu werden. Wahrscheinlich würde sich um die Mittagszeit die Sonne durchkämpfen, und sie würde das wilde, schöne Land in Licht baden! Denn in diesem Lande regnet es viel zu oft, aber es scheint auch ebenso oft die Sonne. Das Wetter ist ewig unbeständig und im wahrsten Sinne des Wortes wetterwendisch, aber dafür ist es auch erfrischend und niemals langweilig.

Eine gute deutsche Frau hatte sich des jungen Iren angenommen, der sich in dem riesigen Chicago verloren genug vorgekommen sein mag. Und ich sollte den Dank dafür genießen. So geht es auf der Welt.

Der merkwürdige Vorfall, an den ich mit einer eigentümlichen Erregung zurückdenke, hatte mir deutlich gemacht, wie sehr sich in einem Volk das Bild anderer Völker nicht von theoretischen, abstrakten Vorstellungen herleitet, sondern wie es durch die lebendigen Menschen bestimmt wird, die man als Beispiele der anderen Völker kennenlernt. Sicherlich denkt auf weitem Umkreis um Falmore jedermann gut über die Deutschen, weil der verstorbene Keane laut und lange genug das Lob der tüchtigen, strengen, gutherzigen Frau Schulze aus Chicago gesungen hat.

Ich hielt nach Bingham Castle Ausschau, wo die Sippe der Binghams gehaust hat, die vorzeiten die Herren dieser auf weite Strecken wunderbar fruchtbaren Halbinsel im Atlantik gewesen sind. Ich sah auch ein paar alte Türme und Mauern, mit Zinnen bewehrt, abseits vom Wege aufragen. Aber sie schienen mir nach den unzähligen Ruinen, die ich auf meinen Streifen durch Irland schon gesehen hatte, nicht besonders eindrucksvoll. Ich fuhr vorbei.

Und dabei fällt mir abermals ein, ob es richtig ist, daß ich auf den bisherigen Seiten fast nur von entlegenen Winkeln des irischen Landes berichtete. Um die Wahrheit zu gestehen: Das ausgezeichnete Reisehandbuch für Irland von L. Russell Muirhead (bei Ernest Benn, London), das mir gute Dienste geleistet hat, tut den Teil der Grünen Insel, von dem ich hier berichte, auf knapp drei Seiten (von etwa 300) ab. Aber ich schreibe keinen Reiseführer; Vollständigkeit zu erreichen, liegt mir fern. Ich habe nur ein einziges Ziel, dies Land, zu dem mich seit Jahrzehnten eine kaum erklärliche Sehnsucht hinzog, so darzustellen, wie es ist, nicht nur in den zwei Monaten der ›touristischen Hochsaison‹, sondern gerade in den Jahreszeiten, wenn die Iren sozusagen unter sich sind mit allen ihren liebenswerten und heiteren Schwächen, ihren großen menschlichen Stärken und Vorzügen, ihren Sorgen und ihren Freuden – mit einem Wort, da, wo sie irisch sind, und nicht da, wo sie als Kinder des munteren Erin für die Tourist Industry zurechtgemacht sind, welche die bejammernswerte irische Dollarbilanz so erfreulich aufpulvert. Und deshalb schildere ich Irland lieber von jenen Landschaften her, die im Reiseführer nur ein Hundertstel der Seiten füllen. Das andere muß zusehen, wo es bleibt.

ZWÖLFTES KAPITEL

Corrignacloghmore

Als ich Belmullet durchfahren hatte, die See hinter mir zurückgeblieben war und die königlich mächtigen Gebirge vor mir auftauchten, die das Innere der Grafschaft Mayo erfüllen, brach die Sonne durch die Wolken, verging der harte Wind zu einem friedlichen Säuseln und strahlte der Himmel schließlich auf in frühlingshaft tiefer Bläue. Und, ach, der große Glanz der Farben, den die Sonne aus der eben noch so grauen Landschaft lockte! Grün, Smaragdgrün – jenes Grün, das Irland berühmt gemacht hat –, die Täler des Muhin- und des Owenmore-Flusses, Braun und Rot, mit blitzenden jadegrünen Flecken dazwischen, die Flanken der Berge, des Knocklettercuss, des Maumykelly, des mächtigen Sliece Car – darüber der nackte, graue, steile Fels bis zu den kahlen Graten – und leuchtend über allem das unbeschreibliche reine, tiefe Blau des Himmels. Wer an solchen Tagen nicht anfängt, laut vor sich hin zu pfeifen, aus reinem Übermut gelegentlich auf die Hupe zu drücken, um die kahlköpfigen, strohblond-wolligen Schafe zu schrecken, die ebenso dumm wie neugierig am Wege stehen und dem Auto entgegenblicken, wer an solch einem blauen Sonnentag unter blankgewaschenem Himmel nicht diese Welt für die beste aller Welten hält und den ganzen Jammer vergißt, dem ist nicht zu helfen.

Mir war zu helfen. Vergnügt also rollte ich mit prächtig singenden Ventilen in eines der kleinen Städtchen des irischen Westens hinein – und trat so heftig auf die Bremse, daß mein bestürztes Auto – solche unritterliche Behandlung nicht gewohnt – mit kreischenden Reifen beinahe auf der Stelle hielt. Um ein Haar wäre ich in zwei braune Kühe hineingerannt, die quer über der Straße standen und auch jetzt nicht daran dachten, mir den Weg freizugeben, sondern mich aus schwarzen Kugelaugen anglotzten. Ein Bauer, der an der Hauswand lehnte, rührte sich ebenfalls nicht, sondern lachte mich vergnügt an, als hätte sich etwas sehr Erheiterndes abgespielt, was ich indessen nicht finden konnte.

Gombeen-Mann

Im Städtchen stieg nämlich gerade der allmonatlich immer am gleichen Tage wiederkehrende Viehmarkt – und die ganze Stadt gehörte nicht etwa ›dem Verkehr‹, wie wir es so schön in Deutschland ausdrücken, sondern den Ochsen und Öchslein, den Kühen und Kälbern und ihren mehr oder weniger stolzen Besitzern, deren Söhnen und Söhnchen, Eseln, Pferden und Hunden. Ich hatte Dutzende von Malen anzuhalten, ehe ich mich zu der Benzinpumpe am anderen Ende des Ortes hindurchgewunden hatte – denn auf der weiten Fahrt zur Insel Achill, die ich an diesem Tage vorhatte, würde ich sicher kein Benzin auftreiben; es war wahrlich keine große ›Autodurchgangsstraße‹, die mir bevorstand.

Die Benzinpumpe gehörte dem Besitzer des örtlichen Pub oder einer der örtlichen Pubs, denn es wird noch mehr Pubs im Städtchen gegeben haben. ›Pub‹ ist die klassische englische Abkürzung für ›Public House‹, was ›öffentliches Haus‹ bedeutet, aber nichts weiter darstellt als das, was wir in nachklassischem Hochdeutsch unter dem Wort ›Kneipe‹ oder ›Stampe‹ verstehen. Und der Pub-Eigentümer hatte an diesem ergiebigen Tage des Marktes natürlich in erster Linie etwas ganz anderes einzuschenken als Benzin.

Da sich um mich und mein Auto niemand kümmerte, die Kühe ringsum unter gründlichen Schluckaufs stumpfsinnig wiederkäuten und die vier Männer vor mir in den kotigen Gummistiefeln, den formlosen Mänteln und den zerdrückten, verregneten Hüten eifrig weiterhandelten und verhandelten, ohne mir auch nur einen Blick zu schenken, so verließ ich mein Vehikel und drängte mich durch die schmale, knarrende Tür ins Innere des Schankraumes. Die von Bier und Whisky triefende Bar nahm zwei Seiten des großen Zimmers ein, und vor ihr drängten sich die Bauern und Viehhändler und begossen ihre Käufe und Verkäufe. Niemand saß, alles stand; für Stühle, Tische oder lächerliche Barhocker wäre auch kein Platz gewesen. Über der friedlich lärmvollen, nach Vieh und nassen Kleidern duftenden Versammlung schwebte der Tabakrauch in dichten Schwaden. Trotz der animalischen Wärme, die die vielen mächtigen, schwatzenden Männer ausstrahlten, war es feuchtkalt im Raum. Der Alkoholdunst dazu – ich fühlte eine leichte Benommenheit.

Ich drängte mich zu der Bar durch und erwischte den Wirt, der eifrig schwarzes Bier in die Gläser laufen ließ, bis sie überquollen. In Irland müssen die Gläser randvoll gefüllt werden und überlaufen, sonst sind sie nicht voll. Das schwarze Porter und Stout gibt nur wenig Schaum. Ich sagte mit erhobener Stimme in den schwirrenden Wirrwarr:

»Könnte ich wohl...«

»Gewiß! Sie können! Hier ist es!«

und knallte mir ein Glas vor die Nase, daß ich zurückschreckte, um dem Schwapp zu entgehen, der sich sonst über meinen Regenmantel (nicht als Biermantel gedacht) ergossen hätte.

»Nein«, schrie ich zurück, »kein Bier! Ich möchte Benzin!«

»Das Bier schadet Ihnen nichts. Ist gutes Bier, Guiness! Benzin können Sie auch haben. Müssen sich noch etwas gedulden. Ich bin stark beschäftigt.«

Das war nicht zu leugnen, und ich geduldete mich. Ich hob das Bier zum Mund, obgleich ich in dem feuchtkalten Raum eine Abneigung dagegen verspürte. Ein Mann stand neben mir, der sich die Kappe aus den fuchsroten Haaren geschoben hatte, schönstem irischem Fuchsrot. Der Mann zog sein halbgeleertes Glas an sich heran und neigte sich meinem Ohr zu.

»Sind Sie hier fremd?«

»Ja, vollständig!« erwiderte ich.

»Er tut das gern!« meinte mein Ohrenbläser vertraulich. »Er tut das gern, die Leute ein bißchen herumkommandieren. Er ist unser Gombeen-Mann hier und hat die Leute in der Umgegend alle in der Tasche. Mich nicht. Ich lasse woanders anschreiben.«

Da war das Wort wieder, das mir schon mehrere Male

begegnet war: ›gombeen-man‹. Der Mann neben mir hatte sein Glas ausgetrunken. Ich sagte:

»Trinken wir noch eins!«

»Warum nicht!« sagte mein Nachbar und hob mir sein im Nu ausgewechseltes Glas entgegen. Ich fragte:

»Was hat er denn alles, der Gombeen-Mann!«

»Oh, er hat mehr, als man weiß. Die Kneipe hier, eine Goldgrube! Und das große Geschäft nebenan. Und dann handelt er mit Baumaterial und mit Vieh natürlich. Und eine Versicherungsagentur hat er auch und die Tankstelle, und worin er sonst noch überall die Hände hat, das weiß ich nicht so genau.«

»Verleiht er auch Geld?«

»Soll er wohl auch machen. Machen sie alle. Und wenn sie auch nur anschreiben lassen, bis man nicht mehr weiß, wo hinten und wo vorne ist, und man gar nicht mehr aus den Schulden herauskommt. Wer soll das alles nachrechnen!«

»Ja, da muß man schon selber Buch führen. Sonst verliert man den Anschluß an die eigenen Schulden. Er wird wohl sehr ungnädig, wie, wenn einer nicht mehr bezahlen kann?«

»Ach, nein, das kann man eigentlich nicht sagen. Er hat doch ein weiches Herz und schleppt manch einen durch, der es eigentlich nicht verdient – glaube ich wenigstens. Wie gesagt, ich lasse woanders anschreiben. Aber man bekommt so allerlei zu hören.«

»Ich dachte, so ein Gombeen-Mann ist allemal ein Blutsauger.« –

»Mag wohl sein, daß er das manchmal ist. Aber ebensooft auch gerade das Gegenteil. Dieser hier, der hat einem verschuldeten Farmer die Farm abgekauft und ihn dann draufgelassen, weil ihm die vielen Kinder leid taten!«

Ich sagte: »So ist es eben. Man kann wirklich nicht alles glauben, was die Leute Schlechtes voneinander sagen.«

»Nein!« erwiderte der Rothaarige bestimmt. »Es ist überall so wie bei den Politikern: Die Hälfte der Lügen stimmt nicht, die sie verbreiten!«

Ich lachte: »Wie war das? Die Hälfte der Lügen, die sie erzählen, stimmt nicht? Großartig! Das trifft den Nagel auf den Kopf!«

»Das tut es!« sagte mein rothaariger Nachbar und wischte sich mit dem Handrücken den Bierschaum von den Lippen. Vom anderen Ende des Schanktisches winkte mir der Wirt. Es war soweit. Ich hatte vier Glas Bier zu bezahlen; jetzt durfte ich auch mein Benzin haben. Ich verabschiedete mich von meinem Nachbarn und drängte mich ins Freie.

»Ruhmwürdiges Wetter!« sagte der Mann, während er eilig den Pumpenschwengel bewegte. Er blickte mich durchbohrend aus seinen stahlblauen Augen an im breiten, gemütlichen Gesicht unter rabenschwarzem, dichtem Haar.

»In der Tat!« sagte ich und bezahlte. Ich hatte eine halbe Stunde versäumt, mir Bier eingeflößt, das ich nicht in mir haben wollte, und war nicht gesonnen, mich auf weitere Gespräche mit Gombeen-Männern einzulassen.

Ich wand mich mühselig aus der großen Rindviehversammlung wieder auf die offene Landstraße. Ich ließ dem Wagen die Zügel frei und lenkte nach Süden ab. Gombeen-Mann; die kleinen Kapitalisten der irischen Dörfer und kleinen Städte, die viel geschmäht werden – und die doch manchem armen Teufel über den Berg helfen. In Irland, so schloß ich bei mir, haben selbst die Wucherer ein gutes Herz und helfen mit der linken Hand ebensoviel, wie sie mit der rechten kassieren. Aber vielleicht betrog mich nur meine Sympathie für alles eigentümlich Irische – selbst für die verlästerten Gombeen-Männer, die so lange ›anschreiben‹, bis sie die kleinen Bauerngütchen, die ohnehin nur 700 bis 900 Pfund wert sind, in der Tasche haben.

Beim Bauern am Atlantik

Ich holperte die grobe Straße entlang, die am Westhang der Gebirgsmassive im Inneren Mayos nach Süden führt. Mein Ziel war Achill-Island an der Südwestecke der Grafschaft Mayo. Um mich her breitete sich vollkommene Öde aus, unendliches, unpassierbares Torfmoor, auf dem der schmale Streifen der Straße zu schwimmen schien. Kein Baum, kein Haus, kein Strauch – nur die mächtigen, kahlen Berge im

Osten; im Westen das unabsehbare, leere Moor; ein paar schimmernde Möwen darüber, denn die Meeresküste liegt nur wenige Meilen entfernt im Westen.

Vor mir wanderten ein Mann und ein Knabe die leere Straße entlang. Mich jammerte ihrer! Sicherlich wurde den beiden Zeit und Weile lang... Ich hielt also an. Und ob sie mitgenommen werden wollten! Wohin sie denn unterwegs seien?

»Nach Hause, Herr! Wir waren auf dem Markt.«

»Wo ist denn das – zu Hause?«

»Ach, das kennen Sie gewiß nicht: Corrignacloghmore!«

»Wie heißt das?«

»Corrignacloghmore. Sie müssen schon entschuldigen!«

Natürlich, was blieb mir anders übrig, als zu entschuldigen. Ich fragte:

»Wo liegt dann Corrigna...?«

»Corrignacloghmore? Oh, das liegt hinter dem Fahy-See an der Küste.«

»Fahy-See? Da ist wahrscheinlich Fahy-Castle nicht weit.«

»Nein, das ist gar nicht weit von uns; nur etwa einen dreiviertel Kilometer. Das ist eine alte Burg von der verrückten Grania O'Malley.«

»Die alte Burg wollte ich mir sowieso unterwegs ansehen. Steht noch viel davon?«

»O ja, ziemlich viel! Wir zeigen Ihnen alles, Herr!«

»Also gut, steigt ein!«

Wir verfrachteten den Sohn Hugh O'Toole auf den Hintersitz, und Vater O'Toole nahm neben mir Platz. Dann gondelten wir vorsichtig weiter – denn die Straße war grob und vom vielen Regen zerrissen und zerwaschen.

»Kommen Sie vom Markt?« begann ich die Unterhaltung.

»Ja, wir haben ein Rind verkauft. Und dann freut man sich auch, seine Freunde und Verwandten wiederzusehen.«

»Das kann ich mir denken. Viele kommen sicherlich nur zum monatlichen Markt, um zu hören, was es Neues gibt, und mal ein Glas Bier zu trinken.«

Der Mann neben mir im schlechten, geflickten Mantel lachte:

»Manche trinken auch zwei, und manche bringen nicht

viel von dem Geld nach Haus, das sie für ihr Vieh erlösen.«

»Auch das kann ich mir denken nach dem, was ich gesehen habe.«

»Man muß das verstehen, Herr! Manchmal sitzt man monatelang auf seinem Hof und sieht nichts weiter als dieselben Felsen und immer die gleiche Brandung zwischen den Klippen – und Frau und Kinder. Und sonntags zur Messe nach Ballycroy, wenn das Wetter nicht gar zu schlecht ist. Und viel zu tun ist ja auf der Farm auch nicht um diese Jahreszeit. Ab und zu Torf holen vom Berg, damit man's warm hat – und dann, wenn eine gute Brandung auf die Küste zu gestanden und sich das Wetter wieder beruhigt hat, den angespülten Seetang abfahren.«

»Sie düngen Ihre Felder nur mit Seetang, nicht wahr?«

»Ja, Stalldung haben wir kaum, weil das Vieh ja immer im Freien ist. Und Seetang kostet nichts. Man braucht ihn nur zusammenzuwerfen und abzufahren. Seetang auf den Acker – das gibt gute Kartoffeln!«

»Die Kartoffeln schmecken ausgezeichnet in Irland, das muß ich sagen, ganz ausgezeichnet!«

Der Mann – um nicht zu sagen der Bauer – aber das hören sie gar nicht gern, die irischen Bauern; sie wollen alle ›Farmer‹ sein, und wenn sie auch nur fünfzehn oder zwanzig Morgen Fels und vermoorte Weide ihr eigen nennen – aber ›Farmer‹, das mag ich nicht; stelle mir darunter ganz etwas anderes vor als diese Zwergbauern (denn das sind sie in Wahrheit) –, der Mann also blickte eine Weile starr gerade aus und fragte dann scheu:

»Sie sind wohl von weit her, wie?«

»Ja, ziemlich! Vom Kontinent! Aus Deutschland!«

»Aus Deutschland! Nicht möglich! Na, da habe ich einiges zu erzählen, wenn sich heute abend die Nachbarn bei mir versammeln, um zu hören, was es vom Markt Neues zu berichten gibt. Ja, die Deutschen, das sind tüchtige Leute. Sie hätten nur keinen Krieg machen sollen!«

»Das stimmt! Sie hätten mal sehen sollen, wie unsere großen Städte ausgesehen haben nach Kriegsende!«

»Ja, davon habe ich gehört. Viele Häuser sollen zerschmissen worden sein. Und die Leute, die darin gewohnt haben,

Die O'Connel-Street, Hauptstraße von Dublin. Im irischen Freiheitskrieg gegen England fanden hier schwere Kämpfe statt. Dublin ist englisch geprägt, wurde doch von hier aus die »grüne Insel« von den Angelsachsen jahrhundertelang beherrscht.

Johnstown Castle in Wexford. Die normannisch-englischen Eroberer Irlands setzten sich im Lande als mächtige Feudalherren fest und bauten sich stolze Schlösser; mit der Zeit wurden sie jedoch zu Iren, und viele von ihnen machten sich die Sache Irlands zu eigen.

Oben: St. Gallerus Oratory auf der Dingle-Halbinsel, Grafschaft Kerry. Wahrscheinlich bargen die kleinen, ohne Dach errichteten Kapellen nur das Allerheiligste. Unten: Eine beträchtliche Anzahl vorgeschichtlicher Behausungen (Clochans) blieben im irischen Westen bis auf den heutigen Tag erhalten.

Rundturm und Friedhof in Glendalough in der Grafschaft Wicklow. Die Rundtürme in unmittelbarer Kloster-Nähe waren »Fliehburgen« für die Mönche. Der Zugang zu diesen Türmen ist nur über lange Leitern zu erreichen.

wo die wohl alle geblieben sind! Aber das meinte ich jetzt gar nicht. Ich dachte an etwas anderes. Wenn die Deutschen keinen Krieg angezettelt hätten, dann hätten wir längst Elektrisch!«

»Elektrisch? Nanu? Was hat der Krieg mit Ihrem elektrischen Licht zu tun, in Carrigklo...«

»In Corrignacloghmore meinen Sie! Das ist ganz einfach. Die Engländer haben gesagt, das Kraftwerk am Shannon wäre nicht zu bauen, und dann kamen die Deutschen und haben es im Handumdrehen gebaut. Oh, das wissen wir alle ganz genau. Aber der Strom reicht nicht aus. Die Deutschen hätten uns schon noch weitere Kraftwerke gebaut und gut daran verdient, und wir in Corrignacloghmore brauchten uns nicht mehr mit Petroleum und Kerzen zu ärgern. Statt dessen fangen sie an und führen Krieg gegen die ganze Welt und machen ihr Land zuschanden!«

Der gute Mann aus Corr – na und so weiter – sah die Sache ganz richtig. Ich konnte nicht umhin, ihm recht zu geben; meinte aber weiter:

»Es werden neue Kraftwerke genug gebaut. In Ballyshannon zum Beispiel, weiter im Norden, auf dem Weg nach Donegal. Eine gewaltige Anlage. Und anderswo werden Kraftwerke gebaut, die mit Torf geheizt werden. Torf ist genug vorhanden in Irland für die nächsten tausend Jahre!«

Aber er beharrte bei seiner Meinung:

»Ja, das habe ich alles in der Zeitung gelesen. Aber ich glaub' noch nicht dran, daß wir wirklich Elektrisch kriegen. Hätten uns nur die Deutschen weiter Kraftwerke gebaut, dann hätten wir schon Licht in Corrignacloghmore!«

Ich sah keine Veranlassung, mich mit ihm zu streiten. Er hatte den Deutschentick. Ich drehte das Gespräch lieber auf ein anderes Gleis:

»Wieviel haben Sie für Ihr Rind bekommen?«

»Oh, es war ganz gut heute. Ich habe 35 Pfund erzielt!«

»Wie oft verkaufen Sie Rinder im Jahr?«

»Ich verkaufe drei, manchmal habe ich sogar schon fünf Stück verkauft. Das war ein gutes Jahr. Da konnte ich für uns alle neue Kleider anschaffen.«

»Das ist Ihre wichtigste Bareinnahme, nicht wahr, das Geld für die Rinder?«

»So ist es, Herr! Wenn wir die nicht zu verkaufen hätten, dann fehlte uns das Geld für Kleidung und für Brot und für Petroleum und was sonst noch anzuschaffen ist, ein Werkzeug oder ein Stück Geschirr für das Pferd.«

»Bauen Sie kein Getreide an?«

»Doch, wir bauen ein wenig Gerste und Hafer. Gerste kann man immer verkaufen an die Brauerei, und Hafer ist gut für das Pferd, wenn es schwer zu arbeiten hat. Aber das kommt nicht oft vor. Für Getreide ist es zu naß. Wir müssen manchmal viele Wochen lang warten, ehe wir das Korn unter Dach und Fach haben. Es regnet immer wieder dazwischen. Kartoffeln, das ist schon das Beste. Wir sind gewöhnt daran, und sie schmecken uns gut – und mit Milch gegessen oder Buttermilch oder Sauermilch, das ist eine feine Sache. Eigentlich brauchten wir das Pferd gar nicht. Aber wie sollten wir sonst die Milch zur Molkerei schaffen? Wir haben gut sechs Kilometer zu fahren und sechs Kilometer wieder zurück. Das ist ein weiter Weg. Ja, dazu braucht man schon das Pferd, denn die Felder bearbeiten wir nur mit dem Spaten. In Deutschland, das habe ich mir mal erzählen lassen von einem Nachbarn, der im Ersten Weltkrieg als englischer Soldat in deutscher Kriegsgefangenschaft gewesen ist, da haben wohl alle Bauern einen Pflug, wie?«

»Ein Bauer ohne Pflug? Nein, das kennen wir gar nicht. Aber bei uns besteht auch nicht das halbe Feld aus Felsen, und der Boden ist nicht so moorig und versäuert wie hier wohl meistens.«

»Ja«, meinte mein Reisegefährte verträumt, »muß ein schönes, reiches Land sein, Deutschland! Bloß immer so kriegslustig! Und so fleißig, daß man schier Angst kriegt! Und, die Deutschen, so tüchtig, wird immer erzählt, zum Gotterbarmen! Na ja, wir haben alle unsere Fehler. Wenn sie sich nur nicht auf den dummen Krieg eingelassen hätten, dann hätten wir bestimmt längst elektrisches Licht in Corrignacloghmore! Meine Kleinste hat schon zweimal die Petroleumlampe vom Tisch gerissen. Ein Wunder, daß wir nicht alle dabei verbrannten, samt Haus und Kindern!«

Ich ließ den Mann bei seinem Glauben, daß die Deutschen elektrisches Licht zaubern können. Schien ich ihm doch seine hohe Meinung von meinen Landsleuten nur zu bestätigen. War ich nicht wie ein Gesandter des Himmels auf dieser einsamen Straße aufgetaucht, um ihn mitzunehmen, und hatte ihm viele Stunden ermüdenden Rückmarsches erspart? Um drei Uhr morgens war er schon mit Rind und Sohn – der langsam in der großen Welt sich umzusehen lernen sollte – abmarschiert. Nun fuhr ihn ein verrückter Deutscher fast vor seine Tür.

Ich fuhr ihn nicht nur bis fast vor, sondern bis vor seine Tür. Denn die alte Burg der Grania O'Malley stellte sich als wenig ansehnlich heraus, und so nahm ich wenigstens die gute Gelegenheit wahr, mir eine der kleinen irischen Bauernwirtschaften aus der Nähe anzusehen. Der Mann freute sich königlich, mir seine Familie und seinen Besitz zu zeigen. Ich verbrachte fast den ganzen hellen Tag bei ihm und kam natürlich viel zu spät nach Corraun, der Achill-Insel gegenüber auf der Corraun-Halbinsel. Aber das war das übliche.

Es war nicht der erste irische Bauernhof, den ich kennenlernte. Diese kleinen, allzu kleinen Bauernhöfe bilden den weitaus größten Teil der Höfe im Westen Irlands und einen sehr beträchtlichen Teil auch in den mittleren und östlichen Gebieten. Ihr Dasein läßt sich nur von der Vergangenheit her begreifen.

Die bittere Erbschaft der Geschichte

England hatte seit etwa 1700 die katholischen Iren fast aller Rechte in ihrem Land beraubt. Das irische Land war konfisziert und englischen und schottischen Siedlern übergeben, die sich in vielen Fällen bald zu großen Herren entwickelten (wenn sie es nicht schon vorher gewesen waren). Das Irische Parlament, das in der rein englischen Stadt Dublin tagte, setzte sich nur aus Vertretern der dünnen Schicht protestantischer Landbesitzer zusammen; das eigentliche irische Volk war von jeder politischen Vertretung ausgeschlossen; es durfte nur Landarbeiter, Bedienstete und Kleinpächter stellen. Der größte Teil des enteigneten und entrechteten irischen Adels war außer Landes gegangen und hatte die leidenschaftlichsten und treuesten seiner Hintersassen und Schwertgenossen mitgenommen. Damals verbreiteten sich diese ›Wildgänse‹, wie sie genannt wurden, über ganz Europa; der vertriebene irische Adel gewann hohe Stellungen in vielen katholischen Ländern Europas. Um nur ein paar berühmte Namen zu nennen: O'Brien, MacCarthy und Dillon nahmen Dienste unter den Lilien Frankreichs. Die spätere preußische Offiziersfamilie MacHoey ließ sich in Breslau nieder. Damals floh auch die irische Familie MacMahon nach Frankreich. Im deutsch-französischen Krieg von 1870/71, der zur Gründung des Deutschen Kaiserreichs führte, befehligte ein französischer General MacMahon französische Truppen. Ein O'Donnell gelangte in Spanien zu Würden und Ansehen, ein anderer O'Donnell, ein Taaffe, ein Kavanagh, eine Browne kamen nach Wien und wurden zu treuen und geehrten Dienern der Habsburger. Wer von den alten irischen Grundbesitzern nicht geflohen, gefallen oder erhängt war, der durfte sich vielleicht am Rande seines früheren Besitzes eine kleine Hütte bauen und seine Kartoffeln pflanzen. Wenn er sich eine Generation lang nicht weiter mausig gemacht hatte, durfte er vielleicht sogar zehn oder fünfzehn Morgen pachten, ein paar Kühe und Schafe halten und jährlich eine hohe Pacht bezahlen. Bezahlte er sie nicht, so wurde er auf die Landstraße gejagt und mochte verhungern, wo immer er wollte. Und auch ohne das konnte der ›Landlord‹, der neue Herr aus England, seine Pächter von Jahr zu Jahr ›eviktieren‹, auf die Straße setzen, kündigen – entweder um sie loszuwerden und ihre Felder in Viehweiden zu verwandeln oder um sie nur gegen einen höheren Pachtzins für ein weiteres Jahr wieder auf den Hof und in das Haus zu lassen, das der Pächter vielleicht selber gebaut hatte.

Denn wenn auch ein Katholik, das heißt ein Ire, ein Stück Land bis zur Dauer von 31 Jahren pachten durfte, so hatte er es in Wirklichkeit mit höchst seltenen Ausnahmen immer nur für ein Jahr inne; denn längere Pachtverträge schlossen die Landbesitzer kaum ab, um die irischen Pächter, die nirgendwo ausweichen konnten, fest in der Hand zu behalten. Kein Ire war in seinem eigenen Land zu einem staatlichen Amt zugelassen, selbst nicht zu dem geringsten; kein Ire konnte akademische Bildung erwerben und einen gehobenen Beruf ergreifen. Fast alle handwerklichen Berufe waren den Iren verboten; kein Ire durfte ein Pferd besitzen, das mehr als fünf Pfund Sterling wert war (eine besonders harte und entehrende Bestimmung für die Iren, Pferdenarren von Geblüt, die in dem Curragh bei Dublin die älteste Pferderennbahn der Welt besitzen, wo seit mehr als 2000 Jahren Rennen geritten werden bis auf den heutigen Tag). Kein Ire durfte Schule halten. Schulen gab es für die Kinder natürlich auch nicht. Aber dieses Volk mit der ältesten ununterbrochenen literarischen Tradition Europas, dies Volk, von Natur begabt für alle Künste des Wortes wie kein zweites, dies Volk von geborenen Erzählern, Plauderern, Dichtern hatte eine viel zu hohe Meinung von Unterricht und Wissen, als daß es nicht Mittel und Wege gefunden hätte, seinen barfüßigen, zerlumpten Kindern eine Erziehung angedeihen zu lassen. Die verarmten und mittellosen Abkömmlinge der alten Bardengeschlechter, die das reiche gesetzliche, historische, genealogische und poetische Wissen des Volkes seit alters getreu überliefert hatten, wurden zu wandernden heimlichen Schullehrern, die in den ›Heckenschulen‹, abseits vom Wege im grünen Gras, die Kinder lesen und schreiben lehrten und ihnen von der großen tragischen Vergangenheit Irlands berichteten. Diese ›Heckenschulen‹ und die kunstreichen Geschichtenerzähler in den kleinen, elend armseligen Pächterdörfern hielten den Stolz auf das alte Erin und den Glauben an eine freie Zukunft im Volk wach. Sonst wäre es nicht zu erklären gewesen, daß trotz der Lumpen, des Schmutzes und der halb verhungerten Armut die neuen Herren, soweit sie außerhalb der wenigen großen Städte wohnten, nach einem Jahrhundert zu Iren geworden waren, Irisch sprachen, irische Sitten annahmen und sogar die schönen schwarzhaarigen oder rothaarigen irischen Mädchen heirateten. Die alte irische Welt, gesättigt mit Kunst, naturnah und voll von Musik wie keine andere, zieht bis zum heutigen Tag alle Fremden in ihren Bann.

Viele Protestanten fühlten sich ihren katholisch-irischen Nachbarn so eng verbunden, daß sie ihr Land als geheime

Treuhänder für die wahren Besitzer nur zum Schein erwarben. Aus den Kreisen der Protestanten, die zu nicht weniger leidenschaftlichen Iren wurden als die ursprünglichen Iren selbst, erhoben sich die ersten Stimmen und die ersten Kämpfer für die Freiheit und die Rechte des Landes, die Rechte auch der katholischen Iren. Wolf Tone ist wohl die anziehendste Gestalt unter ihnen, ein Mann von der Klugheit, Leidenschaft, Kühnheit und glühenden Rednergabe eines echten Revolutionärs, der sich die große Französische Revolution zum Vorbild erkoren hatte. Aber der große irische Aufstand von 1798 versank in einem Meer von Blut und Brand und Tränen, obgleich die Iren mit der besinnungslosen Hingabe und Tapferkeit fochten, die sie als Soldaten von jeher auszeichnet. Wolf Tone, der allzu große Hoffnungen auf die französische Hilfe gesetzt hatte, wurde von dem französischen Kriegsschiff ›Hoche‹ herunter gefangengenommen. Die ›Hoche‹ hatte – viel zu spät – nach Nordirland Truppen und Kriegsmaterial bringen wollen, mußte sich aber in der Bucht von Swilly in Donegal einem englischen Geschwader ergeben. Tone beging im Gefängnis zu Dublin Selbstmord, um dem Tod durch den Strang zu entgehen, zu dem ihn ein Kriegsgericht verurteilt hatte.

Immerhin hatte England einsehen müssen, daß die Iren weder zu biegen noch zu brechen waren. Man konnte sie ihres angestammten Landes berauben, ihre Führer vertreiben, enteignen, erschlagen, so daß es in einer berühmten Klage heißt:

›Sieh, wie sie den Hochwald fällen!
Lebe wohl, du Kindheits-Heimat!
Pat O'Dwyer aus dem Tal,
nie wirst du mehr fröhlich sein!

All mein Land ward mir genommen,
meine Freunde sind zerstreut.
Ach, und ich – ich muß mich bergen
hinter Fels und Brombeerstrauch.‹

Aber England war nicht imstande, die Erinnerung an die große, wilde Vergangenheit und den Willen zur Freiheit auszurotten – und erst recht nicht die Treue zur katholischen Kirche. Der Katholizismus war auf jede nur denkbare Weise verfolgt und behindert worden. Von Rechts und Amts wegen gab es ihn gar nicht mehr; Priester durften im Lande nicht mehr ausgebildet werden, und wurden sie irgendwo erwischt, so wurden sie aufgeknüpft oder eingesperrt oder zur Zwangsarbeit nach Westindien verfrachtet. Ein Katholik existierte nach dem Gesetz nicht und war daher ›rechtlos‹ und Freiwild im vollen Sinn des Wortes. Und doch haben immer wieder junge Leute heimlich das Land verlassen, sind in Frankreich, in Spanien, in Rom sorgfältig zu Priestern ausgebildet und geweiht worden und heimlich nach Irland zurückgekehrt, um ihren treuen Gemeinden hinter Hecken, in verborgenen Tälern, in Felsengrotten, die den Bauern heute noch heilig sind, die Messe zu lesen. Mit einer Zähigkeit und einer Hingabe ohnegleichen hat das verarmte und entrechtete irische Volk dem Glauben seiner Väter die Treue gehalten. Wo die Priester fehlten, verhaftet oder vertrieben waren, vereinten sich die Nachbarn zum Rosenkranzgebet, wie es noch heute auf den Inseln vor der Küste geübt wird, wenn Sturm und schwere See die Fahrt zum Festland und zur Kirche verbieten.

Die Leute, die in der Burg von Dublin saßen und das Land in erster Linie zum Wohl Englands, in zweiter zum Wohle der anglo-irischen Grundbesitzerschicht und sonst zu keines anderen Wohl regierten, nachdem sie sich hundert Jahre lang vergeblich bemüht hatten, den katholischen Glauben auszurotten, sie ließen sich endlich dazu herbei, die Ausbildung irischer Priester wieder in Irland selbst zu gestatten, denn die außerhalb Irlands in englandfeindlichen oder in revolutionären Ländern ausgebildeten jungen Männer mochten mit sehr gefährlichen Ideen im Kopf zurückkehren, die nur wenig mit Messe und Sakrament zu tun hatten. So gestattete ›die Burg‹ von Dublin, daß in dem alten, berühmten Maynooth, 22 Kilometer westlich von Dublin, ein Priesterseminar eröffnet wurde, das heute zur National-Universität gehört und der Mittelpunkt der katholisch-theologischen Bildung Irlands geblieben ist. Die weite Seminaranlage schließt sich dicht an die feuchten Gründe an, in denen, efeubewachsen und bemoost, noch heute die mächtigen Ruinen jener Festung aufragen, die vor annähernd 800 Jahren Maurice Fitzgerald erbaute, einer jener normannischen Eroberer, die als abenteuernde, länderraubende Beutemacher ins Land kamen, um dann ebenso irisch zu werden wie die Iren und eben in den Fitzgeralds den Iren ein Geschlecht zu schenken, das am Ausgang des Mittelalters Irland der politischen Einheit, Freiheit und Eigenständigkeit näherbrachte, als es je zuvor und für mehr als 400 Jahre danach geschah. Maynooth ist auch der Sitz des hochfahrenden, heißblütigen Lords Thomas Fitzgerald gewesen, der ›Seidene Thomas‹ genannt, der gegen die englische Krone rebellierte und – scheiterte, wie so viele vor ihm und noch mehr nach ihm.

Wolf Tone stammte aus der Grafschaft Kildare südwestlich von Dublin, einer reichen Landschaft, von welcher die Fitzgeralds, Grafen von Kildare, ihren wichtigsten Titel herleiteten. So wie Heinrich der VIII., der frauen- und listenreiche König aus dem Hause Tudor, die Möglichkeit einer irischen Dynastie Fitzgerald vernichtete, als er 1537 den ›Seidenen Thomas‹ zusammen mit fünfen seiner Oheime im Tyburn hinrichten ließ (Thomas' Vater war schon drei Jahre zuvor als ein Gefangener im Tower zu London vor Verzweiflung gestorben) – genauso verging 1798 mit der Hinrichtung Wolf Tones in Dublin wieder einmal die Hoffnung, daß die irische Freiheit vielleicht mit französischer Hilfe zu gewinnen wäre.

Aber wenigstens war erreicht, daß die Iren zur Messe gehen konnten, ohne Polizei, Haft und Strafe befürchten zu müssen. Gleichzeitig wollte England die ewig unruhige Insel, in der sich nun die Protestanten (englischer Abstammung) irischer gebärdeten als die katholischen Iren, des letzten Scheins der Selbständigkeit, des eigenen protestantisch-anglo-irischen Parlaments in Dublin, berauben. Irland wurde 1800 zu einem Teil des ›Vereinigten Königreichs von Großbritannien und Irland‹ erklärt und schickte seine Vertreter nicht mehr in ein irisches Parlament nach Dublin, sondern in das englische Unterhaus nach London.

Aber der Stein, der durch Protestanten, Männer von

unantastbarer Ehre, Kühnheit und Menschlichkeit wie Grattan, Tone und Emmett, ins Rollen gebracht war, ließ sich nicht mehr aufhalten. Zwar konnten noch bis 1829 nur Protestanten ins englische Parlament gewählt werden; doch in Daniel O'Connell, aus alter irischer Familie in Kerry, erstand den katholischen Iren ein Führer von hinreißender Beredsamkeit, viel Scharfsinn und Mut. 1828 ließ er sich in der Grafschaft Clare zu den Wahlen für das Parlament aufstellen, für das er als Katholik gar nicht wahlfähig war. Mit überwältigender Mehrheit wurde er gewählt. Die Unruhe unter den Iren, die endlich wieder einen Mann mit altem irischen Namen an ihrer Spitze sahen, steigerte sich zu solcher Siedehitze, daß Wellington und Peel nachgaben. Die Emanzipationsakte von 1829 öffnete auch Katholiken den Zugang zum englischen Unterhaus, und O'Connell zog im Triumph nach London.

Alle diese Männer dachten in erster Linie an die politische Freiheit ihres Landes im Sinn der Französischen Revolution. Die entsetzliche soziale Lage der unzähligen Kleinpächter, die mit ihren hohen Pachtzinsen den Landbesitzern in London ein Dasein in Luxus und Muße zu sichern hatten, bewegte die politischen Führer erst in zweiter Linie. Auch die in Maynooth ausgebildete katholische Geistlichkeit neigte nicht dazu, Rebellion, Unzufriedenheit und Widerstand gegen die Staatsgewalt zu schützen. Denn in Maynooth waren französische geistliche Professoren tätig, die vor dem Terror der Französischen Revolution geflohen waren und ihren Zöglingen Achtung vor dem König und die grundsätzliche Absage gewaltsamen Aufstands gegen die Obrigkeit einprägten. Das war vor Maynooth anders gewesen. Der 98er-Aufstand war zum Beispiel in der Grafschaft Wexford von dem katholischen Geistlichen John Murphy geführt worden, der sich als fähiger Soldat erwies und später von den Engländern ebenso hingerichtet wurde wie die anderen maßgebenden Männer des großen Aufstandes von 1798.

Die Bevölkerung war in den ersten Jahrzehnten des vorigen Jahrhunderts auf fast neun Millionen Menschen angewachsen. Doch nicht mehr Dublin, sondern ausschließlich London war die politische Hauptstadt des Landes. Die Union der Insel mit England bürdete den besitzenden Iren hohe Steuern auf, die diese auf die armseligen Pächter abwälzten, denen sie die Pacht erhöhten, während sie selbst nur allzugern dem Auszug der politischen Macht von Dublin nach London folgten. In England wurden die Korngesetze widerrufen, billiges Getreide strömte von den überseeischen Kolonien nach England; es erlaubte, das englische Industrieproletariat billig zu ernähren, förderte so die Massenproduktion an Gütern – und vernichtete damit die bescheidenen Ansätze eigener Industrie in Irland, wo überdies wie in England Ackerland in Weideland verwandelt wurde, da der Getreideanbau nichts mehr einbrachte. Auf Weideland aber brauchte man keine Pächter – und die Iren konnten nicht wie die englischen Bauern und Pächter in die Industrie ausweichen. Eine halbe Million der kleinen irischen Pachthöfe verfügte über weniger als fünf englische Acker Land (ein englischer ›Acker‹ ist etwa 40,5 Ar groß, also etwa gleich 1,6 preuß. Morgen; fünf acres sind etwa 8 preuß. Morgen). Die Pächter, die nicht nur sich, sondern auch die Zwischenpächter, Pachteintreiber, Schloßverwalter und Bedienten und die Landlord-Familie selbst ernähren mußten, lebten ausschließlich von Kartoffeln und magerer Milch. Mit dem Schwein, das sie fütterten, oder dem Rind bezahlten sie die Pacht. Kartoffeln und Buttermilch sind zwar sehr gesund, haben noch niemals etwas geschadet und erhalten am Leben, aber besonders stark oder widerstandsfähig machen sie nicht.

Über diese Masse von elend armen, ausgesogenen Menschen brach 1846 die Katastrophe herein, die ich schon einmal in anderen Zusammenhängen erwähnte; die große Hungersnot von 1846/47. Sie zwang mit grausamer Gewalt die innere Entwicklung Irlands in völlig neue Bahnen.

Die Kartoffeln verfaulten in der Erde. Genau hundert Jahre vor der großen deutschen Hungersnot nach dem Zweiten Weltkrieg standen die Iren vor dem Nichts. Wo auch immer sie verzweifelt unter den Kartoffelstauden wühlten, sie fanden nichts weiter als stinkenden Unrat.

Die Bevölkerung Irlands schrumpfte von neun auf sechs Millionen. Damals erhielt die irische Sprache ihren Todesstoß. Denn die irischsprachigen Gebiete des Landes waren die ärmsten; dort konnten die Menschen nicht von den verfaulten Kartoffeln auf andere Nahrungsmittel ausweichen. Sie starben oder flohen nach Übersee.

Damals lernte das irische Volk, die Auswanderung als einzig sichere Rettung vor aller Not und allem Elend anzusehen. Damals hat die furchtbare Katastrophe vielleicht einen tiefreichenden Wurzelstrang im Lebenswillen des irischen Volkes zerschnitten. Denn seit jenen Jahren sank die Bevölkerung der irischen Insel. Sie beträgt heute nur noch etwa drei Millionen. (Im englischen Ulster, Nord-Irland, wohnen etwa 1,5 Millionen Menschen, von denen etwa ein Drittel katholischen Glaubens sind und sich der Republik Irland zugehörig fühlen.)

An dem verderblichen System, den irischen Boden zugunsten meist abwesender Grundbesitzer in winzigen Parzellen zu verpachten, für die relativ unerhört hohe Renten zu zahlen waren, änderte sich jedoch nach der Hungersnot gar nichts. Das System blieb bestehen, war es doch aufs engste mit der englischen Herrschaft im Lande verknüpft; denn die Grundbesitzer waren Engländer, und die armseligen Pächter und Arbeiter waren Iren. Es ergab sich also zwangsläufig, daß die Führer der Iren zunächst an nichts weiter denken durften, als die politische Freiheit Irlands zu erkämpfen, das bedeutete die Loslösung von England, den Austritt aus dem ›Vereinigten Königreich von Großbritannien und Irland‹.

Auf dieses eine Ziel richteten sich jahrzehntelang die Hoffnung und alle kämpferische Leidenschaft des irischen Volkes. Die sozialen Probleme zu begreifen, auf Mittel zu sinnen, mit ihnen fertig zu werden – diese Aufgaben traten völlig in den Hintergrund. Alle Energie konzentrierte sich auf die beiden Forderungen: Befreiung von den englischen Gouverneuren, Befreiung von den englischen Landlords.

Das dramatische Auf und Ab der Kämpfe von 1850 bis 1921 zu schildern, würde den Rahmen dieses Reisebuches sprengen.

Als 1922 die Freiheit (wenn auch zunächst nur eine Teilfreiheit) erkämpft war, schien alles erreicht, was erreicht werden mußte, um mit einem Schlage alle Schwierigkeiten zu beheben. Die Herrschaft der Landlords war gebrochen; die meisten von ihnen waren aus dem Land vertrieben, viele auch erschlagen.

Die Pächter wollten nicht mehr Pächter sein; sie wollten den Boden besitzen, dem sie so lange um harten Zins gedient hatten. Und die landlosen Arbeiter, die auf den großen Gütern gewerkt hatten, wollten ebenfalls ein Stück Land zu eigen gewinnen. Zuvor jedoch war notwendig zu begreifen, daß nach der politischen Befreiung eine ebenso bedeutsame soziale und wirtschaftliche zu erkämpfen war, daß als weitere Aufgabe wartete, den Boden sinnvoll neu zu verteilen und dem unseligen System der Aufsplitterung des Landes in Zwerghöfe ein Ende zu machen – diese entscheidende Notwendigkeit wurde nicht einmal erkannt. Aus Zwergpächtern wurden Zwergbesitzer, die aber nicht mehr durch die Pflicht zur Pachtzahlung gezwungen waren, wenigstens einige Erzeugnisse auf dem Markt anzubieten.

Noch viele Jahrzehnte nach der Befreiung von der englischen Herrschaft enteignete die unselige ›Landkommission‹ zuweilen lebensfähige und produktive Besitzungen und zerschlug sie zu Zwerghöfen, die im Grunde nicht lebensfähig und bestimmt nicht produktiv sind und einer gesunden Entwicklung der irischen Landwirtschaft – von der das Wohl und Wehe des ganzen Landes abhängt – wie ein undurchdringliches Dickicht im Wege stehen.

Irland erfocht seine politische Freiheit. Aber die große Mehrheit der irischen Kleinbauern sind vorläufig noch nichts anderes als ›keine Pächter mehr‹. Was sie statt dessen sein wollen, das wissen sie selbst nicht recht. Die Verteilung des irischen Bodens hat sich seit der englischen Zeit (nicht was seine formellen Besitzer, sondern seine faktischen Bebauer anbelangt) nicht verbessert, sondern eher verschlechtert. Die irischen Pächter wurden frei von den Landlords; aber wozu sie frei wurden, das beginnen sie erst ganz langsam zu erkennen.

Die Zersplitterung des irischen Bodens in eine Unzahl von unrationellen Zwerghöfen bildet das Kernproblem der irischen Innen- und Wirtschaftspolitik. An dieser Stelle ist der Grund dafür zu suchen, warum Irland vorläufig noch weit davon entfernt ist, etwa den Wohlstand und die Gesundheit des vergleichbaren Landes Dänemark zu erreichen, warum die irische Landwirtschaft nicht einmal imstande ist, auf den eigenen vorzüglichen Böden genügend Brotgetreide und zum Beispiel auch Butter oder Futtermittel für die Schweinezucht des eigenen Bedarfs zu produzieren.

Und wenn man sich fragt, welches der großen Probleme für das Volk der Iren den Vorrang besitzt, so muß man deutlich antworten: nicht die Auseinandersetzung mit England, nicht die Frage der Vereinigung mit Nord-Irland, um die nun schon wieder soviel Blut geflossen ist und noch fließt. Die Lebensfrage Irlands ist die Landwirtschaft und die Lösung des Arbeitslosenproblems. Die Landwirtschaft ist hoffnungslos veraltet, und jährlich verlassen immer noch viel zuviele Menschen ihre Heimat!

Aber all diese Zusammenhänge werden allmählich gesehen. Die verhängnisvolle Erbschaft bitterer Jahrhunderte läßt sich nicht in wenigen Jahrzehnten bereinigen. Das irische Irland holt nach zwei, drei Jahrhunderten übergroßer Spannung und Anstrengung erst einmal tief und ruhig Atem.

Aber lassen wir Corrignaclohmore und die kleinen Bauern des irischen Westens in Mayo, Galway, Donegal, Kerry und Cork und Clare auf sich beruhen und kehren wir, seiner so freundlichen Einladung folgend, zu Freund Corduff nach Rossport zurück.

DREIZEHNTES KAPITEL

Unter ungewissem Stern

»Es war eine Nacht wie diese...«,
begann der alte Mann mit dem tief zerfurchten Gesicht. Er hob seine grünlich hellen, vogelhaften Augen einen Herzschlag lang zu dem allzu bunten Farbdruck der Mutter Gottes über dem Kaminsims. Dann glitt sein Blick wie von ungefähr über mich, den Fremden, hin und senkte sich auf die Pfeife in seinen Händen. In den mächtigen, struppigen grauen Brauen hatte es ein wenig gezuckt. Wir andern schwiegen und warteten darauf, daß er fortfahren sollte. Doch er schien uns vergessen zu haben und wiederholte noch einmal mit leiser Stimme wie zu sich selbst:

»Ja, es war eine Nacht wie diese...«

Und als ob uns klargemacht werden sollte, was der Satz bedeutete, drückte der Sturm gleich darauf einen Schwall beißenden bläulichen Torfrauchs ins Zimmer, orgelte hohl im Kamin, drohend und paukendumpf. Der Regen klatschte aufs Vordach wie aus Eimern gegossen. Urplötzlich wurde er von hartem Hagel abgelöst; die Kristalle klirrten gegen die Scheiben; es klang, als klingelte gläsern der Prismenbehang an hundert gestoßenen Kronleuchtern. In der Ferne zwischen den Riffen und Klippen der atlantischen Küste stöhnte die Brandung.

Der Sturm besann sich plötzlich, schlug eine neue, dunklere Tonart an. Wir hörten ihn über dem Dach und dem Schornstein hochwirbeln. So heftig sog er die Flammen, die eben noch nach unseren Knien gezüngelt hatten, in die dunkle Höhle des Kamins hinein, daß sich über der Glut ein Funkenbaum aufreckte. Unwillkürlich rückten wir alle ein wenig enger um die Wärme, während draußen der Sturm abermals umschlug und um die Giebel zu johlen begann wie eine Horde betrunkener Riesen. Ich hätte gern ein Wort über den ungeheuren Aufruhr dieser Nacht gesagt. Doch der Gleichmut des Alten schien unerschütterlich. So sagte ich nichts und sah statt dessen zu, wie der Mann umständlich und genau seinen Tabak weiterstopfte.

Endlich war das wichtige Werk vollbracht. Der alte O'Daly fischte mit der Zange vorsichtig ein Klümpchen Glut aus der Feuerstelle und setzte damit leicht schmatzend seine Pfeife in Brand. Noch einmal traf uns alle, seine fünf Zuhörer in Corduffs Haus, ein prüfender, kurzer Blick – ob wir auch bei der Sache wären! –, und dann fing er endlich im Ernst zu erzählen an:

»In einer Sturmnacht also, so wild wie diese heute, in den Wochen vor dem Advent, kämpfte sich ein Reiter über das weite Hochmoor zwischen Crossmolina und Bangor Erris. Manchmal, wenn die Sturmböen für einige Minuten die Wolken aufrissen und die Sterne zwischen den jagenden Fetzen am Himmel ein wenig Licht spendeten, vermochte der Reiter vom Sattel aus zu erkennen, daß unter ihm noch ein Weg dahinführte. Er faßte dann wieder Mut, denn irgendeinem Ziel mußte die Straße schließlich zustreben, wenn es wohl auch ein anderes war als das, welches er noch vor dem Dunkelwerden zu erreichen gehofft hatte. Bald aber schlug dem verirrten Mann – denn verirrt hatte er sich, das wußte er längst – der nächste eisige Regenschwall beißend ins Gesicht. Ihm blieb nichts weiter übrig, als sich auf sein gutes Pferd zu verlassen, ein Stoßgebet zum Himmel zu schicken und zu hoffen, daß seinem Leben nicht bestimmt war, irgendwo in einem grundlosen Moorloch zu versinken und zu ersticken.

Der Mann im Sattel, steif und fast gefühllos vor nasser Kälte, rechnete angestrengt nach, während ihm der Regen übers Gesicht rann: Ja, ich müßte längst Bangor erreicht haben, vor vielen Stunden schon! Wo führt mich dieser Weg hin? Wenn er mich nur endlich irgendwohin führte!

Aber die Nacht blieb dunkel wie zuvor. Der Reiter spürte trotz all seiner Benommenheit, wie zögernd und vorsichtig das Pferd die Hufe setzte; er wagte nicht, das Tier zu schnellerer Gangart zu spornen.

Rundum wogte die Sturmnacht weit. Zuweilen blinkte stumpf rechts oder links vom Wege Wasser auf. Das waren die offenen Moorlöcher; der Reiter nahm sie mit Grausen wahr; wie glasige, weit aufgeschlagene Augen von Ertrunkenen wollten sie ihm erscheinen; er blickte nicht mehr hin und richtete statt dessen seine Augen auf die mächtigen Berge, die als tiefschwarze, scharf gezeichnete Schatten seinen Weg in unbestimmter Ferne begleiteten. Manchmal enthüllten sie ihre gewaltig steigenden Hänge deutlicher, wenn der Wolkenvorhang für Minuten auseinanderflog und die Sterne frei gab. Aber die Umrisse des Gebirges kamen ihm völlig fremd vor. War das da Nephin Beg? Und das der Slieve Car. Er wußte es nicht. Er wußte nur, daß er die Berge, wenn sie es waren, noch nie von dieser Seite gesehen hatte. Und wenn er es vorher nicht hatte glauben wollen, jetzt merkte er wohl, daß die Baronie von Tyrawley kaum von einem anderen Teil Erins an Einsamkeit und wilder Leere übertroffen wird. Sein müdes Hirn flüsterte ihm zu: Wenn ich hier irgendwo verlorengehe, erfährt nie eine Menschenseele, wo ich umgekommen bin.«

Der alte O'Daly hielt inne, um sich wieder seiner Pfeife zu widmen. Zwischendurch erläuterte er sozusagen in Randbemerkungen:

»All dies ist natürlich schon ein paar Jahrhunderte her. Damals saßen die Binghams noch in ihrem großen, wehrhaften Schloß auf der Mullet-Halbinsel und regierten das Land ohne Gnade. Dieser Tabak könnte wirklich besser sein, als er ist!«

Er klopfte die gereinigte Pfeife auf dem steinernen Fußboden des Kamins aus. Einen Augenblick hielt der Erzähler in dem grobgewebten Anzug aus Tweed inne. Wir lauschten einem unmäßig wütenden Aufbranden des Regensturms; der sich einen Spaß daraus machte, auf dem Schornstein zu blasen wie auf einer Riesenoboe. O'Daly schüttelte mit unbestimmter Mißbilligung den grauen Kopf und fuhr fort:

»Wieviel von der Nacht vergangen war, das vermochte der einsame Reiter auf der Straße im Hochmoor – unter Bergen, die er nicht kannte – keineswegs mehr abzuschätzen. Es kam ihm vor, als wäre er schon eine Ewigkeit unterwegs.

Die Straße senkte sich zu einem Fluß hinunter und verschwand in dem offenbar flachen, aber heftig strömenden Wasser. Das Pferd schien seiner Sache sicher zu sein; es scheute nicht, setzte bedächtig seine Hufe voreinander und überwand mit leisem Schnauben die Furt; selbst an der tiefsten Stelle reichte das Wasser dem Tier kaum bis an den Bauch. Doch fühlte der Reiter sich wohler, als das Pferd die jenseitige Böschung erklomm und der Weg auf festerem Grund langsam anzusteigen schien. Schritt das Tier nicht zuversichtlicher aus als zuvor? Und plötzlich strengte der Reiter seine Augen an: Ja, dort, ein wenig seitab von der Wegrichtung, glimmte ein Licht! Das Tier hatte es früher bemerkt als der Reiter.

›Gott sei Lob und Dank!‹ sagte der Mann im Sattel laut vor sich hin. ›Wo ein Licht ist, werden auch Menschen sein; sie werden mir ein Obdach nicht versagen. Ich hätte die Nacht kaum überstanden.‹

Merkwürdig hoch stand das langsam deutlicher werdende Licht in der Dunkelheit. Sicherlich lag das menschliche Anwesen am Berghang. Das Pferd fiel in einen leichten Trab. Der Reiter zügelte es; er wollte, so nah dem rettenden Hafen, keinen Fehltritt oder Sturz heraufbeschwören.

Ein schmaler Pfad führte von der Straße seitwärts auf das Licht zu, das bald als ein matt erleuchtetes Fenstviereck zu erkennen war. Schattenhaft tauchte eine strohgedeckte Bauernhütte auf, ein Hund schlug an, ein Tor stand offen.

Aufatmend, wenn auch mit ächzenden Gliedern, schwang sich der Mann aus dem Sattel. Das Pferd begann an einem Heustaken zu schnobern, der vor dem Haus auf dem Hof errichtet war, zerrte mit langen Zähnen an dem festgepackten Futter und begann zu fressen.

Der Reiter suchte nach der Tür und fand das dunklere Viereck leicht in der weißgekalkten Wand. Er klopfte; er hatte ungewisse Geräusche und gedämpfte Stimmen aus dem Innern der Hütte vernommen; sie schwiegen jetzt. Innen wurde ein Riegel zurückgeschoben. Dann öffnete sich die Tür. Ein Mann stand im Rahmen, hoch gewachsen; er behielt den Türknauf in der Hand und machte – entgegen der Sitte des Landes – keine Anstalten, den Fremden zum Eintritt einzuladen.

Der Reiter, der sich in seinen nassen Kleidern elender fühlte denn je, erklärte sein Mißgeschick.

›Ich bin auf dem Weg nach Bangor Erris und weiter nach Belmullet, muß aber vom richtigen Weg abgekommen sein. Ich bitte Euch, gewährt mir ein Obdach für die Nacht und weist mich morgen auf die richtige Straße. Es soll Euer Schade nicht sein.‹

Der Bauer in grobem Wollkittel gab die Tür nicht frei. Er antwortete abweisend:

›Ich würde Euch ohne Entgelt aufnehmen, Herr, in solcher Nacht, wie es das Gastrecht fordert. Aber ich erkenne an Euren Kleidern und dem Sattelzeug Eures Pferdes, daß Ihr von vornehmer Abkunft und anderes gewohnt seid als grobe Bauernhütten im Gebirge. Wenn Ihr der Straße unten im Tal weiter folgt und den Bergsattel unter Benmore nicht verfehlt, dann seid Ihr morgen früh in Belderg. Dort findet Ihr ein Gasthaus und könnt die Straße nach Belmullet nicht mehr verfehlen. Lebt wohl!‹ –

und drückte die Tür ins Schloß. Gerade stürzte ein neuer Regenschwall aus dem nächtlichen Himmel. Der Hund, der des Reiters Stiefel berochen hatte, verschwand mit eingekniffenem Schwanz in irgendeinen trockenen Winkel. Das Pferd am Heuschober schüttelte sich klirrend, hielt aber nicht inne, sich weiter große Büschel Heu aus der Wand des Schobers zu reißen.

Der Reiter war nahe daran zu verzweifeln. Er spürte es in allen Gliedern, daß er nach dem endlosen Ritt des vergangenen Tages eine weitere Nacht bei Sturm, Regen und Kälte nicht überstehen würde. So ungewöhnlich war es, wie der Bauer sich verhielt! Wie konnte er einem verirrten Fremden in solcher Nacht das Gastrecht verweigern! Zorn packte den erschöpften Mann, und er klopfte noch einmal hart mit dem bronzenen Knopf seiner Reitpeitsche an die Tür. Während er wartete, daß ihm geöffnet würde, meinte er, aus der Hütte ein schweres Stöhnen, beinahe einen Schmerzensschrei zu vernehmen. Der Reiter schlug an die Tür, heftiger. Sie wurde aufgerissen. Wieder stand der große Bauer im hellen Viereck. Ohne eine Anrede abzuwarten, ließ er sich mit unterdrücktem Grimm in der Stimme vernehmen:

›Ich sagte Euch schon, daß ich Euch nicht unterbringen kann. Heute nacht ist jeder Fremde zuviel in meinem Haus.

Auch bin ich zu arm und elend, um einem Mann wie Euch ein Lager zuzumuten, wie ich es hier zu vergeben habe.‹

Der Reiter hätte sich vielleicht den Zugang zur Hütte mit der Waffe erzwingen können, dann aber kaum unter so ungastlichem Dach den Schlaf gefunden, nach dem ihn verlangte. So verlegte er sich aufs Bitten:

›Ihr könnt mich nicht abweisen, Bauer. Ich käme um in dieser Nacht. Ich weiß, daß Ihr in Eurer Hütte nicht viel Raum habt. Aber ein Stuhl oder ein Bund Stroh am Herdfeuer soll mir schon genügen. Um der Jungfrau und ihres Sohnes willen, jagt mich nicht von Eurer Schwelle! Wann hätte je ein Sohn Erins die Gastfreundschaft verweigert, dazu bei solchem Wetter!‹

Der Bauer schien mit sich zu kämpfen. Zwar konnte der Reiter sein Gesicht nicht sehen, denn der Mann stand gegen das Licht; aber er schlug die Tür nicht zum zweiten Male zu. Ein paar Atemzüge lang hing Freundschft oder Feindschaft zwischen den beiden Männern in der Schwebe. Dann entrang sich dem Bauern ein unbewußtes Stöhnen; er hob sein Haupt und sagte stockend:

›Da Ihr mich bei der Jungfrau beschwört...! Meine Frau liegt in den Wehen. Es ist ihr erstes Kind, und sie leidet sehr. Ihre Tante ist da, um ihr zu helfen. Wir haben nur einen Raum, Ihr wißt es, und einen Verschlag dahinter. Ein vornehmer Mann wie Ihr mit einer Gebärerin unter einem Dach? Aber kommt herein! Ihr sollt nicht länger im Regen bleiben. Sattelt das Pferd ab; es frißt ja schon. Hinter dem Haus ist ein Verschlag, der meinen Tieren Schutz bietet. Dort findet es Platz. Tretet ein! Ich will Euren Durst und Hunger stillen, so gut ich kann. Meine Frau ruht gerade ein wenig. Ihr mögt dann auf einem Stuhl am Herde mit dem Gesicht zur Wand die Nacht verbringen, so gut es eben geht!‹

Und der Mann gab den Weg ins Innere frei.

Der Gast hob die Augen nicht; er wußte, wie fehl am Platze er in diesem Hause war. Er nahm nur unbestimmt ein Bett im hinteren Stubenwinkel und eine alte Frau daneben wahr. Er trat ans Feuer, wärmte sich und drehte sich weg. Die leisen Geräusche hinter seinem Rücken bemühte er sich, nicht zu vernehmen.

Als der späte Gast die erstarrten Glieder wieder in wenig geschmeidig werden fühlte, besann er sich auf sein Pferd. Auch verlangte es ihn nach trockenen Kleidern, die er in seinen Satteltaschen verpackt trug. Ohne sich zu wenden, verließ er auf Zehenspitzen den Raum, den eine Kerze, die auf dem Fensterbrett stand, und das Herdfeuer flackernd und unsicher erleuchteten.

Draußen fuhr ihm der Wind schneidend ins Gesicht. Aber es hatte aufgehört zu regnen; die Wolken waren aufgerissen und – wie bisher noch nie in dieser Nacht – bot sich der ganze Himmel in blauschwarzer Tiefe ungeheuer ausgestirnt den Blicken dar.

Der Reiter sattelte sein Pferd ab und trug das Lederzeug unter Dach und Fach. Immer wieder blickte er zum Himmel hoch, sonderbar erregt und immer besorgter. Schon schob sich wieder eine neue, dunkle Wolkenbank von Westen auf. Bald würde der Regen die Sterne wieder auslöschen. Angestrengt suchte der Mann in den Gestirnen. Ein langgedehnter Schrei aus dem Innern des Hauses ließ ihn zusammenzucken. Er stürzte zur Haustür, stieß sie einen Spaltbreit auf und rief:

›Bauer, kommt heraus! Schnell! Ich muß Euch sprechen!‹

Seine Stimme hatte so dringlich geklungen, daß in der Tat nach ein paar Augenblicken der Bauer zu seinem Gast ins Freie trat. Der Reiter drang in ihn mit der Frage: ›Eure Frau hat laut geschrien... War es der Augenblick der Geburt!‹

›Nein!‹ erwiderte der Bauer gepreßt. ›Sie kämpft so schwer. Die Wehen peinigen sie entsetzlich. Es kann nicht mehr lange dauern‹

Der Fremde faßte seinen Wirt mit beiden Fäusten an der Brust, als wollte er ihn schütteln, und rief mit halblauter Stimme: ›Bauer, ich beschwöre Euch, wenn Euch das Schicksal des Kindes, das geboren werden soll, am Herzen liegt, dann tut alles, die Geburt hinauszuschieben. Fleht die Hebamme an, sie möge alles in ihrer Macht Stehende versuchen, die Geburt um eine Stunde – oder um mehr als eine Stunde zu verzögern!‹

Der Bauer löste sich unwillig aus dem Griff der Fäuste und trat einen Schritt zurück:

›Was verlangt Ihr von mir, Herr! Meine Frau quält sich schon lange genug. Es wäre gegen Gottes Willen, der Natur Einhalt zu gebieten. Und ich glaube nicht, daß die Hebamme sich dazu hergibt. Wer seid Ihr überhaupt, daß Ihr solches von mir verlangt?‹

Der Gast mochte erkennen, daß er machtlos war. Er ließ die Arme sinken, spürte plötzlich große Müdigkeit, die sich wie Meltau auf sein Gemüt senkte; er antwortete tonlos:

›Ich kann es Euch nicht erklären, Bauer. Nicht um meinetwillen, sondern um des Kindes und Euretwillen rate ich Euch, die Geburt hinauszuzögern. Glaubt mir: ich weiß mehr als Ihr, Bauer, bin kein Zauberer und kein Feenknecht. Ich will Euer Bestes! Ich bin Euch dankbar, daß Ihr mich aufgenommen habt.‹

In diesem Augenblick drang abermals ein langgepreßter Schrei aus dem Haus. Der Bauer erwiderte nichts, wandte sich und stürzte zur Tür. Noch einmal blickte der Fremde zum Himmel empor, der sich bereits zur Hälfte verdunkelt hatte, seufzte und bemühte sich um einen trockenen Winkel unter dem Schuppendach, um seine nassen Kleider gegen die trockenen aus den Satteltaschen zu vertauschen.

Als der Fremde vorsichtig das Haus betrat, in dem Stille eingekehrt schien, fand er neben seinem Stuhl vor dem Herdfeuer einen Schemel stehen, auf dem ein Napf gekochter Kartoffeln dampfte; ein großer irdener Topf voll Milch daneben und ein hölzerner Löffel. Mit seltsamer Rührung nahm der Fremde die Zurichtung wahr. Ja, so waren sie, diese Menschen in den westlichen Bergen: sehr arm; aber mit freundlichem Herzen und von einer stolzen Höflichkeit, die aus anderen größeren Zeiten stammen mußte als solchen dieser Armut.

Gierig nahm der Fremde das einfache Mahl zu sich. Als er den Topf Milch leer getrunken hatte, tauchte der Bauer aus dem Dämmern neben dem Herd und goß dem Durstigen noch einmal aus einem größeren Kruge nach. Nur ab und zu vernahm der Fremde ein mattes Stöhnen, das aus der Tiefe des Raums in seinem Rücken drang. Er blickte sich nicht um.

Als Hunger und Durst gestillt waren, die Wärme des Herdfeuers die Glieder des Gastes gelöst, als der Bauer wortlos den Schemel mit den Resten des Mahls fortgehoben hatte, streckte der Fremde seine Beine von sich und gedachte zu wachen, um den Augenblick nicht zu verpassen, an dem das erwartete Kind den gequälten Leib der Mutter verlassen würde. Dann wollte er vors Haus treten und den Stand der Sterne feststellen – wenn sie gerade zu erblicken sein sollten.

Aber das Atmen des Viehs nebenan, das leise Knistern der Herdglut, der Gesang des Windes im Kamin, das sachte Tappen des Mannes oder der alten Frau in seinem Rücken, der stumme Zwang, den Kopf nicht zu wenden – all dies war wie eigens dazu angetan, den erschöpften Reiter einzuschläfern. Schon nach kurzer Zeit sank das Kinn des Fremden herab, bis der Kopf auf dem Brustbein eine Stütze fand. Der Mann schlief reglos und tief. Irgendwann erwachte er halb, vernahm einen wilden Schrei, ein winziges Stimmchen danach, murmelte: ›Jetzt also!‹ und sank gleich darauf noch tiefer in den Abgrund des Schlafes.

Erst einige Stunden später – wie viele verflossen waren, das wußte er nicht – erwachte der Reiter steif und dumpf auf seinem harten Stuhl. Noch flackerte die Kerze im Raum, und wie oft inzwischen der Torf auf der Herdstatt nachgelegt worden war, das wußte der mühselig Erwachende nicht. Ein quäkendes Stimmchen belehrte ihn darüber, daß inzwischen eine Seele mehr im Hause Einzug gehalten hatte. Das schwächliche Kindergreinen brachte ihn mit einem Schlag zu sich. Er wurde sich beschämt bewußt, daß er den Augenblick der Geburt des Kindes verschlafen hatte. Als der Bauer seinem Gast, grau vor Müdigkeit, aber mit einem glücklichen Glanz in den Augen, berichtete, daß dem Haus der erste Sohn geboren wäre, brachte es der Fremde kaum über sich, seinem Wirt und dem Kind Glück zu wünschen. Sonderbar eindringlich befragte er den Bauern nach dem genauen Zeitpunkt der Geburt. Der Bauer nahm die Frage nicht ernst. ›Oh, nicht allzu lange nachdem Ihr fest eingeschlafen wart, Herr! Wohl so ungefähr um Mitternacht. Was kommt es darauf an! Das Kind und seine Mutter sind gesund. Wir haben keine Uhr.‹

Der Fremde wandte sich ab, um sein Gesicht zu verbergen. Er fühlte sein Herz von so namenloser Trauer überwallt, daß er am liebsten in Tränen ausgebrochen wäre. Wenn er gekonnt hätte, wie er wollte, hätte er sich auf sein Pferd geschwungen und wäre davongeritten, ohne sich noch einmal nach diesem Haus des Unglücks umzusehen. Aber damit hätte er seinen Wirt, der ihm zu ungelegener Zeit Obdach gewährt hatte, tief gekränkt. Er mußte das Frühstück mit dem Bauern und der Hebamme teilen, einer dicklichen, grauhaarigen Frau, die den Gast aus scheuen Augen betrachtete, ohne ein einziges Wort an ihn zu richten.

Die Freude des Mannes, der in der vergangenen Nacht Vater geworden, war rührend und fast erschütternd zu beobachten. Der Fremde zog, als der Augenblick des Abschieds gekommen war, einen Notizblock aus der Rocktasche, zückte einen Schreibstift, warf einen Satz aufs Papier, riß den Zettel heraus, knüllte ihn zu einer kleinen, festen Kugel zusammen und reichte dies Kügelchen dem Bauern. Er sagte:

›Ich kann Euch Eure Gastfreundschaft nicht vergelten, Bauer. Nehmt dies! Es ist kein Dankgeschenk, aber es wird Eurem Sohn helfen, einen sehr schweren Tag zu bestehen. Schließt dieses Kügelchen in eine Kapsel, eine Nuß oder dergleichen, und laßt es Euren Sohn stets um den Hals tragen. Seht zu, daß die Kapsel wasserdicht ist, damit die Schrift auf dem Papier nicht zerstört wird. Euer Sohn soll die Kapsel nicht öffnen bis zu dem Tag vor seinem einundzwanzigsten Geburtstag. Dann soll er lesen, was ich aufgeschrieben habe. Es wird ihm großen Trost spenden – und er wird ihn brauchen.‹

Das Gesicht des so Angesprochenen war ernst geworden bei diesen Worten. Der Bauer blickte den Fremden lange an, hatte halb ungewollt das Papierkügelchen schon in seine Hand gefaßt. Er las in den Augen seines Gastes nichts als Ernst, Trauer, Wohlwollen, und ihm dämmerte in dieser schwebenden Minute, daß seinem Kind vielleicht ein gefährliches, vielleicht ein jammervolles Schicksal bestimmt sein mochte. Er antwortete wie unter einem Zwang:

›Ja, Herr, ich will es tun. Mein Sohn soll es fortab an einer Schnur um den Hals tragen. Und ich werde ihm einschärfen, daß er erst am Tag vor seinem einundzwanzigsten Geburtstag das Papier in der Kapsel entfalten und lesen darf. Was es auch immer bedeuten mag, Herr, ich glaube, daß Ihr es gut mit mir und meinem Sohn meint. Vielleicht hat Euch wirklich die Heilige Jungfrau in dieser Nacht zu mir geschickt. Ich will Gott und ihr und allen Heiligen dafür danken!‹

Bald trabte der Fremde auf seinem ausgeruhten und gesättigten Pferde davon. Der Sturm hatte nachgelassen, der Regen ganz aufgehört. Zwar war der Reiter weit vom Weg nordwärts abgeirrt. Aber er wußte nun, welche Richtung er zu nehmen hatte und würde sein Ziel, das Schloß der Binghams, noch vor der Nacht erreichen.

Der Morgen graute eben, als der Reiter sich zum letzten Male umwandte. Aber das Haus am Hang, in dem er die Nacht verbracht hatte, war schon hinter einer Felsenkuppe verschwunden, als wäre es nie gewesen. Jene sonderbare Mischung von Fröhlichkeit und unbestimmter Trauer überwältigte das Herz des Reiters, die sich oft einstellt, wenn wir einer Gefahr entronnen sind, der wir eigentlich nicht gewachsen waren. Die Morgenwolken zogen über den blankgewaschenen, seidenblauen Himmel. Ein Reiher flog mit trägem Flügelschlag zu einem Bergsee auf Beute. Eine Möwe schrie. Und in den Moorlachen gegen Osten spiegelte sich das Morgenrot. Das Pferd fiel von selbst in Galopp, als wüßte es, daß versäumte Zeit nachzuholen war.

Und ein paar Wochen später hatte der Reiter im Wirbel der Geschäfte und der Aufgaben, die er zu erfüllen hatte, das einsame Bauernhaus in den Bergen, wo er die seltsame Nacht verbracht hatte, schon vergessen – wie es eben geht!«

O'Daly schwieg, gab dem Schullehrer einen Wink, sich um das Feuer zu kümmern, das zusammengesunken war. Gleich machte sich die feuchte Kälte unangenehm bemerkbar, die der Sturm durch alle Ritzen schickte. Keiner von uns sprach ein Wort. Wir sahen dem Lehrer zu, wie er schnell und geschickt die Glut schürte und einen neuen Bau von schwarzen Torfstücken darüber aufrichtete. Gleich züngelten die ersten blassen Flammen zwischen den trockenen Soden hoch, und während sie langsam Wärme auszustrahlen begannen, hob der alte O'Daly die Hand zum Zeichen, daß er fortfahren wollte. Wir anderen rückten uns zurecht. Dann hob er die alte, aber sonderbar warme und biegsame Stimme wieder an:

»Die Jahre flossen mit den Wassern vom Berg. Das weiße, kleine Bauernhaus lag abseits wie von jeher. Jedes zweite Jahr brachte der Bauer ein neues Strohdach auf seine Hütte, packte und deckte es fest, spannte dann das Netz aus Stricken darüber, die an den vorspringenden Steinen der Mauer festgeknüpft werden, damit die schweren Stürme der Äquinoktien und des Winters das Dach nicht auseinanderzerren und davontragen. Und jedes Jahr tünchte er die Mauern neu, so daß seine Behausung stets freundlich und sauber aussah. Er brauchte nicht zu fürchten, daß ihm deswegen die Pacht erhöht wurde, denn seine Wohnung lag so weitab allen Straßen von Bedeutung und so weitab dem Sitz seines Landlords, daß er übelwollende und hochmögende Besucher nicht fürchten mußte. Auch pflegte er nicht den Besuch des Pachterhebers abzuwarten; er brachte sein Schwein rechtzeitig zu Markte und zahlte dann seinen Pachtzins sogleich ein. Außer einem gelegentlichen Verwandten oder einem Freunde verirrte sich sonst nie ein Mensch in sein entlegenes Tal. Oftmals mußte er darüber nachdenken, erörterte es auch mit seiner Frau, wie sonderbar der Zufall gespielt hatte, daß er ihnen gerade in der Nacht der Geburt ihres ersten Kindes den einzigen fremden Besucher beschert hatte, einen so merkwürdigen, freundlichen, vornehmen Herrn, der gern vorliebgenommen und der über den Stand der Sterne Bescheid gewußt hatte. Ob er ein Gelehrter gewesen war oder ein Gesandter des Königs? Er hatte es mit keiner Silbe angedeutet. Aber Mann und Frau zweifelten nicht daran, daß der Fremde wirklich das Wohl ihres Kindes gemeint hatte, als er befahl, nie die kleine Kapsel mit dem Papierkügelchen zu vergessen, die der Sohn an einer Schnur um den Hals tragen sollte. Manchmal wollte ihnen der Fremde in der Erinnerung wie ein Wesen aus einer anderen Welt erscheinen; Geheimnis umwitterte den nächtlichen Besuch. ›Wunderbar sind die Wege Gottes‹, pflegte der Bauer zu sagen und sah darauf, daß dem Kind von klein auf die Bedeutung der Kapsel eingeschärft wurde, die es weder zur Nacht noch am Tage ablegen durfte. Der Knabe, dem im

Lauf der Jahre ein Halbdutzend weiterer Kinder folgte, wuchs zu einem klugen und kräftigen Burschen heran, der seinem Vater früh zur Hand ging und schnell die Künste des Lesens, Schreibens und Rechnens erwarb, dazu die Wissenschaft von der einstmals großen Vergangenheit der Sippe, die ein wandernder Lehrer und Sänger ihm auf Geheiß des Vaters beibrachte. Die Eltern hatten Freude an ihrem Erstgeborenen, der zu jedem Werk geschickt und heiteren, offenen Gemüts war; was er anfaßte, gelang ihm wohl. Als er allmählich dem Knabenalter entwuchs, vermochte er einen immer größeren Anteil der Arbeit des Vaters zu übernehmen.

Es wäre beinahe unnatürlich gewesen, wenn der junge Mann, der auf den Namen Liam getauft war, bei seinem aufgeschlossenen Verstande nicht zuweilen voller Neugier die Kapsel in seinen Fingern gedreht hätte, die er um den Nacken trug, solange er denken konnte. Denn er spürte allmählich, daß mit dem kleinen Behälter an seiner Brust ein Geheimnis verknüpft war. Liam pflegte jeden Abend halb unbewußt mit der Kapsel zu spielen, ehe er einschlief – und oftmals begleitete sie ihn in den Traum.

Im Herbst des Jahres, in welchem Liam neunzehn Jahre alt werden sollte, lag der junge Mann eines Abends nach heißem Arbeitstag am Ufer eines Bergsees im Heidekraut; er hatte gebadet und den Staub und Schweiß des Ackers von seinen Gliedern gespült. Die Einsamkeit hing wie ein Duft über Berg und stillem See, in dem sich die Abendwolken und die Kuppen fernerer Hügel spiegelten; noch summten die Bienen und Hummeln; die wilden Tauben schossen auf sausenden Flügeln vorüber, und die wilden Schwäne ließen sich regungslos und blendend weiß auf dem dunklen Wasser des Sees treiben. Die Gedanken des Ruhenden begaben sich auf Wanderschaft. Seine Rechte spielte mit der Kapsel, die er am Halse trug, rollte und wendete sie mit den Fingern lässig hin und her, wie er es schon hundert- oder tausendmal getan hatte.

An diesem Abend wollte es der Versucher, daß die Kapsel der spielenden Hand nicht mehr widerstand. Plötzlich fühlte Liam, wie sie sich von selbst in zwei Teile spaltete, und wie von selbst rollte ihm das Papierkügelchen in die Finger, das so lange von der Kapsel beherbergt worden war. Liam richtete sich bestürzt auf. War es seine Schuld, daß sich die Kapsel vor der gesetzten Zeit geöffnet hatte? Sollte er das Kügelchen ungelesen wieder in dem winzigen Gefäß verschließen? Ungewiß wog er die winzigen Gegenstände in der Hand. Wohl hätte er das Papier furchtsam abermals in dem Behälter verbergen sollen. Amulette – war die Kapsel nicht ein solches? – darf man nicht befragen. Aber Liam vermochte der Gelegenheit, die verführerisch sich anbot, nicht zu widerstehen; keine Menschenseele weit und breit, die ihn hätte beobachten können. Abendstille ringsum. Die Schwäne auf dem Wasser waren ein paar träge Schläge weit fortgerudert, als sich am Ufer der helle Menschenleib aus dem Kraut hob, und trieben nun wieder reglos dahin, schwimmenden Statuen gleich.

Liam ließ einen scheuen, schnellen Blick über Berg und See und Tal schweifen: ja, er war ganz allein! Er entfaltete mit ungeschickten, bebenden Fingern das Blatt Papier, das er schon fast neunzehn Jahre auf dem Herzen trug.

Niemand war da, der das blasse Entsetzen hätte ansehen können, das sich auf des jungen Mannes Gesicht spiegelte, als er den Zettel gelesen hatte. Seine Augen weiteten sich und wurden schwarz vor Schreck. Er ließ die Hand sinken, die das Papier hielt, und blickte mit starren Augen zu den fernen Bergen, hinter denen die Sonne blutigrot versank; er nahm nichts von der Fülle und Pracht der Farben wahr. Er hob noch einmal heftig das zerknitterte Blatt vor die Augen und entzifferte den verblaßten Text zum zweitenmal – er hatte sich nicht verlesen; da stand es kalt und mitleidlos:

›Du, der Du unter verhängnisvollen Sternen geboren wurdest, wisse, daß Du an Deinem einundzwanzigsten Geburtstag um eines Verbrechens willen gehängt werden wirst, dessen Du nicht schuldig bist. Dies diene Dir zum Trost in der Nacht vor Deinem Tode: Ein Mensch wenigstens weiß um Deine Unschuld. Er wird beim Jüngsten Gericht für Dich zeugen. C. C.‹

Liam warf sich ins Gras zurück; er weinte.

Erst die Kühle der heraufziehenden Nacht brachte den

Verzweifelten wieder zu sich. Er vergaß nicht, das schreckliche Papier in der Kapsel zu verschließen und sich die Schnur mit dem Anhänger, den er lange wie eine glühende Kugel auf der Haut spürte, um den Nacken zu knüpfen. Denn er hatte sich zu dem Entschluß durchgerungen, den Eltern nichts von seiner verhängnisvollen Entdeckung zu verraten.

Es war Nacht, als er den Hof erreichte. Seine Mutter war schon in Sorge gewesen. Aber er schützte vor, am See geschlafen zu haben und nicht rechtzeitig erwacht zu sein. Die Mutter meinte ängstlich: ›Du wirst dich erkältet haben. Du solltest gleich zu Bett gehen!‹ Das war dem Sohn sehr recht; es fiel ihm so leichter, sein Gesicht zu verbergen und allzu dringlichen Fragen auszuweichen.

In den Tagen und Wochen, die folgten, gewöhnte sich Liam allmählich an das Geheimnis, das er vorwitzig erkundet hatte. Seine Eltern hatten ihm von den besonderen Umständen bei seiner Geburt, dem nächtlichen Besuch des vornehmen Fremden und dem merkwürdigen Geschenk, das er hinterlassen hatte, so oft berichtet, daß er jetzt keinen Augenblick lang an der Wahrheit der Prophezeiung zweifelte, die das Kügelchen enthielt. Es lagen noch zwei volle Lebensjahre vor ihm – und wie lang erscheinen nicht zwei Jahre einem jugendlichen Gemüt! Manchmal dachte er einen ganzen Tag lang nicht an das Verhängnis, das unsichtbar über ihm schwebte. Eigentlich nur seine Mutter merkte, daß er in der Tiefe verändert war, und machte sich heimlich Sorgen. Sie mochte sich wie manche Mutter mit einem Sohn in diesem Alter fragen, ob ihr Erstgeborener vielleicht etwas Übles verheimliche. So stellte sie ihn am Tag nach seinem neunzehnten Geburtstag zur Rede. Die Frist, die ihm noch zu leben vergönnt war, wurde ihm von Tag zu Tag deutlicher bewußt. Manch verzweifelte Stunde wußte er kaum noch zu meistern. Die Mutter fragte den Sohn heimlich:

›Du verbirgst mir etwas, Liam! Du wirst uns nicht in Schanden bringen, wirst unserem Namen nicht Unehre machen! Ich flehe dich an, bleibe auf dem rechten Weg!‹

Um ein Haar hätte Liam in seiner Verzweiflung das Geheimnis verraten. Der Mutter konnte er schwer widerstehen. Aber gerade ließ sich der Vater vor der Tür vernehmen. Er rief nach der Mutter mit irgendeinem alltäglichen Auftrag. Das vertrauliche Gespräch zwischen Mutter und Sohn kam zu keinem Ende.

In der Nacht darauf lag Liam lange wach, während Eltern und Geschwister, Vieh und Vögel und die ganze wilde Welt längst schliefen.

Die ängstliche Frage der Mutter war ihm wie ein Pfeil ins Herz gedrungen. Ja, wenn sie mich hängen an meinem einundzwanzigsten Geburtstag, dann ist unser ehrwürdiger Name entehrt. Die Schande bleibt an meinen Eltern und Geschwistern, an der ganzen Sippe haften, denn nur ein einziger wird wissen, daß ich unschuldig bin. Der aber ist nicht hier – und niemand weiß, wo er zu finden wäre, meine Unschuld zu bezeugen. Ach, erst am Jüngsten Gericht wird er für mich einstehen. Nein, solche Schande kann ich meinen Eltern nicht antun. Öffentlich gehängt zu werden –! Es gibt keine größere Unehre!

Er warf sich hin und her auf seinem mageren Strohsack und stöhnte so laut, daß der Vater, der mit der Mutter im Hauptraum der Hütte schlief, schlaftrunken durch die offene Tür in das Giebelzimmer rief: ›Fehlt dir etwas, Liam?‹

›Nein, Vater!‹ erwiderte der Sohn, wobei er sich bemühte, seine Stimme so natürlich wie möglich klingen zu lassen.

›Dann lieg nur still und schlafe, sonst weckst du deine Geschwister!‹

›Ja, Vater!‹ antwortete Liam und wußte im gleichen Augenblick, was er zu tun hatte. Große Trauer befiel ihn; aber es war wenigstens eine Entscheidung gefallen. Das erleichterte ihn, und er fand wirklich den Schlaf.

Am nächsten Morgen trat er vor seine Eltern und sprach:

›Ich bin mit Gottes und eurer Hilfe neunzehn Jahre alt geworden. Es wird Zeit, daß ich mich in der Welt umsehe. Meine älteren Geschwister sind kräftig und vernünftig genug, euch die meiste Arbeit abzunehmen. Ich bin im Haus und Hof nicht mehr vonnöten; es ist gar nicht genug für mich zu tun da. Laßt mich in die Welt ziehen, daß ich mir anderswo mein Brot verdiene. Vielleicht lacht mir irgendwo in der Fremde das Glück. Ich falle euch dann nicht zur Last, und ihr könnt leichter für meine jüngeren Geschwister sorgen. Und wenn es mir draußen gutgeht, will ich euch das Geld für die Pacht schicken.‹

Die Mutter brach bei diesen Worten in Tränen aus.

›Mein lieber Sohn‹, rief sie, ›eben erst noch liefst du im roten Kinderröckchen umher, und jetzt willst du allein in die Welt!‹

Aber der Vater meinte nach einer Weile des Nachdenkens:

›Du hast recht, Liam, mein Sohn. Unser kleiner Pachthof vermag so viele Münder, wie wir es sind, nicht zu stopfen, wenn einmal eine schlechte Ernte kommt, und schon gar nicht, wenn deine jüngeren Geschwister erwachsen sein werden. Du wirst dich in der Welt durchbringen, denn du bist der Klügste und Geschickteste von uns allen. Bleibe also bei uns, bis das Weihnachtsfest vorüber ist. Danach ist das Wetter klarer, und die Tage fangen wieder an, sich zu dehnen. Dann magst du Abschied nehmen.‹

›So soll es sein!‹ gab Liam zur Antwort und floh vor den Seinen, wanderte über dem Haus in die Berge hinauf. Seine Geschwister hatten eine große Klage begonnen, als sie hörten, daß er sie verlassen würde. Er wollte dem Jammer entgehen. Sein eigner war groß genug, und er konnte ihn nur ertragen, indem er sich vorhielt: in der Fremde kennt kein Mensch mich und die Meinen. Wenn ich dort am Galgen sterbe, so bringe ich nur über mich selbst Schande, aber nicht über meine Eltern. Wenn ich erst weit genug gewandert bin, will ich einen anderen Namen annehmen, damit meine Eltern und Geschwister niemals erfahren, wie und wo mir ein Ende beschieden war.

Weihnachten kam schnell genug heran. Die ganze Familie wanderte viele Meilen weit über die Berge zur Mitternachtsmesse – und während Eltern und Kinder knieten, der Duft des Weihrauchs sie umwölkte, die Kerzen auf dem Altar flackerten, betete Liam für das Wohl seiner Lieben, so wie sie für das seine beteten. Sie waren traurig alle, aber sie waren auch getröstet.

Vierzehn Tage später, an einem kalten, hellen Tag, wanderte Liam mit einem bescheidenen Bündel und einem Stab, den er sich aus der Fuchsienhecke um den Hof des elterlichen Anwesens geschnitten hatte, den Berg hinab davon. Er drehte sich viele Male um; er hatte darum gebeten, daß ihm niemand das Geleit geben möge, wie es sonst üblich war. So konnten ihm die anderen nur nachwinken.

Er wußte nicht, daß er über den gleichen Weg davonzog, über den vor gut neunzehn Jahren jener verirrte Reiter sich dem elterlichen Hof genähert hatte, jener Reiter, dessen böser prophetischer Zettel ihn jetzt aus der Heimat vertrieb. Liam stolperte, halb blind vor Tränen, hastig den Weg entlang. Die zutraulichen Schwarzdrosseln und die flinken Rotkehlchen, die ihm ungebeten das Geleit gaben, sah er nicht – und auch nicht den Fischadler, den er gut kannte; noch lange zog er über dem Wandernden seine mächtigen, stillen Kreise, stieß dann einen seiner schrillen Schreie aus und strich sausend ab; das Tier kannte die Gegend nicht mehr, die Liam schon erreicht hatte.«

Ich hatte lange ins Feuer gestarrt, während die Geschichte an mir vorüberzog. Als nun O'Daly schwieg, blickte ich hoch und wandte mich ihm zu. Fast erschrak ich. Er saß mit geschlossenen Augen aufrecht da, doch mit zusammengezogenen Brauen, als hätte er vor seinen inneren Blicken einen Gegenstand oder eine weit entfernte imaginäre Landschaft mit größter Anstrengung und Aufmerksamkeit ins Auge gefaßt. Die innere Anteilnahme, mit welcher der alte Mann seine Geschichte erzählte, erschütterte mich. Wir alle, die wir ihm zuhörten, blickten ihn an. Er merkte es nicht.

Draußen heulte der Sturm maßloser als zuvor. Er schien an Wildheit noch zuzunehmen, und ich dachte daran, daß ich in dieser Nacht weiterfahren mußte, denn hier konnte ich nicht übernachten. Ich hatte mir schon in Belmullet Quartier bestellt.

Unsere Stube war voll Rauch. Der Sturm drückte ab und zu einen Schwall von Torfdunst ins Zimmer, immer dann, wenn es zuvor im Schornstein dumpf und höhnisch gerollt, gebullert und gedonnert hatte. Ich kannte die Voranzeige schon und lehnte mich rechtzeitig zurück, um nicht den Rauch gleich aus erster Hand ins Gesicht geblasen zu bekommen.

O'Daly fragte nach alldem nicht. Er wanderte mit seinem Helden Liam durchs Land, durch Sturm und Regen in die Fremde. Unvermutet begann er, weiterzuberichten:

»Gute Tage kamen für den jungen Liam und schlechte. Er lernte wie wir alle durch bittere Erfahrung, daß es böse Menschen gibt, nicht sehr viele, aber gefährliche, und gute Menschen, die noch weniger zahlreich sind und trotzdem allein das Leben erträglich machen, und daß die meisten Menschen weder gut noch böse sind, sondern gleichgültig und sich zum einen oder anderen durch die Umstände treiben lassen. Ziemlich schnell lernte Liam, wie jeder, dem keiner hilft, daß man sich schütteln muß und sich ein dickes Leder zulegen muß, um am Leben zu bleiben.

Da er sich vor keiner Arbeit fürchtete, brauchte er nicht zu hungern und auch nicht zu betteln, obgleich er sich nicht scheute, hier und da eine Mahlzeit oder auch ein Nachtquartier anzunehmen. Hatten doch auch seine Eltern ihr Haus nie vor einem Fremden verschlossen und selbst einem Bettler unter ihrem Dach Schutz vor der Nacht und dem Wetter gewährt.

Weit hatte ihn sein Weg von der Heimat entfernt. Aus dem Jüngling wurde schnell ein Mann, der für sich selbst einzustehen wußte. Zwar nannte er sich immerfort Liam, aber wenn ihn jemand nach seines Vaters Namen fragte, so gab er einen anderen an als den, mit dem er geboren wurde. Denn niemals vergaß er, weshalb er die Heimat im Norden Mayos verlassen hatte, und stets hing ihm auch am sonnigsten Himmel die dunkle, schweigende Wolke: Sie werden mich anklagen, noch bevor ich einundzwanzig Jahre alt bin, und werden mich hängen für eine Tat, die ich nicht begangen habe.

Im Herbst vor seinem zwanzigsten Geburtstag fragte Liam um Arbeit auf einem der stolzen Herrensitze, von denen aus damals im reichen, fruchtbaren Südosten der Insel das Land regiert wurde. Ja, hieß es, der Obergärtner sei alt und brauche Hilfe; sei aber ein mürrischer und anspruchsvoller Mann; wenn Liam nicht seinen Beifall finde, müsse er wieder gehen und könne auf keinen Lohn rechnen.

Liam war einverstanden und gab sich große Mühe, den Gärtner zufriedenzustellen. Sonderbarerweise gelang ihm, worin viele andere vor ihm versagt hatten. Der Gärtner fand Gefallen an seinem jungen Helfer, und da er in der Tat ein müder, abgearbeiteter Mann war, übertrug er Liam eine Aufgabe nach der anderen und freute sich, wenn Liam sie zuverlässig und geschickt löste.

Allmählich merkte der Gärtner, daß sein junger Helfer wußte, was Verantwortung bedeutet; er konnte ihn zum Vormann über andere setzen und sicher sein, daß nichts vernachlässigt wurde. Auch bei dem Herren des Besitzes fand Liam Gefallen. So ergab es sich beinahe von selbst, saß schon nach einem knappen Jahr Liam zum Stellvertreter des Obergärtners bestimmt wurde, als dieser nach einem kleinen Unfall nur noch zu einer lockeren Oberaufsicht fähig war.

Es war nicht weiter verwunderlich, daß mancher der anderen Gärtnerburschen und -gehilfen, die zum Teil schon viel länger dort in Arbeit standen, dem jungen Liam seinen schnellen Aufstieg neidete. Sie versuchten oft genug, ihn schlecht zu machen oder ihm Knüppel zwischen die Beine zu werfen. Doch Liam kam gewöhnlich ihren bösen Absichten zuvor; auch genoß er das Vertrauen seines vielerfahrenen Vorgesetzten; kein Klatsch vermochte ihm etwas anzuhaben.

Wie nun die Zeit hinging und nur noch ein Vierteljahr den jungen Liam von seinem einundzwanzigsten Geburtstag trennte, überfiel ihn eine immer heftigere Sehnsucht, noch einmal seine Heimat, wo er geboren, die Eltern und Geschwister, ach, die Berge, die See, die schnellen Flüsse und die braunen Moore wiederzusehen, bevor ihn sein Schicksal ereilte. Denn felsenfest glaubte Liam an die Wahrheit des prophetischen Zettels, den er auf der Brust trug. Mit einer merkwürdigen Art von Neugier fragte sich der junge Mann zuweilen, wie und wo er wohl in ein todeswürdiges Verbrechen verstrickt werden könne, das ihn so früh an den Galgen bringen würde. Noch waren keine Anzeichen zu entdecken, die ihm ein böses Ende verkündeten.

Auch trieb ihn ein wenig der Stolz, seinen Angehörigen mitzuteilen, wie schnell er in der Fremde zu Ansehen und einer guten Stellung gelangt war. Er würde ja nie wieder Gelegenheit haben, seinen Eltern solche Freude zu bereiten. So bat er sich denn, als die Ernte vorüber war, für vierzehn Tage Urlaub aus, der ihm auch nach einigem Zögern gewährt wurde, da er angab, sich um seine Eltern kümmern zu müssen. Der alte Gärtner wußte ihm sogar ein Pferd zu verschaffen; er wollte seinen Gehilfen so schnell wie möglich wieder zurück haben.

Liam packte eilig seine Sachen und dazu noch manches andere, was er seinen Lieben als Geschenk aus der Ferne mitnehmen wollte. Er war bald damit fertig und ließ die Bündel in seiner Kammer stehen, um noch einmal einen Rundgang durch die Gärten zu machen, bevor er abritt, und die letzten Anordnungen zu erteilen.

Einige seiner Neider aber gedachten, ihn jetzt bei günstiger Gelegenheit zu verderben. Ein Kammerdiener stahl der Dame des Hauses einen wertvollen Schmuck aus Gold und Edelsteinen, den sie gewöhnlich in einer kleinen, unverschlossenen Truhe ihres Schlafzimmers aufgehoben hatte. Diesen Schmuck wußte der ungetreue Mann, der mit den neidischen Gärtnern unter einer Decke steckte, in jenem Bündel Liams zu verbergen, worin er die bescheidenen Geschenke für Eltern und Geschwister verpackt hatte.

Liam verabschiedete sich und ritt davon, ohne zu ahnen, welch gefährliches Angebinde er bei sich trug.

Am Tag nach seiner Abreise entdeckte die Herrin des Hauses den Verlust, und sehr geschickt wußte der Kammerdiener im Verein mit einem der Gärtnerburschen den Verdacht auf Liam zu lenken. Der Lord setzte seinen Neffen, der gerade zu Besuch bei ihm weilte, und ein paar weitere Bewaffnete zu Pferd und hieß sie, Liam zu folgen, zu stellen und zu durchsuchen.

Als Liam sich in der zweiten Nacht in einer Herberge zur Ruhe begeben wollte, vernahm er, wie vor dem Haus Pferde gezügelt wurden. Gleich danach wurde nach ihm gefragt, und wenige Augenblicke später drangen Bewaffnete in sein Zimmer. Der junge, hitzige Edelmann schrie Liam an: ›Ihr habt meine Tante bestohlen! Gebt den Schmuck heraus!‹

Liam antwortete ruhig:

›Ich weiß nichts von einem Schmuck. Ich habe nichts gestohlen. Das ist mein ganzes Gepäck. Durchsucht es, wenn Ihr wollt!‹

Es geschah, was kommen mußte. Liam verbrachte die Nacht auf dem kalten Fußboden, an Händen und Füßen gefesselt, und mußte am nächsten Tag, auf sein Pferd gebunden, den Weg wieder zurück durchmessen, den er schon hinter sich gebracht hatte. Er wurde ins Gefängnis geworfen. Kein Mensch glaubte ihm, als er immer wieder seine Unschuld beteuerte. Der Fall lag so klar wie nur möglich. Sobald das Gericht zusammentrat, würde es ihn aburteilen. Auf Diebstahl stand damals der Tod durch den Strang.

Liam verdämmerte die Tage in seiner feuchten Zelle. Er ahnte zwar, wie der Schmuck in sein Gepäck geraten war. Aber auf Ahnungen gab der Richter nichts. Zu deutlich schienen alle Anzeichen gegen ihn zu sprechen.

Vor allem aber fehlte dem Beschuldigten der entschlossene Wille, mit allen Mitteln um seine Ehre und sein Leben zu kämpfen. Es war nur eingetreten, worauf er eigentlich seit zwei Jahren gewartet hatte. Die Prophezeiung, die jener nächtliche Fremde in den Stunden nach seiner Geburt aufgeschrieben hatte – war sie nicht schon so gut wie erfüllt? Was hatte es groß für einen Sinn, sich zu wehren, wenn das widrige Schicksal ohnehin beschlossen war und ehern seinen Gang nahm, ohne Rücksicht auf Schuld oder Unschuld? Liam verteidigte sich bei den Vorverhören so matt und nachlässig, daß der Untersuchungsrichter nach kurzer Zeit zu der Überzeugung gelangte, Liam habe die Tat wirklich begangen; sein schlechtes Gewissen hindere ihn, entschiedener für die eigene Unschuld einzutreten.

Wenige Tage vor Liams einundzwanzigstem Geburtstag sollte der Beschuldigte in öffentlicher Verhandlung sein Urteil empfangen. Liam war der Vernehmungen und Verhöre längst unendlich überdrüssig geworden. Er zweifelte nicht daran, daß er an seinem kommenden Geburtstag würde sterben müssen; er konnte die Frist, die ihm noch zu leben bestimmt war, weder verlängern noch verkürzen. Er hatte sich zwei Jahre lang an den Gedanken seines Untergangs gewöhnt. Nun, da es soweit war, zogen sich ihm die letzten Tage unerträglich in die Länge.

Viele Menschen waren herbeigeströmt, der Gerichtsverhandlung zuzuhören. Die Neunmalklugen gaben vor, schon lange gewußt zu haben, daß es ein schlechtes Ende nehmen mußte, wenn man einen so jungen Menschen aus weit entfernten, unbekannten Landstrichen mit einem wichtigen Posten betraute. Nicht einmal seine Eltern kennte man hier, und sein Name wäre ein solcher Allerweltsname, daß sich alles und jedes dahinter verbergen mochte.

Der Richter, ein hochgewachsener, ernster Mann mit mächtiger Perücke, gefolgt von seinen Sekretären, betrat den Saal und eröffnete die Sitzung. Zunächst ließ er die belastenden Zeugen aufmarschieren, jene Reiter, die den Schmuck in Liams Gepäck gefunden hatten; dann die Zeugen, die Liam entlasteten, wie den alten Gärtner, der seinem ehemaligen Stellvertreter ein vorzügliches Zeugnis ausstellte.

Liam saß teilnahmslos auf seiner Sünderbank und mußte zweimal von dem Richter aufgefordert werden, sich zu erheben und Rede und Antwort zu stehen. Er hörte nicht zu; er weilte in Gedanken bei den Eltern in der Heimat, die er gern noch einmal wiedergesehen hätte und die er nie wiedersehen würde.

Liam trat vor und blickte den Richter an. Das gütige, ernste Gesicht flößte ihm Vertrauen ein. Ganz unvernünftig und wider besseres Wissen durchzuckte den verzweifelten und abgematteten Menschen ein Strahl der Hoffnung. Vor diesem weisen und wohlwollenden Antlitz konnte er alles aussprechen, was ihn bedrückte. Diesem Richter durfte er auch sein Geheimnis preisgeben.

Der Richter fragte ihn:

›Warum nimmst du nicht an der Verhandlung teil, Angeklagter? Weißt du nicht, daß alle Zeugnisse dich schwer belasten und daß nach diesen Zeugnissen, denen nichts gegenübersteht als dein Leugnen, das Urteil kaum noch zweifelhaft ist?‹

›Ich weiß alles, Euer Gnaden! Aber ich weiß ebensogenau, welches Urteil ich empfangen werde und wann es vollstreckt werden wird!‹ –

›Wie willst du das wissen? Ich allein spreche das Urteil, ich allein, im Namen des Königs. Wozu wirst du denn verurteilt werden?‹

›Ich werde verurteilt werden, am Tage meines einundzwanzigsten Geburtstages, das ist der dritte Tag, von heute an gerechnet, mit einem Strick um den Hals an den Galgen gehängt zu werden, da man mich des schweren Diebstahls an meiner Herrschaft für überführt hält.‹

Betroffenheit malte sich auf den Zügen des Richters.

›In der Tat, wenn ich dich verurteile, so wirst du den Tod durch den Strick sterben müssen. Und in der Tat: Am dritten Tag, von heute gerechnet, ist der Henker in der Stadt, um ein anderes Todesurteil zu vollstrecken; er würde auch dich vom Leben zum Tode bringen. Wie aber, Angeklagter, kommst du zu diesem Wissen?‹

Liam nestelte am Halsausschnitt seines Kittels und holte die kleine Kapsel mit dem Papierkügelchen hervor; die Gefängniswächter hatten ihm die Kapsel gelassen: Sie hielten sie für ein religiöses Weihbildchen oder Weihsprüchlein.

Liam erbrach die Kapsel, holte den Notizzettel hervor, entfaltete und glättete ihn und reichte ihn zum Richtertisch:

›Diesen Zettel hat ein weiser, sternkundiger Mann meinem Vater gegeben, als ich geboren wurde. Ich kenne seinen Inhalt schon seit zwei Jahren. Die Kapsel öffnete sich nach einem Bade von selbst, und ich konnte der Versuchung nicht widerstehen, den Zettel zu lesen.‹

Der Richter nahm das Papier entgegen, sah darauf nieder, las es und erblaßte. Zugleich überfiel ihn eine sonderbare Erstarrung. Er schien den Saal mit den hundert oder mehr Zuhörern, die Beisitzer, den Angeklagten plötzlich vergessen zu haben. Unverwandt starrte er auf das vergilbte Zettelchen, das vor ihm auf dem Richtertisch lag. Seine Erregung, seine seltsame Gebanntheit teilten sich dem ganzen Saale mit.

Es war totenstill in dem großen Raum. Die Menschen wagten kaum zu atmen. Jeder spürte, daß sich in diesen stillen und doch untergründig lebendigen Minuten eine Entscheidung vollzog, die für den Angeklagten Tod oder Leben bedeutete. Am brennendsten spürte es Liam selbst.

Nach unwägbarer Zeit hob der Richter endlich das Haupt und blickte den Beschuldigten aus todernsten Augen an; mit rauher Stimme fragte er:

›Weißt du oder weiß dein Vater, wer es war, der diesen Zettel geschrieben hat?‹

›Nein, Euer Gnaden, jener Herr damals hat uns seinen

Namen nicht verraten, uns auch nicht gesagt, woher er kam und wohin er ging.‹

›Ich werde es dir sagen, Angeklagter, wer diesen Zettel geschrieben hat – – –: Ich selbst.‹

Wie ein Stöhnen fast klang das Aufatmen der Überraschung, das den Saal durchwehte. Liam stand wie aus Stein. Alle Farbe aus seinem Gesicht war gewichen. Der Richter fuhr mit festerer Stimme fort:

›Ich war damals in geheimer Mission zu meinen Verwandten, den Binghams auf der Mullet-Halbinsel, unterwegs. Die Zeiten waren unruhig und gefährlich. Dublin schwirrte von gefährlichen Gerüchten. Armeen durchzogen das Land. Von meiner Botschaft an die Binghams, die auf des Königs Seite standen, hing in jenem Teil des Landes viel ab. Vielleicht wäre eine Schlacht anders ausgegangen, wenn ich nicht gerade noch rechtzeitig meinen Auftrag ausgerichtet hätte. Ihr in eurer Einsamkeit werdet von all der Unruhe, die damals das Land erfüllte, kaum etwas gemerkt haben.‹

Der Richter schwieg abermals, schien aber keine Antwort zu erwarten. Er blickte über die Köpfe aller Anwesenden hinweg in eine unbestimmte Ferne. Die vielen Menschen verhielten sich noch immer totenstill; keiner wollte ein Wort des Richters versäumen; und der Mann auf seinem hohen Sitz sprach leise, mehr zu sich selbst und höchstens noch zu dem Angeklagten als zu den neugierigen Ohren der Zuhörer. Liam regte sich nicht, wenn auch wilder Aufruhr in seinem Innern tobte. Er spürte in allen Fasern, daß sein Geschick sich urplötzlich auf unerhörte Weise gewendet hatte; er würde leben, leben –!

Der Richter wandte sich dem Angeklagten zu, winkte ihn näher heran und sprach gedämpfter, aber auch eindringlicher zu ihm, unmittelbar:

›Ich bin mit den Sternen vertraut. Die Kunde von ihren Einflüssen auf das menschliche Schicksal wird in meiner Familie seit alten Zeiten von Generation zu Generation weitergegeben. Als dein Vater, Angeklagter, mich trotz der schwierigen Umstände, in denen er sich gerade befand, in jener Nacht bei sich aufnahm und ich wußte, daß ein Kind geboren werden sollte, drängte es mich, den Stand der

Sterne festzustellen, um zu erkennen, welchem Schicksal das Kind entgegenginge. Grauen erfaßte mich, als ich begriff, daß das Kind, würde es ein Sohn, ehrlos nach dreimal sieben Jahren hingerichtet werden sollte, ehrlos und trotzdem unschuldig. Ich bedrängte deinen Vater, die Geburt hinauszuzögern. Dein Vater widersprach, da ihm dergleichen wie ein Eingriff in den Willen Gottes erschien. Ich konnte ihm nicht erklären, warum die Geburt hinausgeschoben werden sollte. Jede Viertelstunde, um die sich die Geburt verzögerte, verminderte die Gefahr, in welcher Leben und Glück des noch nicht geborenen Sohnes schwebten. Wie sollte dein Vater ertragen, einundzwanzig Jahre neben einem Kinde dahinzuleben, das von seiner ersten Stunde an zum Tode durch den Strang verurteilt war und das selbst dann noch viel Böses würde durchmachen müssen, wenn sich seine Geburt verspätete. Wir können alle das Leben nur deshalb ertragen, weil wir nicht wissen, was uns noch bevorsteht.

Ich beschloß, wach zu bleiben, um mir im Augenblick der Geburt Gewißtheit über das Schicksal des Neugeborenen zu verschaffen. Doch überwältigte mich die Erschöpfung; ich erwachte nur halb, wurde von dem unbestimmten Gefühl, daß du zur bösesten Stunde geboren wurdest, wie von einem Gifthauch überwältigt und fiel gleich darauf in noch tieferen Schlaf. Am nächsten Morgen vermochte dein Vater mir keine genauen Angaben über den Zeitpunkt deiner Geburt zu machen. Ich gewann aber den Eindruck, daß mich mein nächtliches Gefühl nicht getäuscht hatte. Ich konnte deinem Vater, den das Glück beseligte, kaum in die Augen sehen. Als Dank für die Gastlichkeit, die ich in deinem Vaterhause genossen hatte, schrieb ich dieses Zettelchen aus; es sollte dir in der Nacht vor deinem Tode Trost spenden.‹

Der Richter schaute nachdenklich auf das zerfaltete Papier, das vor ihm auf dem Tisch lag, und fuhr mit noch gedämpfterer Stimme fort:

›Ich habe mich damals geirrt, das erkenne ich nun. Mein Gefühl hat mich getrogen. Du wurdest in Wahrheit schon außerhalb der Todeszone geboren, vielleicht um eine halbe bis ganze Stunde später, als ich damals annahm. Ich sehe nun, daß Gott mich und meinen Irrtum in jener Nacht und weiter meine Dankbarkeit, die sich in diesem Zettelchen ausdrückt, als die Mittel vorgesehen hatte, dich fast schon unter dem Galgen vor dem Tod zu retten. Vielleicht bin ich von der geheimnisvoll uns alle lenkenden Gottheit damals nur deshalb in die Irre geführt worden, um in der Nacht deiner Geburt eure Hütte zu finden, um heute hier auf diesem Richterstuhl zu sitzen und um zu wissen, seit einundzwanzig Jahren schon, daß du unschuldig bist.‹

Der Richter erhob sich von seinem Stuhl und verkündete mit lauter Stimme:

›Der Angeklagte hat die Tat nicht begangen. Er ist unschuldig. Ich spreche ihn frei, im Namen des Königs. Er kann gehen, wohin es ihm beliebt. Nur ein einziger kann das Verbrechen verübt haben, wenn Liam es nicht gewesen ist. Jemand, der wußte, wo der Schmuck verwahrt wurde, jemand, der Zutritt zu dem Schlafzimmer der Herrin des Hauses hatte, jemand, der den Verdacht auf diesen Unschuldigen gelenkt hat. Haltet ihn, haltet ihn, dort hinten will er sich fortstehlen!‹

Doch in dem erregten Gewirr, das nun ausbrach, entfloh der Kammerdiener. Er hatte sich nach seiner Zeugenaussage hinten in den Saal geschlichen, um unter den Zuhörern das Urteil über sein Opfer mit anzuhören.

Der ungetreue Mensch kam nicht weit. Seine Flucht hatte ihn verraten. Ihm blieb nichts weiter übrig, als ein Geständnis abzulegen. Er wurde zur Zwangsarbeit auf den Westindischen Inseln verurteilt.

Liam aber wurde wieder in seine Stellung eingesetzt und stieg in den kommenden Jahren schließlich zum Verwalter des ganzen großen Besitztums auf. Seinen Eltern hat er einen glücklichen und sorglosen Lebensabend bereitet, und auch für seine Geschwister hat er gesorgt, soweit es in seinen Kräften stand.

Das Schloß der Binghams auf der Mullet liegt in Trümmern. Ihr Name ist verschollen, und ob Liams Nachkommen noch leben, hier oder in Amerika, das weiß kein Mensch. Aber die Geschichte von seinem Schicksal ist lebendig geblieben und wird noch lange erzählt werden.«

Der alte O'Daly hatte seine Geschichte beendet. Eine große Stille folgte, in der nichts anderes zu hören war als der dunkle, wilde Gesang der Brandung in der Ferne, als das ewig wechselnde Lied des Sturmes, als die sanften Trommelwirbel des Regens, die klirrenden des Hagels. Jeder von uns sann auf seine Art der Geschichte nach, wir alle, die wir um Corduffs Kamin saßen. Mallony, der erfahrene Gelehrte, der in solchen Geschichten vielleicht den Nachklang griechischer oder kleinasiatischer Schicksalsdramen erspürte, dem sie nichts Neues darstellten, sondern nur ein Beispiel und Beweis für die ungeheure Vielfalt und Zähigkeit der abendländischen, hier vor allem der irischen Überlieferung. Und dann der Schullehrer des kleinen Küstendorfes in Nord-Mayo, der sich wohl überlegte, wie er diese Geschichte seinen Kindern im Unterricht weitergeben könnte. Hatte er mir doch in einem früheren Gespräch verraten, daß nach seiner Meinung die Schullehrer im neuen Irland ganz entscheidend und vielleicht sogar in erster Linie die Aufgabe zu erfüllen hätten, die kommende Generation wieder irisch zu machen, die uralte schöne Sprache lebendig zu erhalten und zu stärken und die heranwachsenden kleinen Iren mit neuem Stolz auf ihre großartige Vergangenheit zu erfüllen.

Und dann waren da der Fischer und sein Bruder, der Bauer von nebenan. Für sie waren die Geschichten, die O'Daly zu erzählen wußte, noch die ganze Welt neben und über ihrer Alltagsarbeit, soweit nicht die Kirche für Seele und Geist sorgte. Diese Geschichten ersetzten oder waren einfach für sie Theater und Kino, Radio und eine ganze Literatur. Diese Geschichten, voller Kunst vorgetragen, von Generationen erfahrener, von sehr altem Wissen zehrender Erzähler immer wieder gefeilt und verfeinert, gaben ihnen Stoff für Abende voller Debatten und Gespräche; sie mochten auch ihre Träume erfüllen. Sie ahnten kaum, wie reich sie eigentlich waren.

Und schließlich war da noch der junge Mann im perfekten städtischen Anzug, als käme er irgendwo aus einem Banken- oder Börsenkontor – und der doch einen denkbar unstädtischen Beruf ausübte. Für ihn war die Geschichte ein Studienobjekt und zugleich ein Schatz, den zu bergen, zu wahren und zu pflegen ihm aufgetragen war.

Zuletzt ich selbst: Die Geschichte hatte mich gegen meinen Willen eigentlich auf ganz andere Art gefesselt, als ich erwartet hatte. Ich war darauf gefaßt gewesen, folkloristisch interessiert, ethnologisch bewegt zu werden. Statt dessen hatte mich einfach die verwickelte, wunderbar zu einem Zirkel geschlungene Handlung, in reicher, bilderreicher Sprache vorgetragen, durch ihre innere Spannung gepackt, wie man durch einen großartigen Roman oder ein erregendes Drama auf der Bühne gepackt wird. Ich hatte während der Erzählung weder analysieren können, was ich da hörte und worauf die Wirkung der Geschichte beruhte, noch hatte ich mich so weit in der Hand behalten, die Technik des Vortrages und die Darstellung zu beobachten. Ich hatte ganz einfach zugehört, war ganz und gar ›gefesselt‹ worden wie der Bauer und der Fischer neben mir.

Offenbar war ich nicht frei von Literatenhochmut gewesen, hatte im Grunde gemeint, eine wirklich formgerechte, handwerklich gut geschneiderte Geschichte könnte nur ein ›Mann vom Fach‹ richtig erzählen. Nun war ich durch diesen alten, ausgedienten Heringsfischer eines Besseren belehrt. Die einfachste Lösung war – und damit rettete ich meinen Literatenhochmut –, sich darüber klarzuwerden, daß dieser O'Daly ein ›Mann vom Fach‹ war, ein Kollege sozusagen. Und ganz offenbar – ich gestand es mir beschämt und ein wenig bedrückt als ein Herr Neureich der Schreiberei – hatte ich allen Grund, mich durch seine Kollegenschaft, und er sehr viel weniger Grund, sich durch die meine besonders geehrt zu fühlen. Er gehörte wahrscheinlich zu einer Erzählerzunft, die auf eine Tradition von zwei Jahrtausenden zurückblickt. Wir handwerklichen Schreiber von heute sind alle mehr oder weniger ›free lances‹ – um es mit dem guten amerikanischen Ausdruck zu bezeichnen –, freie Lanzen, die sich, jeder für sich und Gott für uns alle, ihre Technik und ihre Erfahrungen erobern und aneignen, wo sie sie finden.

Ich wußte nach dieser Geschichte: Viele wollte ich noch hören in den Bergen Donegals und Kerrys und die besten aufschreiben. Waren diese Geschichten und diese Erzählkunst nicht wirklich das ›Irischste‹, was sich in Irland finden ließ? Ich wußte es nicht. Aber ich war gewiß, daß ich auf einen alten Quell abendländischen Geistes und abendländischer Kunst gestoßen war, der wohl überall sonst in Europa längst versiegt ist.

Und dann blickte die gute, weißhaarige Mrs. Corduff durch die Tür und meinte, wir sollten nur kommen; ›High Tea‹ wäre bereit. ›Hoher Tee‹ – weiß der Himmel, warum ein prächtiges Abendbrot mit Eiern und Speck, gebratenen Fischen, Brot mit süßer Marmelade, drei Sorten Gebäck und allerdings ganzen Fluten rabenschwarzen Tees, den man mit viel Milch und Zucker zu sich nimmt (wenn man kann!), in Irland so genannt wird.

Aber ›High Tea‹ ist eine gute Sache. Wir wanderten in Mrs. Corduffs helle Küche und taten uns bei sausendem Petroleumglühlicht an vielen schönen Dingen gütlich.

VIERZEHNTES KAPITEL

Donegal, ferne Grafschaft im Nordwesten

Wir bogen von der großen Hauptstraße, die von der Stadt Donegal über Letterkenny nach Dunfanaghy führt, kurz hinter Kilmacrenan nach Südwesten ab – auf eine grobe, steinige Seitenstraße, die mich, wie schon oft in der Grafschaft Donegal, um die Reifen meines Autos fürchten ließ (und wie sonst, so auch diesmal wieder ohne Grund).

Schon kurze Zeit darauf sagte Séan (gesprochen: Schan), der neben mir saß:

»Da ist er, Doon Rock!«

Doon, oder besser irisch geschrieben, Dun, heißt Burg, Festung, Fort, und Rock heißt Felsen; Dun Rock als etwa Burgfelsen.

Der Krönungsfelsen der O'Donnell

Ja, unverkennbar hob sich der Burgfelsen aus der Landschaft ringsum empor, beinahe wie künstlich unter den Hügeln und Tälern und felsigen Kuppen: ein etwa achtzehn Meter hoher ungeheurer Steinblock mitten über den sachte zu ihm ansteigenden Mooren und Weiden. Schon von weitem ist zu erkennen, daß der Doon Rock auf seiner Oberfläche abgeflacht ist, so daß eine natürliche, hoch über das umliegende Land hinausgehobene Bühne entsteht.

Wir bogen in einen dürftigen Nebenweg nach Süden und rollten dem riesenhaften Felsenthron oder Altar, oder wie man ihn nennen will, vorsichtig näher.

Die Sonne schien warm; in den grünenden Büschen am Fuße des Felsens huschten unzählige kleine Vögel und zwitscherten wichtigtuerisch und aufgeregt. Der golden blühende Stechginster, verschwenderisch sein leuchtendes Gelb versprühend, erfüllte die unendlich reine Luft aus den

Heide- und Moorwildnissen weiter im Westen mit einem zarten Duft.

»Man kann sich sehr wohl vorstellen«, sagte Séan, »wie sich der ganze Clan der O'Donnell ringsum versammelte mit seinen Hintersassen und hinter ihnen im nassen Moor und auf dem Hügelrücken da drüben das gemeine Volk zu Tausenden. Alle konnten es sehen und, wenn der Wind nicht die Worte verwehte, auch hören, wie oben auf dem Felsen der neue O'Donnell ausgerufen wurde.«

Dies war also der Krönungsstein der O'Donnell, die das Königreich Tir Conaill im Nordwesten Irlands beherrschten und die mit den benachbarten O'Neill weiter im Osten der englischen Krone am längsten und erbittertsten Widerstand geleistet haben.

Wenn der König von Tir Conaill gestorben war, so wählten die Freien im Lande, die mindestens den Rang eines Aire, eines Unterführers oder Häuptlings oder Grafen hatten, aus der Königsfamilie O'Donnell den neuen König – manchmal noch zu Lebzeiten des alten, damit nicht später Streit um die Nachfolge entstünde.

Die Königswürde blieb also in der gleichen Familie, vererbte sich aber nicht vom Vater auf den Sohn; vielmehr entschied der Adel in freier Wahl, welches männliche Glied der Königsfamilie mit der hohen Würde ausgezeichnet werden sollte.

Diese Wahl aber ›machte‹ noch keinen neuen König. Erst wenn dieser auf dem seit alters verehrten Krönungsstein öffentlich nach alter Sitte zum O'Donnell oder O'Neill oder O'Connor ausgerufen war, erst dann wurde er ›der‹ O'Donnell oder ›der‹ O'Brian.

Wohl länger als tausend Jahre – seit Irland christlich wurde – haben sich um den Doon Rock bei Kilmacrenan die Rechtsgelehrten und Dichter und Hüter der geschichtlichen Überlieferung (im alten Irland an Rang dem höchsten Adel gleich) mit den Bischöfen und Äbten und anderen führenden Geistlichen, dazu den Freien, die das Schwert im Königreich trugen, versammelt.

Der oberste Geschichtskundige – hoch auf dem Felsen über

allem Volk – las dem König die Regeln und Gesetze vor, nach denen er sein Königreich zu regieren hatte. Der erwählte O'Donnell schwor darauf mit lauter Stimme, die Gesetze zu achten, die sein Amt bestimmten, die alten Sitten und Gebräuche zu ehren und strenge Gerechtigkeit zur Richtschnur seines Regiments zu machen.

Dann trat der werdende König auf den heiligsten Fleck des Felsens – und wenn man den heidnischen Überlieferungen trauen darf, so brüllte der Felsen auf in diesem Augenblick, allen hörbar, zum Zeichen, daß ein echter O'Donnell ihn betreten hatte. Einer der Kurgrafen, in dessen Familie dies Amt erblich war, überreichte dem neuen Herrscher eine schnurgerade Gerte, geschält, schneeweiß, ohne Tadel, das Zeichen der Würde und ein Symbol guter Herrschaft: fest, gerade und ohne Fehl und Flecken. Mit dieser Rute in der Hand drehte sich der Fürst dreimal nach rechts und dreimal nach links um sich selbst, sein Königreich nach allen Seiten überschauend, dreimal, zu Ehren der Heiligen Dreifaltigkeit. Dann rief das Haupt der Königsmacher-Sippe mit hallender Stimme ein einziges Wort über die mächtige Versammlung, rief:

»O'Donnell!«

Aber erst, wenn alle die Bischöfe und Äbte, die Grafen und vollberechtigten Freisassen ebenfalls, jeder für sich und einer nach dem andern, dem Manne da oben mit der weißen Rute in der Hand die drei Silben

»O'Donnell!«

zugerufen hatten, erst dann war wirklich der neue O'Donnell erkoren, erst dann hatte Tir Conaill wieder einen König.

Die Würde, den König auszurufen, haftete in Tir Conaill an der Sippe O'Freel, eine hohe Ehre, die die Träger des Namens O'Freel über viele andere erhob.

Auf dem alten Friedhof in Kilmacrenan, wo Séan und ich auf den Spuren des heiligen Columba zuvor umhergestolpert waren, hatten wir manchen alten und jungen Grabstein mit dem Namen O'Freel entdeckt. Das ehrwürdige Geschlecht ist also keineswegs ausgestorben, genausowenig wie das der O'Donnell; aber der Glanz ist dahin. Sie sind arme Bauern oder Fischer, Postboten oder Schullehrer, die O'Donnell wie die O'Freel, und rühmen vielleicht nur noch ein wenig unter sich, daß sie einstmals Geschlechter von Königen und Grafen waren.

Das wundertätige Brünnlein

Hinter dem Doon Rock, von der Straße her zunächst nicht sichtbar, liegt ein kleiner Bauernhof, und auf der Rückseite des Felsens hat sich der Bauer höchst respektlos einen Schuppen für seinen Karren und für Ackergeräte errichtet, vor sein Haus aber eine grüne Holzbude gestellt, in der er an Sonn- und Feiertagen Tee und Erfrischungen feilhält, denn die guten Leute von Letterkenny machen gerne einen Ausflug zum Doon Rock.

Viele allerdings wallfahren zu dem heiligen Brünnlein, das einen Steinwurf weit abseits des großen Felsens zwischen grauen Quadern glitzert. Viele Opfergaben liegen bunt umher, Rosenkränze, Brillen, Kreuzchen, Weihmünzen, Gebetbüchlein, Spiegelchen, Knöpfe und bescheidene Fingerringe – vom Regen verwaschen, von Wind und Sonne gedörrt. Die Hühner des Bauern scharren dazwischen, und ich sah eine wilde Taube, die aus dem frommen Quell ein paar Schnäbel voll Wasser nahm.

Dicht daneben erhob sich ein kleiner Wald von Humpelstöcken und alten Krücken, von zurückgelassenen Verbänden und Beinschienen, auch sie vielfach mit Rosenkränzen geschmückt und mit Votivmünzen an dünnen Kettchen oder Schnüren. All diese Krücken sind von Kranken und Gebrechlichen zurückgelassen, die am Tag der großen Prozession oder auch an anderen hohen Feiertagen den heiligen Brunnen umknieten und umbeteten, das Wasser des Brünnleins zu sich nahmen, um dann geheilt und gesund mit wieder gehorchenden Gliedern heimwärts zu wallen.

Das Wäldchen verwitternder Krücken, der zauberstarke Brunnen mit den Opfergaben, der Bauer daneben mit seiner ärmlichen Teeschenke und über allem der mächtige uralte Krönungsfelsen der O'Donnell, weit in die heidnische Zeit zurückreichend (wie wohl auch die Quelle), ein paar weiße Möwen darüber von der nahen See her und ein Reiher, der auf lässigen Flügeln vorüberstrich, den endlosen Mooren zu, jenseits der Felsen – ich sagte zu Séan:

»Wenn man es noch nicht merken sollte, daß man in Irland ist – hier merkt man es!«

Aber wir wollten an diesem Tage noch die Stätte sehen, wo der heilige Columba der Überlieferung nach geboren wurde.

Wir fanden sie nach einigem Suchen und Fragen hoch über dem friedlich einsamen Gartan-See mit seinen zwei kleinen Bruderseen. Ein riesiges Steinkreuz erhebt sich über der Felsplatte, auf welcher am 7. Dezember im Jahre des Herrn 521 eine Frau aus dem Geschlecht der Könige von Leinster ihrem Gatten, dem Enkel eines der berühmtesten Hochkönige aus der heidnischen Frühzeit, einen Sohn gebar, der nächst dem heiligen Patrick der mächtigste Förderer des jungen christlichen Glaubens in Irland wurde und der dann das Christentum nach Schottland brachte und auf dem Inselchen Jona vor der schottischen Westküste jene berühmte Stätte der Gelehrsamkeit und Frömmigkeit begründete, deren Glanz und Einfluß jahrhundertelang weit ins Herz Europas ausstrahlte, das damals seine dunkelsten und verwirrtesten Zeiten durchlebte.

Der heilige Columba ist heute noch allgegenwärtig in Irland. Viele Kirchen und Klöster rühmen sich, von ihm gegründet, besucht, geehrt worden zu sein. Wieviel von den alten Geschichten und Legenden wirklich historische Wahrheit ist, wer will das wissen? Die Iren nennen diesen irischsten ihrer vielen Heiligen, der aus dem Blute der alten heidnischen Könige kam und der ihnen bis zum heutigen Tage der liebste und vertrauteste geblieben ist, Columbkille, wobei Kille dem irischen Wort für ›Kirche‹ entspricht; Columbkille bedeutet also etwa: die Taube der Kirche.

In einem wunderbar prangenden, entlegenen Tal im äußersten Südwesten der Grafschaft Donegal hat Columba eine wichtige Klostersiedlung gegründet; der stille Ort trägt noch heute den Namen Glencolumbkille, wobei Glen das Wort für ›Tal‹ darstellt. Nur noch geringe Ruinen, ein paar uralte

»Muiredagh's Cross« in Monasterboice, eines der am besten erhaltenen Kreuze aus irisch-frühchristlicher Zeit. Die alten irischen Kreuze erkennt man an ihrem Ring um den Schnittpunkt der beiden Kreuzesbalken, und fast alle haben ein »Kapellendach«.

Oben: Die Ruinen der Kirchen- und Klosterburg Cashel in der Grafschaft Tipperary. In Irlands großer Zeit vor tausend Jahren reichte der Einfluß dieser Hochburg des Christentums bis in den Westen und Norden des europäischen Kontinents. Unten: Mellifont-Abbey bei Drogheda, Grafschaft Louth. »Mellifont« bedeutet »Honigquell«.

Die Klosterruine Clonmacnoise, eine der heiligsten Stätten Irlands, in der Grafschaft Offaly – Zeuge einer vergangenen Welt.

Ross-Abbey, Grafschaft Galway. Der Kreuzgang ist noch vorzüglich erhalten. Das Franziskaner-Kloster war im Jahr 1357 gegründet worden. In der Mitte des 17. Jahrhunderts mußten die Mönche der englischen Gewalt weichen, das Kloster zerfiel.

Steinkreuze verraten hier die vergangenen frommen Stätten; aber die Leidensstationen auf dem alten Prozessionswege sind heute dieselben wie vor eintausendvierhundert Jahren, und am Tage des Heiligen, dem neunten Juni, wallfahren die Menschen von weit her, dem Heiligen ihre Verehrung zu erweisen, und hören die zu seinen Ehren gestiftete Messe.

Wenn man der Tradition glauben darf, so war der heilige Columba eigentlich ständig auf Reisen. Viele Kirchen und Klöster im ganzen weiten Land haben nach der Überlieferung seinen Segen empfangen, viele andere sind von ihm gegründet worden; schließlich verließ er sein geliebtes Erin für immer, um den wilden Schotten, Pikten und Briten das Christentum zu predigen. Kein Wunder also, daß er ganz besonders in dem Rufe steht, der Schutzpatron der vielen Iren zu sein, die seit Jahrhunderten die Heimat verlassen müssen, um sich in Ländern jenseits der See ihr Brot zu verdienen. Ach – als ich mit Séan jenen großen Steinfladen besuchte, auf dem der Heilige geboren worden sein soll, hatten wir ein Erlebnis, das uns erschütterte. Wir hatten uns durch einen Drahtzaun und einige stachlige Hecken gedrängt, um ein wenig mehr Zwischenraum zwischen uns und das hohe Steinkreuz über dem Geburtsfelsen zu legen; denn ich wollte eine Gesamtaufnahme des Hügels mit den blühenden Büschen, dem Kreuz und den alten Steinmauern versuchen. Wir visierten gerade über eine dichte Hecke hinweg, um den günstigsten Bildausschnitt zu erkennen, als wir über den Weg vom Tal her eine ältere Frau heraufwandern sahen. Sie trug das schwarze Umschlagtuch der Bäuerinnen von Donegal um Kopf und Schultern geschlungen, dazu den leuchtendroten Rock, der einstmals allgemein hier getragen wurde; sie mußte aus einem entlegenen Tale stammen, in dem neumodische Trachten noch nicht Eingang gefunden haben.

Ihre Hände hatte sie vor der Brust gefaltet; und ich erkannte, als sie näher kam, daß ein Rosenkranz daraus herniederhing; ich erkannte auch ihr Gesicht unter dem schwarzen Tuch; es blickte sehr ernst, besorgt und schien mit großer Strenge gesammelt zu den Gebeten, die ihre Lippen hörbar murmelten.

Séan und ich, wir fühlten uns plötzlich wie Lauscher in einem Versteck. Wenn wir zum Vorschein gekommen wären, hätten wir die Frau sicherlich in ihrer großen Andacht gestört. Es beschlich uns das peinliche Gefühl, daß wir eine menschliche Seele unverhüllt beobachteten, ohne daß wir es gewollt hatten oder durften. Was blieb uns also weiter übrig, als uns ganz still zu verhalten.

»Sie macht eine Wallfahrt!« flüsterte Séan mir zu.

Ja, so war es. Die Frau ließ sich auf die Knie nieder und rutschte die letzten Schritte bis zum Fuß des großen Kreuzes mühselig und ungeschickt. Der Rosenkranz raschelte in ihren Händen. Ihre Aves und ihre Paternoster drangen deutlich zu uns herüber. Auf ihren versorgten Zügen lag ein erschütternder Ausdruck angestrengtester Andacht.

Als sie kniend die Steinplatte erreicht hatte, auf der einst der heilige Columba den ersten Schrei getan haben soll, zog sie, immer noch betend, einen Brief aus ihrem Umschlagtuch, hob ihn zum Kreuz empor und berührte damit die Steinplatte, dreimal, bekreuzigte sich und ließ den Brief wieder unter ihrem Tuch verschwinden. Dann hockte sie noch eine Weile versunken da, ihre Lippen bewegten sich nicht mehr, auch die Perlen ihres Rosenkranzes ruhten aus. Es war unendlich still ringsum; in den Büschen säuselte zuweilen ein Windhauch. Ganz in der Ferne muhte ein Rind wie der Ruf eines Hornes.

Die Frau schien aus einem Traum zu erwachen, erhob sich, schlug noch einmal ein Kreuz und wanderte schnell und ohne sich umzublicken den Hang hinunter davon.

Wir atmeten auf, ohne zu wissen warum, und traten hinter unserer Hecke hervor. Séan sagte:

»Sicherlich war es ein Brief ihres Sohnes oder ihrer Tochter aus Amerika oder England, mit dem sie den Geburtsstein berührt hat. Sie wird den Heiligen angefleht haben, ihre Kinder im fremden Land zu schützen. Vielleicht sind sie krank oder sonst in Not oder Gefahr.«

Möge der heilige Columba ihrer Bitte Gehör verschaffen – das wünschten wir beide, Séan und ich. Die kleine Szene hatte nicht länger als fünfzehn Minuten gedauert. Mir war, als hätte ich tief in die Vergangenheit zurückgeblickt.

Ich habe in Donegal noch viele und wunderbare Dinge gesehen und stehe nicht an, zu behaupten, daß Donegal die großartigste, wildeste und schönste aller Grafschaften Irlands darstellt – obgleich wohl jeder nach Geschmack und Laune etwas anderes behaupten mag.

Aber wo – nicht nur in Irland, sondern auf der ganzen Welt – gibt es einen so unvergleichlichen, wahrhaft atemraubenden Blick wie den von Bunglass Point auf die ungeheuren Wände des Slieve League, die von den schroffen Gipfeln fast siebenhundert Meter tief in die grünsilbern tobende Brandung der hohen See abstürzen. Man kann von dem Fischerdörfchen Teelin erstaunlich hoch hinauffahren, indem man einem befestigten Torfabfuhrweg folgt: Allerdings braucht man für einige Stellen der Straße, die gegen die gähnenden Abgründe nicht geschützt ist, gute Nerven. Als Séan und ich dort hinaufhumpelten, uns über das grobe Geröll langsam um die vielen Kurven tasteten, rüttelte an manchen paßartigen Stellen ein so wütender Nordost an unserem braven Auto, daß ich Augenblicke lang fürchtete, wir könnten über den Klippenrand in die smaragdgrün schimmernde Meerestiefe geblasen werden. Aber wir fanden schließlich ein kleines Plateau, wo wir vorsichtig zirkelnd wenden konnten und eine Felsenwelle Überwind bot, so daß unser erleichtertes Auto nicht in Versuchung geriet, plötzlich durch die Luft davonzusegeln. Séan und ich kämpften uns durch den wütenden Sturm vorwärts und bergauf; wir hätten keinen Schritt weiter fahren können; der Fahrweg verging unter uns unvermittelt im Moor.

Hinter einer Felsennase öffnete sich jäh ein fast bestürzender Blick auf die kahlen, in roten, grauen, grünen und bläulichvioletten Tönen schimmernden Wände des Slieve League, die sich ohne Übergang senkrecht aus der grünen See auftürmen. Weiter im Westen glimmte der Gipfel des Leahan durch den Dunst, den der heulende Wind mit sich führte.

Tief unter uns über der glasig grünen Tiefe kreisten Seevögel auf blendendweißen Schwingen. An den Wänden vorbei flog der Blick über die wüsten Weiten des Weltmeeres ungehindert hinaus – da, in der Ferne, im Westen, im blassen Seenebel verborgen irgendwo, lag Amerika.

Über die Felsen im Hintergrund kletterte ein junger Bursche. Er grüßte uns lachend; der bittere Sturm schien seiner Stimmung nichts anzuhaben; seine Kleider waren alt und zerledert und vom Regen verwaschen. Aber die blauen Augen in dem schmalen, festen Gesicht unter dem dichten Schopf schwärzester Haare blitzten vor einfacher Daseinsfreude. Unwillkürlich mußte ich selbst lachen, als strahlte sein Vergnügen am Leben in den rauhen Bergen auf mich über. – Ob wir wohl Schafe gesehen hätten, die sich in den Wänden verstiegen haben könnten. Ich hatte keine gesehen. Aber Séan, dem diese Welt die heimische ist, ja, Séan glaubte einen kleinen Trupp, wohl fünf an der Zahl, in der Richtung auf Carrigan Head gesehen zu haben. – Das würden sie sein, erwiderte der Bursche; die fehlten ihm an seiner Herde; er mußte sie eintreiben!

Und schon setzte er mit langen Sprüngen, nicht weniger sicher als eine der zottelhaarigen, gehörnten Bergziegen, über die Felsen dicht über dem Klippenrand davon, daß ich unwillkürlich den Atem anhielt. Später sahen wir ihn aus der Ferne in den Wänden umhersteigen, er hatte seine Schafe erreicht; sie flüchteten gehorsam vor ihm. Außer ihm begegnete uns in der gewaltigen Einsamkeit der Berge über dem Meer keine menschliche Seele. Nur einen Fischadler sahen wir von einer unzulänglichen Felsenkanzel abstreichen und über die tobende See tief unten weit hinauskreisen. Sein Schrei drang verweht zu uns herauf, schrill und wild wie der einer streunenden Katze.

Wir blieben auf unserer ragenden Zinne, bis uns der beißende Wind bis ins Mark durchkältet hatte. Trotzdem trennten wir uns nur zögernd von dem unvergleichlichen Ort. Als wir wieder ein Gelände gewonnen hatten, wo wir nebeneinander hergehen konnten, sprach ich einen dummen Gedanken aus, der mir nicht zum ersten Male in Irland durch den Kopf fuhr:

»Wenn diese Berge, diese Klippen und diese Bucht irgendwo auf dem europäischen Kontinent lägen, vielleicht am

Mittelmeer oder an der Nordsee, Séan, dann stände hier oben ein riesiges Luxushotel mit dreihundert Zimmern, von denen noch das billigste, das nach hinten auf die Felswand hinausblickt, mindestens hundert Schilling kosten würde. Und es gäbe eine breite Autostraße hier herauf, und des Nachts in der Hochsaison würde Slieve League mit drei Dutzend riesiger Scheinwerfer angestrahlt. Und die Prospekte im Vierfarbendruck lägen in allen Cooks-Reisebüros und American-Express-Büros der ganzen Welt aus, denn dies wäre eine der Stellen, die man gesehen haben müßte, wenn man überhaupt unter den Leuten von Welt mitreden wollte. Und natürlich gäbe es dann hier umher den ›fantastischsten Golfplatz der Welt‹ und ein geheiztes Schwimmbassin am Rande der Klippen, fünfhundert Meter senkrecht über der Brandung. Und außer der Musikkapelle, den Kellnern und Stubenmädchen in weißen Spitzenhäubchen und den Empfangschefs und den rauhen Bergführern, den Eseln und Anglerbegleitern gäbe es für das Schwimmbad besonders schön gewachsene junge Damen, damit die rundlichen Millionärinnen nicht so unter sich sind, und die Herren Millionäre auch etwas vom Leben haben.«

Séan, der ein guter Katholik ist, lachte und sagte:

»Mögen uns der Himmel und alle Heiligen vor solchen Schrecken bewahren!«

Und recht hatte er! Mag auch die ›Touristenindustrie‹ die zweitgrößte des Landes sein, mögen die Touristen auch mehr Geld ins Land bringen, als sich durch den Verkauf des irischen Rindviehs erzielen läßt – Irland ist trotz allem noch kein Touristenland und kein Land von Hoteliers geworden. Die Touristen verlaufen sich nach allen Richtungen; es gibt so zahlreiche wunderschöne Bergtäler und Küsten und verträumte Flüsse und Seen, daß man von den Fremden, es sei denn in Dublin, dem großen Eingangstor, nicht viel bemerkt. Und überdies sollte sich das Land auch gar nicht so viele Touristen wünschen; sie verschaffen den Hotels für ein paar Monate im Jahr einen kaum zu bewältigenden Hochbetrieb, den Pensionen und Gasthäusern ebenso – um sie dann für den größeren Rest des Jahres leerstehen zu lassen.

Obgleich der Touristenverkehr jedes Jahr zunimmt, steht doch ständig eine große Zahl vorzüglicher Hotels zum Verkauf; in den drei oder vier Monaten des Sommers läßt sich trotz hoher Preise nicht genug verdienen, die großen Häuser für den Rest des Jahres zu unterhalten. Außerdem fördert der Touristenverkehr die Auswanderung: Die armen, schwer um ihr Dasein ringenden Kleinbauern und Arbeiter im schönen, aber kargen irischen Westen sehen die Fremden in glitzernden Autos spazierenfahren, sehen sie mit Angeln oder Schwimmen oder einfach mit wohlgenährtem Nichtstun die Zeit vertrödeln und sagen sich nur allzu verständlicherweise: In England oder Amerika muß das Leben leichter sein als bei uns; dort muß sich schneller Geld verdienen lassen als bei uns – was zögern wir noch? Auch auf uns warten die D-Marks und die Dollars; wir müssen uns nur dorthin verfügen, wo sie wachsen.

Ein Crannog

Wir waren schweigsamer als zuvor, als wir eine halbe Stunde später von der Hauptstraße abbogen, nochmals in einen schmäleren Seitenweg einlenkten, uns mühselig mit heulendem Motor über einen steilen Paß in einen Hügelzug schoben, hinter welchem sich ein weites, wildes Land voller Moore und Seen und Felsrücken auftat. Endlich fanden wir in entlegener Einsamkeit den kleinen Bauernhof, den wir suchten; er lag wieder einmal am ›Ende der Welt‹; aber die Leute, die uns darin begrüßten, waren freundlich und gastlich und freuten sich, daß Fremde bei ihnen anklopften.

»Den Crannog? Ja, da müssen Sie über die Berge klettern, und dann sehen Sie schon den See; und in den Uferfelsen weiter nach Westen, immer über dem Ufer entlang. Der Crannog ist nicht zu verfehlen. Oder wollen Sie lieber das Boot nehmen? Ich gebe Ihnen meinen Jungen mit; der kann Sie rudern.«

Aber dies freundliche Angebot lehnten wir ab. Die Sonne war im Sinken, und ehe wir das Boot klargemacht und die weite Strecke gerudert hätten, wäre es sicherlich Nacht gewesen.

Es war ein mühseliger Weg. Ich versank in manchem Moorloch bis über die Knöchel und hatte Grund, meine hohen Gummistiefel zu loben.

Endlich überwanden wir eine Höhe voll grober Felsen, zwischen denen dichte Moos- und Heidepolster über schwarzen Sumpflöchern trügerische Brücken schufen –, und vor uns lag der blitzende See im Abendschein, zerrissen seine Ufer und zerbuchtet, und auf dem makellosen Spiegel schwammen buschige Inseln wie dunkle Riesenblumen.

Auf der größten Insel – sie war fast kreisrund – erhoben sich mächtige, breite Mauern, hier und da schon eingestürzt. Die Mauern wuchsen unmittelbar über den felsigen Ufern auf und bildeten einen geschlossenen Ring um die ganze Insel, verwandelten sie in eine mächtige Burg, die den See ringsum als unüberwindlich breiten Burggraben benutzte.

Das Land war leer; so weit das Auge reichte, kein Zeichen menschlichen Lebens zu entdecken, keine Straße, kein Haus, keine Wiese, kein Feld – nur Heide und Moor und wilde Büsche in den Senken und Felsen – und Berge blau und blauer in der Ferne. Die Vögel zeigten sich so zutraulich, daß man sich ihnen auf ein, zwei Schritt vorsichtig nähern konnte. Ich sah, wie sich in ihren schwarzen Augenbällchen der Abend spiegelte. Sie trippelten zwischen Neugier und Furcht eilig auf ihren Felsen hin und her und flogen erst im letzten Augenblick ein paar Schritt weiter, wenn man schon glaubte, sie mit der Hand fassen zu können.

Welch wunderbarer Friede über der abendlichen Einöde!

Unsere Debatten und Gespräche waren versiegt. Vor uns lag eine Welt, von keinem Pfad und keiner Ackerfurche erschlossen. Vor tausend Jahren vielleicht haben noch Menschen in der Wasserburg gelebt. In den riesenbreiten, mächtigen Wänden seien noch ihre Wohnkammern und Vorratsräume zu erkennen, berichtete O'Flannagan leise. Und inmitten des Mauerrings wuchsen ein paar Bäume (in diesem sonst baumlosen Land), die er nicht kenne und die von weit her stammen müßten. Ich beschloß im stillen, zu besserer Zeit an diesen See zurückzukehren und dann mit dem Boot zu dem Crannog überzusetzen, um die alten Gemäuer zu durchstöbern.

Dann schwiegen wir wieder lange über dem uralten Land.

Auch nicht ein Hauch, keine Ahnung ist mehr davon erhalten, wer die einsame Wasserburg erbaut, wer sie bewohnt hat und wann sie verlassen worden ist und wieder der Wildnis anheimfiel.

Die Crannogs sind längst nicht so häufig in Irland wie die Reste der früh- und vorzeitlichen Stein- und Erdburgen, die vielfach zu finden und zum Teil wunderbar erhalten sind wie auf den Aran-Inseln oder in Kerry.

Es wurde schon dunkel, als wir uns zu dem Bauernhof zurücktasteten. O'Flannagan sagte, als ich das Auto im Schritt über grobe Steine der Straße zulenkte:

»Viele Geschlechter sind gekommen und vergangen in diesem Lande – und alle haben ihre Sorgen gehabt und wahrscheinlich auch ihre Freuden und Vergnügungen – und sind heute so vergessen, daß die Bauern, die vielleicht sogar ihre leiblichen Nachfahren sind, oft genug den Glauben haben – auch heute noch –, die alten Burgen wären von den Feen erbaut und bis zum jetzigen Tag von den Feen bewohnt, die doch nichts anderes sind als die Götter der vorchristlichen Zeit. Warum erregen wir uns heute so heftig um unsere sogenannten Probleme? In tausend Jahren sind sie genauso vergessen und wesenlos wie der Crannog da hinten im See.«

Aber das wollte mir nicht ganz stimmen. Denn wenn irgendein Volk Vergangenheit nur schwer und widerwillig vergißt, dann sind es die Iren, die sich kaum je entschließen können, die Zeugen des Gewesenen beiseite zu räumen, mag es sich nun um vorzeitliche Dolmen oder Gallans, um ausgebrannte Herrenhäuser oder leergestorbene Bauernhütten handeln. Und als sollte meine Meinung, mit der ich nicht hinter dem Berge hielt (dazu neigte keiner von uns), ausdrücklich bestätigt werden, faßte ich auf der Rückfahrt im Scheinwerfer über einem großen Felsen an der Straße ein kleines, weißes Kreuz mit einer Aufschrift. Ich bremste und ließ den Wagen vorsichtig zurückrollen, bis der grelle Strahlenkegel des Scheinwerfers wieder die gleiche Kurve ausleuchtete. Ich entzifferte die Schrift nun. In einfachen schwarzen Buchstaben stand nichts weiter als

MASS ROCK

auf dem weißgestrichenen Holzkreuz. Das Ganze erhob sich über einem großen, runden Felsen, dem ein kleinerer, oben flacher Block wie eine mächtige Stufe oder wie ein – Altar vorgelagert war. Mass Rock – das heißt auf deutsch ›Messe-Felsen‹. Ich begriff sogleich, um was es sich handelte, und der alte, kluge Carrickham, der mit mir und den anderen ausgestiegen war, bestätigte es sogleich. Er kannte jeden Fußbreit dieses Teils seiner heimatlichen Grafschaft Donegal.

Hier vor zweihundert Jahren, als den Iren ihr angestammter katholischer Glaube verboten war, als die katholischen Priester Freiwild waren, sich heimlich im Bauernkittel von Gemeinde zu Gemeinde schleichen mußten und nicht mehr im Lande selbst, sondern nur noch in Spanien oder in Rom ausgebildet werden konnten und sich heimlich wieder in die Heimat zurückstehlen mußten, damals, als alle die alten katholischen Kirchen entweder zerstört und verbrannt wurden wie alle die alten schönen Klöster, oder kurzerhand zu protestantischen Kirchen umgeweiht wurden, damals, als die Iren kein Handwerk, kein Gewerbe, keinen Handel betreiben, ihr Land nicht besitzen, sondern nur pachten durften, damals, als sie sich angewöhnen mußten, von den englischen Grundherren als ›the Quality‹ – der Qualität – zu sprechen, als sie vor Gericht in eigener Sache nicht auftreten durften – waren sie doch nichts weiter als ›Objekte der Bestrafung‹ und ›Seiner Britannischen Majestät irische Feinde‹ –, damals, als die Iren in den vielen Jahrzehnten der ›Penal Laws‹, der berüchtigten Strafgesetze, zum ärmsten, elendesten und gedrücktesten Volk Europas wurden (ich habe es schon gestreift) –

damals hielten diese entrechteten Iren mit unvergleichlicher Treue an ihrem katholischen Glauben und auch an dem reichen Erbe ihrer keltischen Vergangenheit fest, obgleich sie der Übertritt zum Protestantismus mit einem Schlag in die Welt der Freien und Bevorzugten versetzte.

Damals haben sie die Messe heimlich zwischen Büschen und Felsen abgehalten; eine Steinplatte diente als Altar, und ringsum auf den Hügeln standen Wächter, um den Andächtigen das Nahen der Polizei zu verkünden, wenn der Meßort verraten war oder die Polizei auf andere Weise von dem verbotenen Gottesdienst Wind bekommen hatte.

Bis zum heutigen Tage werden viele dieser heimlichen Andachtsstätten vergangener Zeiten fromm in Ehren gehalten. Wer vorübergeht, bekreuzigt sich und kniet wohl auch nieder, um ein Gebet zu sprechen.

Einer solchen Stelle waren wir an jenem Abend begegnet. Das Kreuz bezeichnet den alten Messe-Felsen. Damals wird noch keine Fahrstraße dort vorübergeführt haben. Der Felsen mit der natürlichen Altarplatte an seiner Stirnseite lag sehr versteckt in der Bodensenke, und von den Hügeln im Umkreis war gut Ausschau zu halten.

Als wir weiterfuhren, sagte ich:

»Es ist schön und rührend, daß man die alten Weihestätten aus den schlimmsten Zeiten der Knechtschaft so hoch in Ehren hält. Aber erhält man damit nicht künstlich in eine ganz andere Zeit und Umwelt hinein Erinnerungen wach, die lieber erlöschen sollten, denn weder die Gekränkten noch die Kränker von damals sind heute am Leben, und es ist besser, sich vernünftigen Zielen der Zukunft zu widmen, als die Wunden der Vergangenheit künstlich offenzuhalten. Wir auf dem Kontinent wissen kaum noch, was vor fünfzig Jahren geschah, und wollen es auch gar nicht mehr wissen. Denn das ist so abgetan wie möglich – man mag es betrauern oder nicht. Wie um alles in der Welt soll Europa überleben, wenn es nicht die vergangenen Unrechte und Untaten vergißt, die sich die Völker gegenseitig angetan haben? England hat Irland viel Böses angetan. Das gibt jeder vernünftige Engländer von heute zu. Aber Irland kann heute weniger denn je ohne England leben und lebt von England, von den Millionen englischer Touristen, vom Viehverkauf an England, von den irischen Auswanderern und Arbeitern in England und Schottland, die ihre Verdienste und Ersparnisse von dort herübersenden oder mitbringen. Nein, ich glaube, wir Deutschen sind darüber belehrt worden, daß die

Europäer untereinander endlich einmal die alten Vorwürfe und Vorurteile an den Nagel hängen sollten!«

»Alles ganz schön und gut, Mann vom Kontinent!« erwiderte O'Flannagan hitzig. »Aber was wird aus Ulster, das uns England immer noch vorenthält, so daß nicht die ganze Insel in einem Staat vereint ist?«

»Ach!« sagte ich, selber hitzig. »Wo steht denn das geschrieben, daß einer geographischen Einheit auch immer eine politische entsprechen muß? Portugal und Spanien oder Norwegen und Schweden leben auch in geographischer Einheit, aber politischer Getrenntheit, und kein Mensch regt sich deswegen auf. Gewiß gibt es unter den sechs abgetrennten Grafschaften Ulsters mindestens zwei oder gar drei mit katholischer, nationalirischer Mehrheit; sie gehören also zur Republik. Aber im Rest Ulsters besteht zweifellos eine protestantische Mehrheit, die unter allen Umständen bei England verbleiben will. Die Demokratie, die dem einen recht ist, sollte dem anderen billig sein. Außerdem erscheint mir dieser ganze Streit im Zeichen eines wie noch nie bedrohten Europa, zu dem doch gerade Irland als ein ureuropäisches Land gehört, reichlich unzeitgemäß. Ich bin ein Deutscher und habe erlebt, wie riesige Fetzen aus meinem Lande gerissen wurden, und das heißt aus der Mitte Europas. Du mußt mir schon verzeihen, O'Flannagan, aber ich kann im Vergleich damit die sogenannte Ulsterfrage nicht mehr besonders aufregend finden!«

Ich hatte in ein Wespennest gestochen, und die drei fielen über mich her wie die Räuber über den Mann, der von Jerusalem nach Jericho ging. Aber ich werde mich hüten, den langen Wortstreit wiederzugeben, der sich dann später in Ardara an der Bar des ›Nesbitt Arms‹ bis spät in die Nacht erstreckte. Dies ist kein politisches Buch – und die Geschichte der katholisch-irischen Irredenta in den sechs englischen Grafschaften Ulsters steht auf anderen Blättern nachzulesen – nicht auf diesen hier.

Und die Gemeinschaft der europäischen Nationen, in die nun Irland als vollberechtigtes Mitglied aufgenommen ist, sieht mit Widerwillen und Grauen zu, wie im englischen Nord-Irland, im Nordosten Ulsters, der blutige, gnadenlose

Bruderzwist zwischen protestantischen und katholischen Iren, zwischen den etwas wohlhabenderen Protestanten, die bei England bleiben wollen, und den zumeist ärmeren Katholiken, die sich in die Arme der Irischen Republik sehnen, wie dies Morden, Schießen, Brandstiften, Bombenlegen hinüber und herüber weitergeht – und kein Ende ist abzusehen –, es sei denn, die irischen Frauen auf beiden Seiten gebieten endlich dem Wahnsinn der Männer Einhalt.

Anna Nica Luain

»Séan, wenn du mich einmal zu einem dieser Geschichtenerzähler bringen könntest –! Ich kann zwar kein Irisch, aber wenn du mitkämst, dann...«

»Ja, dann«, fiel er ein, »dann darf ich dir wieder mehr Fragen verdolmetschen, als irgendein Weiser aus dem Morgenland beantworten kann. Aber du müßtest schon einen Shenachie kennenlernen. Mit ihnen stirbt das Beste des alten Irland aus. In der nächsten Generation gibt es keine Geschichtenerzähler mehr!«

Er dachte schon nach, der Gute, der viel zu freundlich und liebenswürdig war, als daß er mir eine einigermaßen sinnvolle Bitte abgeschlagen hätte.

»Gut«, sagte er dann, »ich werde dich zu Anna Nica Luain bringen, in Cruach Toibrid. Sie ist die beste Erzählerin in ganz Donegal. Morgen habe ich keine Zeit, aber übermorgen könnte ich mich frei machen. Paßt es dir übermorgen?«

Und ob es mir paßte!

Ich drückte auf den Klingelknopf, um MacFaddens freundlich gewissenhafte Bedienerin herbeizurufen. – Wir tranken noch ziemlich viel Sherry und Portwein an diesem Abend. Guter Portwein wird in diesem Lande getrunken, das muß man sagen.

Von Glenties führen ostwärts zwei Straßen über die Berge nach Ballybofey. Die Hauptstraße, recht bequem und befahrbar, biegt im Bogen nordwärts aus, gewinnt hinter einer bequemen Paßhöhe den langgedehnten Lough Finn und folgt dann dem Finn-River und der Strecke der – abgebauten – Eisenbahn nach Ballybofey.

Die andere Straße, sehr viel steiler und schmaler, folgt zunächst dem Tal des Owenea aufwärts ins Gebirge, gewinnt die sehr viel höhere Paßwanne erst jenseits des Lough Ea und senkt sich dann zum Reelan-Fluß hinab. In diese Straße wies mich Séan ein, als wir von Gortahork her Glenties erreicht hatten.

Die Berge, braun in ihrem dichten Kleid aus Heidekraut, in dem hier und da schwarz die Kante eines Torfstichs klaffte wie eine verharschte Wunde, die Berge hier im Herzen von Donegal, Kuppe an Kuppe, schoben sich immer dichter zusammen, unvorstellbar einsam und von der Sonne, die von Zeit zu Zeit durch die ostwärts ziehenden Wolken brach, mit einer sonderbar düsteren Heiterkeit überschüttet, die Berge ohne Baum, ihre himmelwärts steigenden Linien unverhüllt darbietend, einfach, voll ewiger Würde – Séan nannte mir ein paar Namen: Crockmore und Crockbrack, Crockalougha, Lavagh More, Craghubbrid und Croveennanata – ach, für alle Zeit wird mir aus diesen unverkennbaren Namen der ganze schwermütige Zauber der irischen Landschaft entgegenschimmern.

Das Tal wurde enger und die Straße schlechter.

»Fahr ganz langsam!« sagte Séan. »Wir dürfen den Weg nicht verfehlen, der in die Cruacha abführt.«

Und dann fuhren wir doch daran vorbei, denn die Abzweigung nach rechts, die wir suchten, war kaum zu erkennen.

Ich rollte die wildeste und gröbste Straße entlang, die ich je vorher und nachher befahren hatte. Es war gar keine Straße; es war ein grober Karrenweg, über weite Strecken schmal, daß ein Ausweichen unmöglich gewesen wäre. Aber Autos fuhren hier nie entlang, es sei denn, es gäbe noch andere so waghalsige Verrückte wie Séan und mich; aber das bezweifle ich. Séan hatte sich auf dieser Straße, dem einzigen Zugang zu dem wilden Glen, dem Hochtal im Herzen von Donegal, sein neues Auto vollkommen zu Bruch gefahren; seitdem ist der Weg ein wenig verbessert worden. Als wir über tief zerwaschene, atemraubende, nur im rauschenden ersten

Gang zu bezwingende Steigungen, um Spitzkehren, die gezirkelte Maßarbeit verlangten, denn die ›Straße‹ war nur um einen Fuß breiter als das Auto, endlich die Paßhöhe, einen engen Bergsattel, gewonnen hatten, hielten wir an, um auszusteigen und den ungeheuren Blick über die fernhin verschimmernden Berge und Hügel und Täler, das ganze weite Vorland bis hin zu Gweebarra Bay mit stockendem Atem zu genießen. Wir wanderten einige Schritte den Weg zurück, weil uns ein Felsklotz einen Teil des Ausblicks versperrte. Dabei wurde ich der seltsam beunruhigenden und unheimlichen Tatsache inne, daß die ganze schmale Straße unter unseren Schritten wippte.

»Ja, sie wippt wirklich!« sagte Séan. Ein tiefes Hochmoor füllte den ganzen Paß-Sattel aus, und der Weg ›schwamm‹ darauf. An einigen Stellen hatte ich das peinliche Gefühl, daß ich nur ein wenig fester aufzustampfen brauchte, um mit dem Fuß in den Torfsumpf unter dem schmalen Kiesband des Weges hindurchzubrechen. Ich sah mich ängstlich nach meinem Auto um, ob es nicht langsam wegsackte. Nein, es stand noch fest auf seinen vier Rädern. Séan lachte. Er hatte schon oft Gelegenheit gehabt, mich auszulachen, der Schurke. Wenn er mich in Deutschland besucht, werde ich ihn auch auslachen.

Der Wind fuhr eiskalt das Glen herauf, das wir über den Karrenpfad erklommen hatten. Wir froren sehr, und die atemraubende Aussicht vermochte uns nur unvollkommen darüber hinwegzutrösten. So stiegen wir bald wieder ein und ließen den Wagen in das entlegene Hochtal hinunterstolpern, dem unsere Fahrt galt. Ich wußte trotz dieses heroischen Auftakts nicht, daß mir in der nächsten Stunde vielleicht das bewegendste menschliche Erlebnis bevorstand, welches Irland mir schenkte.

Séan bereitete mich schon eine ganze Weile auf Anna Nica Luain vor:

»Sie kann natürlich nicht lesen und schreiben, wie die allermeisten Menschen ihres Jahrgangs in diesen abgeschlossenen Hochtälern, die kaum jemals von einem Fremden, von keinem Verkehr, keinem Telefon, keiner Lichtleitung erreicht werden. Zur Messe müssen die Menschen viele Stunden weit über die Berge wandern, und die nächste Posthilfsstelle ist noch weiter entfernt. Im Winter bei Schnee ist das Tal völlig von der Welt abgeschnitten. Die meisten Leute sind unvorstellbar arm; auf den Bergen weiden ihre Schafe, ihr größter Besitz; ein paar Kühe vielleicht für die Wohlhabenderen, ein paar grobe Kartoffeläcker, das ist alles. Zu frieren brauchen sie nicht, denn Torf steht überall in Hülle und Fülle an – und die meisten Leute, ob du es glaubst oder nicht –, die allermeisten sind so glücklich und zufrieden, wie man es in begünstigteren Gegenden kaum findet. Denn ihre Ansprüche sind bescheiden und ihre Bedürfnisse gering; und wer überzählig ist, der muß sowieso auswandern und kehrt nicht wieder.

Anna Nica Luain – sie ist unglaublich arm, aber ich habe sie immer als Dame empfunden. Du wirst es sehen, mein Junge, sie unterhält sich mit großer Grazie, wird uns in ihrer Hütte mit vollkommener Selbstsicherheit empfangen, wird sich über die unerwarteten Gäste freuen und uns ebenso formvollendet wieder entlassen, wenn wir unseren Besuch beenden müssen. Ich würde nicht einmal davon träumen, meiner alten Freundin Anna ein Geschenk anzubieten, obgleich schon zehn Schilling für sie ein Haufen Geld bedeutet.

Zu Weihnachten schickte ich ihr ein Paket mit allerlei Sachen, von denen ich annahm, daß sie sie dringend brauchte, vor allem auch ein paar Konserven und Äpfel, Nüsse und Apfelsinen, denn Leute wie Anna leben nur von Pellkartoffeln und Milch, jahrein, jahraus; und wenn im Winter die Kühe hungern, weil an den Hängen und im Tal kaum noch etwas wächst, dann wird auch die Milch sehr knapp, und es bleiben nur die Kartoffeln als Nahrung. Gleich nach Weihnachten bekam ich ein Gegenpaket von ihr, zu dem sie sich die Adresse von einer Nachbarin hatte schreiben lassen. Sie hat mir – wenn man ihre Armut berücksichtigt – ein viel größeres Geschenk gemacht als ich ihr, so daß mein Versuch, ihr zu helfen, völlig fehlgeschlagen ist. Sie schenkt stets mehr, als sie empfängt.

Die Menschen leben in diesem weltentrückten Tal genau wie vor hundert oder zweihundert Jahren oder vielleicht noch viel früher. Und ich muß sagen, wenn so unsere urtümliche europäische Welt ausgesehen hat, wie das Dasein in diesem Tal, dann muß es eine wunderbar warme und menschliche Welt gewesen sein. Die Menschen sind gastfrei, freundlich und hilfsbereit, offen, ohne Arg, bescheiden und selbstsicher zugleich, daß man erst hier begreift, wieviel dem Durchschnittsmenschen in unserer sogenannten modernen Welt verlorengegangen ist.

Diese Menschen hier könnten unangefochten weiterleben, wenn die übrige Welt verginge; sie verstehen es noch, alles, was sie brauchen, mit ihrer eigenen Hände Arbeit herzustellen. Die wohlhabenden MacLoone haben ein Radio und denken sogar an ein kleines Auto – viele Schafe besitzen sie –, aber sie haben weder das eine noch das andere nötig und würden im Notfall mit einem Achselzucken darauf verzichten, wie ein Großstädter auf das Müschelchen verzichten kann, das er sich von seiner vorjährigen Urlaubsreise an die See aus Langerweile und ein wenig Sentimentalität mitgebracht hat.

Anna Nica Luain ist für mich immer ein neues Wunder. Sie besitzt ein so getreues und untrügliches Gedächtnis, wie wir es uns, die wir durch viel zuviel Lesen und Schreiben verdorben sind, gar nicht mehr vorstellen können. Anna hat den Leuten von der Irischen Folklore-Kommission die Texte von über zweihundert alten und jungen Volksliedern, Klageliedern, Gesängen und Balladen diktiert, alle nach dem Gedächtnis, alle völlig genau und getreu, manchmal bis zu zwanzig und mehr Verse im einzelnen Lied. Dazu hat sie mehr als ein halbes Hundert großer Geschichten erzählt, solche, wie du sie vorgestern abend von mir gehört hast, und andere, die einen ganzen langen Abend füllen, und weiter unzählige Sprichwörter, Scherzfragen, Rätsel und hunderterlei anderes von alten Sitten und Aberglauben und Lebensregeln. Anderthalb Jahre lang hat ein einzelner jüngerer Ethnologe Tag für Tag mit ihr gearbeitet, und sie hat sich nicht ein einziges Mal wiederholt. Der Aufnahmeapparat, der ihre Erzählungen oder Deklamationen festhielt, hat sie nicht im geringsten gestört; sie bediente sich seiner durchaus souverän.

Und ihr Reichtum an Überlieferungen aus wer weiß wie

unvordenklicher Zeit ist noch längst nicht erschöpft. In diesem Sommer wird ihr die Folklore-Kommission einen Mann schicken, der abermals viele Monate mit ihr arbeiten und Aufnahmen machen soll. Denn wenn sie stirbt, sinkt all ihr Wissen mit ins Grab. Seit die Kunst des Lesens und Schreibens auch in dieses Tal vordrang, ging den jungen Leuten die Kraft des Gedächtnisses verloren. Wie gut, daß O'Builearga vor zwei Jahrzehnten begann, die Erzählungen der letzten Barden, der letzten Shenachies, festzuhalten. Heute sind die meisten von ihnen weggestorben. O'Crohan von den Blaskets ist tot. Peig von den Blaskets ist uralt und schwach, und Anna Nica Luain ist auch nur noch ein kleines Hutzelweiblein. Wenn man heute mit der Arbeit des Sammelns begänne – nicht ein Viertel von dem wäre festzuhalten, was vor fünfzehn Jahren noch lebte.

Siehst du die winzige Hütte vor uns rechts unter dem Weg? Da wohnt sie. Zu Hause ist sie, sie hat gerade frischen Torf aufgelegt; man sieht es an dem blauen Rauch aus dem Kamin. Ihr Mann wird nicht daheim sein; er ist sicherlich bei seinen Schafen in den Bergen. Ich will zuerst allein zu ihr gehen, um sie darauf vorzubereiten, daß ich ihr einen Gast mitbringe, der kein Irisch versteht. Ihr ist das immer peinlich, da sie kein Wort Englisch spricht und den Gast nicht begrüßen kann, wie es sich gehört.«

Ich hielt an. Ich hatte Séan, wenn er nicht gerade eine zusammenhängende Geschichte erzählte, noch nie eine so lange Rede halten hören. Er war im allgemeinen kein gesprächiger Mann. Hier kam er mir zum ersten Male erregt und ein wenig unsicher vor. Der Besuch bei Anna Nica Luain schien ihn stärker mitzunehmen als der bei einer Dame der Dubliner Gesellschaft. – Er sprang den Hang hinunter zu der winzigen strohgedeckten Steinhütte unterhalb der Straße.

Winzig schien das Häuschen, und das schon Moos ansetzende gelbe Strohdach war tief darübergestülpt. Der Kamin ragte kaum aus dem Dach hervor; das Stroh reichte bis an seine obere Kante, wie es die ältesten Hütten in Irland überall zeigen. In vergangenen Zeiten wird einfach nur ein Loch im Dachgiebel offengelassen worden sein, um dem Torfrauch Abzug zu gewähren. Ein kleiner Schuppen neben der Hütte, ein kunstvoll gestapelter Berg Torf, ein Dutzend verbogener Büsche rings um den kleinen Hof hinter der Hütte, um den Wind abzuhalten – und dann weiter am Hang hinunter zum Fluß ein Äckerlein –, und jenseits die stillen Berge, das war alles. Ein grauzottiger Esel würde irgendwo weiden, vielleicht sogar eine magere Kuh und vielleicht ein knappes Dutzend Schafe in den Hängen – mehr nannten Anna Nica Luain und ihr Mann sicherlich nicht ihr eigen.

Weiter unten am Hang trat Séan hinter der Hütte hervor, winkte und rief:

»Komm! Sie ist zu Hause! Sie freut sich!«

Ich stieg den Pfad hinunter.

Winzig wirklich dies Häuschen! Bequem konnte ich mit der Hand aufs Dach langen. Fast wäre ich über ein paar Hühner gestolpert; sie wackelten nicht beiseite wie sonst auf jedem Bauernhof. Die braven Vögel schienen daran gewöhnt, daß man sie umstelzte.

Ich bin nicht groß; aber ich mußte mich ein wenig bücken, um in die niedrige Tür zu treten. Es gab nur einen Raum unter dem Strohdach; er war zu klein, als daß es sich gelohnt hätte, ihn aufzuteilen – im Innern der Hütte blieb ich einen Atemzug lang überrascht stehen, denn ich schien plötzlich in ein Märchen versetzt.

Der Raum lag im Dämmern; zwei Fenster, jedes ein paar Handbreit groß, erhellten ihn kaum. Aber alles Licht, das durch die südliche Lichtöffnung hereindrang, fiel auf die Wand, an der in einem mächtigen, rußschwarzen Kamin ein Feuer von gutem, trockenem Torfe flammte. Über dem Feuer hing an einem mächtigen Eisenhaken, der aus dem Kaminschacht herniederbaumelte, ein runder schwarzer Eisentopf, in dem es brodelte; Dampf entstieg ihm wölkend, als würde in ihm eine Zaubersuppe gekocht (aber es waren höchst unschuldige Pellkartoffeln, wie ich später feststellte). Das geisterhafte Licht in diesem Kamin wäre eines Malers würdig gewesen, denn durch den breiten Schornstein fiel von oben her, von draußen, ein weißlicher Abglanz des Tages, der sich mit dem dunkelroten Glühen des Torfs von unten her zu einem sonderbar künstlich wirkenden Schein vermischte.

An der rechten Seite des Feuers hockte reglos ein schwarzweißes Hündchen auf seinen Hinterbacken und blickte mich mit gespitzten Ohren mehr neugierig als mißtrauisch an. In dieser freundlichen Märchenwelt schienen weder die Hühner noch die Hunde Grund zu haben, Fremden mit Mißtrauen oder Furcht zu begegnen.

Auf der anderen Seite des schwarzen Brodelkessels aber, so daß ihr der Tagesschein des Fensters auf die Hände, die alten, guten, fleißigen Hände fiel, saß Anna Nica Luain auf einem Schemel und strickte an einem großen Socken aus grober, ungebleichter Schafwolle. Ihr kleines, altes Gesicht wurde von einem farblosen Kopftuch eingefaßt; eine zerschlissene Schürze, ein grober Rock, eine ärmliche Bluse von unbestimmter Farbe schützten den greisen zierlichen Körper sicherlich nur sehr unvollkommen vor der Februarkühle. Unter dem Rock schimmerten – der einzige helle Fleck an ihrer Kleidung – weiße wollene Strümpfe an den Beinen; aber die Füße steckten in erbarmungswürdig klobigen, schweren, zerlederten Männerschuhen, die gewiß den müden Füßen eher Qual als Schutz bereiteten.

Dies alles nahm ich viel schneller in mich auf, als ich es erzählen kann. Einen Augenblick schoß mir der Gedanke durch den Kopf – das starre Hündlein mit den rötlich glühenden Augen, der dampfende Kessel über dem Herdfeuer, das alte Weiblein –: sieh da, eine Hexe in Person! Aber dann löste Anna die Augen von ihrer Strickarbeit und blickte mir lächelnd entgegen. Ach – wann hatte ich je so gütige, menschliche, weise Augen gesehen? Eine warme Welle flutete mir über mein Herz. Ich verbeugte mich und begrüßte sie auf englisch:

»Guten Tag, Frau Nica Luain, es ist sehr freundlich von Ihnen, mir zu gestatten, Ihre Bekanntschaft zu machen.«

Ein wenig Hilflosigkeit stahl sich in ihren Blick, und sie blickte zu Séan hinüber, der hinter mir eingetreten war und den Hund begrüßte; das Tier nahm Séans Streicheln und Klopfen mit ebensoviel Würde wie Wohlbehagen entgegen. Séan merkte sofort, was von ihm erwartet wurde, und griff dolmetschend ein. Ihr Gesicht strahlte auf. Ich war offenbar ein Mann, der sich an die alten Regeln des Anstands hielt. Sie antwortete mir ausführlich, heiter lächelnd, mit einem ganz unverlegenen, selbstverständlichen Freimut und reichte mir, ohne sich von ihrem Schemel zu erheben, ihre alte, trockene Hand. Ich mußte mich abermals verbeugen, um ihr die meine zu geben. Dies alte, liebenswürdige Gesicht war ungemein lebendig, das sah ich jetzt. Mit einer leichten Geste wies Anna ihren Verehrer Séan an – er war ihr Verehrer im wahren Sinn des Wortes –, für sich und mich zwei Schemel um das Feuer zu rücken. Lächelnd mit ein paar entschuldigenden Worten lud sie mich ein, Platz zu nehmen. Dann begann unsere Unterhaltung, deren Löwenanteil der arme Séan zu bestreiten hatte, mußte er doch nicht nur seine, sondern auch ihre und meine Worte irisch oder englisch wiederholen.

Die Begrüßung, die sich so in der armen, engen Hütte vollzogen hatte, während im Kessel die Kartoffeln kochten, das schwarz-weiße Hündlein zuschaute, ein Huhn hereinstolzierte und wieder verschwand – keine große Dame in einem Salon hätte mich mit größerer Selbstverständlichkeit und Anmut begrüßen können. Séan hatte nicht übertrieben: Anna war eine Dame.

Während sie Séan über Frau und Kind und Beruf befragte, hatte ich Muße, mich verstohlen ein wenig in der Hütte umzuschauen. Ach, nichts da von Hexe und Zauberbrodem! An der Wand hing ein Bild der Jungfrau Maria, ein sehr bescheidenes, aber mit grünen Ranken umkränzt, und über Annas Haupt, neben einer alten Weste ihres Mannes, baumelte der bescheidene Rosenkranz; seine Perlen waren blank, so oft waren sie schon durch die Finger der frommen Leute geglitten.

Gegen die Innenseite des Strohdachs, vom Torfrauch zu einem warmen, tiefen Braun getönt, waren gleich ein halbes Dutzend jener Kreuze geheftet, die man in Irland ›Kreuze der heiligen Brigitta‹ nennt. Diese Sancta Brigitta ist die dritte im Bunde der drei irischsten und den Iren liebsten Heiligen; St. Patrick und St. Columbkill sind die beiden anderen. St. Brigid, von der sich das irische Volk viele sehr liebevolle und wunderbare Legenden erzählt, hat nach der Überlieferung den Iren diese Kreuze geschenkt und sie gelehrt, wie sie aus Binsen oder Stroh vielfältig geflochten werden. Aber noch ist in der ornamental umgewandelten Kreuzform für ein wissendes Auge deutlich das uralte heidnische Symbol des Sonnenrades zu erkennen, das von der Südsee und Ostasien bis nach Norwegen und also auch nach Irland reichte. Für die alte Anna enthielt es nichts Heidnisches mehr. Sie oder ihr Mann hefteten jedes Jahr um die Weihnachtszeit, wenn der Sonnenlauf wieder länger zu werden beginnt, ein halb Dutzend kleiner oder großer sorgfältig geflochtener Brigittenkreuze über ihren Häuptern ins Strohdach und wußten dann, daß St. Brigid das Haus ein weiteres Jahr vor Not und Feuer und Schaden bewahren würde.

Der Raum besaß keine Zimmerdecke, so daß man in das einfache Dachgestühl blicken konnte. Werkzeuge hingen da und ein Strauß Zwiebeln, alte Kleider und einige gebündelte Kräuter. Dem Kamin gegenüber, in die Ecke gebaut, stand das Pfostenbett, ein Doppelbett, sehr ordentlich und sauber wie alles in dieser Hütte, trotz ihrer fast erschütternden Armut. Keine weißen Betten natürlich und keine schönen, weichen Wolldecken, wie sie sonst in Irland üblich sind, sondern unbestimmte Pfühle, aus Stoffresten und wohl auch aus ehemaligen Säcken schlecht und recht zusammengenäht. An der Wand daneben machte sich ein Spinnrad breit, eines der übergroßen, wie sie in Donegal üblich sind. Ein Häuflein Torf, sorgsam geschichtet: in der Hütte trocknet er nach, ehe er im Herd seinen Zweck erfüllt. Ein Korb mit Kartoffeln, ein Säckchen Mehl auf einem hölzernen Schemel und dann ein Bündel ungesponnener, gelblichweißer Schafwolle und ein Knäuel weißer, brauner und grauer Wolle.

Annas Hände standen keinen Augenblick still, während sie sich mit Séan und mir über Séan aufs angeregteste unterhielt. Denn während der Mann mit Torf und Acker und Schafen zu tun hat, verdient Anna das wenige Bargeld, das jahrüber in dies winzige Häuschen fließt: Sie strickt aus der nichtentölten Wolle, die sie selbst gesponnen und die von ihren eigenen Schafen am Berge stammt, Strümpfe, feste, warme, dichte Socken – oder auch Handschuhe. Ab und zu verirrt sich ein Aufkäufer in das entlegene Glen und kauft ihr die zu einem halben Dutzend gebündelten Paare Socken für drei Schilling das Paar ab, das sind etwa anderthalb Deutsche Mark – ein lächerlicher Preis, wenn man bedenkt, daß die

Schafe erst groß werden und geschoren werden müssen, die Wolle erst gewaschen und gesponnen und dann erst zu Strümpfen verstrickt werden muß.

In dieser Hütte versammelten sich also beinahe jeden zweiten Abend Männer, Frauen und Kinder von vielen Kilometern her im Umkreis aus den einsamen Bergtälern, um Anna erzählen zu hören. Und daß sie gut erzählen konnte, bezweifelte ich bei der erstaunlichen Lebendigkeit ihrer Unterhaltung keinen Augenblick. Sie konnte nicht nur erzählen; sie war oder ist vor allem ein Mensch, der die alten Märchen und Legenden, den späten Nachhall vergangener Schicksale und Heldentaten so aus ihrem Herzen her durchleuchtet, als wären sie gestern erst passiert. Und sicherlich wird sie immerfort an den Geschichten weiterweben und formen, denn manchmal wird sie merken, daß eine neue Wendung oder ein neuer Ausdruck, den sie einfügt, ihre Zuhörer noch stärker bewegt, noch heftiger spannt – und sie wird ihn für die Zukunft annehmen.

Gegen das Kino oder Radio kommt natürlich ihre Kunst – denn es ist eine Kunst, eine gegebene Geschichte formvollendet zu erzählen – nicht an. Aber noch gibt es kein Kino und kaum ein Radio in diesen abgeschiedenen Gebieten, wenn auch keiner mehr bereit und fähig ist, bei der alten Frau in die Schule zu gehen, um jahrelang zu erlernen, was sie vorzutragen weiß – by heart, durchs Herz, wie die Engländer, auswendig, wie wir es sagen.

Wir besprachen mancherlei, und sie klagte ein wenig über die schlechten Zeiten. Drei Schilling – das wäre wirklich zuwenig; wenn das Paar Socken wenigstens mit dreiundeinhalb Schilling bezahlt würde, dann ließe sich schon eher leben. Alles, was man eben doch gelegentlich kaufen müßte, wie Petroleum oder Mehl oder Salz und Zucker, sei teurer geworden; aber der Preis für die Socken, der bliebe ewig der gleiche. Diese Bemerkung huschte schnell vorüber; man belästigt Gäste nicht mit seinen Sorgen.

Sie fragte mich, ob es in Deutschland das auch noch gäbe, daß des Abends die Leute zusammenkämen, um sich Geschichten zu erzählen – und wie es dabei zuginge.

Ja, antwortete ich, die Leute kämen wohl hier und da

zusammen, um zu plaudern; die Jugend sänge vielleicht auch noch zuweilen; aber so kunstreiche, ausgedehnte und bewegte Geschichten, wie ich sie hier in den Bergen von Kerry, Mayo und Donegal gehört hätte – ach nein, die Zeit wäre längst vorbei, daß man solche Geschichten überhaupt noch zu erzählen wüßte.

Séan warf ein:

»Lange dauert es auch nicht mehr, dann wird auch für Irland diese Zeit vergangen sein.«

Ich sagte:

»Irland ist glücklicher, als wir gewesen sind, denn heute lassen sich mit den modernen technischen Methoden die alten Reichtümer an Tradition viel genauer aufnehmen und vollständiger bewahren, als es bei uns vor hundert oder hundertzwanzig Jahren geschah: Damals zog der Professor Grimm von Kassel aus nach Niederzwehren vor die Tore der Stadt und ließ sich von einer alten Bäuerin jene Märchen erzählen, die seitdem nicht nur die Herzen und Gemüter ungezählter deutscher Kinder erfreuten, sondern sich auf den Weg um die ganze Welt machten, so daß heute ›Schneewittchen‹, ›Dornröschen‹ und ›Aschenbrödel‹ von weit her zu uns wiederkehren.«

»Wie man's nimmt«, erwiderte Séan. »Ich fürchte manchmal, daß die schönen Dinge, die hier bei Anna und anderswo höchst sorgfältig und haargenau auf Schallplatten gesprochen werden, nachher in Dublin im großen Archiv verschwinden. Dort sind sie zwar sicher für alle Zeiten mumifiziert; aber leben sie dann? Sind sie dann noch mehr als das berühmte ›Material‹ für gelehrte Untersuchungen? ›Schneewittchen‹ und ›Aschenbrödel‹ und anderes sind noch so kräftig am Leben, daß der Film sich ihrer angenommen hat und ihnen Millionen von neuen Zuhörern und Zuschauern zuführte. Wer nimmt sich der großartigen Geschichten an, die in unseren Archiven ruhen?«

Anna warf ein:

»Wenn ich denke, daß niemand mehr in dieser Gegend all die Legenden und Geschichten und Märchen erzählen wird, wenn ich erst tot bin, weil keiner mehr da ist, der sie noch erlernt – die jungen Leute haben alle ein so schlechtes

Gedächtnis heutzutage –, dann bin ich sehr froh, daß alles oder viel von dem, was ich weiß, in Dublin aufbewahrt ist. Es wäre jammerschade, wenn schon nach einem Menschenalter kein Mensch mehr eine Ahnung davon hätte, wie wunderbar wir uns hier in der Cruacha die Zeit vertrieben haben.«

Ich sagte:

»Der Professor Grimm und die alte Bauersfrau aus Niederzwehren haben dem deutschen Volk ein größeres Geschenk gemacht als zehntausend Bankiers, Politiker und Generale. Früher oder später werden auch die Schätze, die hier in diesem Haus gesammelt wurden, unter die Leute kommen. Und ebenso wie bei uns Eltern und Kinder die Grimmschen Märchen lesen und lieben und erzählen, wird man dann die Cruacha-Märchen verehren – und wird wissen, Anna Nica Luain hat sie erzählt, und der kluge Professor aus Dublin hat sie aufbewahrt, damit sie überhaupt erst einer wiedererzählen und aufschreiben kann.«

Séan übersetzte, was ich gesagt hatte. Zum ersten und einzigen Male während meines Besuches schien Anna nach diesen Worten von einer Scheu oder Verlegenheit angewandelt. Sie blickte auf ihren Strickstrumpf nieder und ließ ihre Nadeln eifrig klappern. Ich hätte das nicht sagen sollen, was ich gesagt hatte; es war vielleicht zu deutlich. Ich lenkte ab, selbst verlegen, und fragte, ob ich nicht ein Paar ihrer schönen Socken kaufen und ob sie mir nicht für den nächsten Winter ein Paar Handschuhe stricken könnte. Oh, aber gewiß könnte sie das! Und wir suchten gleich die Wolle dazu aus, von einem schwarzbraunen Schaf.

Allmählich fing Séan an zu drängen:

»Wir müssen uns wieder aufmachen; wir haben noch weit zu fahren. Willst du nicht eine Aufnahme von Anna machen?«

»Das möchte ich liebend gern, Séan. Aber ich wage nicht, sie danach zu fragen.«

»Ach, Anna ist keine Primadonna! Natürlich sitzt sie dir! Der Gedanke, daß du später vor ihrem Bild an sie und Cruacha denken wirst, erfreut sie sicherlich.«

So war es, und Anna Nica Luain saß meiner Kamera mit einer solchen Selbstsicherheit, wie ich es bei Menschen der

Stadt und Zivilisation nur selten oder nie beobachtet habe. Gegenstände oder Mittel der Technik – so schien es mir – interessierten diesen Menschen, der in einer Welt des Liedes, der erzählten Träume, der Phantasie und dieser stillen, unberührten Berge lebte, überhaupt nicht. Für Anna waren sie wesentlich unwichtiger als ein Spaten oder ein Kaminbesen. Anna hielt sie weder für nötig noch für eindrucksvoll.

Sie verabschiedete uns mit der gleichen Würde und Freundlichkeit, mit der sie uns empfangen hatte. Die Schwelle ihres Hauses überschritt sie nicht. Ihr Mann wäre mit uns bis ans Auto gekommen; für sie wäre es, trotz ihrer großen Sympathie für Séan, nicht schicklich gewesen.

Als wir eine Weile gefahren waren, sagte Séan wie aus einer langen Folge von Gedanken:

»Ja, obgleich sie so unvorstellbar arm ist, hat sie nie daran gedacht, ihren Schatz an Wissen, Kunst und Tradition zu verkaufen, hat sich ihre Geschichten und Lieder nie irgendwie bezahlen lassen. Dabei begreift sie natürlich ganz genau, daß sie eine ganze Wissenschaft mit ernährt und Scharen von gutbezahlten Gelehrten; ohne den Stoff, den sie und wenige andere ihresgleichen liefern, könnten die Professoren gar nicht existieren. Wahrscheinlich weiß sie, daß ihr Reichtum sich jeder Zahl und jedem Preis entzieht und daher nur verschenkt werden kann. Also schenkt sie und wird deshalb wahrscheinlich gar nicht bemerken, wie bettelarm an irdischen Gütern sie immer war und bleiben wird.«

Nun, das war ausgezeichnet gesagt, und ich sah keinen Grund, den Worten Séans noch irgend etwas hinzuzufügen.

Ich bin zweimal kaum länger als drei Stunden bei Anna Nica Luain gewesen. Aber sie hat in dieser kurzen Zeit einen tieferen und unvergeßlicheren Eindruck auf mich gemacht als viele andere Menschen, mit denen ich vielleicht jahrelang Tür an Tür wohnte, arbeitete und umging – was man in der Großstadt so Umgang nennt.

Ich könnte über meine Erlebnisse, Begegnungen und Fahrten in Donegal ein ganzes Buch schreiben, könnte von den reichen Schafhirten, den MacLoones zum Beispiel, oder von meinem Aufenthalt auf der wunderbaren Halbinsel Inishowen berichten, weiter von den tragikomischen Ereignissen, die sich abspielten, als ich mit Séan zu der alten Vorzeitburg bei Newtowncunningham, dem berühmten Grianan of Aileach, emporstieg, weiter von dem ›Blutigen Vorland‹ und noch von vielem anderem.

Aber das unermeßlich bunte, reiche Irland verführt mich sowieso von allen Seiten, viel mehr in dies Buch hineinzupressen, als eigentlich hineingeht. Ich habe mich daher bemüht, nur Dinge und Eindrücke mitzuteilen, die nur in Irland und sonst nirgendwo erlebt werden können. Dazu gehörten Anna Nica Luain, der alte Corduff in Rossport – dazu gehört auch die Insel Tory vor der Nordküste von Donegal. Deshalb erzähle ich noch von dem Inselchen Tory.

Budgetkrise, Agrarkrise, Parlamentskrise und Streiks – das gibt es auch in anderen Ländern; und was es auch anderswo gibt, das brauche ich nicht zu beschreiben.

FÜNFZEHNTES KAPITEL

Tory, Felsen im nördlichen Atlantik

Unter den Leuten von Tory-Eiland werde ich noch viele Jahre in dem Ruf stehen, ein großer Sänger vor dem Herrn zu sein. Wenn ich bedenke – und ich habe es erfahren und erlebt –, mit welcher ungemeinen Zähigkeit sich Überlieferung auf Tory hält und wie lange dort Geschichten wiedererzählt werden, als wären sie gestern erst passiert, dann darf ich mich völlig ohne Größenwahn in der Hoffnung wiegen, daß noch in ein- oder zweihundert Jahren die guten Leute von Tory von mir fabeln werden, dem ›großen Sänger und Geschichtenerzähler aus Deutschland‹, der so viele Lieder vortragen konnte – und aus aller Welt stammten sie her, wie man es nie zuvor auf Tory zu hören bekommen hatte. In hundert oder zweihundert Jahren – dann wird mein Name in der übrigen Welt längst verschollen und vergessen sein – wie anders sollte er auch! –, aber unter den Nachkommen der Menschen von der entlegenen Insel vor der nordirischen Küste, wo die Brandung niemals müde wird, in den Felsentoren zu donnern und grünsilbern über die groben Blöcke an Land zu schäumen, da lebt vielleicht mein Ruhm noch, und die Kinder lachen, wenn ein Nachfahre der Dixons die Geschichte erzählt, wie mir mein Hut von der höchsten Kuppe der Balors-Burg in den Atlantischen Ozean geweht wurde, sich selbständig machte und sich auf die Reise nach Amerika begab, wie die mächtigen Überseer, die manchmal im Norden ihre Umrisse vorüberschleppten, denn von Tory-Eiland nehmen sie Kurs auf New York oder Boston oder die St.-Lorenz-Mündung oder wohin sie sonst wollen. Und Tory-Eiland steuern die Schiffe an, wenn sie von Amerika her den schottischen und nordirischen Häfen zustreben, Belfast oder Glasgow oder Liverpool. Deshalb trägt Tory-Eiland auf seiner Ostspitze den ungeheuren Leuchtturm, der des Nachts mit seinen vielen hunderttausend Kerzen die einsamen Schiffe heranwinkt – und sie gleichzeitig warnt, denn die groben Klippen der Insel Tory sind in vergangenen, rauheren Zeiten manch einem unglückseligen Segler zum Verhängnis geworden; die Inselleute allerdings lebten herrlich und in Freuden, wenn ein Schiff auf die Klippen gegangen war und die blanke, böse See ihnen die Butterfässer, die Weizensäcke und die Eichenbalken mit kostbaren Kupferbolzen auf den Sand oder die Felsen spülte.

Noch heute habe ich in manchem Tory-Haus mächtige Stahlplanken gesehen, die vor den großen Kaminen den Stubenflur schützten, die als Brücken über die Straßengräben dienten oder auch einfach als Wände eines Torfschuppens. Und was einstmals die Reling an der Kommandobrücke eines mehr oder weniger stolzen Schiffes gewesen ist, das dient jetzt dazu, die Kälber auf ihrer Koppel einzuhürden oder die ebenso schlauen wie ewig hungrigen Esel daran zu hindern, in den Gemüsegarten der Mrs. Dhugan einzubrechen. Und sicher hat es einmal Zeiten gegeben, in denen die Inselleute ein ›gutes, ergiebiges Wrack‹ herbeigebetet haben, um ihrem mageren, dürftigen Dasein ein wenig aufzuhelfen.

Aber ich lasse mich vom Hundertsten ins Tausendste verlocken und habe noch nicht berichtet, wie ich auf Tory in den Ruf eines großen Sängers geriet. Das Wort ›Tory‹ wird ausgesprochen, als wenn es nach deutscher Schreibweise ›Torri‹ geschrieben wäre, also mit kurzem o; es hat nichts mit dem Namen der konservativen Partei Englands (Tory Party) zu tun, sondern kommt von dem alten gälischen Wort für eine hoch aus dem Meer aufragende Klippe, einem mächtig die Brandung überragenden Felsenturm her, der im Irischen ›Tor‹ genannt wird. –

Wenn man die Straße von Dunfanaghy zum ›Blutigen Vorland‹, der äußersten Nordwestspitze des irischen Festlandes, entlangfährt, dann taucht bei klarem Wetter der dunkle, zerklüftete Felsenleib der Insel Tory immer wieder zwischen den Dünen und Felsenhügeln der Küste weit draußen auf See im Norden auf. Wie ein ungeheures Urwaldtier liegt die Insel der Klippentürme fern im Meer, ein versteinerter Drache, der auf dem Grunde des Meeres ruht und von dem nur der gezackte Rückenkamm über die ewig unruhigen Wasser dieser Sturmecke hinausragt.

In den ersten Tagen des Dezembers hatte ich mich in meinem Auto von einem heulenden Südwester auf der Straße von Gweedore nach Gortahork dahinpusten lassen. Zwischen zwei prasselnden Regenschauern hatte sich der Himmel gerade ein wenig geöffnet, als ich dem Wagen jenseits der flachen Paßhöhe unter dem Carntreena die Zügel freigab. Ich bog in eine weite Kurve, und plötzlich glänzte vor mir, unter mir, stahlgrau und silbern die hohe See, und fern am Horizont schwamm das graublaue Riesenschiff, den ragenden Bug nach Osten gerichtet: Tory Island. Ich erkannte es gleich nach einem Blick auf die Karte. Und in jenem Augenblick schon beschloß ich, hinüberzufahren – wobei ich allerdings, durch die Erfahrung gewitzigt, im stillen wiederum den alten englischen Vorbehalt aus dem Text der auf der ganzen Welt üblichen Frachtpapiere hinzufügte: ›Sea and weather permitting‹: wenn es die See und das Wetter gestatten.

Als ich später mit Séan darüber sprach, wurde mir klar, daß ein solcher Vorbehalt sehr wohl vonnöten war. Denn besonders im Winter ist Tory manchmal wochenlang von der irischen Küste abgeschnitten. Die annähernd fünfzehn Kilometer offener, schutzloser hoher See, die Tory vom Festland trennen, zählen zu den wildesten und stürmischsten Abschnitten der nirgendwo sehr sanften irischen Küsten. So mag man also manchmal wochenlang warten, ehe sich der Postkutter Hughy Dixons aus seinem kleinen Hafen traut (von Seglern gar nicht zu reden) und dich, den Neugierigen, zu den 120 oder 150 Menschen hinüberträgt, die den wilden Felsen im Atlantischen Meer bevölkern (bevölkerten muß man jetzt, 1979, sagen; denn inzwischen hat die irische Regierung die wenigen Bewohner der Insel aus Gründen besserer Betreuung und Versorgung aufs Festland verpflanzt. Es handelte sich fast nur noch um alte Leute). – Und war man glücklich auf Tory, so mußte man unter Umständen einen Monat oder zwei warten, ehe man wieder die Rückreise antreten konnte – wie es einem vorwitzigen Radioreporter ergangen war. Der war nach Tory hinübergefahren, um einen vorausgesagten schweren Sturm aus nächster Nähe zu erleben; darin wurde er nicht enttäuscht; es erhob sich ein gewaltiger Sturm, der an der Küste von Tory mit vielen Tonnen schweren Felsblöcken Fangball spielte. Aber zugleich wühlte er die See derart auf und schleppte ein solches Gefolge von schlechtem Wetter, Wind und Brandung hinter sich her, daß der wackere Reporter sich auf Tory gefangen sah; mit seinen Großstadtgewohnheiten geriet er vor Langeweile und Verzweiflung fast an den Rand des Selbstmords. Offenbar machte er seinem Herzen allzu gewaltsam und deutlich Luft, er stand bei den Inselleuten nicht in allzu gutem Andenken. Jimmy Dixon, der mir die Geschichte erzählte, meinte zum Schluß:

»Schließlich leben wir schon seit mehr als tausend Jahren auf der Insel und haben unseren Spaß daran. Da kann solch grüner Lackel aus irgendeiner schmutzigen Stadt es wohl einmal sechs Wochen bei uns aushalten!«

Ein Ausspruch, aus dem zweierlei zu schließen war: Erstens mußte der Radiobursche sich sehr unklug und unhöflich benommen haben, sonst würde er die von Natur und nach ihrer Erziehung überaus freundlichen, gastlichen und herzenshöflichen Inselleute und noch dazu den ehrwürdigen fünfundsiebzigjährigen Jimmy nicht zu solch derber Deutlichkeit hingerissen haben. Und zweitens: Da ich der erste Fremde vom Festland war, der nach dem unglückseligen Reporter vier Monate später wieder die Insel beehrte, hatte ich natürlich einen schlechten Start und wurde mit verständlichem Mißtrauen empfangen. Denn dies Völkchen im Atlantik lebte stolz und selbstgenügsam vor sich hin wie seit Menschengedenken und bedurfte der Fremden nicht. Ich bin also in meinem Bemühen, mir die Freundschaft der Inselleute zu gewinnen, zu guten Erfolgen gelangt, sonst hätte mir Jimmy nicht die Geschichte meines Vorgängers auf solche Art erzählt, und das zu einer Zeit, als ich selbst schon auf der Insel wegen schlechten Wetters festsaß.

Immerhin: Als ich nach meiner Ankunft in Gortahork mich mit Séan O'Heochaidh darüber besprach, wie ich es wohl anstellen könnte, eine Zeitlang auf Tory zu verweilen, wo die Leute nicht viel anders leben als vor zwei- oder dreihundert Jahren, da war er wegen des blöden Reporters so voller Bedenken, daß er beschloß, mich nach Tory zu begleiten.

»Auf Tory gibt's kein Gasthaus, keine Kneipe und erst recht kein Hotel. Wenn die Leute wegen des Reporters verärgert sind, dann kannst du auf den Klippen schlafen. Das ist sehr unkomfortabel. Ich komme lieber mit; bin mit den Dixons über meine Frau sogar entfernt verwandt. Und wenn wir die Dixons für uns haben, dann werden dich die andern nicht schneiden; sie sind die besten Leute auf der Insel. Und außerdem – um ehrlich zu sein – bietet mir deine Absicht einen ausgezeichneten Vorwand, wieder einmal ein Weilchen auf Tory zu sein. Ich wüßte nicht, was ich lieber täte.«

So war Séan: Um mich der Verlegenheit zu entheben, ihm dankbar sein zu müssen, gab er vor, ich täte ihm nur einen Gefallen, wenn ich ihn zu einer Reise nach Tory verführte. Ein echter Ire war er also, das ist nicht zu bezweifeln; und das Beste an Irland sind die Iren selber! Kein Zweifel!

Anfang April also saß ich mit Séan wieder einmal in MacFaddens Gasthaus zu Gortahork und wartete darauf, daß sich der Posthalter an der Magheraroarty-Pier (gesprochen etwa: Macherorti), wo die Boote von Tory anlegen, wenn sie das Festland erreichen, daß sich jener angenehme, ruhige Mann in seinem dämmerigen Laden voller Whisky- und Bierflaschen, Haferflocken-, Mehl- und Zuckersäcken, der auch auf den Namen Dixon hört, endlich einmal zu einer anderen telefonischen Auskunft verstünde als den schnell langweilig werdenden Worten: »The sea is too rough!« – Die See ist zu grob. Er konnte von seinem schwer auszusprechenden Posten, von wo aus er die hohe See bis hinüber zu der fernen Tory-Insel zu beobachten vermochte, besser beurteilen als wir in dem geschützten Gortahork, ob die Inselleute die Fahrt wagen würden oder nicht.

Séan und ich unternahmen dies und das; wir fuhren zum Beispiel nach Inishowen und sahen von Malin Head aus, dem nördlichsten Punkt des irischen Festlandes, die Sonne in der bewegten See versinken –, das Wetter hatte aufgeklart, aber der Sturm hielt noch an. Während das sinkende Tagesgestirn sein Abendkonzert aus Glut und Farben aufführte, in Gold und Purpur, Königsblau und Jadegrün, Veilchenlila und Lilienrosa, ließ die Brandung unter uns in den Felsen ihren dumpfen Paukenwirbel erschallen, unablässig auf- und abschwellend, zuweilen donnernd wie eine Batterie schwerer Kanonen, die ungenau eine Salve feuert. Der seltsame Gegensatz zwischen dem Glanz und Frieden, der sich den Augen bot, und der unbändigen Wildheit, die das Ohr vernahm, flößte uns beiden, die wir auf die Klippen gestiegen waren, Unruhe ins Herz. Auf dem langen Heimweg durch die Nacht jagten wir die Straßen entlang, als säße uns der Böse im Nacken. Gut, daß die irischen Straßen meistens leer sind, besonders in so entlegenen Winkeln des Landes wie Inishowen, und erst recht des Nachts, wenn die Feen und die Geister ihr Wesen oder Unwesen treiben.

Dann wurde Séans Frau schwer krank. Der Freund war in großer Sorge, und ich merkte, wie schwer es ihm fiel, sein Versprechen zu halten, mich nach Tory zu begleiten.

Als dann endlich eines Morgens der Anruf von Magheraroarty kam, das Boot von Tory wäre gesichtet und würde wohl in einer Stunde an der Pier anlegen, da ging es Séans Frau so schlecht, daß er das Krankenauto von Letterkenny herbeibeordert hatte, um die Ärmste in die Klinik zu schaffen. Er konnte mich gerade noch zu seinem Freunde Dixon fahren, dem Posthalter von Magheraroarty.

Dort stellte er mich einem baumlangen, eisgrauen Recken mit breiten Schultern, harten Händen und graugrünen Augen vor:

»Dies ist mein Freund Johann, Hughy! Nimm dich drüben seiner an und bringe ihn sicher wieder zurück. Seid zu ihm, wie ihr zu mir sein würdet!«

»Allright!« sagte Hughy Dixon von Tory, drückte mir die Hand, und dann gingen wir alle, sieben Mann hoch, an die Bar – ich einen guten Kopf kleiner als diese sehnige Horde von Hochseekorsaren –, um die blutjunge Freundschaft zu begießen. Auch Séan mußte ein wenig mithalten, sonst hätte er – Frau hin, Klinik her – an Ansehen auf Tory heftig eingebüßt. Er durfte erst leise verschwinden, als er seine Lage bezahlt hatte; er reichte mir verstohlen die Rechte und sagte leise:

»Wird schon werden! Halte die Ohren steif! Hughy und seine Brüder werden dir helfen, als wenn ich an deiner Stelle wäre. Ich hole dich hier wieder ab, wenn es soweit ist, daß du zurückkehrst.«

Und von da an hatte ich Waise im Sturm der Zeit der weiteren Entwicklung der Dinge allein standzuhalten – und sie entwickelten sich nicht eben sanft.

Ich stand zwischen den mächtigen Seeräubern an der Bar und wechselte wie die anderen mit ungemischtem Whisky und dem schwarzen öligen Stout ab. Denn da Séan mit einer allgemeinen Lage für jeden, der von Tory war, begonnen und Hughy Dixon, der wichtigste Mann auf Tory, sich revanchiert hatte, so hätte es dem Komment widersprochen, von der bier- und whiskyfeuchten Theke zu weichen, ehe nicht jeder von uns die anderen freigehalten hatte. Nur Séan hatte sich nach seiner Ehrenrunde ›wegen kranker Frau‹ drücken können. Ich dagegen mußte ebensoviel Durst vorgeben, wie ihn diese durstigen Kehlen aus der Mitte des schäumenden Atlantik offensichtlich spürten. Dabei habe ich in meinem ganzen Leben dem Whisky noch nie Geschmack abgewinnen können; und auch das schwarze, dicke Guiness Stout ist nicht sehr nach meinem Geschmack; es geht nichts über ein Berliner Schultheiß oder ein Würzburger Hofbräu! Aber ich wußte: Wenn ich hier versagte, im Kreis – oder besser in der langen Reihe dieser mit Gummistiefeln bis an die Hüften bekleideten Nordlandrecken (meine ärmlichen Rubbers reichten nur bis zum Knie – und das noch verschämt unter, nicht über den Hosen), dann hatte ich auf Tory zu Anfang an verspielt.

Ich tat also mein Bestes und schluckte die unwillkommenen Drinks mit Todesverachtung. Zu meinem großen Erstaunen stellte ich jedoch bald fest, daß die Männer viel schneller ›hinüber‹ waren als ich, was mir die Heldenbrust (so lächerlich sind Männer leider!) gewaltig schwellen ließ. Während meine Nachbarn schon lallten und mir völlig unmotiviert ihre Sympathie erklärten, fühlte ich mich gerade erst angenehm heiter angeregt. Ich hatte meine Furcht vor den bartstoppligen Riesen ganz und gar überwunden und fand sie höchst prächtig, wohlwollend und umgänglich. Hinter der Bar bediente uns der alte Dixon, Posthalter, Kneipier und Gemischtwarenhändler zu Magheraroarty in einem, und meinte schließlich zu seinen grauhaarigen Neffen Hughy (gesprochen etwa Jui) und Tommy:

»Ich glaube, der Wind will auffrischen. Und wenn ihr hier so weitermacht, dann kommt ihr heute nicht nach Tory, und die Post bleibt liegen. Das ist gegen den Kontrakt!«

Hughy blickte auf, lachte grundlos schallend laut:

»Gegen den Kontrakt, ha-ha! Die Post muß zur Insel, das ist wahr. Also los, Jungens, wir wollen uns auf den Weg machen!«

Eine Reihe schwankender Gestalten löste sich von der Bar; draußen fuhr ein Lastwagen vor, und die für die Insel bestimmte Fracht wurde aufgeladen, Pakete, Bündel, Kisten und die Postsäcke, sehr gemächlich und mit vielen männlichen Scherzen. Inzwischen nahm mich der alte Dixon beiseite und meinte:

»Sie vertragen nicht viel, die Männer von der Insel. Drüben gibt es keine Kneipe und auch sonst keine Stelle, wo man etwas Alkoholisches kaufen kann. Wenn sie herüberkommen, trinken sie, durstig wie sie sind, stets mehr, als sie vertragen können; das ist sowieso nicht viel, weil sie nichts gewohnt sind.«

Das war des Rätsels Lösung. Ich nickte fröhlich verständnisvoll. Ich brauchte mir also auf meine größere Standfestigkeit nichts einzubilden. Später erfuhr ich den Rest der Geschichte, warum Tory ›trocken‹ ist:

Das ist nicht immer so gewesen. Es gab einmal ein Pub auf Tory, und kaum hatten die Tory-Fischer ihre Hummern von den Bänken weit draußen hereingeholt und an den Aufkäufer losgeschlagen, so wanderten sie in die Kneipe und ruhten nicht eher, bis der ganze Verdienst, für den sie auf jeder zweiten Fahrt Leib und Leben einsetzen mußten, durch die Gurgel gejagt war. Der Schankwirt war vom Festland auf die Insel hinübergewechselt, geleitet von der klugen Ahnung, daß bei der guten Konjunktur für Hummer, die zum Teil von hier für die Feinschmecker nach London und Paris versandt wurden, den Inselfischern die Schillinge und Halbkronen locker in der Tasche sitzen würden.

Ein paar Jahre lief das Geschäft zu allseitiger Zufriedenheit. Der Pubier wurde reich, und die Fischer ließen die

Hummer und die guten Preise alle Nase lang hochleben, daß es die Stürme und den Donner der Brandung überschallte. Nicht ganz so einverstanden mit diesem prächtigen Zustand waren die Ehefrauen; sie vertraten die Meinung, daß es eigentlich genügte, wenn sie sich um die Männer Sorgen machten, solange sie auf See umherschwankten und schwabberten; daß ihnen die Männer auch noch an Land Kummer bereiteten, weil sie auch dort schwankten und schwabberten – nur allzu oft –, nein, das sei mehr, als selbst eine Fischersfrau auf Tory ertragen könne. –

Schließlich wußten sie sich keinen anderen Rat – es war der beste, den sie wählen konnten – und klagten dem Priester ihr Leid, der dazu bestellt ist, die kleine Herde von gläubigen Seelen zur Messe und den heiligen Sakramenten anzuhalten. Der Priester war ein zwar nachsichtiger und duldsamer, aber auch furchtloser und unerbittlicher Mann, wenn es darauf ankam. Ihm gefiel die Sauferei schon lange nicht. Aber er wußte auch, wie schwer es die Männer haben und was dazu gehört, immer von neuem den Kampf mit der ewig unberechenbaren hohen See zu bestehen.

Jetzt schien ihm das Maß voll. Er stellte sich am nächsten Sonntag vor den Altar der kleinen Kirche von Tory und redete den Fischern so kräftig und deutlich ins Gewissen, daß Mann für Mann beschloß, fortan nicht mehr zu trinken.

Vielleicht hätten die guten Vorsätze nicht allzu lange vorgehalten, wenn nicht die priesterlichen Ermahnungen ein Herz besonders tief getroffen hätten, das man sonst wohl für unrührbar hart gehalten hätte: das des Kneipenwirtes selber nämlich. Der brave Mann erkannte seinen Sündenstand, ging in sich, machte noch am gleichen Tag seinen Pub zu, verkaufte, was er an nicht trinkbaren Gütern auf der Insel besaß, und siedelte nach kurzer Zeit auf das Festland zurück, wo er ein paar Dutzend Kilometer weiter nach Südosten ein Hotel erwarb. Seitdem gab es in Tory keinen Alkohol, und wenn die Männer einmal einen trinken wollten, dann mußten sie zehn Meilen über die offene See nach Magheraroarty-Pier schaukeln und dem alten Postschweden ihr Geld hinlegen, und das war doch sehr umständlich, wenn man nicht gerade Hughy hieß, die Motorbarkasse zu eigen und laut

Kontrakt mit der irisch-republikanischen Post zweimal in der Woche die nasse, stürmische Straße von der Insel zum Festland zu befahren hatte, ›sea and weather permitting‹.

Hieraus ist zweierlei abzuleiten: Die Kirche konnte in diesem durch und durch katholischen Volk viel, beinahe alles erreichen, wenn sie es nur entschlossen betrieb. Und zweitens: diese harten Männer vom hohen Atlantik waren im Grunde sanft und empfindsam und in ihrem Gewissen leicht ansprechbar.

So spiegelte sich in den Tory-Leuten das ganze irische Volk; denn durch das irische Wesen, durch die ganze irische Geschichte gleitet dieser sonderbare Zwiespalt, dieser Wechsel zwischen Härte, Zähigkeit und bedenkenlosem Mut auf der einen Seite, Empfindsamkeit, schwärmerischer und träumerischer Lässigkeit und einer echten Sanftmut auf der anderen, wie sie nur in einem sehr alten, frommen Volke entsteht, das seit eintausendfünfhundert Jahren nicht müde geworden ist, seine Knie vor dem Allerheiligsten zu beugen. Und dies, obgleich es mit viel Kummer, unerhörten Drangsalen, Verbannung, Versklavung und jämmerlicher Armut dafür bezahlen mußte. –

Mit solchen, mir längst nicht mehr neuen Gedanken im Kopf wanderte ich die gefährlich steil sich senkende Seitenstraße zur Pier hinunter, wo ich von der Höhe die große Motorbarkasse aus Tory hatte liegen sehen. Dem hochbeladenen Lastwagen hatte ich mich lieber nicht anvertraut.

Ich sah die weißen Kämme der Brandung unablässig gegen die weit ins Wasser hinausstoßende Pier anrollen. Aber stets wurden sie einen knappen Steinwurf weit vor dem Bootssteg von einer im Uferwasser verborgenen Felsenschwelle abgelenkt, bogen im rechten Winkel aufs Land zu und verrollten vor dem Steg in den runden Steinen. Es sah fast wie ein Wunder aus: Das Wasser hinter der langen Landungsbrücke auf Pfählen, hinter der die Boote aus Tory vertäut lagen, bot sich ruhig, nur harmlos gekräuselt dar, während dicht davor die großen Brandungszeilen des Atlantik silbrig-grün anrollten, sich bäumten, von unsichtbarer Hand abgedreht wurden und im Steingeröll auf der Außenseite der Pier machtlos zerflossen.

Endlich war es soweit: die Kisten und Säcke waren im offenen Leib der Barkasse, die Post und mein geringes Gepäck in dem kleinen, wasserdichten Laderaum im Bug des Schiffchens verstaut. Wir hatten uns jeder einen Platz gesucht, wo wir uns gut festhalten konnten und wo wir nicht naß wurden, wenn Wasser überkommen sollte, Hughy Dixon, ziemlich nüchtern, aber vergnügt und gesprächig, wie ich ihn später niemals wieder erlebt habe, machte den Maschinisten und den Kapitän; sein Helfer, dessen Gebiß aus Zahnlücken bestand, wurde ans Ruder beordert, und Tommy, dem Post und Fracht unterstanden, sozusagen als Erstem Offizier, drapierte sich malerisch aufs Vorderkastell; er befand sich liegend offenbar besser als sitzend oder gar stehend. Und dann war da noch ein Passagier in Südwester und Ölzeug, der grün aussah und sich ziemlich teilnahmslos auf die Frachtstücke breitete, dieweil er mit uns gezecht hatte, und noch ein Passagier, der nicht mit uns gezecht hatte, dafür aber mit jemand anders. Dieser gute Mann hatte auf der Herfahrt ein fettes Kalb zum Festland gebracht und günstig verkauft, was natürlich mit dem Käufer gehörig gefeiert worden war. Und schließlich außer mir, der ich mich neben dem mächtig ratternden und stinkenden Motor ins Heck des gutgeschnittenen Bootes geklemmt hatte, eine höchst adrett und großstädtisch aufgemachte Tory-Insulanerin, die aus England kam und auf Urlaub nach Hause fuhr.

Das junge Mädchen mit Lederkoffer, pompös hellrotem Regenmantel mit kleinem Cape und einem sehr feschen Hütchen mit Fasanenfeder zeigte sich aufgeregt und glücklich, so daß man ihr die teuflisch elegante Aufmachung mit Lippenrot, Augenbrauenstift, Nylonstrümpfen und Schlangenlederschuhen gar nicht glaubte. Sie war nichts weiter als ein kleines Fabrikmädchen, das aus dem trostlos grauen Liverpool heimkehrte auf die kühle, helle heimatliche Insel im Meer, wo sie wohl viel lieber geblieben wäre und von wo sie nur die Armut vertrieben hatte. Sie erzählte mir gleich, während die Barkasse in respektvollem Bogen den aufgewühlten Bezirk der Brandung umrundete, ihre ganze Geschichte. Ich kannte ihr Schicksal natürlich nicht; die anderen an Bord wußten Bescheid. Aber alle hörten andächtig zu, wie es dem Kind aus Tory daheim und in der Fremde ergangen war. Der eisgraue Recke Hughy ließ seine Augen wohlgefällig auf der Schönen ruhen; er schien es mit Behagen zu genießen, daß so viel weltmännischer Schick, wie ihn diese junge Dame verkörperte, vom armen Tory seinen Ausgang genommen hatte und nun wieder im vollen Glanz dorthin zurückkehrte. In mir erweckte der gekaufte Glanz eher Mitleid als Begeisterung; ich erinnerte mich der Fahrt nach den Aran-Inseln. Ich hatte den Eindruck, einen Menschen vor mir zu haben, der aus der Verbannung heimkehrt; und die Fröhlichkeit erschien mir ein wenig flattrig; sie galt ja nur auf Zeit; dann mußte das Mädchen wieder in die staubigen Textilhallen Mittelenglands zurückkehren.

Inzwischen hatte der Kutter die flache Bucht verlassen, in der wir hinter der Brandungsbarriere an Bord gegangen waren, und zog mit gleichmäßig pochendem, aber gräßlich qualmendem Motor auf die hohe See hinaus, die sich bald durch blanke lange Wellenberge ankündigte, die an Backbord, Nachschwall der vergangenen Stürme, ungehindert aus den Weiten des Weltmeeres heranzogen, weich und gewaltig und von Schaumblumen überdeckt – doch ohne überzukämmen; sonst hielt keine Barkasse stand.

Die flacheren Eilande Inishbofin, Inishdooey und Inishbeg zogen vorbei; wir glitten dicht unter der träge brausenden Brandung hin, die sich in den braunen Felsen brach. Von See her, auf und ab gehoben, wie anders sie dem Ohre klang, den Augen sich bot, die schwere, müde Brandung des Weltmeers! Anders, als wenn man sie von oben her, von den Klippen, betrachtete. Jetzt hockte ich auf dem rückwärtigen Rand eines Bootes, ein, zwei Fuß weit von der Oberfläche des Wassers entfernt, wurde von den gleichen Wogen gehoben und wieder tief gesenkt – so tief, daß nichts als schwärzliche, wallende Wasserberge ringsum zu erblicken waren, kein Horizont mehr, kein Land, keine Insel –, um gleich danach wieder sausend so hoch hinaufzugleiten, über die runde Kuppe des nächsten, erhaben heranwuchtenden Wasserbergs hinweg, daß das Boot beinahe in der Luft zu schweben schien und ich mich unwillkürlich fester hielt. Ich war ein Teil der Brandung, und die gleiche Woge, die die Barkasse eben noch hob, zerspellte Sekunden später ein paar Bootslängen weiter seitab an Steuerbord zwischen den groben, steilen Klippen. Ich spürte ein-, zweimal den Rückprall der abgebrandeten See als dumpfen Stoß gegen den Bootskörper; dann waren wir an dem Vorgebirge vorüber, das mich gefährlich dünkte.

Es war, was die Männer von den Inseln ›ruhiges Wetter‹ nannten, und in der Tat lag das unermüdlich auf und ab steigende Boot sicher über den träge wogenden Wassern, ohne mehr als ein paar harmlose Spritzer überzunehmen. Ich bewunderte das Boot, das leichthin und schwerelos jeder Laune des Wassers nachgab und doch dem leisesten Druck des Ruders folgte und seinem Ziel, der fernen Felseninsel, zustrebte; unmerklich langsam rückte Tory immer höher und breiter über den Horizont.

Ich sagte dem ölverschmierten Kapitän Hughy Dixon neben mir, daß ich bewundere, wie seetüchtig die Barkasse sich benehme, und daß ich mir zuvor gar nicht hätte denken können, man könne überhaupt mit einem offenen Boot so weite Strecken hoher See überwinden. Ich hatte damit, ohne es vorauszusehen, einen Schuß ins Schwarze getan, denn Hughy berichtete offensichtlich mit großem Vergnügen, daß er das Boot vor zwanzig Jahren selbst entworfen und gebaut und es gerade erst vor einigen Wochen mit einem neuen Motor versehen hätte. Aber trotzdem würde jetzt auf der Insel ein neues, größeres Boot gebaut, ebenfalls nach seinen Angaben; das sollte ich mir ansehen; es wäre ein Prachtstück. Mit Vergnügen versprach ich es. Ich mochte kaum glauben, daß die Männer der Insel solch große, in ihrer Art vollkommene Hochseebarkassen wirklich auf eigene Faust zu bauen imstande wären. Aber sie verstehen es, davon habe ich mich bald überzeugt, als ich erst auf Tory ein wenig warm geworden war.

In einem steinernen Haus bauten sie das wunderbare Schiff mit hohem, schlankgeschnittenem Bug, das die Seen des hohen Atlantik ebenso mühelos und überlegen nehmen würde wie Hughys Barkasse, die seit zwanzig Jahren Post und Fracht nach Tory trägt. Hughy hat auch das neue Schiff entworfen, und sein Stolz darauf war berechtigt. Ein halb

Dutzend Männer machte sich beinahe ständig in dem Bauhaus zu schaffen, beinahe jede Nacht bis weit nach Mitternacht. Denn die Leute auf Tory huldigten besonders eifrig der allgemeinen irischen Regel, daß es gut sei, spät aufzustehen und spät schlafen zu gehen, ein Grundsatz, der ein gemütlicheres Leben ermöglicht, als es in unserem bieneneifrigen Lande üblich ist.

Jedes Brett und Brettchen zu dem neuen Boot wurde mit Liebe einzeln geschnitten, zugepaßt, geformt, mit Kupfernägeln an Ort und Stelle befestigt und in den Fugen mit Teer abgedichtet. Die Männer bewiesen ein meisterhaftes Geschick in allen diesen Arbeiten. Zeit spielte keine Rolle; jeder kam und ging, wie es ihm paßte, und arbeitete, soviel und so lange er wollte. Und wenn einer an einem Brettchen einen Tag lang schabte – das stand ihm frei! Das Boot, in dem ich fuhr, war auf die gleiche Weise entstanden, und da es zwanzig Jahre ohne Reparatur gehalten und viele gefährliche und plötzliche Stürme überstanden hatte, war der Beweis für seine Güte erbracht.

Das war das Schöne, das eigentlich Bezaubernde an diesem Lande Irland: daß es, besonders in seinen westlichen Gebieten, noch vor der Zeit der Industrialisierung und Technisierung der Welt lebte, daß noch der menschliche Rhythmus das Dasein regierte und nicht die Stoppuhr oder die Fabrikpfeife. In gewisser Weise hat sich in Irland das alte Europa der romantischen und vorromantischen Zeit bis auf den heutigen Tag erhalten. Und wenn Europa, das alte, einmal so gewesen ist, wie ich das Leben jetzt noch in Kerry, auf Aran, in Clare, in Connemara, in Mayo, in Donegal – und besonders auch auf Tory – gefunden habe, dann muß dies alte Europa eine wunderbar warme, schöne, unendlich liebenswerte und menschliche oder, um das alte Wort in seinem weitesten Sinne zu gebrauchen: unendlich humane Menschenheimat gewesen sein.

Ich hatte es geahnt; hatte gespürt, was aus der irischen Literatur und Geschichte hervorschimmert. Irland ist für den, der es zu entdecken und zu empfinden versteht, in der Tat der letzte blühende Garten der Göttin Europa. Dort waren die Wege noch nicht alle abgezirkelt, die Fruchtfolge noch nicht rationalisiert, und der Kunstdünger hatte noch nicht die Kohlsorten aufgeplustert und versalzt – bildlich gesprochen natürlich. Dort ließ man noch die alten Bäume wachsen und die Fuchsienhecken und die Weißdorn- und Rotdornhecken blühen und wildern, ließ den goldenen Ginster und die Rhododendronbüsche über die Talböden und die Bergwiesen steigen, als gehörte das Land den wilden Blüten und nicht den Menschen zu eigen; und man legte keine Hand an die alten Steine und Vorzeitgräber, an die ragenden Denkmäler und Ruinen von zweitausend oder mehr Jahren Vergangenheit, mochten sie auch ›moderner‹ Entwicklung sehr im Wege oder gar als Steinbruch kommerziell auszubeuten sein. Mit frommer Scheu umgeht und ehrt man die alten Stätten, an denen das Schicksal der Vorväter einst aufbrandete, und einer Todsünde wird gleichgeachtet, wenn man sie aus Mutwillen oder ›Zweckmäßigkeit‹ beschädigt oder zerstört. Die Menschen tragen den Kopf frei und beurteilen einander nicht nach Titeln oder Bankkonten, sondern nach dem, was sie als Menschen sind.

So hätte ich zum Beispiel der Kaiser von China sein können, die Leute in dem Boot nach Tory wären von mir nur wenig angetan gewesen, hätte ich mich nicht mit ihnen an die Bar gestellt zu einem kräftigen Umtrunk, hätte ich etwa bei der wilden Bootsfahrt zehn Meilen weit über den offenen Atlantik Ängstlichkeit gezeigt oder wäre ich allzu heftig seekrank gewesen. Darauf warteten die Brüder natürlich, und sie hätten mich wohl gern ein wenig verspottet. Aber ich tat ihnen den Gefallen nicht. Ich bin von einer Laune der Natur so ausgestattet, daß ich überhaupt nicht seekrank werde und schon gar nicht dann, wenn ein paar Seeräuber von Tory darauf lauern. Statt dessen wurde jener Bargenosse seekrank, sehr seekrank, der sich mit verzweifeltem Gesicht auf die Frachtstücke gebreitet hatte, wohl weniger wegen der wogenden Seefahrt, als weil er zu tief ins Whiskyglas geschaut hatte. Und da mich Tommy und Jacky und Hughy immerfort aus den Augenwinkeln beobachteten, ob ich nicht grün anliefe, konnte ich mich in aller Unschuld nicht der Feststellung enthalten:

»Na, hoffentlich behält der arme Teufel noch etwas von

seinem Gedärm im Leib. Ich war wirklich der Meinung, Männer von Tory könnten einen Schuß Alkohol vertragen, und erst recht die hohe See.«

Gemein – aber ein Labsal für die Seele dessen, der es sagte. Sie blickten mich nicht mehr erwartungsvoll aus den Augenwinkeln an.

Und dann kam, ohne daß ich mich dessen versah, der große Augenblick, von welchem her mein Ruhm als Sänger sich entwickeln sollte. Hughy war abgeblitzt: Ich wurde einfach nicht seekrank. Statt dessen hatte sich einer von seinen Leuten schwach gezeigt. Das mußte ausgewetzt weden.

Er sagte:

»Kathleen da, die von England Urlaub hat, die stammt aus der besten Sängerfamilie von ganz Tory. Und Kathleen ist die beste Sängerin in dieser Generation. Kathleen, kannst du noch singen oder hast du das in der Fremde vergessen!«

»Hm, hm«, machte Kathleen auf amerikanische Manier und verneinendem Tonfall und lächelte. Das hatte sie gut aus den Hollywoodfilmen gelernt.

»Sicher bringst du einen ganzen Stoß neuer Lieder von drüben mit, Kathleen. Laß doch einmal hören, was du Neues weißt!«

Kathleen zierte sich ein wenig; aber ich merkte gleich, daß sie nur den Tribut des Nötigens erwartete, den wir ihr schuldig waren. Er wurde ihr von allen an Bord reichlich gewährt.

Ich fügte hinzu:

»Kathleen, natürlich, du mußt singen!«

Kathleen, die mit Hugh und mir auf dem Achterdeck saß und die Beine in die große Luke baumeln ließ, in deren Tiefe der wackere Motor gleichmütig vor sich hin brummte und ein wenig stank dabei, wandte sich mir mit übermütigem Gesicht zu:

»Gut, ich singe. Aber dann müssen Sie auch singen, wenn ich fertig bin.«

Mir lief eine Gänsehaut über den Rücken. Laute Zustimmung wurde ringsum hörbar. Ich spürte die Rache Torys für meine freche Bemerkung wegen der Seekrankheit Paddys, der sich ganz gut erholt hatte, seit ihm soviel leichter geworden war. Kneifen war unmöglich. Ich sagte:

»Wenn mir Kathleens Lieder gefallen, singe ich auch eins aus meinem Land.«

Wohlgefallen auf allen Seiten! Ich war also doch ein ganz umgänglicher Mann. Sicher hatte Séan den Dixons vor unserer Abfahrt einen ganzen Sack voller Wunderdinge über mich erzählt, so daß sie anfangs nicht ganz sicher waren. Auf dem kleinen Schiffchen im großen, wüsten Weltmeer herrschte eitel Vergnügen und Zufriedenheit. Kathleen zierte sich nicht mehr, rückte sich das Hütchen aus der klaren Stirn und sang über das hohle Brausen und Rauschen der atlantischen Wogen und über das gleichmäßige Pochen des Schwerölmotors hinweg mit angenehmer kleiner Stimme drei, vier uralte irische Volkslieder? Keineswegs! – sang drei, vier der neuesten amerikanischen Schlager.

Geschmack ist etwas Relatives. Die rauhen Männer aus Tory fanden sicherlich, daß Kathleen ihnen mit den schmachtenden Gesängen, in denen sich wie gewöhnlich ›moon‹ auf ›swoon‹ reimte, etwas ganz besonders Feines darbot. Außerdem machte es sie sicherlich stolz, daß ein kleines Mädchen aus Tory, das sie in ihren bescheidenen Steinhütten höchst alltäglich hatten heranwachsen sehen, nun als perfekte junge Dame, von Kopf bis Fuß in Warenhauskonfektion gekleidet, alle neuesten, garantiert englisch-amerikansichen Schmalzschlager beherrschend, auf die heimatliche Insel wiederkehrte und willig ihre Errungenschaften aus Hollywood zum besten gab.

»Ja, Kathleen war immer schon eine große Sängerin. Aber jetzt hat sie den letzten Schliff bekommen«, beschloß Hughy die Darbietung des Mädchens Kathleen und fügte mit einer weiten Geste über die weite See und ihre machtvolle Dünung hinzu:

»Auf Tory Island geboren werden – das ist schon etwas, ganz bestimmt!«

Ich mußte ihm im stillen recht geben. Wir hatten die kleinen Inseln dicht unter der Küste hinter uns gelassen und schwammen mitten auf der leeren See. Das Festland war zurückgesunken. Mount Muckish ragte gewaltig auf, gekleidet in jenen tiefvioletten Mantel aus Fernendunst, der mir oft genug den Atem benommen hatte, wenn ich seiner von weitem ansichtig wurde.

Am südlichen Himmel war, seit die Küstenhügel uns nicht mehr den Blick verwehrten, Mount Errigal sichtbar geworden, dessen kahler, spitzer Pyramidengipfel aus weißlichem Gestein sonderbar fahl und fremd in den Himmel keilt. So wie der große Fuji Yama in Japan mir stets den Gedanken eingab: siehe da, der Berg! Die Idee aller Berge in einem verkörpert, so sprach auch Mount Errigal stets zu mir: Der Berg, das bin ich! Daß er der schönste Berg unter all den schönen Bergen Irlands ist, wage ich nicht zu behaupten. Aber der unvergeßlichste, das ist er sicherlich!

Vor uns aber war inzwischen die Insel Tory großartig aus den Wellen gestiegen. Ich erkannte schon die ungeheuren Klippentürme und Vorgebirge und Felsenzüge, die die Insel an ihrem Ostende in die See trotzt, erkannte auch schon ein paar winzige weiße Flecken, Häuser wohl, Hütten, die alle auf der niedrigen Südflanke der langgestreckten Insel liegen. Am flachen Westende, dort wo die gewaltige Felsenscholle unter dem Meer verschwindet, erhob sich als ein teerschwarzes Ungetüm der Leuchtturm und die Funkpeilstation von Tory, als hätte der Mensch ans flache Westende etwas Hohes setzen wollen, was den ragenden Klippen an ihrem Ostende entspricht.

Debüt auf See

Kathleen wandte sich mir plötzlich zu und sagte mit verschmitztem Lächeln:

»Versprochen ist versprochen! Jetzt müssen Sie singen!«

Und Paddy, der sich anscheinend wieder obenauf fühlte, setzte hinzu:

»Also sing mal eins, Fremder. Lord Haw-Haw haben wir ja alle im Krieg gehört. Spaß hat er uns genug gemacht. Nun wollen wir einmal deutsche Lieder hören.«

Lord Haw-Haw, der Mann, der im Zweiten Weltkrieg der

Hauptsprecher der deutschen Propaganda für die englischsprechenden Länder war, steht heute noch bei vielen Leuten in Irland in bestem Ansehen. Er hat sich seiner Aufgabe offenbar mit so viel Witz und Scharfsinn entledigt, daß unzählige Leute schmunzelnd in Irland sich noch heute seiner Wortgefechte erinnern. Und sie sind den Engländern gram, daß sie den wortgewandten Mann nach dem Kriege hinrichteten.

Es war mir ein wenig beunruhigend, in einem Atem mit Lord Haw-Haw genannt zu werden. Ich ließ mich daher auf keine Debatte ein, sondern erhob meine Stimme kräftig, um jenes Lied anzustimmen, das wir nach altdeutscher Tradition immer dann erschallen lassen, wenn uns nichts Besseres einfällt und wir uns im übrigen sehr vergnügt und wohl befinden.

Ich sang also, wahrscheinlich mehr laut als schön:

»Ich weiß nicht, was soll es bedeuten,
daß ich so traurig bin...«

Meine Zuhörer lauschten mir höchst andächtig. Ich ließ sämtliche Verse über einen Meereswinkel hinschallen, wo dergleichen gewiß noch nie erklungen war. Dann erzählte ich Besatzung und Passagieren des braven Bootes auch noch den Inhalt des Liedes auf englisch. Feen und Nixen und verführerisches goldenes Haar, Wirbel und Wellen, Fischer und Schiffbruch – das schlug sozusagen den Tory-Leuten ins Fach; und sie fanden die ganze Sache sehr unheimlich und schön und herzbewegend, und natürlich sollte ich gleich noch mehr singen.

Es gab kein Ausweichen. Und da ich das Lampenfieber überwunden hatte und einigermaßen im maritimen Bilde bleiben wollte, so sang ich als zweites:

»Als wir jüngst in Regensburg waren,
sind wir über den Strudel gefahren.
Da war'n viele Holden,
dic mitfahren wollten.«

Das zündete kräftig; und als ich es übersetzte, lachten die Männer verständnisinnig, und Kathleen aus der mittelenglischen Textilfabrik, gebürtig aus Tory, errötete sanft.

Und dann ließ ich's gewaltig fliegend holländern:

»Mein Mädchen, wenn nicht Südwind wär',
käm' nimmermehr zu dir.
Ach, lieber Südwind, blas noch mehr,
mein Mädchen verlangt nach mir!«

Aber Tommy meinte, ich sollte noch ›etwas Modernes‹ zum besten geben. Das hatten sie gemerkt, daß ich ihnen nichts ›Modernes‹ vorgesungen hatte. Ich sagte:

»Gut! Aber dann singe ich nichts mehr. Oder Kathleen muß wieder singen oder Tom oder Hughy! Außerdem sind wir bald da, scheint mir!«

Hughy lächelte; anscheinend bedurfte es nur eines geringen Anstoßes, ihn zum Singen zu bewegen. Er sagte:

»Bald da? O nein! Das täuscht! Wir haben noch über eine halbe Stunde zu fahren. Und mit meinem Singen ist es nicht weit her. Kathleen kann es besser, und Ihr könnt es auch. Die deutschen Lieder sind ganz schön. Aber Tommy hat recht: Singen Sie mal was Modernes!«

Meine Kenntnis in ›modernen‹ Gesängen ist äußerst rudimentär. Schlagertexte waren noch nie meine starke Seite. Einer blieb mir gelegentlich hängen – wie und warum, ist eine andere Geschichte. Außerdem hat er auch mit Wasser zu tun; und so sang ich denn so gefühlvoll wie möglich.

»Regentropfen,
die an mein Fenster klopfen ...«

Den Rest des Textes machte ich mit Abrakadabra frei dazu, denn ich kannte nur die ersten zwei Zeilen und mehr nicht – und Deutsch verstand ohnehin keiner meiner Zuhörer.

Zur Schande der Tory-Insulaner sei bekannt, daß der Schlager ihnen am besten gefiel. Wir debattierten darüber; aber ich fand mit meiner Meinung keine Gegenliebe. Die Schlager erschienen ihnen als der Höhepunkt der Musik, und Kathleen wurde nicht müde, weitere Konfektionsliedchen hören zu lassen. Woraus zu schließen ist, daß die Konfektionierung der abendländischen Menschheit keineswegs auf jene Bereiche beschränkt ist, in denen sie entsteht, auf die Großstädte, sondern daß sie auch in die allerentlegensten Winkel reicht, in die die Großstadt gar nicht vordringen kann und die von den gleichmacherischen Massenmitteln der Gegenwart, wie Presse, Kino, Radio, Verkehr, Touristik und Mode, überhaupt nicht berührt werden. Vielleicht sogar – dieser Gedanke kam mir hier – ist der Geist der ›Moderne‹ eher dagewesen als seine Mittel, hat sich diese erst geschaffen, und es ist nicht so, daß Technik und Industrie und Geld-Zivilisation diesen Geist haben entstehen lassen.

Vor uns stieg Tory aus dem Meer, die kühne, wilde Insel, eine Felsenbastion gegen die Nordstürme; ringsum wogte ungeheuer und grenzenlos die ewige See, öde, erhaben und leer, von immer häufiger und dichter sich folgenden Regenschauern überwallt; mit jedem von ihnen frischte der Wind auf, stieß böiger und härter um uns her; schon trat Schaum auf die noch schwächlichen Querseen; denn die Böen jagten aus Nordosten heran; die mächtige Hochseedünung vergangener Hochseestürme aber rollte von Westen her. Wir schwebten sehr dicht über den dunkelgläsernen Abgründen.

Und dabei dann: ›Regentropfen…‹ und ›I parked my car three blocks away‹ (›Ich hab' mein Auto drei Ecken von hier geparkt‹). Es ist schon so – ich spürte es am eigenen Leib: Der Gerechte muß viel leiden.

Auf alle Fälle hatte ich meinen Ruf als sangeskundiger und umgänglicher Mann fest begründet. Und die Kunde verbreitete sich mit Windeseile, als wir erst angekommen waren.

Bei den ›besten Leuten‹ zu Gast

In einer flachen Bucht, von Felsen, Brandung und grauen, steinernen Hütten umkränzt, stieß eine Kaimauer in die See vor. Auf ihrer breiten Krone hatte sich die halbe Einwohnerschaft von Tory versammelt, um das Boot zu begrüßen. Ich merkte sofort, wie sich die Leute auf mich aufmerksam machten: »Ein Fremder! Um diese Jahreszeit!« Ich erregte auf milde Weise Sensation.

Kathleen wurde von einem ganzen Schwarm von Verwandten und Freunden erwartet.

Die Frau aber, die sonst gegen ein bescheidenes Geld die Gäste aufnimmt, war krank und erklärte überdies, sie wäre nun zu alt, um überhaupt noch jemanden zu beherbergen.

Ich sah mich schon frierend irgendwo zwischen den Felsen nächtigen. Aber Hughy erklärte gelassen mit weit ausholender Gebärde:

»Um so besser! Dann wohnen Sie eben bei uns! Meine Schwester wird gut für Sie sorgen!«

Irgendwer hatte meinen Koffer, meine Tasche, meine Kameras gegriffen und entführte sie zu Dixons Haus. Das galt dem Gast gegenüber hier als selbstverständliche Höflichkeit. Mir war das alles sehr recht; bei den Dixons war ich im besten Haus von Tory und sozusagen in der Familie. Die Familie bestand aus vier Brüdern und einer Schwester, von denen keiner verheiratet war. Diese Haushalte von Geschwistern sind etwas sehr Häufiges in Irland und zeigen, was die Statistik längst bewiesen hat, daß nirgendwo so spät und nirgendwo so wenig geheiratet wird wie in Irland.

Jimmy, der älteste der Brüder, mochte an die fünfundsiebzig Jahre zählen, versah aber die kleine Landwirtschaft, die zu dem Hof gehörte, fast allein. Und außerdem kletterte er ohne ein Zeichen von Müdigkeit viele Stunden Tag für Tag in den Felsen umher. Jimmy war zähe wie ein alter, knorriger Baum. Er hatte sich vor fünf Jahren ein eigenes Haus gebaut, dicht neben dem väterlichen. Alles aus eigener Hand natürlich, nur mit Hilfe der Brüder oder Nachbarn; ein gutes Haus mit guten Dielen und Fenstern, viel Nebengelaß und einem festen Dachstuhl, der allen Stürmen standhalten würde. Denn Jimmy hatte gemeint, er wäre allmählich ins heiratsfähige Alter aufgerückt. Die Leute auf Tory, fernab der brausenden ›Moderne‹, die an den Nerven und Kräften zehrt, lediglich in ein paar amerikanische Schlager unschuldig verliebt, wurden zumeist steinalt und blieben rüstig bis zum letzten Tag. Hundertjährige waren keine Seltenheit. Jimmy

Auf dem »Blauen Teich« in der Grafschaft Kerry. Irland hat hier im Südwesten eine beinahe mediterrane Natur. Dichte Rhododendron-Büsche bedecken die Hügel. Das Meer drängt die Gezeiten weit ins Land, Winter und Sommer sind milde.

Unter den Macgillycuddy Reeks, gewaltigen Bergen, breiten sich in unvergleichlicher Klarheit und Schönheit die Seen von Killarney. Allein um Killarney zu sehen, lohnt es sich, nach Irland zu fahren.

Blühender Rhododendron, glasklare Gewässer, efeuumsponnene Gemäuer, steinerne Brücken wie aus der Römerzeit, Flüsse, Berge, üppige Wildnis und friedliche Stille – all dies vereint sich zu dem Zauber, mit dem die Landschaft um Killarney ihre Besucher empfängt.

Man kann sich einen Wohnwagen mit 1 PS mieten und gemächlich durchs Land kutschieren, wie einst die »tinker«, die reisenden Handwerker des alten Irland; noch heute sind sie nicht gänzlich ausgestorben.

hatte gemeint, mit siebzig wäre er allemal frisch zum Heiraten und würde immer noch gut und gerne seine silberne Hochzeit feiern.

Aber dann konnte er sich offenbar nicht entschließen und ist bei seinen Brüdern geblieben und unter der Obhut seiner guten Schwester Grace, die ihre grauhaarigen, stoppelbärtigen ›boys‹ mit Güte und Strenge regierte, so daß sie nicht allzuweit vom geraden Wege abwichen. So stand Jimmys Haus seit Jahren leer, und ich hätte es für hundert oder hundertfünfzig Pfund kaufen können. Das wäre so gut wie geschenkt gewesen für das gute, neue Haus. Aber Tory ist mir etwas zu abgelegen, und ob ich Lust habe, hundert Jahre alt zu werden, das bezweifle ich auch.

Der jüngste Bruder hatte sich in einem der unteren Zimmer eine Tischler- und Stellmacherwerkstatt eingerichtet, und ich bewunderte einen kräftigen, zweirädrigen Pferdekarren, der so gut wie fertig war.

Hughy baute Schiffe und fuhr die Post. So hatte jeder gemächlich zu tun, und das Dasein wurde nicht langweilig. Ja, das neue, große Hochseeboot, das sich die Tory-Leute bauten! Es war eine Lust, den schönen, glatten Bootsleib mit den roten Kupfernägeln zu betrachten und zu streicheln. Jeder Linie, jeder Spante merkte man an, mit wieviel Gefühl für Welle und Wind das Fahrzeug geformt wurde. Es gab weiter keine großen Pläne und Aufrisse. Hughy machte einen groben Entwurf; alles andere ging ›nach Gefühl‹. Neben diesem mit beinahe zärtlichen Händen geformten Boot, das von keiner Londoner oder Lübecker Werft vollkommener gebaut werden könnte und mit einem starken Diesel ausgerüstet auch schwerer See gewachsen sein würde, neben diesem Boot war auf Tory wohl die altertümlichste Form des Ruderboots in Gebrauch, die in Europa noch zu finden sein sollte: ein Corragh, nur ein Drittel bis halb so groß wie die Corraghs von Aran.

Ein an einem Ende stumpf zugespitzter Trog aus kräftigem Holzgitter wird mit alten Säcken, Segeltuch oder dergleichen überspannt und dann geteert. Die Nußschale bietet gerade für zwei Männer Platz, von denen der eine im Bug, der andere im Heck kniet, von wo aus sie das überaus leichte, bewegliche und fixe Boot mit kurzen Paddeln vorwärts treiben.

In diesen gebrechlichen Kähnen aus Latten und Leinwand fuhren die Männer von Tory hinaus, um zu fischen; ich sah sie jeden Morgen draußen, wenn das Wetter es erlaubte.

Orientalische Klänge

Kein Abend ging vorüber, ohne daß gesungen wurde; immer sang nur einer. Ich lernte sie alle kennen, die jungen und die alten Sänger der Insel, die in dem Ruf standen, die Kunst am besten zu beherrschen. Da sich mein Repertoire an deutschen Liedern bald erschöpfte, wartete ich mit russischen, italienischen, französischen Gesängen, amerikanischen Cowboy-Liedern und schließlich mit einer Rarität auf: einigen japanischen Volksliedern, die ich mir vor Jahren aus Japan mitgebracht hatte. Darauf geschah etwas sehr Merkwürdiges. Meine irischen Zuhörer behaupteten, die japanischen Lieder klängen genauso wie alte irische, ja, es wären überhaupt irische Lieder – ich wäre nur darauf aus, sie zu täuschen.

In der Tat, es war mir schon selbst sonderbar aufgefallen. Die irischen Lieder, die von den Tory-Leuten mit verkünstelter, quäkender Stimme, stets gepreßt mit nasalem Klang, eintönig in endlosen Strophen vorgetragen wurden, erinnerten sehr stark an japanische Lieder in ihrer sich kaum über fünf Töne hinausbewegenden, mehr rezitativen Singweise. Die Tory-Leute, vor allem die besonders musikhungrige Grace Dixon, wurden nicht müde, von mir die japanischen Lieder zu verlangen. Alles andere hätte ich eher erwartet.

Wenn ich mich nicht täuschte, dann ähnelten die altirischen Lieder, die ich auf Tory hörte, stärker noch als der japanischen einer anderen Form orientalischer Musik, der arabischen. Da ich die irischen Worte nicht verstand, konnte ich allein das Klangbild auf mich wirken lassen – und wahrlich, ich hatte zuweilen den Eindruck, in einem Café in Tetuan oder in Aden zu sitzen.

Die irische Überlieferung hat von jeher enge Beziehungen zwischen Irland und Spanien angenommen. Andere – vorgeschichtliche – Zeugnisse weisen auf Zusammenhänge zwischen Irland und Nordafrika. Die seltsam eintönigen Weisen, besonders die Art ihres Vortrages, wie ich sie auf Tory hörte, hatten unzweifelhaft orientalischen Klang und würden dem Ohr eines Arabers oder auch eines Japaners (andere Vergleichsmöglichkeiten besaß ich nicht) leicht und vertraut eingegangen sein. Ich wundere mich darüber, daß sich die Wissenschaft dieser Fragen noch nicht angenommen hat, wie mir später in Dublin zugegeben wurde. Einzelne bedeutende Gelehrte glauben aber, solche Verbindungslinien auch aus anderen Gründen annehmen zu müssen.

Ach, in Irland gibt es noch viele alte, vergessene Geheimnisse zu erforschen, und ich habe nach einem Jahr angespanntesten Studiums und unermüdlichen Umherstöberns in den entlegensten Winkeln das Gefühl mit nach Hause gebracht, nur gerade einen vagen Überblick über die unendliche Fülle vergangenen und gegenwärtigen Lebens gewonnen zu haben, das sich in Irland seit den grauen Tagen der Vorzeit entfaltete.

Auf dem entlegenen, für uns ja völlig unbekannten Inselchen Tory hatte das ›moderne‹ Dasein mit seiner Vernüchterung, seinem Zweckdenken, seinem Gewinnstreben keine allzu tiefen Einbrüche in das noch ›ganze‹ Leben nach alter europäischer Art vollzogen. Das uralt Vergangene ist noch nicht ins Gedruckte (wie bei uns etwa Märchen und Volkslieder) abgedrängt; Traum und Wachsein, Arbeit und Vergnügen, Spiel, Dichtung, Ahnung und Alltag sind noch nicht durch unübersteigliche Barrieren voneinander getrennt.

Die Menschen auf Tory knieten jeden Sonntag fromm und andächtig in der Messe, sie hatten einen jüngeren Priester, der ein sehr englisches, gebildetes Englisch sprach, das die sonst überhaupt nicht englischredenden Tory-Leute kaum begriffen. Erst recht aber war er auf Tory nicht zu verstehen, wenn er sich bemühte, irisch zu sprechen. (»Er könnnte genausogut chinesisch reden wie irisch«, sagte mir verzweifelt an einem Sonntagvormittag einer der Männer, der sich vergeblich bemüht hatte, der kurzen irischen Predigt zu folgen.) Im übrigen sprach der Pfarrer lateinisch, was ebenfalls kein Mensch auf Tory verstand – ja, dieser unverständliche Priester, der den Leuten auf Tory fremd und fern blieb, tat ihrer Andacht und Frömmigkeit keinen Abbruch. Keiner der Männer und Frauen von Tory hätte auch nur einen Augenblick lang daran gedacht, am Sonntag nicht bei jedem Wetter zur Messe zu wandern und, wie es die Männer taten, eine Stunde lang in der Kirche zu knien und das Allerheiligste anzuschauen, das vor ihnen auf dem Altar thronte, während der Priester mit uralten Gebärden die heiligen Handlungen vollzog und in drei verschiedenen Sprachen zu ihnen redete, von denen sie keine verstanden. Das Heilige – das erlebte ich auf Tory – hat mit Sprache und verständigem Verständnis sehr wenig zu tun. Es war hier, wie es wohl eigentlich sein sollte, daß die Gemeinde den Priester und nicht der Priester die Gemeinde trug und ertrug. –

Ja, auf Tory hörten die Leute zwar treu seit anderthalb Jahrtausend die Messe, aber versammelten sich abends ebenso gern um die Torfglut und den Kamin, den der Sturm als Orgelpfeife benutzte, um sich Geschichten von Balor und Lugh und anderen Gottheiten der alten Kelten zu erzählen, als lebten sie heute noch, nur durch eine dünne Glaswand von der Wirklichkeit getrennt.

Wie die ›Wespe‹ unterging

Als ich mit Jimmy auf den einsamen, schwindelnden Felsbastionen im Osten der Insel umherkletterte und wir uns oft genug kriechend fortbewegten, um nicht vom Sturm in die grünläsern brandende See geblasen zu werden, zeigte mir mein unermüdlicher Führer jenen ›Wishing Stone‹, jenen ›Wünsche-Stein‹, dem Tory bis zum heutigen Tag zu verdanken hat, daß es noch nie einen Pfennig Steuern bezahlte (allerdings sind aus dem früheren Mittelalter Steuern oder vielmehr Kirchenabgaben überliefert).

Die Tory-Leute lebten ihr Leben für sich, und ob die Leute auf dem Festland gute oder schlechte Straßen besaßen, das war ihnen herzlich gleichgültig; sie dachten nicht daran, dafür etwa Abgaben zu entrichten. Die englische Regierung in der Burg zu Dublin sah sich das Ärgernis eine Weile an und beschloß schließlich, nach bewährter Manier den Leuten von Tory ein Kriegsschiff auf den Hals zu schicken, denn wer die irische Geschichte kennt, der weiß, daß England seine so viel kleinere und schwächere Nachbarinsel mit dem ewig aufsässigen, freiheitsdurstigen, ›papistischen‹ Volk, das partout in den allmächtigen englischen Herren nichts ›von Gottes Gnaden‹ entdecken konnte, stets wie irgendeine Kolonie in Hinterindien behandelt hat.

Erschien also eines schönen Tages – es war in den achtziger Jahren –, erschien also ein kleines britisches Kriegsschiff, die ›Wespe‹, vor den Gestaden der Insel, um die dickköpfigen Einwohner, wenn nötig, unsanft davon zu überzeugen, daß auch sie der Krone des Vereinigten Königreichs Steuern und Abgaben schuldeten. Aber das Wetter war schlecht; der Kapitän konnte zunächst keine Landungstruppen an Land setzen; rings um die Insel schäumte die Brandung silbern und drohend in den groben Klippen. Die ›Wespe‹ mußte auf offener Reede liegenbleiben und abwarten.

Das gab den Leuten auf Tory Zeit – immer nach Jimmys vertraulichem Bericht –, ihren magischen Gegenschlag zu führen. Unter strenger Beobachtung all der vorgeschriebenen Riten und Zeremonien machten einige entschlossene Männer den Rundgang, die gefährliche und an vielen Stellen wahrhaft halsbrecherische Pilgerfahrt zu der Reihe von ›Wünsche-Steinen‹, die über den Abgründen an den Klippen seit alters den Einheimischen bekannt sind. Was sich die Männer zur vorgeschriebenen Zeit und auf die vorgeschriebene Weise gewünscht hatten, das wurde am nächsten Tage deutlich genug. Als der Seenebel, der lange Zeit gelastet hatte, sich hob, war die ›Wespe‹ spurlos verschwunden, untergegangen, war zur Hölle ›gewünscht‹ und hatte gehorcht. Nur sechs der Soldaten, der Steuerbeamten und Seeleute an Bord des Kanonenboots haben sich retten können. Was der ›Wespe‹ eigentlich passiert ist, haben die Überlebenden, die von der Brandung halb zerschlagen waren, niemals klar berichten können.

Danach hat keine Regierung mehr versucht, von den Tory-Leuten Steuern einzuziehen. Seit vielmehr das freie Irland jenen Gebieten, in denen noch Irisch gesprochen wird und wo die alten Sitten noch vorherrschen, mit besonderen Prämien und Hilfsgeldern unter die Arme griff, brauchten die Tory-Leute um ihr Existenzminimum nicht bange zu sein; sie bekamen ›Unterstützung‹ für vielerlei und hatten es nicht mehr nötig, ihr Leben im Kampf mit der hohen See jeden Tag aufs Spiel zu setzen, um für den Lebensunterhalt zu sorgen.

Das alte Leben vergeht

Und damit bin ich bei der Kehrseite des Bildes. Auch Irland steht unvermeidlich an der Schwelle der ›modernen Zivilisation‹ und bemüht sich eifrig, sie zu überschreiten und Versäumtes nachzuholen, denn von Legenden, Klosterruinen und von völkerkundlich sehr interessanten, aber höchst unzweckmäßigen und überholten Agrarmethoden kann kein Volk der Gegenwart mehr leben. Die Tory-Leute haben das letzte Stückchen Torf schon vor Jahren auf ihrer Insel gestochen; die Regierung gab ihnen reiche Torfläger auf dem Festland. Die Postbarkasse Hughys füllte ihren Laderaum, soweit er nicht von anderer Fracht in Anspruch genommen wurde, stets mit Torfsäcken. An der Pier von Magheraroarty lagerten ganze Gebirge von Torf, den die Tory-Leute bei gutem Wetter in ihren offenen Booten herübersegelten, ein schwieriges und umständliches Verfahren.

Aber ›Unterstützungen‹ machten die Leute weich; und man erlernte mancherlei Bedürfnisse, die auf dem Festland selbstverständlich geworden sind und sich ebenso selbstverständlich erfüllen lassen, Zigaretten vor allem und Tabak, Kleider von der Stange, Gummistiefel, Fahrräder, Petroleum- oder Benzinlampen, Streichhölzer, Puddingpulver, Weizenbrot und viele andere Errungenschaften der Neuzeit, die man nur gegen Bargeld erstehen kann. Dabei blieb die Hummerfischerei ein Lotteriegeschäft mit ständig schwankenden Preisen und Absatzmöglichkeiten. Es war zur Regel geworden auf Tory, daß die jüngeren Männer im Frühjahr nach Schottland fuhren, um dort als Saisonarbeiter in der Landwirtschaft so viel zu verdienen, daß sie mit ihren Familien daheim den Winter überleben konnten, wobei ihnen die Arbeitslosenunterstützung kräftig half. Die Arbeit der Männer kam also der englischen Wirtschaft zugute; in den Wintermonaten griff ihnen die irische Regierung unter die Arme, damit sie nicht die Lust verlören, Tory weiter zu bevölkern und Irisch zu sprechen.

Aber im Grunde war das kein echter Anfang mehr, sondern nur der Anfang vom Ende. Die große Welt drang mit ihren Lockungen selbst in diesen entlegenen Erdenwinkel. Was die Leute von Tory Jahrtausende hindurch gekonnt haben: ohne Hilfe von außen zu bestehen und sich selbst zu genügen – das war auch hier vorbei. Die Zahl der Einwohner sank ständig und gleichmäßig. Die alten Künste und Fertigkeiten gerieten in Vergessenheit; die Leute waren längst vom ›Kaufladen‹ abhängig geworden, und auf die Dauer wollten sich die Männer und Mädchen kaum durch ›Unterstützungen‹ bestechen lassen, auf ihre einsame, großartige Insel heimzukehren, die einstmals ein kleiner Kosmos für sich selber gewesen ist, aber es nicht mehr war.

So sah sich die Regierung gezwungen, ein paar Dutzend letzter alter Leute, die auf der Insel nicht mehr versorgt werden konnten, von Amts wegen aufs Festland zu verpflanzen. So geschah es auf den Blaskets, die 1956 von der Regierung geräumt wurden, und so geschah es auch auf Inishtrahull, das auch vor Donegals Küste liegt, noch ein wenig nördlicher als Tory, und dessen letzte fünfzig Bewohner 1930 aufs Festland verpflanzt wurden; seitdem hatte Tory die Ehre, die nördlichste bewohnte Insel der Irischen Republik darzustellen – bis auch das nicht mehr zu halten war.

Noch lebt die alte Welt – je weiter man sich in Irland nach Westen, in die letzten, die fernsten Vorposten bewegt, desto stärker. Aber die Uhr holt schon zum Schlag aus, die letzte Stunde zu künden – und deshalb hat mich die Reise nach Irland tiefer aufgestört und bewegt als irgendeine andere in viel entferntere Länder. In Irland habe ich die alten Blumen noch blühen sehen; es waren die letzten, die allerletzten, und es wird ihnen keine Frucht mehr folgen.

Wenn nun das alte Tory tot und leer liegt, wenn die alten Sagen und Legenden und die näselnden Gesänge verklungen und verschollen sind – die Insel selbst, die drohenden Felsen im Meer lassen die Brandung der hohen See weiter ringsum sich zerspellen wie seit alters. Und deshalb wird die Funkpeil-Station für die Seeschiffahrt und der mächtige Leuchtturm noch immer Tag und Nacht sichtbare und unsichtbare Strahlen aussenden, um die Schiffe von und nach Amerika sicher zu leiten.

Und die drei Männer hinter ihren klobigen Steinmauern am flachen Westende der Insel, die den Leuchtturm und die Sendestation versehen, werden nun wohl die letzten Menschen sein, die noch auf der Insel hausen.

Vertrunkener Torf

Jimmy Dixon brachte mich zu den Leuchtturmmännern hinaus und machte mich mit ihnen bekannt. Ich war ihnen willkommen wie jeder nicht allzu laute und vorwitzige Besucher in ihrer Einsamkeit. Der Leuchtturm liegt eine knappe Stunde groben Fußwegs von West Town, wo ich wohnte, entfernt. Rechts und links lag das Land vielfach zwei und drei Fuß tiefer als die zerwaschene Karrenstraße, denn weit und breit war der Torf bis auf die Felsen abgetragen. Nichts sieht erbärmlicher und elender aus als solch ein seiner schützenden Schichten beraubter Boden mit schwärzlichen Wasserlachen, kümmerlichen Grasbüscheln hier und da und den schwarzen Torfklumpen, die vergessen sind. Die ganze Insel ist ihrer Torflager entblößt; ich fragte Jimmy, wie es zu erklären sei, daß wenige Dutzend Familien Torfläger von etwa drei Quadratkilometern so schnell verbraucht haben, wie es mir hier geschehen zu sein schien – das konnte nicht mit rechten Dingen zugegangen sein. Wenn mit dem Torf nur Kartoffeln gekocht und Fische gebacken werden, dann wächst er wohl ebenso schnell wieder nach, wie er gestochen wird; so muß es seit Jahrtausenden zugegangen sein – seit Balor, der Raufgewaltige, sein fürchterliches Einauge mörderisch die Feinde anblitzen ließ.

»Ja!« sagte Jimmy. »Es ist auch nicht mit rechten Dingen zugegangen. In unseren Kaminen hätten wir alle den Torf wohl kaum verbrannt. Aber im vergangenen Jahrhundert unter den Engländern verfielen die Leute drüben auf dem Festland – sie hatten ja sonst nichts zu trinken; alles andere war für das arme Volk zu teuer –, verfielen sie also aufs Potcheenmachen. Wahrscheinlich haben sie schon immer Potcheen gemacht; scharfgebrannten Kornschnaps, der einem erst das Hirn klar macht wie Kristall und es dann einfach auslöscht. Aber die englischen Steuereinnehmer paßten immer schärfer auf, schnüffelten selbst in den entlegensten Bergtälern umher und hoben die verstecktesten Brennereien aus.

Das brachte die Leute vom Festland auf den rettenden Gedanken, die Schwarzbrennerei nach Tory zu verlegen. Wenn schlechtes Wetter war, saß man auf der völlig abgeschnittenen Insel so sicher wie in Abrahams Schoß; kein Boot vermochte dann den Sund zu überqueren. Und wurde das Wetter besser, war jedes Schiff, das sich der Insel näherte, schon eine Stunde vorher zu entdecken. Und in dieser Stunde ließen sich die Vorräte und das Gerät zum Destillieren zuverlässig vor allen Neugierigen verstecken. Die Schwarzbrenner von drüben, vor allem die vom Blutigen Vorland, gewöhnten sich mit der Zeit daran, hier auf der sicheren Insel ihren Seelentröster zu brauen, und wir, die Insulaner, hatten nichts weiter zu tun, als ihnen die großen Mengen Torf zu liefern, die die Branntweinbrennerei verschlingt.

Kein Mensch auf Tory hatte bis dahin gedacht, daß man aus Torf Geld machen könnte. Nun kamen bei Nacht und Nebel die Männer von drüben und boten Bargeld, viel Geld, für guten trockenen Torf. Von der Branntweinbrennerei verstanden wir Leute auf Tory nichts, wenn wir auch ganz gern ein Gläschen trinken oder auch mehrere. Aber das Torfmachen kannten wir schon seit tausend Jahren. Unsere Väter ließen sich nicht lange bitten, und nach ein, zwei

Menschenaltern waren die reichen Läger bis auf den nackten Felsen abgetragen, verbrannt und in Potcheen verwandelt. Der Potcheen ist längst getrunken, die Räusche, die er brachte, sind längst ausgeschlafen und vergessen – und den Torf sind wir los. Zwar können wir drüben auf dem Blutigen Vorland umsonst Torf stechen; aber dafür müssen wir tage- oder wochenlang dort bleiben und arbeiten, bis der Torf zum Trocknen aufgestellt ist.

Und wenn er trocken ist, müssen wir wieder hinüber und ihn aus den Bergen zur Pier hinunterfahren. Und dann liegt er da, oft wird er wieder naß, und wir müssen ihn Ladung für Ladung herübersegeln; es ist eine gefährliche Fracht in unseren offenen Booten; denn wenn wir unterwegs in schlechtes Wetter geraten und die Boote viel Seewasser übernehmen, dann saugt sich der Torf im Nu voll und wird schwer wie Blei. Und manches Mal haben die Männer die ganze Torfladung unterwegs über Bord werfen müssen, damit die Boote nicht wegsackten. Ja, wenn wir heute auf Tory frieren, so haben wir das dem Potcheen zu verdanken.«

Und Jimmy vollführte jene weite Armbewegung, die allen Männern der Familie Dixon eigen zu sein scheint, eine große, vorstellende Geste über das öde, verwüstete Felsplateau, das den Westteil von Tory bildet. Ein neuer, wilder Regenschauer fegte darüber hin, klatschte an unsere Gummimäntel. In nicht allzu weiter Ferne stöhnte hohl die Brandung. Hier überfiel mich, während der alte Jimmy und ich durch die verwüstete Felsenlandschaft stapften – wir mußten uns weit gegen den Regensturm vorbeugen, um überhaupt voranzukommen –, ja, mit sonderbar sengender Schärfe überfiel mich hier auf der weiten, schmutzig-wüsten Felsenplatte, deren natürlichen Reichtum die Menschen versoffen haben, das Gefühl: Es ist alles vorbei; wir sind am Ende; das Leben sinkt.

Irgendwie war auch Jimmy von dieser fürchterlichen Stimmung erfaßt; oder sie strahlte von mir auf ihn über. Er sagte kein Wort weiter, der alte Mann, der noch so rüstig war wie anderswo Leute mit dreißig. Oder verschlug ihm nur der jähe, an Wildheit zunehmende, wütend böige Nordwest den Atem?

Als wir in der angenehm warmen Wohnküche der drei Leuchtturmwärter saßen und heißen Tee tranken, waren die Schrecken und Ängste der einfallenden Nacht schnell vergessen. Stille, freundliche Männer waren es, die gut kochen und backen, viel lesen und sich gern über die Ereignisse der weiten Welt unterhalten. Ihren Chef, den berühmten O'Sullivan, habe ich leider nicht kennengelernt; er verbrachte an Land bei seiner Familie die vierzehn Tage Urlaub, die ihm nach dem Reglement der ›Irischen Leuchtfeuer‹ alle sechs Wochen zustehen.

Berühmt ist O'Sullivan deshalb, weil er sich in einem langen Leuchtturmleben rings um die stürmischen irischen Küsten zu einem großen Kenner für Moose, Flechten und Felsenpflanzen entwickelt hat, der seinesgleichen sucht und der von seinem weltentlegenen Posten oft genug vor gelehrte Körperschaften oder von Universitäten eingeladen wird, in Amerika, England und auf dem Kontinent, Vorträge und Vorlesungen zu halten, in denen es von lateinischen Namen und Fachausdrücken nur so wimmelt.

Ich habe die Leuchtturmmänner noch oft besucht; eines Nachts nahm mich der Kommandant-Stellvertreter, der sich als ein guter Kenner und Kritiker der Weltliteratur von heute erwies, mit hinüber zu den Maschinenräumen, in denen die Dynamos sausten, die Hochspannung knisterte und endlose Scharen von Batterien die elektrische Energie speicherten, die von den hohen Spinnwebenmasten der Peilstation ausstrahlt und den Schiffen auch im dicksten Nebel und selbst in Nächten, die so ›schwarz wie Kohlensäcke von innen‹ sind, den Weg weist – an den Klippen und Riffen dieser gefährlichen Küste vorbei, an der früher manches gute und schlechte Schiff zugrunde gegangen ist.

Aber viel eindringlicher als die Peilstation bewegte mich der riesige, schwarzgeteerte Leuchtturm. Die Nacht war stürmisch und wild, in der ich mit dem ruhigen, besonnenen Mann die Höhe des Turmes erklomm. Die Brandung in den Klippen weiter draußen brüllte so laut, daß die zornigen Laute selbst durch die hohen, dicken Mauern drangen, die das ganze Funkerei- und Turmwesen mit seinen Maschinenhallen, Batterie- und Schalträumen, Lagerschuppen und Wohnhäusern einzingeln.

Die dunkle Wendeltreppe schraubte sich aus der Bodenhalle des Turmes scheinbar endlos in enger werdenden Spiralen hoch. Schließlich erreichten wir die dämmrige, messingschimmernde Basis des Turmkopfes. Über unseren Häuptern drehte sich lautlos ein metallener Riesenzylinder in dem umfänglicheren steinernen Gehäuse. Oben brannten mit sanftem Zischen die ungeheuer hellen Petroleum-Glühlichter.

Die drei grellen Strahlenbalken, die in jeder Nacht lautlos und unermüdlich über die Insel Tory und weit hinaus über die See ringsum fegen – mögen Wetter und Winde wie auch immer toben –, hier stand ich nun an ihrem Quell. In den gleichmäßig sich drehenden Metallturm sind drei mannshohe, aus vielen konzentrischen Kreisen bestehende Glaslinsen gefügt, die das viele Hunderttausende von Kerzen starke Licht der Glühlampen nochmals mächtig zusammenfassen, bündeln, verdichten.

Wir setzten uns auf eine schmale Metallbank neben der Seiltrommel, von der an einer dünnen Stahltrosse ein schweres Gewicht langsam durch den hohlen Mittelraum des Turmes zwischen den Treppenspiralen in die Tiefe schwebt und den Metallzylinder mit den Linsen sich ewig drehen macht, solange das Seil nicht von der Trommel abgelaufen ist. Aber ehe das geschieht, kurbelt es der Wachthabende wieder auf, worauf das Gewicht seinen gehemmten Fall in die Tiefe von neuem antritt. Dies Fall- oder Ziehgewicht läßt also die Strahlenbalken ihren lautlosen Kreiselflug beschreiben, den man doch in stillen Nächten sausen zu hören meint. Von der See ›blinkt‹ das Leuchtfeuer, da es aus der Ferne nur zu erblicken ist, wenn eins der schmalen Strahlenbündel gerade das Auge des Beobachters trifft.

Oft genug habe ich in vergangenen Jahren über dem Bug von Schiffen gestanden, in tropischen und kalten Nächten, und habe zu winzigen, in immer gleichem Rhythmus auf und ab flammenden Leuchtpunkten hinübergeblickt – oder habe sie auch hinter meinem Schiff versinken sehen –, mit jener

Unruhe im Herzen, die stets vor neuen Küsten oder Meeren das Blut schneller umtreibt. Nun saß ich in einem solchen Küstenfeuer, an dem ich auf hoher See mehr als einmal vorbeigefahren bin, abschiednehmend vom alten Europa – oder das Tory-Feuer begrüßend, erstes Zeichen, daß der heimatliche Kontinent erreicht war.

Wir saßen auf der schmalen Metallbank, die für den Wachthabenden bestimmt ist. Das eintönige Dröhnen des Sturms, der Gesang der Brandung drangen nur gedämpft durch die Mauern, durch die dicken Glasscheiben, welche den kreiselnden Linsenturm und die Glühlichter nach außen abschirmen. Hier drinnen, wo wir wie in einem mächtigen steinernen Mastkorb hoch über den steilen Felsen und der schwarzen See schwebten, war es warm und still und geheimnisvoll.

Der Linsenturm schwimmt an seinem unteren Kreisrand in einem Bad aus Quecksilber; er dreht sich also vollkommen laut- und reibungslos. Nur die strahlenden Glühkörper über uns summten leise.

Während wir dort oben saßen, lässig beobachtend, wie das Fallgewicht langsam das Seil von der Trommel rinnen ließ, sprachen wir darüber, wann wohl der große Roman geschrieben werden würde, in dem der letzte Weltkrieg seinen dichterischen Niederschlag fände – und in welcher Sprache dies Buch erscheinen würde. Mein Nachtgefährte meinte: in deutscher. Denn die Deutschen hätten in dem großen Krieg am meisten geleistet, am grausigsten gesündigt und am bittersten gelitten. Ich meinte, daraus wäre noch nicht abzuleiten, daß ihnen auch die große Dichtung dieses Krieges gelingen müßte. Der Geist wehe, wo er will. Er, mein Nachtgefährte, blieb bei seiner Meinung und bedrängte mich mit einer Fülle von Gründen. – Es war ein Gespräch – wie mir schien –, seltsam unangemessen dem Orte und der Gelegenheit. Aber das empfand wohl nur ich auf solche Weise.

Wir kletterten dann über eine stählerne Leiter zu den Flammkörpern hinauf. Er warnte mich:

»Man wird schwindlig, wenn sich die Linsen ringsum drehen; man glaubt, daß man selbst sich dreht; blicken Sie auf Ihre Fußspitzen oder ins Turmdach hinauf, dann vergeht der Schwindel. Richten Sie auch Ihre Augen nicht in eine der Lichtquellen; sie sind so hell, daß Ihre Augen für Minuten danach versagen.«

So gewarnt, kletterte ich hinter meinem bücherkundigen Leuchtturmfreund über eine steile, schmale Eisenleiter in die Höhe, zwängte mich durch eine runde Öffnung auf eine noch höhere Plattform und stand verwirrt, schwindlig, geblendet mitten in der Quelle ungeheuren weißglühenden Lichts. Die riesigen, hundertfach glitzernden und spiegelnden Linsen glitten lautlos unermüdlich um mich her im Kreise. Das vergasende Petroleum summte in dem Dutzend von Glühköpfen, die so blendend strahlten, daß – sie auch nur mit den Augen zu streifen – dem Unvorsichtigen minutenlang tanzende Ringel und rote Flecken vor die Augen zauberten, die soviel Licht nicht zu fassen vermochten.

Inmitten der vielleicht drei Schritt im Durchmesser enthaltenden Plattform glühte die unerträgliche Hölle des Lichts. Ringsum wanderten die maßlos schillernden Riesenaugen der Linsen – immer im Kreise, lautlos, eilig, wie kaum gebändigt. Wahrlich, mir blieb nichts anderes übrig – da ich nirgendwo einen Halt entdecken konnte –, als den Blick auf meine Fußspitzen zu richten. Ich fand mühsam mein Gleichgewicht wieder, das sich schon zu verflüchtigen drohte. Mehr noch beruhigte mich in diesem fürchterlich hellen Lichtkarussell die gleichmütige Stimme des Mannes neben mir, der mir ungerührt, als stände er in seiner Küche und kochte Tee, von den hunderttausend oder gar Millionen Kerzenstärken berichtete, die von dieser Stelle ausgestrahlt werden. Er sprach von den Glühbrennern, und wie oft sie ausgewechselt werden müßten, von ihrem Petroleumverbrauch und vielen anderen sehr interessanten technischen Daten. Ich habe sie alle miteinander entgegen meiner sonstigen Gewohnheit vergessen oder sie hoffnungslos durcheinandergebracht; mich verwirrten das Licht und die Hitze und die glitzernd mich umtanzenden gewaltigen Schusterkugeln.

Ich kämpfte verzweifelt gegen das Gefühl an, mich fortwährend um meine Längsachse drehen zu müssen, und dankte meinem Schöpfer, als endlich keine weiteren interessanten Einzelheiten mehr mitzuteilen waren und wir durch das Schlupfloch im stählernen Boden wieder in die Tiefe stiegen, um die beruhigend unbewegliche Basis der Leuchtkuppel zu gewinnen. Hier herrschte nur Dämmerlicht, das durch die Ritzen und Spalten der oberen Plattform herniederdrang. Auch hier lief der Sockel des mächtigen Linsenturmes in seinem Quecksilbertrog um; aber wir standen außerhalb des Kreisels und nicht in seinem Inneren. Und überall boten sich verläßliche Geländer an, und die Bank für den Wachthabenden wartete auf Ruhebedürftige. Ich ließ sie nicht lange warten; ich war ruhebedürftig. Aufatmend nahm ich Platz, froh, mich wieder als Mensch auf festgegründeter Erde zu fühlen.

Denke ich aber zurück, so weiß ich, daß die Viertelstunde an der Quelle des Leuchtfeuers zu den Eindrücken gehört, die ich nie vergessen werde. Manchmal träume ich noch davon, wie die riesigen geschliffenen Linsen mich umkreiselten. Aber der Traum ist ohne Schrecken, denn irgendwo im Hintergrund bleibt das Bewußtsein wach, im heimatlichen Bett zu liegen und also der Gefahr, schwindlig zu werden und zu stürzen, enthoben zu sein.

Wenn der gefürchtete Seenebel das Leuchtfeuer für die Schiffe verbirgt, wird die Brüllsirene entfesselt, die von einer Seitenrampe der Leuchtturmkuppel her mit gewaltiger Lautstärke wenigstens die Ohren der Schiffer warnt, wenn schon ihre Augen vom Nebel bedeckt sind.

»Kommen Sie, Sie müssen auf der Rampe gewesen sein, die unter den Leuchtscheiben außen um den Turm läuft. Wenn ich drinnen in der Stille und Ordentlichkeit manchmal vergesse, wo ich eigentlich bin, dann brauche ich nur den Schritt durch die Tür ins Freie zu machen. Dann weiß ich, wo ich bin.«

Er drückte mühsam die Stahltür auf, die aus einer nochmals durch eine Tür verschlossenen Seitennische ins Freie führte, auf einen schmalen, eisenbewehrten Balkon, der rings um den Turm lief.

Er hatte recht; ich begriff, was er meinte. Aus einer blitzenden, wohlgeordneten und bis in jedes Schräubchen durchdachten Welt zwängten wir uns durch die vom Sturm beinahe blockierte Tür in ein heulendes, tobendes, gestaltloses Chaos hinaus. Als wenn sie zu greifen wären, so körperhaft hart und dicht fegten über uns die Strahlenbalken des großen Leuchtfeuers durch die Sturmnacht. Aber sie trafen nichts anderes als Leere, schwarze Leere. In dieser schwarzen Leere heulte der Sturm ungemessen; ich sah ihn nicht, doch spürte ich ihn gegen den Körper prallen, drängen, saugen und pressen, als stemmte ich mich in einem wilden Gewässer gegen eine jagende Strömung. Auf meinen Lippen schmeckte ich den Schaum der Brandung, vom Sturm emporgerissen und zu salzigem Dunst zermahlen. Der Turm erhob sich nicht unmittelbar über der Hochwasserlinie, sondern etwa hundert Schritt weiter landein. Trotzdem durchdrang der Hall der rasenden Riesenpaukenschläge, mit denen die nächtlichen Seen ihre Anprälle gegen die Felsen verkündeten – durchbrüllte dieser urweltlich dumpfe Klang immer von neuem das Heulen des Sturmes – um so unheimlicher deshalb, weil nichts zu erblicken war, nichts zu sehen – nur zu hören, wie im Dunkeln verborgen eine Legion von Harfenspielern stets alle zur gleichen Zeit die tiefstgestimmten Saiten ihrer Instrumente anschlagen.

Die Finsternis, das Chaos, oben und unten und überall, regierten hier; die drei ewig kreisenden Strahlenbündel des Leuchtfeuers über uns kreisten im Nichts.

Wir kämpften uns mühsam genug in den Schirm und die Stille des Wach- und Kontrollraums zurück, wo nicht das Chaos, sondern die klare, nüchterne Ordnung herrschte.

Ach, Technik ist nichts weiter als das Blätterdach, das die ersten Menschen auf ein paar Knüppeln über sich errichteten, um sich vor dem Regen zu schützen, und nicht viel mehr als der aus den Dschungelbäumen gerissene Lianenstrang, den die frühesten Menschen über den reißenden Wildfluß spannten, um sich daran festzuhalten, wenn sie die Strömung, die gefährliche, auf dem Wege zur Nachbarhorde zu überqueren hatten.

Als um Mitternacht ein halber Mond hinter rastlos treibenden Wolken aufstieg, machte ich mich auf den Heimweg. Der Kommandant-Stellvertreter begleitete mich bis zum hohen Gittertor seiner Feuer-, Funken- und Sirenenburg. Der Regen peitschte immer noch über die hochumwehrte Siedlung hin. Gespenstisch leuchteten zuweilen im Abglanz der Strahlenbalken die faustgroßen Schaumflocken auf, die, von den Wellenköpfen und den Brandungskronen gerissen, als seltsam plumpes Nachtgevögel blind durch die Finsternis segelten.

»Der Sturm bläst Sie nach West Town. Sie werden einen leichten Weg nach Hause haben. Treffen wir uns morgen abend bei den Savages?«

»Wahrscheinlich!« sagte ich, denn zu den Savages ging ich gerne und beinahe jeden Abend für eine oder zwei Stunden, um wenigstens für eine Zeitlang am Abend vor meiner eigenen Singerei sicher zu sein. Mrs. Savage war die Krankenschwester der Insel Tory (dazu bei Bedarf auch Arzt und Hebamme, Beichtigerin, Trösterin und Gesundheitspolizei), eine schöne, zierliche, resolute und sehr weibliche Frau. Ihr liebster Kranker war aber ganz sicherlich Mr. Savage, ein höflicher, kultivierter Mann, ehemaliger Offizier der irischen Armee, der aus Gesundheitsgründen den Abschied nahm und seiner Frau nach Tory folgte, wo die frische Salzluft und die vollkommene Abwesenheit von Staub ihm das Atmen erleichterte und ihm schon fünf Jahre fast beschwerdelosen, wenn auch immer empfindlichen Wohlseins bescherte. Bei den Savages – gastfreien Menschen und freundlich klugen Plauderern, wie man sie leicht in Irland findet – habe ich manche höchst angenehme Stunde verbracht. Vom Wohnzimmer ihres grünen Holzhauses über den Klippen am Südstrand konnte man über den weiten offenen Sund zum Festland blicken, durch den die Gezeitenströme ostwärts und westwärts wallten, wie der Mond sie lockte. Und jenseits des Wassers winkte und schimmerte dunkel ultramarin oder auch unwahrscheinlich veilchenfarben – wie ich es nur in Irland erlebte – Gipfel hinter Gipfeln: die Gebirge Donegals, Wälle, Spitzen, Felsenkämme immer ferner und blauer, in die weiten Horizente wie verhaucht. Savage gestand mir:

»Ich habe es keine Sekunde bereut, daß ich mit meiner Frau nach Tory gekommen bin, und keine Sekunde war es uns langweilig. Meine Freunde allerdings, die allermeisten, halten uns für wahnsinnig. Aber am überzeugtesten von unserem Wahnsinn ist jemand, der hier auf Tory lebt: Andy vom Postamt.«

Der Mann an der Kette

Andy, der arbeitslose Ehegatte des ›Postfräuleins‹ von Tory. Andy, der Umgetriebene, der ruhelose Geist der Insel, der nie das tut, was die andern tun, der mit seinem Boot zum Fischen ausfährt, wenn die andern heimkehren, und umgekehrt; der sich des Nachts an den wildesten, wüstesten Orten umhertreibt, kein Mensch weiß, wozu; Andy, der allen feind ist und alles verachtet, was irgendwie mit Tory zusammenhängt; Andy mit dem wirren, grauen Haar und den unsteten Augen, der so unter inneren Spannungen bebt und leidet, daß er kein Gespräch, selbst das harmloseste, länger als ein paar Minuten auszuhalten vermag – dann dreht er sich ohne Gruß auf dem Absatz um und flüchtet mit eingezogenem Nacken schnellen, stoßenden Schritts.

Andy ist Seemann gewesen und hat zuletzt als Bootsmann bei der Canadian Pacific alle Meere befahren. Aber dann verliebte er sich während eines Landurlaubs in Belfast – bei Landurlauben begehen Seeleute bekanntlich ihre größten Dummheiten – in das schmucke Postfräulein von Tory, die auch gerade in Belfast auf Urlaub weilte. Urläublich beflügelt heirateten sie einander vom Fleck weg. Und nun lebt Andy schon seit Jahren als verzweifelter Prinzgemahl des Postfräuleins auf Tory. Die Langeweile und die Sehnsucht nach der hohen See frißt den alten Fahrensmann langsam von innen auf. Denn das Postfräulein hält, was sie hat, und läßt Andy nicht fort; so leicht entweicht sich's nicht von einer Felseninsel im Atlantik, fünfzehn Kilometer vor der Küste.

So irrt Andy, der Seemann, über die Insel, auf der das Postfräulein ihn gefangenhält; und wenn einer wissen will, was ein wildes Tier, das in Freiheit gelebt hat und dann hinter enge Gitter gesperrt wurde, für Augen hat, der blicke in Andys Augen; dann weiß er's.

Wie man sieht, Tory ist voller Schicksale und Geschichten – und man könnte von ihnen allen berichten. Aber dann blähte sich dies ungefüge Kapitel noch heftiger auf – von Balor und Lugh zu Andy und O'Sullivan – und platzte schließlich. Als ich endlich eines Tages in Hughys gutem Boot von Tory abreiste, standen manche oben auf der Pier und riefen:

»Komm wieder! Komm wieder!«

Und das wollte ich gerne tun.

Und jemand, der erst gar nichts von mir wissen wollte, als ich auf Tory anlangte, gar nichts, und mich lange warten ließ, hat sogar ein bißchen geweint, als sich das Wetter günstig anließ, und Hughy sich schnell entschlossen hatte, zu fahren, denn um die Tagundnachtgleiche ist die See gewöhnlich vom Teufel besessen und ohne Verlaß.

Leb wohl, Tory! Du Felseninsel an der Sturmecke Irlands, du nun für immer von deinen Menschen verlassene!

SECHZEHNTES KAPITEL

Abgesang

Nun habe ich im wesentlichen erzählt, was ich von meinem irischen Jahr berichten wollte. Es steht nur wenig in diesem Buch von jenen irischen Orten, die in den internationalen Reiseführern mit vielen Sternen ausgezeichnet sind. Wo diese Sterne am Weg lagen, bin ich ihnen natürlich nicht ausgewichen. Manchmal brachten sie mir heitere, manchmal ärgerliche Enttäuschungen, manchmal hielten sie mehr, als die Sterne im Baedeker versprachen.

Reisehandbücher gibt es längst in reicher Auswahl und in großer Genauigkeit und Ausführlichkeit. Ich wollte in diesem Buch lediglich davon berichten, wie ich meinen alten Traum wahr machte, den westlichsten Winkel unseres Erdteils zu durchstöbern, wo noch ein wenig vom alten Europa lebt, das für uns im Jahre 1914 für immer die Augen schloß. Deshalb haben mich mehr als alles andere in Irland die Menschen bewegt – die einfachen irischen Menschen, die noch nach einfacher irischer Art mit irischer Muttersprache lebten. Die Luft, die auf dieser Insel im Golfstrom weht, die Luft, die am Alltag und Sonntag ihre Menschen umfängt, die Atmosphäre mit einem Wort, die Irland von allen anderen Ländern unterscheidet und ihm seinen besonderen, unverwechselbaren Charakter verleiht, diese höchst liebenswürdige Mischung von Lässigkeit, Intelligenz, Verträumtheit, Katholizität und latenter Tollkühnheit – dies oder wenigstens ein Hauch, eine Ahnung davon auf diesen Seiten einzufangen, das war meine Absicht; dagegen nicht, mit Baedekersternen geschmückte Sehenswürdigkeiten zum hundertsten Male vergeblich in Worten zu schildern. Ein einziges gelungenes Foto oder Gemälde vermag mehr in dieser Hinsicht als viele Worte.

Und doch beherrscht mich das Gefühl, ich dürfte dies Buch nicht schließen, ohne wenigstens einige der zaubervollen Landschaften und wunderbaren Orte erwähnt zu haben, die den Namen Irlands in der englischsprechenden Welt berühmt machen. Gehören doch auch sie, einmalig und unwiederholbar, zu Irland, bestimmen sein Bild mit und wirken sicherlich auf das Wesen der Iren und der irischen Geschichte zurück, denn es gibt kaum ein Volk, das so sehr mit seinem Land und seiner Landschaft, die wiederum von einem sehr einzig- und eigenartigen Klima gestaltet ist, verwachsen und von ihm geformt ist wie das irische. Allein hierüber ließen sich Bände schreiben; es ist noch nicht einmal versucht worden.

So habe ich zum Beispiel in

Killarney

nichts Wesentliches erlebt, was sich in diesem Buch zu beschreiben lohnte – als eben nur die im vollsten Sinn des Wortes unbeschreibliche Schönheit der Seen und Berge von Killarney. Ich habe fünf Kilometer entfernt in einem kleinen Hotel jenseits der Stadt gewohnt – alle Hotels, die etwas auf sich halten, haben sich weit vor den Toren angesiedelt. Mein Hotel trug den Namen Country-Club-Hotel, und als ich dort auf gut Glück einlief und das kleine Schlößchen über dem erhöhten Nordufer des unteren, des größten der Killarney-Seen liegen sah, in Fluten und Wogen von blühenden Rhododendren gebettet, mit smaragdgrünen Rasenflächen zum Wasser hinunter und in weiterem Umkreis eingewallt von riesigen Zedern und Eiben, gewaltigen Douglas- und Rotfichten – und jenseits des tief königsblauen Sees sich viel blauer noch die Shehy-, die Tomies- und die Purpur-Berge aufschwangen, und westlich von ihnen nach dem tiefen Einschnitt der Schlucht von Dunloe sich die ewigen Häupter der Macgillycuddy Reeks in einen wie Seide schimmernden mailichen Nachmittagshimmel bauten wie eine Versammlung stummer, ferner Riesen, da schickte ich gepreßten Atems ein Stoßgebet zum Himmel und dankte Gott dafür, daß er mich Unwürdigen an diesen Ort makelloser Schönheit geführt hatte.

Aber die angenehmen Überraschungen waren noch nicht zu Ende. Denn das Hotel war gar kein Hotel; es war vielmehr das beinahe unveränderte Gutshaus einer der großen irischen Familien der Vergangenheit und gehörte noch jetzt einem Zweig der Familie O'Connell. Der berühmteste O'Connell ist jener Daniel O'Connell, der unter dem stolzen Namen ›der Befreier‹ in die irische Geschichte eingegangen ist. Befreit hat er die irischen Katholiken von den entwürdigenden und würgenden Beschränkungen, die ihnen von den englischen Herren jahrhundertelang auferlegt waren; er zog als irischer Katholik ins englische Parlament zu London und leitete damit die erste Etappe des schließlich erfolgreichen Kampfes um die Freiheit ein, den die Iren zuvor vergeblich, immer bitterer enteignet und geknechtet, geführt hatten. Heute heißt die größte Straße Dublins nach Dan O'Connell O'Connell-Street; ein mächtiges Standbild des Befreiers erhebt sich, wo jenseits der O'Connell-Brücke seine Straße beginnt. Während des blutigen Osteraufstandes 1916 und nochmals während des grausigen Bürgerkrieges 1922 wurde sie völlig zerstört und besteht daher heute bis auf das riesige Hauptpostamt (erst 1929 wieder eröffnet) fast nur aus neuen Gebäuden. Nur die vielen Denkmäler blieben erhalten; ich berichtete schon davon.

Dan O'Connell: wie eigentlich alle großen Iren der Vergangenheit seit den Tagen der Normannen, eine tragische Gestalt trotz all seiner nie erlahmenden Angriffslust und seiner römisch-großartigen Beredsamkeit. Denn als er 1847 starb, glaubte ›Jung-Irland‹ schon nicht mehr daran, daß auf parlamentarischem Weg die Freiheit des Landes zu gewinnen wäre, glaubte nur noch an den Weg der Gewalt.

Furchtbarer war, daß dem Lebenswillen des damals neun Millionen Einwohner zählenden Landes in den Jahren 1846 bis 1848 das Rückgrat gebrochen wurde. Die große Hungersnot, die durch das Versagen der Kartoffelernte heraufbeschworen war, vernichtete ein Viertel des Volkes, verführte die Iren dazu, von da an in der Auswanderung die einzige Lösung aller Schwierigkeiten zu sehen, und bewirkte wohl auch jene bis zum heutigen Tage nicht überwundene Scheu, in jüngeren Jahren oder überhaupt zu heiraten. Die Hungersnot versetzte der alten, empfindlichen Nation einen Schock, so schwer, daß er selbst jetzt nicht völlig verwunden ist. In vielen Teilen Irlands sprechen die Leute von der großen Hungersnot, als hätte sie gestern erst ihre grausige Ernte gehalten. Und die Einheimischen hier und da weisen dem Fremden dieses einsame Tal oder jenen Hang mit grünem Gras und sagen: »Da war ein Dorf, da lebten Leute – vor der Hungersnot!«

Die letzte Handlung, die von Dan O'Connell als verzweifelter Schlußakt seines öffentlichen Wirkens berichtet wird, bestand darin, eine Versammlung in Dublin zu leiten, deren dringende Beschlüsse die englische Regierung beschworen, die Ausfuhr von irischem Korn und die Verwendung von irischer Gerste zur Bier- und Whiskybereitung zu verbieten und außerdem die englische Flotte einzusetzen, um für das hinsterbende Volk Lebensmittel heranzuführen. Aber in jenen Frühlingstagen des noch völlig schrankenlosen Geld- und Profitdenkens galt jeder staatliche Eingriff in private Geschäfte als ein Verbrechen. Die englischen Großgrundbesitzer, denen der irische Boden gehörte, die zumeist in London von ihren Pachtrenten lebten, waren nicht auf die im Boden verfaulenden Kartoffeln angewiesen, wohl aber auf den Erlös aus den Verkäufen ihres Getreides nach England oder an Brauereien und Destillerien. Die Früchte des irischen Landes, die nicht wie die Kartoffeln verdorben waren, wurden dem verhungert die Wege säumenden Volke entzogen. Erst als es zu spät war, als das Hinsterben und die Flucht der verzweifelten Menschen nicht mehr aufzuhalten waren, erwachte in England die private Barmherzigkeit!

Dan O'Connell hat die furchtbare Katastrophe noch miterlebt; er starb, als der Jammer der Menschen, für die er sein Leben lang gekämpft hatte, den schauerlichen Höhepunkt erreichte. Er starb als ein Geschlagener. War doch die Kartoffelfäule wie eine Art Gottesgericht über das arme irische Volk hereingebrochen. –

Dies wollte ich eigentlich gar nicht berichten, als ich das letzte Kapitel begann. Aber so geht es: Überall bieten sich in

Irland hundert Beziehungen und Anklänge, Einfälle und Erinnerungen an.

Ich wollte von Killarney berichten, seinen Bergen und den strahlenden Seen, den ungeheuren Fernblicken von den Paßstraßen, von alten efeuverwachsenen Klöstern und Burgen und den aberhundert Märchen und Geschichten, die um die uralten Bäume und Felsen treiben wie abendliche Nebel.

Das Haus, in dem ich in Killarney wohnte, das heutige Country-Club-Hotel, ist vom Bruder des berühmten Dan O'Connell erbaut worden. Es war angefüllt mit großen Gemälden des ›Befreiers‹ und mit vielen anderen Erinnerungsstücken an ihn und die Familie O'Connell und ihre Nachkommen, von denen viele als hochausgezeichnete Offiziere der englischen Krone gedient haben.

In dem alten Landedelhaus ist seit Tagen des späten Biedermeiers (wie wir sagen würden) kaum etwas verändert worden. Man war umgeben von dem soliden Geschmack und dem ausgeglichenen Selbstbewußtsein einer vergangenen Epoche und fühlte sich als ein freundlich und ohne Umstand aufgenommener Gast – wozu nicht wenig beitrug, daß der junge O'Connell, der dem Hause vorstand, auf angenehm weltmännische Weise verstand, dem Besucher völlig das Gefühl zu nehmen, sich in einem als Geschäft geführten Hotel aufzuhalten.

In meinem Eckzimmer im ersten Stock mit dem mächtigen Mahagoni-Ehebett und den tiefen alten Sesseln habe ich manche Stunde vor dem bis zum Fußboden reichenden Fenster gesessen und an Tagen schlechten Wetters dem Regen zugesehen, wie er in wehenden Schleierschwaden vorüberwallte gleich ganzen Armeen von Feen und Totengeistern. Oder kehrte ich an Tagen der Sonne heim, nach langen Fahrten oder Märschen oder Bootsreisen, so nahm ich ein Bad, zelebrierte mein Dinner bei einer Flasche französischen Weins, Barsac etwa oder Château Neuf du Pape, und ließ mich dann im Frieden mit der Welt und mir (was selten genug sich ereignet!) an meinem offenen Fenster von balsamischen Lüften umfächeln (hier lernte ich das alte Wort begreifen). Ich sah die Sonne ihre späten Farbenkonzerte aufführen – die Stämme der hohen norwegischen Kiefern unten rechts an der Rasenterrasse zum Steilabfall hinunter glühten stets am längsten und loderndsten nach. Jenseits des schwärzlich-violetten Sees glimmten die Berge wie aus zartem Glas, wie hingehaucht an den Rand des ungeheuren Himmelsabgrunds, in dem schon aus großer Tiefe die ersten Sterne herauffunkelten.

Wer glaubte da noch, daß die verblassenden Träume da drüben die höchsten Gebirge Irlands bedeuteten! Ich dachte nicht darüber nach; mich störte kein Laut. Das Haus hatte gute, feste Mauern.

Die Straße war weit und noch viel weiter die Stadt; andere menschliche Behausungen lagen jenseits der Wälder ringsum, und die Mitgäste in diesem Hause zogen es den größeren Häusern am Ostufer des Sees gerade wegen seiner Stille und Abgeschiedenheit vor.

Alte Gärten, so dachte ich oft an solchen Abenden, sind fast schon wieder Wildnis und noch heimlicher, weil in ihnen die Geister vergangenen Lebens umgehen.

Es mag Landschaften in Irland geben, die großartiger und auch einzigartiger anmuten als Killarney. Aber es geht mit ihnen so, wie es mir mit Slieve League in Donegal erging, wo in unerhörter Majestät die kahlen Felsenberge sechshundert Meter hoch beinahe senkrecht aus der grünen und blausilbernen Brandung des Atlantik aufsteigen, oder mit den ebenso gewaltigen oder noch gewaltigeren Klippen von Moher in der Grafschaft Clare. Oft bin ich hingefahren – und welche Fahrten sind das stets! – und ebensooft vergeblich, denn Dunst oder Nebel oder Regen oder Sturm verbargen sie den Blicken oder machten sie ganz und gar unzugänglich. Man kann in ihrer Nähe zwar nächtigen, doch nicht wohnen – und selbst das nur ein halb Dutzend Kilometer entfernt. In Killarney aber hat man von unzähligen Fenstern aus die ganze Herrlichkeit vor sich liegen und kann einfach warten, bis sie sich in einer glücklichen Stunde in Sonne, Pracht und Glanz vollkommen offenbart.

Wenn ich mich frage, was weiter ich noch in diesem Abschluß- und Abklang-Kapitel erwähnen soll, so stocke ich schon. Abgesehen vielleicht von den grünen Endlosigkeiten

Mittelirlands, wo die reichsten und fettesten Weiden des Weidelands Irland liegen, ist das Land überall unvergleichlich schön. Sligo, die sehr kultivierte Grafschaft im Westen, und den ihm benachbarten Norden der bescheideneren Grafschaft Leitrim lernte ich sehr lieben.

Benbulben

Wie der Bug eines ungeheuren gepanzerten Felsenschiffes bohrt sich der mächtige Rumpf des Berges Benbulben gen Westen vor. Die Straße windet sich um den Fuß dieses Buges; sie hat einen viele Kilometer weiten Halbkreis nach Westen zu beschreiben, ehe sie wieder in die Nordrichtung nach Donegal hinauf zurückfindet – und immer türmt sich zur Rechten, in einer glatten, kühnen Kurve aus der Waagerechten aufbrandend, der sagenumwobene Benbulben. Und wer es vermag, der vernimmt in dieser immerwährend vom offenen Atlantik hereinströmenden Frische den singenden Schall der Schwerter und Schilde, der Opfer- und Heldenlieder, die hier einst erklangen. Über der weiten, machtvollen Landschaft scheint es zu schimmern von alter und junger Poeterei – mir fällt kein besseres Wort ein. Ich weiß keine Landschaft irgendwo zu nennen, die so voll ungeborener und schon geborener Gedichte und Geschichten und Gesänge sich dehnt und atmet, ja leise vor sich hin zu summen und zu singen scheint wie die Berge und blühenden Ebenen, die spiegelnden Meereswinkel, die Hecken und Haine um die Sligo Bay – man muß nur richtig hinhören und sich ein wenig Zeit lassen und auf den ewigen Wind lauschen, der in den alten Bäumen wühlt und flüstert.

Es wundert mich gar nicht, daß der größte Dichter, den Irland in der Gegenwart der englischsprechenden Welt geschenkt hat, William Butler Yeats, in Sligo geboren wurde, daß er hier zu dichten begann und seine schönsten und berühmtesten Gedichte über die Berge, Seen und Küsten seiner Heimat schrieb. Die außerordentliche Prägnanz und Kürze des dichterischen Englisch, die sich in den Gedichten

Yeats' mit irischer Leidenschaft und Phantasie verbindet, ist in den umständlicheren und weitschweifigeren Formen des Deutschen kaum wiederzugeben. Ich habe hundertmal versucht, dies oder das seiner Gedichte ins Deutsche zu übertragen, aber nie ist mir auch nur ein einziger Vers wirklich gelungen, der den unnachahmlichen dunklen Glanz der Yeatsschen Rhythmen ausstrahlte. Aber wenigstens ein Gedicht, wohl das berühmteste, will ich in einer von mir versuchten Übersetzung wiedergeben, die vielleicht wenigstens eine Ahnung von der Schönheit Yeatsscher Verse vermittelt. Es ist ›The Lake Isle of Innisfree‹. Das kleine Inselchen Innisfree (gesprochen Innisfrie) liegt im träumerischen Lough Gill bei der Stadt Sligo. Die drei Verse lauten etwa:

›Ich will nun fort und fahren,
ach, fort nach Innisfree.
Dort hätt' ich mir bald eine Hütte
aus Lehm und Flechtwerk gebaut,
pflanzt' mir neun Reihen Bohnen –
auch Bienen hielt ich noch nie –,
lebt' allein auf der Lichtung voll Bienenlaut.

Ein wenig Frieden tropfte
dort tief in mein Herz und sacht'
wie Geperl aus den Schleiern des Morgens
ins Gras, wo das Heimchen sirrt –
Der Mittag purpurn erglühet
und silbern die Mitternacht –
und der Finken Flug mich abends umschwirrt.

Ja, ich will fort und fahren,
denn ewig, nachtaus und tagein,
hör' ich flüsternd im See die Wellen
verschäumen uferwärts.
Wo immer ich geh' und stehe
auf Straßen grau und Stein
dringt mir dies Flüstern ins innerste Herz.‹

Auf einem stillen, uralten Kirchhof neben der grauen Mauer des protestantischen Gotteshauses, in dem sein Großvater Pastor oder – wie man hier sagt – Rektor war, liegt Yeats begraben. Er war mit Shaw zusammen der bedeutendste Dichter in englischer Sprache, den unsere Zeit hervorgebracht hat – beide waren Iren.

In dem versponnenen Friedhof unter dem mächtigen Rücken des Benbulben erhebt sich ein verwittertes, riesiges Kreuz aus frühchristlicher Zeit. Dicht daneben ein schlanker, ungekreuzter Malstein aus heidnischen Tagen und jenseits der Straße, ein paar Schritt weiter, der Stumpf eines Rundturmes, der hier im frühen Mittelalter dem Kloster zum Schutz gedient hat, das an diesem uralt geweihten Ort einmal gestanden haben muß; St. Columba soll es 575 gegründet haben.

In diese Landschaft aus seinen Kindheitstagen sind nach dem Willen des Dichters, der 1939 in Roquebrune an der französischen Riviera starb, seine Gebeine zurückgebracht, hier sind sie beigesetzt worden. Auf der einfachen Steinplatte über der Ruhestatt des letzten großen Barden, die sich in nichts sonst von den Nachbargräbern unterscheidet, stehen nach dem Willen des hier Begrabenen nur die harten Worte:

›Cast a cold eye
on life, on death!
Horseman, pass by!‹

Wieder ist die Prägnanz der englischen Sätze im Deutschen nicht wiederzugeben. Die drei Zeilen enthalten nur ein einziges zweisilbiges Wort; das ist im Deutschen nicht zu erreichen. Die Übersetzung müßte etwa lauten: »Wirf einen kalten Blick auf das Leben, den Tod! Reiter, reite vorbei!« – Der monumentale Klang der englischen Zeilen geht dabei verloren.

Man vermag nicht durch Sligo zu fahren oder zu wandern, durch diese wunderbare Grafschaft, wo die Häuser sauberer und weißer, die Strohdächer goldener und ordentlicher, die Wiesen und Felder üppiger und gepflegter erscheinen als anderswo, ohne überall an Yeats erinnert zu werden. Sligo ist Yeats. Im Norden Sligos bestimmt Benbulben das Bild, im Süden die schwere, stumpfe Kuppe des Knocknarea (gesprochen Nocknärie, mit dem Ton auf der letzten Silbe). Nirgendwo sonst in Europa sind auf engem Raum so viele vorzeitliche Opfer- und Begräbnisstätten erhalten wie am Osthang des Knocknarea: Dolmen und Steinkreise und Felsensärge. Auf der höchsten Kuppe des Knocknarea erhebt sich wie ein Auswuchs eine gewaltige Beule, nochmals eine kleinere Kuppe, auf viele Kilometer im Umkreis von allen Seiten und Straßen her offenbar als ein Werk von Menschenhand erkennbar. Dort auf der höchsten Höhe über Meer und Bucht und Berg ist nach der Überlieferung die große keltische Königin von Connaught, Maeve (gesprochen: Mäw), begraben, eine gewaltige Kriegerin und ruhmsüchtige Herrscherin, Verderberin der Männer und Helden. Wer weiß bei uns noch etwas von Kriemhild und Brunhild? Kein sichtbares Zeichen erinnert mehr an sie; nur noch ein paar vergilbte Bücher und die Klänge einer Oper, die nur wenigen etwas bedeutet. In Irland ist die uralte Vorzeit sichtbar und gegenwärtig wie in den Pharaonengräbern und den Pyramiden Ägyptens. Aus einem ungeheuren Haufen lose zusammengeschichteter Steine und Felsbrocken gebildet, ragt das Grabmal der großen Königin, Misgaun Meadhbh, seit fast zwei Jahrtausenden gen Himmel. Die Königin Maeve soll etwa zu den Zeiten des Kaisers Augustus regiert haben. Sie war es, die jenen Sturzbach von Ereignissen auslöste, die in dem großartigsten der alten irischen Epen berichtet werden, dem Tain Bo Cuailgné (gesprochen etwa: Teun bu Kulnie), dem »Rinderraub von Quelgny«. Der gewaltigste der irischen Vorzeithelden, Cuchullain, verrichtet für seine Heimat Ulster gewaltige Taten und verliert schließlich sein Leben im Kampf gegen die Scharen der Königin.

Meisterhaft erzählt T. W. Rolleston in seinem Buch *Mythen und Legenden der keltischen Rasse* den Anfang der großen Sage vom Rinderraub – hinter der sich wahrscheinlich aus noch viel früheren Jahrhunderten der Steinzeit ein Urzeitmythos vom Kampf der Sonnengottheit gegen die Gottheiten der Nacht verbirgt, dem Kampf zwischen Balor und Lugh auf einer anderen Ebene, vielleicht wieder von einer anderen frühen Menschenwelt gesehen.

Ich will die ersten Zeilen der Rollestonschen Wiedergabe hier übersetzen, denn kein Buch über Irland wäre vollkommen, das nicht das noch heute im irischen Volk lebendige ›Tain Bo Cuailgné‹ wenigstens streifte:

»Aber obgleich Ailell König war – in Wahrheit war doch Maeve der Herrscher im Lande Connaught. Sie befahl, was ihr gefiel, nahm sich zum Gatten, wen sie wollte, und entließ die Männer wieder nach ihrer Laune. Denn sie war stark und ungestüm wie eine Göttin des Krieges und kannte kein Gesetz außer ihrem eigenen wilden Willen. Sie war groß, so erzählte man, mit einem langen, bleichen Gesicht und Fluten von Haar, so gelb wie reifes Korn. Als Fergus sie in ihrem Palast zu Rathcroghan in Roscommon aufsuchte, schenkte sie ihm ihre Liebe wie schon vielen anderen zuvor; und dann beratschlagten sie beide, wie sie das Land Ulster angreifen und verwüsten könnten.

Nun besaß Maeve einen berühmten roten Stier mit weißer Stirn und weißen Hörnern; der hieß Finnbenach. Eines Tages aber verglichen der König Ailell und die Königin Maeve ihre Schätze und Besitztümer miteinander. Da ergab es sich, daß der Stier die Herden der Königin verlassen und sich den Rindern Ailells zugesellt hatte. ›Er mag einem Weib nicht dienen‹, spottete Ailell. Die Königin ergrimmte bei diesen Worten. Sie ließ ihren Oberhirten MacRoth vor sich kommen und fragte ihn: ›Gibt es in Erin irgendwo einen Stier, der sich mit Finnbenach vergleichen ließe?‹

›Wahrlich!‹ sagte der Aufseher. ›Den gibt es. Es ist der braune Stier von Quelgny, der dem Dara gehört, dem Sohn des Fachtna. Der gilt als das mächtigste Tier in ganz Irland.‹

Von diesem Tag an war es der Königin in ihrem Herzen, als besäße sie weder Herden noch Land. All ihr Reichtum galt ihr für nichts, denn den braunen Stier von Quelgny besaß sie nicht. Aber Quelgny lag in Ulster, und die Leute von Ulster wußten wohl, welcher Schatz ihnen mit dem kostbaren Tier zu eigen gehörte – und Maeve wußte, daß sie den Stier nur nach schwerem Kampf gewinnen würde. So kamen also sie und Fergus und Ailell überein, Ulster zu überfallen und mit Krieg zu überziehen, um den braunen Stier zu erobern. Denn Fergus dürstete nach Rache, Maeve verlangte danach, zu kämpfen, Ruhm zu erwerben und den Stier zu gewinnen, und Ailell schließlich hatte nichts anderes im Sinn, als daß Maeve ihren Willen bekam.«

Soweit Rolleston. Er hat natürlich schon stark gerafft. In Wirklichkeit wird die Geschichte in größter Anschaulichkeit und mit vielen Einzelheiten erzählt, nicht anders als bei Homer. So entwickelt sich zum Beispiel der Streit zwischen Maeve und Ailell, wer von ihnen der Reichere ist, aus einem ehelichen Zank im nächtlichen Schlafzimmer, der damit endet, daß sich beide den Rücken zudrehen, kein Wort mehr reden und erbost einschlafen.

Manches Mal habe ich zu dem riesenhaften Grabhügel der Königin Maeve hinübergeblickt, wenn ich durch Sligo fuhr, und jedesmal zog mir das flammende Gedicht von Yeats durch den Sinn, das mit den Zeilen beginnt:

»Die Heerschar reitet von Knocknarea
und über das Grab von Clooth-na-bare.
Caolte schüttelt sein brennendes Haar,
und Niam ruft: ›Fort von hier, fort von hier, fort!‹«

Ja, da ich zur schreibenden Zunft gehöre, habe ich mich in Sligo stets auf seltsame Weise heimisch gefühlt, denn diese ist mehr noch als viele andere irische Landschaften, für die das gleiche gilt, eine literarische Landschaft. Die Luft ist erfüllt mit Gedichten und großen Romanen, mit Sagen, Legenden und Literatengezänk. Ich habe schon die Geschichte von dem jähzornigen Sänger Murdough O'Daly erzählt, der 1213 in verständlichem Grimm mit einer Axt den Steuerinspektor Finn O'Brollaghan erschlug, weil sich dieser allzu neugierig erkundigte, welche Honorare O'Daly bezog. Das geschah zu Lissadell in Sligo.

Aber noch viel früher wurde in der Ebene unter Benbulben, nicht weit von Drumcliff, wo Yeats begraben liegt, eine Schlacht geschlagen, in der zum erstenmal in der uns bekannten Geschichte der Streit um ein Copyright ausgefochten wurde, noch nicht wie heute vor den ordentlichen Gerichten und von überbezahlten Verlagsanwälten, sondern nach der Sitte jener rauheren Zeitläufte mit Feuer und Schwert.

Man schrieb das Jahr 561 nach Christi Geburt. Der heilige Columba hatte schon eine große Anzahl Klöster gegründet, darunter seine Lieblingssiedlung Derry (heute Londonderry in Ulster), war schon zu Sanct Columbkille geworden, der ›heiligen Taube der Kirche‹, trug aber trotz dieses sanften Namens, wie wir gleich sehen werden, noch einen gehörigen Rest des streitbaren Geistes seiner kriegerisch-fürstlichen Ahnen tief im Herzen verborgen.

Wir wissen nicht, was den frommen Columbkille, der Iren liebsten Heiligen, in eins der Filialklöster von Moville nach Dromin in der ostirischen Grafschaft Louth führte. Moville mit seinen Tochtergründungen unterstand dem heiligen Finnian, der aus der königlichen Familie von Ulster stammte und viele Jahre in Moville Columbas Lehrer und Abt gewesen war.

Nun besaß der heilige Finnian in Dromin ein wunderbar kunstvoll geschriebenes, dazu vollständiges Exemplar des Psalters aus dem Alten Testament, das er vor Fremden sorgfältig hütete und eifersüchtig in der Klosterkirche verwahrte.

Columba sehnte sich danach, für die Klöster, die er gegründet hatte, eine Abschrift der Psalmen zu besitzen, und unternahm es heimlich, Nacht für Nacht, wenn die Mönche vor den Frühgebeten auf ihren harten Pritschen ruhten, beim Schein einer Kerze in der Kirche den Psalter des heiligen Finnian zu kopieren.

Als Columba seine Abschrift so gut wie beendet hatte, merkte einer der Mönche von Dromin, daß jede Nacht in der Kirche eine Kerze brannte; er schlich sich herzu, entdeckte den Gast bei seinem nicht vom Abt erlaubten Werk und hielt es für seine Pflicht, dies nächtliche Unwesen zu melden.

Columba aber klemmte die fertige Psalterkopie unter den Arm und entwich dem sehr erzürnten Finnian in seine eigenen festen Klöster. Damit aber gab sich Finnian keineswegs zufrieden, sondern brachte die Sache vor den Hochkönig in Tara, Diarmuid. Der Hochkönig fällte das erste Copyright-Urteil der abendländischen Geschichte; er entschied:

»Zu jedem Buch gehört seine Kopie wie zu jeder Kuh ihr Kalb; sie dürfen nicht voneinander getrennt werden.«

St. Columba war damit ins Unrecht gesetzt. Aber weder er noch seine mächtigen Verwandten, noch die stolzen, blühenden Klöster, die er gegründet hatte, dachten daran, dem Urteil Folge zu leisten. Zudem hatte der Hochkönig einen jungen flüchtigen Adligen namens Curnan, der sich unter Columbas Schutz gestellt hatte, greifen und hinrichten lassen.

Der Besitz einer Handschrift der Bibel oder auch nur von Teilen der Bibel galt damals den Klöstern, den Ländern und Fürstentümern, die sich solchen Schatzes rühmen konnten, als etwas so unvergleichlich Kostbares, daß die Fürsten und Häuptlinge lieber zu den Waffen griffen, als daß sie sich dem Aufgebot des Hochkönigs unterworfen und den Psalter herausgerückt hätten.

In der Grafschaft Sligo kam es unweit Drumcliffe – wo ja Columba ebenfalls ein Kloster errichtet hatte – bei einem Dörfchen Cooladrummon oder Cooldrevny – zur ›Schlacht um die Bücher‹. Auf beiden Seiten wurde mit höchster Erbitterung gefochten. Die Verbündeten Columbas trugen den Sieg davon. Das Heer des Hochkönigs ließ mehr als dreitausend Erschlagene auf der Walstatt zurück und floh in voller Auflösung. Damit hatte Columba das Recht, die heiligen Schriften zu kopieren, durchgesetzt; seine Bundesgenossen sprachen sogar von einem Gottesgericht, denn verglichen mit den furchtbaren Verlusten auf der Gegenseite hatten die Scharen Columbas nur ganz geringe Einbußen an Toten und Verwundeten zu beklagen.

Der vor Zorn rasende Hochkönig ließ auf einer eigens zu diesem Zweck einberufenen Synode in Teltown den heiligen

Columba exkommunizieren. Doch war diesem vorschnellen Spruch kein Erfolg bestimmt. Selbst der heilige Finnian, der ja der eigentlich durch die Abschrift des Psalters ›Geschädigte‹ war, wandte sich gegen die Exkommunikation.

Columba aber kam seit der Schlacht, die ihm so überzeugend den Sieg beschert hatte, nicht mehr zur Ruhe. Unablässig klagte ihn sein Gewissen an, den Tod von Scharen tapferer Männer verursacht zu haben. Bei vielen Beichtigern suchte er Rat und Trost, fand aber weder das eine noch das andere. Schließlich sagte ihm der alte, verehrungswürdige St. Molaise auf Inishmurray, daß er sich die Buße auferlegen müsse, das geliebte Vaterland zu verlassen und in der Verbannung jenseits des Meeres mindestens ebenso viele heidnische Seelen für den Glauben an Christus zu gewinnen, wie durch seine Schuld umgekommen wären. Columba beschloß, sich dieser Sühne zu unterziehen. Von seinem geliebten Derry aus setzte er im Jahre 563 Segel, begleitet von zwölf seiner Mönche, die ihren Meister auf der Fahrt in die Fremde nicht im Stich lassen wollten. Nach mancherlei Fährnissen, die die fromme Legende inzwischen liebevoll ausgeschmückt hat, erreichten die guten Männer das Inselchen Hy an der schottischen Westküste, das später unter dem Namen Jona unsterblichen Ruhm erwarb.

Denn Jona entwickelte sich zu einer Pflanzstätte hoher Geistigkeit und frommer Wissenschaft. Mönche von Jona waren es, die nicht nur ganz Schottland bis tief nach England hinunter zum Christentum bekehrten, sondern auch als kühne Boten des Glaubens in die von den Stürmen der Völkerwanderung verwüsteten Gefilde des europäischen Kontinents vorstießen und bis weit nach Oberitalien, Österreich, Deutschland, Frankreich und Spanien hinein das Christentum verkündeten oder, wo es zerschlagen und vergessen war, neu belebten. Seit den apostolischen Tagen waren so weit ausgreifende Missionsreisen, die in ganz West- und Mitteleuropa zur Gründung berühmter Klöster führten, nicht mehr vorgekommen. Irland erlebte, ehe die wüsten Wikinger seine Kraft an der Wurzel trafen, ein goldenes Zeitalter von etwa drei Jahrhunderten, in dem es der Hort und die Pflanzstätte des eben erwachenden europäischen Geistes war – davon sprach ich schon. Ohne Irland wäre die Geschichte des christlichen Abendlandes anders verlaufen.

Und all dies nahm seinen Anfang mit dem Kampf um das Copyright des Psalter-Manuskripts, das der heilige Finnian in seinem Kloster Fromin aufbewahrte; jenem Kampf, der bei Cooldrevny in Sligo gewonnen wurde – und wenn die Überlieferung richtig ist, dann war es jene Kopie des Psalters, die in späteren Jahrhunderten den Heeren der O'Donnells vorangetragen wurde, um ihnen den Sieg zu sichern, der schon einmal in der Schlacht bei Cooldrevny dem Buche zugefallen war.

An den Hängen des Benbulben hat sich auch das Schicksal eines anderen Helden der irischen Frühzeit vollendet, der mir stets soviel liebenswürdiger, menschlicher und näher erschienen ist als der wilde, ewig rasende und kämpfende Cuchullain: des Dermot oder Diarmuid, von dem schon erzählt worden ist, wie er zu seinem ›Liebesfleck‹ kam. Auch die ›Betten des Dermot und der Grania‹, die Dolmen, die Dermot auf der Flucht vor Finn MacCool jede Nacht an anderem Orte der Grania baute – ja, auch über die harten Riesenbetten, die heute noch stehen wie vor zweitausend Jahren, habe ich schon ein wenig berichtet. Eigentlich war die Grania dem Finn versprochen gewesen, hatte sich aber lieber den jugendlich schönen Diarmuid als Gatten herangelistet und -gezaubert. Nach der Meinung des Volkes soll es ebenso viele Dolmen in Irland geben wie Tage – oder besser Nächte im Jahr. Denn ein Jahr lang floh Dermot mit der Grania vor dem grimmigen Finn MacCool.

In Keshcorran, Sligo, hat dann Dermot mit der Grania gelebt und hofgehalten, nachdem sich Dermot mit seinem alten Feldhauptmann Finn, dem er von der Hochzeit weg die Braut entführte, wenigstens oberflächlich ausgesöhnt hatte. Aber die ewig eigenwillige und launische Grania gab nicht eher Ruhe, bis Dermot sich bereden ließ, Finn für ein Jahr lang nach Schloß Grania bei Keshcorran einzuladen. Am letzten Tag dieses Jahres hat dann Finn den alten, immer noch heimlich gehaßten Nebenbuhler Dermot elend verbluten lassen. Ein wilder, mit Zauberkraft ausgestatteter Eber hatte am Abhang des Benbulben Dermot tödlich verwundet. Es hätte in Finns Macht gelegen, den wunden Dermot durch das Wasser einer Quelle, das er in seinen Händen hätte herantragen müssen und können, vor dem Tode zu bewahren.

Grania, die Unberechenbare und Gierige, ließ sich nach dem Tode ihres Dermot, der soviel für sie getan und erlitten hatte, zu schlechter Letzt doch noch von Finn verführen, ihm als Gattin zu folgen. Als aber der alte Krieger mit der langentbehrten Witwe im Heerlager der Fianna (so hieß das schwertgewaltige Freikorps des Hochkönigs, das Finn befehligte, dem auch Dermot einst angehört hatte) zu Knockaulin in der Grafschaft Kildare eintraf, da lachte das ganze Lager und machte sich lustig, und Ossian rief: »Wir glauben dir's, Finn! Diesmal wird dir Grania nicht mehr weglaufen!« Denn Grania war längst nicht mehr jung und schön, und Dermot war tot; Grania, der gierig-schwachen, wurde keine Achtung mehr gezollt.

So endet die Geschichte mit dem Hohngelächter der alten Kameraden und Waffengefährten Dermots. Von Grania wird nichts mehr berichtet als ihre Scham und Verlegenheit. Sie verschwindet unter Spott und Hohn aus den Geschichten von den Fianna.

Soviel über Sligo – wenig genug!

Gewiß, ich sollte noch über Kerry, Dunquin und die Blaskets berichten, sollte erzählen, was es mit dem ›long, long, way to Tipperary‹ auf sich hat, warum gerade in Irland der ›Boycott‹ und das ›Boycottieren‹ erfunden wurde (so genannt nach einem Hauptmann Boycott, einem harten Gutsverwalter am Lough Mask in der Grafschaft Mayo, gegen den sich die drangsalierten irischen Pächter zu wehren lernten, indem sie einfach gar nichts taten, gar nichts mehr, als gäbe es ihn und seinen Lord Erne überhaupt nicht, bis Boycott schließlich das Feld räumen mußte). All dies sollte ich noch erzählen und noch vieles andere aus Wexford und Waterford, sollte von Glendalough berichten, diesem traumhaft schönen Erdenwinkel in den Wicklow-Bergen, gar nicht weit weg von

Dublin. Von Cork und erst recht von Kilkenny, das eigentlich die Hauptstadt eines irischen Irland sein sollte, von Enniscorthy und dem tragisch umwitterten Vinegar Hill, vom Curragh, wo seit zwei Jahrtausenden Pferderennen geritten werden und von wo noch heute die besten englisch-arabischen Vollblüter der Welt in viele Länder gehen, um den Ruhm der irischen Vollblutzucht zu mehren – zu alldem finde ich in diesem Buche nicht mehr Raum.

Es rückte der Tag heran, an dem ich Irland verlassen mußte. Mein Herz war schwer von unvollbrachten Plänen. Aber einen durfte ich mir nicht versagen: nach

Tara der Könige

zu fahren und dem Land an der Boyne, die von manchem der Schicksalsfluß Irlands genannt wird. Eine Woche habe ich dort umhergestöbert, und das Wetter meinte es gut mit mir, als wollte sich die launische Insel noch einmal im schönsten Lichte zeigen, bevor ich abreiste.

Eine gute Autostunde nordwestlich von Dublin liegt Tara auf der Kuppe eines flachen Hügels, von dem man bei klarem Wetter einen ungeheuer weiten Rundblick genießt – weit über die weiten grünen Ebenen hinweg, die reichsten und üppigsten Weiden, die auf der ganzen Welt ihresgleichen suchen, die kostbar blühenden Grafschaften Meath, Westmeath und Kildare, bis hin zu sehr fernen Gebirgen, die überall fast die grüne Insel einwallen wie der hohe Rand einer Schüssel ihr flaches, tieferes Inneres. Wie bläuliche Traumgebilde lagern sich die Gebirge zierlich schmal und winzig am allerfernsten Horizont; nur die Wicklow-Berge jenseits von Dublin heben sich klar und unzweifelhaft in den Himmel; liegen sie doch nur etwa fünfzig Kilometer in der Luftlinie entfernt.

Ich stand an einem makellos klaren Tage auf dem höchsten der vielen alten Wälle und Schanzen, die das ›Tara der Könige‹ von einst noch heute deutlich erkennen lassen, labte meine Augen an dem unvorstellbar reinen, leuchtenden

Blau, in dem die grenzenlos in die Ferne gestaffelten Landschaften erglänzten, und wurde nicht satt daran. Ringsum breiteten sich die Reste der alten Königsburgen, der mächtigen Gasthäuser der Hochkönige, die bis weit in die geschichtliche Zeit auf diesem Hügel residiert haben.

Hier mochte an so himmlisch klarem Tage – wie er mir vergönnt war, als ich zum letztenmal nach Tara fuhr – vor alters der große Cormac MacArt, der im dritten Jahrhundert regierte und dessen Tochter Grainne jene Grania war, die dem Recken Finn MacCumhaill (Finn MacCool) verlobt gewesen, ihm aber den jüngeren und schöneren Diarmuid O'Duibhne (Dermot O'Dyna, mit dem Liebesfleck) vorgezogen hatte – hier mochte der alte König gestanden und nach Westen geschaut haben, wo seine schöne, wankelmütige, männerverderberische Tochter irgendwo vor dem grimmen Finn durch die Weiten Irlands floh;

hier auch der große König Laohgaire (Leary, der König Lear Shakespeares), der den heiligen Patrick empfing, den Begründer des irischen Christentums. Patrick war an der Mündung des Boyne-Flusses gelandet, hatte durch mächtige Zeichen bewiesen, daß sein Gott stärker war als die heidnischen Götter der irischen Druiden, und erbat nun von dem großen König die Erlaubnis, den Iren das Evangelium predigen zu dürfen. Die Bitte wurde gewährt, und die frohe Botschaft breitete sich schnell und mühelos im irischen Lande aus, als ob die Iren von Natur ein besonders inniges Verständnis für die neue Lehre mitgebracht hätten.

In jedem dritten Jahr versammelten sich hier die Abgesandten aus allen Provinzen und Fürstentümern Irlands; Gottesfrieden herrschte auf und um Tara; unter dem Vorsitz des Hochkönigs wurden Streitfälle und die Fragen der Zeit erörtert und geklärt. Spiel und Tanz und Wettkämpfe gleich den olympischen vereinten die jüngere Mannschaft. Jedes Land der weiten Insel verfügte über seine eigene Gasthalle; noch heute sind die Ausmaße der großen Versammlungshalle deutlich zu erkennen. Und dazu noch die Reste mancher anderen alten Vorzeitburg.

Über den Wällen und Gräben der Königsburg erhebt sich jetzt ein Denkmal des heiligen Patrick, der von hier aus den

Siegeszug über die alte heidnische Irenwelt antrat. Nach der altirischen Überlieferung wurde Tara schon im Jahre 1200 vor Christi Geburt zu dem Ort gewählt, wo die Hochkönige residierten und wo in jedem dritten Jahr sich die Abgesandten der ganzen Insel versammelten. Und Taras Stern sank endgültig erst in den Staub, als 563, also hundertunddreißig Jahre nach der Ankunft des St. Patrick, der heilige Ruadhan den König (wieder einen Dermot) und seine königliche Stadt mit dem Interdikt belegte. Aber es dauerte Jahrhunderte, ehe die uralte Würde Taras langsam und zögernd endgültig ausbrannte und erlosch. Ganz erstorben aber ist die in 3000 Jahren gewachsene Ehrfurcht auch heute nicht. Funken glühen unter der Asche fort. Tausende von Iren aus Irland und aller Welt – denn die Mehrzahl der Iren lebt weit zerstreut in aller Welt – pilgern jährlich nach Tara und stehen dort und starren und schweigen –

und sehen neben dem weißen Denkmal des heiligen Patrick, dem Zeichen des sieghaften Christentums, einen stumpfgespitzten altersdunklen Felspfosten aufragen – er steht mit der Statue in der gleichen eisernen Einfriedigung, die das Vieh abwehren soll, das hier weidet und auch heute noch wie seit zwei- oder dreitausend Jahren den Reichtum des Landes darstellt. Dieser aufrechte Steinblock neben dem Standbild des Heiligen ist die Lia Fail, der ›Schicksalsstein‹, auf dem nach der Überlieferung die Hochkönige gekrönt wurden, schon seit den Tagen der Tuatha de Danaann, jenes zauberkundigen Vorzeitvolkes, das vor den irischen Kelten die Insel bewohnte. Nur wer auf diesem Stein zum König ausgerufen wurde und die magischen Riten beachtete, die damit verknüpft waren, der allein war König von ganz Irland; und der Stein brüllte laut auf, sobald ein echter neuer Hochkönig auf ihm ausgerufen wurde. (Der gleiche dumpfe Freudenlaut wird auch dem Krönungsfelsen der O'Donells in Donegal nachgesagt.)

Viele sagen, dieser Stein wäre nicht mehr der wahre, alte ›Stein des Schicksals‹; der echte wäre vielmehr in den Wirren des frühen Mittelalters nach Scone in Schottland entführt worden und von da als der berühmte ›Krönungsstein‹ unter jenen Thronsessel in der Westminster-Abtei in

London gelangt, der mit und durch den Stein allein erst die englischen Könige zu Königen machte, wenn sie über ihm gekrönt werden. Es ist derselbe Stein, den vor mehreren Jahren schottische Heißsporne aus der Westminster-Abtei entführten, um das uralte Symbol der Königsherrschaft wieder nach Schottland zurückzuschaffen.

Wie dem auch sei: Der schwarze Stein auf dem Hügel von Tara steht für das irische Irland, wie es aus der dunklen Tiefe der Vorzeit her mit seinen Helden und Gesängen und Königen, seinen verführerischen Mädchen, seinen Feen und gefährlichen Fürstinnen bis auf unsere Tage gekommen ist, uralt, wie versunken und verborgen unter den tausendfältigen Ranken des Vergangenen – und doch hinter dem dichten flüsternden Vorhang noch immer so unheimlich lebendig, daß aus diesen in großer Tiefe sprudelnden Quellen der irische Freiheitskampf sich nährte, Quellen, die noch heute die Besten in Irland tränken. In diesem Lande lebt die großartige Vergangenheit mit in jedem Tage dieser unheimlich schnellen, gefährlichen Gegenwart, lebt und webt so deutlich und wirklich mit im Heute und Jetzt, daß das Gewesene und das Zukünftige kaum voneinander zu trennen sind.

Der Schicksalsstein steht für das irische Irland, und St. Patrick daneben steht für das christliche Irland. Und zwischen ihnen erhebt sich eine Gedenktafel für die bei dem großen irischen Aufstand gegen die englische Herrschaft im Jahre 1798 an den Hängen des Hügels von Tara gefallenen Freiheitskämpfer.

So umschließt das eiserne Gitter, das die guten irischen Kühe und Ochsen fernhält, von denen Irland seit alters lebt, auf engem Raum ein Mahnmal für das uralt ewige, das königliche Irland, ein Denkmal für das christliche Irland, die treueste Tochter der katholischen Kirche, die diese Treue in Jahrhunderten von Marter und Leid mit sagenhafter Zähigkeit hochhielt, und ein Erinnerungsmal für jenes Irland von heute, das trotz fürchterlichster Wunden den nie erstorbenen Traum wahr machte und schließlich ein ganzes, freies Irland auf ganz befreiter Insel schaffen wird, obgleich es nahe am Verbluten war und die schrecklichen Aderlässe vielleicht nie mehr völlig verwinden wird.

Am Tag vor meiner Abreise aus Irland stand ich zum letztenmal auf dem Königshügel und trank zum allerletzten Male die irisch-blaue Ferne in mich ein. Ich wußte: Hinter jenen Hügeln im Norden und Nordosten fließt die Boyne, an deren Ufern das irische Irland, das sich dem letzten der Stuarts, Jakob II. von England, verschrieben hatte, weil er katholisch gesonnen war – ja, da drüben an der Alten Brücke erlitt das alte Irland seinen letzten und schwersten, seinen tödlichen Schlag, als die irische Armee Jakobs vor den besser geführten Truppen Wilhelms von Oranien das Feld räumen mußte; das geschah am 1. Juli 1690, von welchem Tag an das Jahrhundert der tiefsten Erniedrigung und Versklavung Irlands zählt.

Und ein wenig weiter östlich ragen die Türme der alten Stadt Drogheda in den Himmel, deren Rückgrat schon vierzig Jahre zuvor von Cromwell gebrochen wurde, als er nach harter Belagerung die Mauern erstürmte und ein fürchterliches Blutbad unter den Einwohnern anrichtete. Zweitausend der Verteidiger ließ er auf einen Schlag hinrichten, den Rest als Sklaven auf die englischen Zuckerplantagen nach Barbados verkaufen, einen Weg vorzeichnend, den in den Jahrzehnten danach noch mancher katholische Priester, viele Frauen, Kinder und Männer aus dem Adel sowohl wie aus den Schichten der armen Bauern und Pächter gefahren sind, so daß noch bis vor hundert Jahren auf manchen Westindischen Inseln ein verderbtes Irisch gesprochen wurde.

Jenseits der Boyne aber, knapp fünfzehn Kilometer von Tara im Nordosten, wie die Krähe fliegt, liegt die gewaltigste Totenstadt der Vorzeit, die Europa kennt, Brugh na Boinne. Und wer nach Tara fährt, der fährt auch nach New Grange, nach Dowth und nach Knowth, denn hier, wo sich die Vorzeitgräber gewaltig versammeln, liegt Brugh na Boinne, die Begräbnisstätte der Könige, die auf Tara regiert haben. Bergen gleich wachsen die Totenhügel über den grünen Weiden auf, von einem Kranz riesiger aufgerichteter Steinblöcke gewaltig umstellt. Tief ins Innere der Berge führen Gänge aus aufrecht stehenden groben Steinplatten, und im innersten Herzen der künstlichen Hügel zeugen flache mächtige Schalen und eisig kühle Seitenkammern von den

Opfern und Totenfeiern, die hier vor Jahrtausenden gehalten wurden, wenn die Gebeine oder die Asche der Könige von Tara in diesen Kammern beigesetzt wurden.

Aber es mag ebensogut sein, daß die Gräber noch ferner in die Vergangenheit zurückreichen als Tara. Und ebenso wie vor den Dolmen und den Gallans wie auch vor dem riesigen Steinhügel, der nach der Überlieferung auf der Kuppe des Knocknarea das Grab der Königin Maeve überwölben soll, erhebt sich auch vor New Grange die wohl nie mehr lösbare Frage: Was für Menschen müssen es gewesen sein, die vor dreitausend oder gar viertausend Jahren diese ungeheuren Steinmassen bewegten oder bewegen ließen; und mit welchen Hilfsmitteln haben sie die lastenden Gewichte bezwungen, die in diesen Gigantenblöcken verborgen sind?

Aber ich bin kein Gelehrter; ich weiß keine Antwort. Ich weiß nur, daß Menschen hier lebten auf diesem uralten Grund, herrschten und kämpften, litten und spielten und begraben wurden, daß der Klang, der in den alten Geschichten zu uns heraufdringt, ein Nachhall wirklich gelebten Lebens ist und kein Hirngespinst.

So ist auch jene Devorguilla, die wenige Kilometer hinter Brugh na Boinne, dem ›Palast an der Boyne‹, in den Ruinen des Klosters Mellifont begraben liegt, durchaus kein Hirngespinst. Diese Devorguilla –: sie hat, allerdings schon im hellen Licht der Geschichte, anders als Grania tausend Jahre vor ihr, dem Schicksal Irlands eine entscheidende Wendung gegeben, ohne es zu wollen. Ihre Schönheit und Leidenschaft verführten Dermot MacMurrough, den König von Leinster, sie ihrem angetrauten Gatten Tiernan zu entführen. Als sich der Hochkönig Rory O'Connor und andere irische Große zusammentaten, um den räuberischen MacMurrough mit Krieg zu überziehen, wußte sich dieser in seiner Not nicht anders zu helfen, als sich an Heinrich II., König von England und halb Frankreich, um Hilfe zu wenden. Heinrich, der wohl erkannte, daß hier ein Ire die Tore Irlands öffnete, erlaubte MacMurrough, sich unter den normannischen Edlen Südwestenglands Helfer zu suchen. So kam ›Strongbow‹, Starkbogen, der Graf von Pembroke, nach Irland und mit ihm die Geraldines, die später unter ihrem neuen Namen Fitzgerald eine unerhört bedeutungsvolle Rolle in Irland spielten. Sie wurden schnell heimisch wie die Iren selbst und noch irischer. Jene normannischen Familien, die damals im Gefolge von Strongbow als kühne Abenteurer und Eroberer ins Land fielen, sind heute uririsch, ob sie nun Fitzgerald oder Fitzwilliam oder Fitzstephan heißen, oder Joyce oder Burke oder de Courcy.

Devorguilla aber, die sich von MacMurrough wahrscheinlich nur allzugern hatte entführen lassen und die damit die Eroberung Irlands durch die Normannen heraufbeschwor, beschloß ihr heißes Leben mit Gebet und Buße hinter den Mauern des Klosters Mellifont, was ›Honigquell‹ bedeutet.

Und etwa fünf Kilometer hinter Mellifont liegt, in ein grünes Tal gebettet, das viel ältere Kloster Monasterboice mit seinem mächtigen Rundturm und den berühmten Kreuzen, unerhörten Meisterwerken früher irischer Bildhauerei.

Und wenn ich von Tara aus weiter den Horizont absuche: Da ist Kells, vom heiligen Columbkille gegründet, in dem sich bis zum heutigen Tage ein Kirchlein etwa aus dem Jahre 807 erhalten hat (oder war es ein Klostergebäude?), in dem vielleicht jenes wunderbare ›Buch von Kells‹ entstanden ist, eine kunstvoll geschmückte, verzierte und gemalte Abschrift der Evangelien, eines der größten, vielleicht das größte der Kunstwerke des frühen Mittelalters.

Und da im Westen dämmert das verschlafene Trim mit seiner riesigen, düsteren Ruinenburg, die auf den Normannen Hugh de Lacy zurückgeht.

Und Maynooth liegt im Süden, wo die irische Geistlichkeit der Gegenwart auf dem historischen Grund des stärksten Schlosses der Fitzgeralds in einem ausgedehnten Priesterseminar herangebildet wird, um dann von hier aus nicht nur in alle Teile Irlands, sondern in alle Teile der weiten Welt zu ziehen, wo Katholiken auf einen Priester warten.

Schon sank der Abend, als ich mich von der zauberhaften Rundsicht über die weiten, friedevollen Landschaften, über die versunkenen Jahrhunderte und Jahrtausende endlich trennte. Am Fuß des Hügels spielten Kinder. Ein wenig weiter saßen zwei Familien im Gras und verzehrten ihr

Abendbrot. Ich hatte sie eine halbe Stunde zuvor auf den Hügeln und den Wällen der Königsburgen umhersteigen sehen. Auch standen Nonnen in feierlichem Schwarz in einer Gruppe für sich und berieten etwas; ihre schneeweißen Hauben leuchteten und flatterten wie ein Schwarm großer, heller Vögel.

Ein junger Priester spazierte den Hang zur Hauptstraße hinunter, langsam, mit gesenktem Gesicht, und las sein Brevier dabei.

Auf einer zerfallenen Steinmauer unter einer blühenden Hecke aber hockte ein schwarzhaariger Bursche mit vergnügten tiefblauen Augen, drückte und zog liebevoll an einer Ziehharmonika und spielte, was das Zeug hielt, und spielte gut, irische Tänze und ›Schottischen‹, daß einem das Zukken in die Knie und Füße fuhr. Er schoß den Vogel ab, der Bursche, an diesem Abend. Er hatte ein großes Loch im Hosenbein, und sein Hemd hätte gelegentlich gewaschen werden können. Aber seine Augen blitzten unter dem wirren schwarzen Schopf, und seine Fußspitze wippte im Takt. Der Bursche gefiel mir, da am Hügel von Tara. Selbst die Nonnen blickten hinüber und lächelten; von den andern gar nicht zu reden!

Und während ich langsam und widerwillig davonfuhr, fiel mir jenes prächtige Gedicht von Yeats ein, das mir so irisch scheint wie nur irgendeins und deshalb als Schlußpunkt diesem unzulänglichen Buche über ein liebens- und bewunderswertes Land mitgegeben werden soll (wobei ich mir nur herausnehme, die irischen Namen so zu schreiben, daß sie ein Deutscher sprechen kann und daß sie sich einem deutschen Verse fügen):

Der Fiedler von Dunie

Spiel ich meine Fiedel in Dunie,
tanzt das Volk wie die Woge der See.
Mein Vetter ist Pfaff in Kilarnet,
mein Bruder in Mócharabeh.

Traf heut meinen Bruder und Vetter;
sie lasen stumm ihr Brevier.
Ich studierte mein Buch voller Lieder;
in Sligo erstand ich's mir.

Sankt Peter am Ende der Zeiten
ruft uns drei dann gemeinsam hervor,
nickt uns freundlich zu, doch als ersten
winkt er mich durch das Himmelstor.

Denn wer gut ist, der lacht auch gerne,
sonst ist er nicht gut und ganz.
Und wer lacht, der liebt die Fiedel,
und wer lacht, der liebt den Tanz.

Schnell erspäht mich das Volk dann im Himmel
und ruft fröhlich: »Heißa-he,
da kommt ja der Fiedler von Dunie!«
und tanzt wie die Woge der See.

NACHTRAG

Mein Irland-Buch habe ich in seiner ursprünglichen Form 1951/52 geschrieben. Auf mehreren Reisen habe ich seither überprüft, ob am Inhalt Wesentliches zu ändern sei. Außer unbedeutenden Retuschen und Ergänzungen gab es jedoch wenig hinzuzufügen, denn ich hatte von vornherein die Darstellung auf die Republik Irland – das ›eigentliche‹ Irland – beschränkt, also Nordirland, das zu Großbritannien gehört, ausgeklammert.

Mit List und Gewalt hatte die britische Regierung vor allem in der ersten Hälfte des siebzehnten Jahrhunderts protestantische Schotten in den sechs Grafschaften *Antrim, Armagh, Down, Fermanagh, Londonderry* und *Tyrone* der Provinz Ulster angesiedelt. Die ursprünglich dort heimischen katholischen Iren wurden verdrängt oder zu armseligen Kleinpächtern und Landarbeitern herabgedrückt. Immerhin blieb ein Drittel der Bevölkerung ›Nordirlands‹ katholisch und irisch.

Die Geschichte jener sechs Grafschaften ist – seitdem sie im siebzehnten Jahrhundert vorwiegend protestantisch/schottisch/englisch wurden – anders verlaufen als die Geschichte der 26 Grafschaften, die 1921 die volle Unabhängigkeit von Großbritannien errangen.

Die Schilderung ›Nordirlands‹, seiner Entstehung und weiteren Entwicklung würde ein eigenes Buch erfordern.

Der Wunsch nach Wiedervereinigung ist in Irland freilich ungebrochen: Ganz Ulster soll der Irischen Republik angehören, obgleich die protestantischen Schotten sich heute dort längst Heimatrecht erworben haben. Wie auch immer der ›Ulster-Terror‹ ausgehen mag: Das britische und das irische Irland werden zusammenwachsen so oder so. Daran zweifle ich nicht – und daran zweifelt erst recht kein Ire, mag er auch, wie es die meisten tun, die Gewalttaten in Ulster noch so entschieden verurteilen. –

Sicherlich hat sich Irland im vergangenen Vierteljahrhundert ständig industrialisiert – mit Maßen! – und ›modernisiert‹, doch in seinem Wesen hat sich nichts verändert. Dieses uralt europäische Land wird keinen enttäuschen, der sich ihm aufgeschlossen und ohne Vorurteil nähert.

Vielleicht habe ich das Land und seine Menschen mit allzu viel Sympathie geschildert, trotz aller Mühe, auch die weniger erfreulichen Züge nicht zu verschweigen. Außerdem kommen der Osten der Insel sowie Irlands ›moderne‹ ökonomische und politische Entwicklung viel zu kurz. Wen all diese und andere Mängel stören, den bitte ich, mein Buch als das zu akzeptieren, was es ist: eine Liebeserklärung an die Grüne Insel im äußersten Westen Europas.

A. E. Johann